調査資料第二十九輯
昭和七年六月

諺文新聞差押記事輯錄（東亞日報）

秘

朝鮮總督府警務局圖書課

序

鮮内諺文新聞の論調の調査は朝鮮統治の上に好適なる參考資料であるのみならず朝鮮及び朝鮮民族の研究にも好箇の一材料であらう。

本輯は其の第一着手として東亞日報創刊當時より昭和五年十二月末迄の差押記事を蒐集編綴したものである。

諺文新聞差押記事輯録目次（東亞日報）

大正九年（一六件）

大正十年（一五件）

大正十一年（一五件）

大正十二年（二四件）

大正十三年（五六件）

大正十四年 （五七件）

大正十五年（三 三 件）

昭和三年（二六件）

昭和四年（二八件）

昭和五年（二一件）

諺文新聞差押記事輯錄（東亞日報）

平壤にて萬歲騷擾（大正九、四、一五）

十四日午後二時平壤にて突然萬歲騷擾爆發し約四百名の靑年西大門に集合し萬歲を高唱しつつ鍾路に向ひて進行中一般市民の多數は之に應援を與へ尙當日は市日なりしを以て無數の群衆之に應援し大々的に相應呼し各商店は總て業を廢し其の形勢頗る不穩なりしを以て警官は大に驚き策の施すべきを知らず遂に〇〇（發砲ならむ）するに至り約二十分間に亘りて全市覆るが如き騷亂を演出し拘引せられたる者數十名に達したる模樣にして今尙市內は混亂狀態にあり人心恟々たり。

「祝辭欄」（大正九、四、二六）

憐むべし落伍の檀箕の聖族

半萬年の壯んなる歷史

忽ち開發勉勵せよ
苦の海を渡れば樂地あり
塗炭の苦しみを歎く勿れ
家と財産を鞏固にしたる後
富國强兵になる曉には
歐洲の文明美やまんや
余は東亞を祝福せむ

日本兵の暴行（大正九、四、二六）

紐育タイムスは（？）月十日に大要左の如き論を載せたり。浦鹽アソシエイトプレッスの報告に依れば日本は豫め專政的暴政を準備し置きて四日夜突然之を斷行せり……日露兩軍間の紛擾起るべきは明々白々の形勢に陷入しかば日軍は先きに攻勢を取り屋上に機關銃を据えて無抵抗の露人に對し八時間に亘りて攻擊を續けたり。……（下略）

「屑籠欄」 (大正九、四、二七)

朝鮮人が互に逢つて話をする時に金《キム》さん崔《チヤイ》さんと云つて居るのを聞くが實に怪しからん事である。其の中にも日本語を一語も知らぬ者の金さん崔さんは一層憎むべきである。日本語でも西洋語でも學ぶ本意は其の國の人と情を濕める爲めのものであるから其の國の人に對して使用すべきが當然である。

吾々朝鮮人が互に話しする時に吾等の固有の國語即朝鮮語を用ひないで不如意な外國語を混用するのは自分の家に山海の珍味があるのに他の家の乾菜汁(極めて貧しき吸物)を好んで飲む樣なものである。就ては今後「さん」を使用しないで金公《キムコング》崔公と云ふ風に呼ぶべきが至當である。

斯の如く外國語を混用する人に對し深く之を咎めないは社會の無責任の致す所で慨嘆すべき事である。と一愛讀者からの投書を其の儘に(終)。

朝鮮人を想ふ (大正九、四、二七)

東洋大學哲學教授　柳　宗　悅

三

迫害と壓制を受くる彼等の運命は間斷なく孤寂と憧憬中にて慰安の世界を求めつつ來たり、悲母の觀音は彼等靈の慰安となれり。優雅溫柔なる高麗の磁器は毎日の適好なる親友なり。余は其の藝術を思ふ時湧出する感想禁ずる能はず。其の藝術品を製作したるもの何を要し何を表現せんとしたるやを了解する者は、彼等に愛情を與へざる可からざるべし。衰弱を嘲弄するは何の榮譽となるべきや。

彼等の孤寂と悲哀は心底より湧出せるものにして之れ切なる生命の聲なり。斯の如き經驗は其藝術をして永遠ならしめ、其作品を永劫の美に引導したるものなり。

然れども如何なる國家も彼等に愛情を與へたることなし。支那は抗拒する能はざる暴君たりき。其勢力衰弱したる時、代立したるものは朝鮮自身にあらず滿洲より脅迫し來たる露國の勢力なりき。然るに最近に至りては其地位を剝奪したるものは朝鮮自身にあらず玄海を隔てる日本是れなり。朝鮮は時流と共に變る暴君を遇ふのみなり。（中略）或る朝鮮人は余に質問したることあり如何なる日本人と雖も能く答へるものあるべきや。實に其敎育は彼等の衷心の要求と歷史的の思想を重視する敎育にあらず。尙ほ斯の如きものを否定して歷史を敎授せず。外國語を避けて日本語のみ、日本の道德のみにて、彼等と只今迄關係なき皇室の恩惠を中樞として彼等の思想方面迄變更せんとする敎育なり。全然更新なる敎育方針に對し彼等は生疏なる情を有するも自然の事實なり。彼等に於ては掠奪者と視するものを最も尊敬せよとするは彼等に理解する能はざる奇異なる矛盾と思はれるべし。

余は李祖初期と思はれる古代の優秀なる刺繡を得たり之れ確に明朝作の影響を受けたるが如しと雖も其色彩より見ても線より見ても圖案より見ても古代朝鮮の美を表明するに充分なる作品と認む。其後余は案內を得て朝鮮人の高等女學校を參觀し生徒の作品多數を見又壁上の大作刺繡を見たる時余は奇異なる感慨に堪えざりき。其は何點より見ても朝鮮固有の美と認識する能はざりしなり。

王世子殿下と婚約ありし喪中の閔閨秀 （大正九、四、二八）

紀念の金指環は返納し、父の喪中に限なき涙に暮る。

李王世子殿下の嘉禮は種々の事情に依り三年の永き年月の間延期されたるも今二十八日には東京鳥居坂王世子邸に於て盛大に擧行せらるる事となれり。

さて此の時に際し一種の感想自然に湧くものあり、そは今より十六年前世子殿下に於かせられて御年九歲の時京城に於て殆んど婚約の成立せむとせしことあり。

世子殿下の緣談に關しては文武百官の令嬢在る人に對して凡て使を立てて選擇せられたる結果當時閔泳敦氏の令嬢に當る方が選ばれて選に當り內實殆んど決定し嚴妃に於かせられても親しく令嬢に對

しならんも、其れかあらぬか自然病の床に臥し永く病苦に呻吟して遂に昨年一月三日李太王殿下薨去ざるも令嬢の宅に取りてより以上の大なる恥辱なきことなり。閔泳敦氏は敢て當不當を云ふ能はざり壽宮より使を以て金指環を收めて去かれたり。王家より下賜されたるものなれば兎や角申すには非らを下されし事ありしは全世上の皆悉知せる處なり。さるに梨本宮殿下との縁談初まりてより直ちに德

當時の事情にては內定なりしも殆んど決定したるものなりしなり。而して嚴妃よりも令嬢に金指環りたるは世子殿下が初めて日本に渡航せられたる前年のことなりき。

其の外戚の叔父に當る李起鉉氏は「何んと申し樣もありませぬが」と云ひつつ曰く、結婚內定にな逝く歲月と廻る月日をわぢきなく送らるるのみなり。

花の落つる、鳥の囀づる、皆人事の果なさを嘲るが如く聞ゆ。令嬢には古机に倚りて書を友として事へ幼き弟妹をいたはりつつ憔悴の俤を殘してわぢきなく暮されつつあり。

磚石峴（西大門外一里半）を越え行けば令嬢の宅に達す。令嬢は詫しく暮らさせ給ふ一人の母上に

令嬢樣には近頃如何に御暮らし遊ばすにや。

婚遊ばさるるに至り今日盛大なる御婚儀を取り行はせらるることとはなれり。

然れども世の樣は變遷し人事も移り變はるにつれて世子に於かせられて梨本宮方子女王殿下と御結し金指環一個を下賜せられたり。

に先だつ十九日前に世を棄てたり。閔泳敦氏は元々正直なる方なりしを以て生前に蓄財なく、物故の後は住なれし住家迄も賣り放ち今は吾（李起鉉）家に遺族を引取りて暮らし居れり。就ては過ぎし昔の經過を今更申す必要もなき様に思はるるも、令孃はつきぬ名殘ををしまれつつ無情の歳月を書を友として英語を獨習しなどして暮され居れり云々。

「祝辭欄」（大正九、五、一）

元山　玄　𤫪　生

四、東亞日報よ　　余は祈る
汝の運命　　永遠に長大に
險惡なる猛風　　堅忍して進み
凋れたる無窮花を　　再び蘇生せしめむことを
五、東亞日報よ　　余は望む
汝の光榮　　廣く輝きて

自由の皇帝冠を　　　授かりて戴き
戴冠式を開く時　　　余を請待せむことを

朝鮮統治改良に對する外國人の觀察　（二）　（大正九、五、七）

スミス氏の統治論に對するスコッフイルド氏の論駁

（四）　スミス氏は拷問制は廢止せられたりと言ふも信ずべからざる事なり。赤池警務局長は拷問制廢止に關し縷々數千言の長文を以て廢止令を發布したるが、此は拷問制の反對者多き爲め此を廢止してスミス氏論文の材料を作らむとするものに非らざるか。予は疑訝なきを得ず。此等の宣言は過去五年間に頻發せられたる處なるも拷問制は依然として盛んに行はれつゝあり。

予が京城を離るる數日前アドバタイザーに朝鮮に拷問制無しとの記事載せられたり。其後予は某高等官に依りて灼熱せられたる鐵を以て刺されたる火燒の痕ある年若き女子を引見せることあり。（そは十二日の事件なり）又予の京城出發前日に某友來訪し予が前日依賴し置きたる培材學堂生徒二名の拷問狀況を語れり。曰はく其の內一人は强き電流を以て壓搾せられて元氣を囘復する能はず、又一人は捕繩を以て拇指を結縛し天井より吊下げられたりと（三月中）。

然り而して培材學生の拷問せられたる事無きを證據立てむとし三十餘枚の紙面に長文の評論を述べたるは實に興味あることと云ふべし。此れ等學生は實に警察署に於て拷問せられたるなり。云々（四月九日東京にて）。

自主自立と心身の健全（論說）（大正九、五、一七）

蟻及蜜蜂の集合組織を以て社會生活を爲すを見るに其の狀吾人の生活に於て爲す所と酷似す。蟻國、蜂國と云ふは實に斯の如きものを謂へるなり。

彼等の社會には女王もあり貴族、軍隊、勞働者も有るなり。それのみならず蟻國には別に斥候あり捕虜あり病院に等しき設備も有りて看護者たる蟻群之を守護す。其の他にも牧畜の習慣及農耕の事例さへありて南米地方の蟻が農業を營むと云ふ一例を見むに其の奇驚くべし。

即ち一種の草木の果實を收穫し穴巢に貯藏後雨水等の流入せる時は搬出し日に曝らし乾燥したる上再び搬《はこ》んで蓄藏すとは動物學にて讀みし所なり。

言を更めて言へば蟻蜂の社會は吾人の社會に比して反りて秩序整頓し規律嚴正、君民上下の政治組織も觀る可きものあり。彼等は互に親睦し一身團結を以て恒に多少の分業さえ行はるる事有り。一匹、一匹の蟻及蜂に横行妄動の事無く相互協力して營爲勞作するを見る。之れ全團體の爲めに熱心なるによりて來るものと解すべし。卽ち獻身勞力するは彼等の善美なる主義たる所以なり。

然れども此に懷疑の感を起さしむるものあり。卽ち是の如く觀るべき(に足る)社會組織を備へて生活する彼等蟻蜂は幾百幾千年の昔より今に至り迄依然として變らず、太古の蟻蜂に比し何等の進步の痕なきは此れ如何なる理由なるか。

按ずるに其の理由を委しく說明せむには長々しく論ずるも尙足らざるを以て其の主要なる一條の理由を說かむ。

そは各々一匹の蟻と蜂とには自主自立の思想觀念なるものなきが故なり。卽自己が自立自行の可能的一個の生物たるの意識彼等に無く、只遺傳と習慣に使驅せられ何等の自覺辨別力無く徒らに機械的本能的に勞働するに止まり、各一匹の特色及特長又は超越の意志行爲なきが故なり。設令幾千萬匹集合するも數量增加するのみにして勞働の本質には何等の變化無きなり。然し吾人の生活には各々其の特質あり、天賦相違せる資質を集めて互に相補助しここに初めて社會も日に就りて發達し、國家も月に進むで文明となるものなり。

余嘗て西洋音樂の演奏を參觀したる事あり。器は大概ばいおりんにして其の他に太鼓喇叭横笛等あり。やがて奏樂の始まり指揮者が指揮杖を擧ぐるや否や諸樂器は一齊に各々異なる特色の佳音を演奏するものなり。而して相互差違障碍を來すが如き事決して無く、其の音々聲々面白く合奏されつつも忽ち分音の境に至りては終りの一二種の音色のみ嫋々として聞え其の極一齊停止に臨むや數十分間反復さるるものとす。此れ實に謂はゆる和而同じからず離れて背かざるの趣を示すものにして、此の點に大音樂の妙味の存する所以なり。

自主獨立の意志ある國民が稟受すべき各自の特色は卽ち各種の樂の音の如きものなり。此の各種の特異なる長所及超才の相互に調和の取れてこそ妙味を發現するものなり。

若し其れ團合の思想缺乏し調和を爲す能はざるは勿論國民たる資格すら無きものにして、且つ混沌無別の狀態にては何等の變化及發展はなきものなり。

故に和して同じからず調和團合しつつ自立自主せむとする主義の國民無き時は其の國の文化繁榮は優勝たる能はざるなり。試みに問はむ、自主自立とは何ぞ。吾人社會の普通生活上の意味に於ける自主自立に三條の階級あり。第一には衣食に關し他人に依賴するなく父母にも依賴するなくてこそ自主自立と云ふべし。實に此れ自主自立の第一步なり。或は之を自主自營とも云ふなり。

第二は自己が善良なる正義と確信せざる以上は何事にまれ他人の意見に輕從し其の行爲行動を模倣せざることなり。卽ち詳言すれば異人の壓迫下に在りて其の無理なる命令又は行動に濫りに服從すべきものにあらず。此れ自主自立の大要件にして其の中段に位するものなり。

第三には各々其の天禀の超才卽ち自己の特色を發揮することなり。其の特長を以て天命に應じ社會に貢獻することに依つて人生の人生たる天職を完ふし競爭舞臺に優勝者たらざるべからず。此れ自主自立の頂點に立てるものなり。

以上の條件を倶備して然る後に初めて公明正大なる自主自立の生活を舉ぐべきなり。然れども若し其の自主自立の完全なる生活の實を得て他人の助力を受けず、毫も依賴する事なからむと欲せば其の維持方策如何。

余は此の要訣を心身の健全に在りとして以下敍論せむとす。

若し吾人の身體にして虛弱にして疾病の苦を受くるとすれば此れ少くとも醫者藥者に依賴せざるべからず。設令如何なる研究者忍耐者奮發者と雖も病魔には敗北の累を免る能はず。

自主自立に對する第一要件は身體の健康を保するにあり。身體の健康を保する方法は生理學上攝生に注意せざる可からず。

攝生とは飮食の滋養分を取り有害物を排斥し衣服の淸潔、四肢五體の運動、腦髓の活用、休息睡眠を適當にするにあり。

健全なる精神は健全なる身體に宿る薄志弱行は社會に出脚するも外人の侮視を免かれず。

常識とは四圍の事物に對し判斷力を有するものにして、砂糖は甘く食鹽は鹹く、懶惰逆賊は惡しく勤勞忠愛は善なり等事理を判斷すべき能力を備へたるを云ふ。

人、遠慮なければ近憂あり、遠大なる思想にて修身養心に勞力せざる可からず。修養の趣味を有するものは如何なる失敗に當面するも花月山水の自然の美に依りて悲感を慰すべく、書畵を賞し音樂を演じて欝懷を解するを得べく、情を和し心を暢ばして始めて心身の健全を保するに難からず。而して煩悶を慰藉し絶望にありて成功することあり。

身體健全に心志確固にして實力の富むものにあらざれば自主自立の功を得難きものなりとす。

北滿洲に於ける排日派氣勢旺盛 （大正九、五、二二）

軍旗を完全に準備し白晝嚴かめしく橫行す

間島を中心として活動する排日鮮人の獨立運動は日々に甚しく、近日に至りては漸次其の氣勢を揚げ龍井村に於ては江口某なる日本人を慘殺し大木某なる日本人を甚しく凌辱し、又天寶山鑛山專用配達夫を途中に擁して其の郵便物を橫奪し、又軍資金を募集し獨立軍人を集めむが爲に巡回する等其の手段猛烈なるものあり。

其他或は白晝喇叭を吹き肅々として行軍して示威運動を試み眼中官憲なく恐るる者なき純然たる獨立運動を爲しつつあり。

此に對しては露西亞過激派よりの思想侵入助力も多大なるものあり、獨立派鮮人の過激派と連絡し互に氣脈を通じて朝鮮獨立思想を宣傳せむとするものあるべく、一面露西亞過激派の朝鮮人の力を借りて南方に勢力を伸さむとするものあり、兩々相俟つて議論點相一致せる爲めにかくは形勢日に危急の狀態に入りしものの如く、目下獨立派の手中に二千挺の軍銃及無數のピストル及爆發彈あり、此等は勿論露國過激派より得たるものにして機關銃まで備へ付けあるものらしく、獨立團の狀勢は次第次第に根底を築きつつありて其の內容頗る充實せるものあり。

此に對する支那官憲の取締は地方治安維持の名目の下に嚴重に取締を爲すべく激勵し居れるも、凡て形式的取締にして一歩進んで突き込めば獨立派と內密に於て握手し反りて彼等の運動に便宜を能ふるが如き形勢も無きにしもあらず。只表面に取締を云々すれども內面に於ては彼等を勸奬するを以て日本領事館側にては甚だ焦慮中なるも元來館員不足にて取締に苦心するものあり。

今より後將に此の形勢は如何なる成行になるか寔に注意せざるべからざる大問題なりと言はざるべからず。

自營自活の精神　（論說）　（大正九、六、七）

今や全世界は鼎の沸くが如くにして、正義よ人道よと稱する大思潮は潮の寄するが如くに押寄せ來り、吾民族等に向ひ生活改造勞働主義よ、政治革新主義よと絶叫し、活動し、以て活動舞臺に於て優勝旗を受け、自由の凱歌を高唱するの新時代となさしめたり。

然して吾人の目指して活動する自由運動に對して余は思ふに、該民族にして自由自から在るを實に顯はさむとすれば、先づ個人が自營自活し、自立的なる精神を以て、個人にして他の人に依賴せむとするの恥づべき思想を根絕し、他の人に對しては少しにても屈服せず、其の中より超越し能く自由の價値を有る生活を爲すに力を致さざるべからず。而して精神的にも物質的にも完全なる實力ある自主と、互に協力し合心して他の民族より受くる困難と逼迫（壓迫を意味す）をば、百折不挫の勇力に依りて最後の結局迄忍耐し一層自立不羈の精神を奮ひ發し、以て吾民族をして自由にして文明なる新生活の快樂を享受せしめざるべからず。吾民族は當に宜しく驚き醒めて勇奮千萬たれ。活氣百倍して勤め勵みて努力し千萬年の神聖なる民族の光輝を發揮すべきなり。

東亞日報君に （大正九、六、九）

中央學校 某

あゝ、東亞君よ。現今の世界を一看するに新曙光の舞臺上に舞踏する民族幾許ぞ。暗黒の路中にて方向を定むる能はずして彷徨する民族それ誰か？此の暗黒裡に於て彷徨する者の理由を吐說せむに、他に非らず。特に其の意志が薄弱にして其の體力を鍛錬し能はざりしが故なりと言ふべし。其の意志强固ならず其の體力强健ならざれば過去は勿論未來も更に一層自主自立は爲す能はざるものと信ず。

此の如き同胞に對して君は健强の責任を代表して猛虎の一聲を叫ぶべきなり。

あゝ、東亞君よ。理想的の大社會を建設せむとするには若干の他の條件も必要ならむも其の基礎は卽ち社會の固有の自主自立の精神と、及び百折不撓の意志ある君の頭腦に充滿せる勇しく勉めて進むの一念に在りと思爲す。

あゝ、東亞君よ。我半島が世界列邦に對し一層の光を發せむとせば一點の瑕疵なき君の絶大なる公筆と無雙の公法を吐說に依るべきのみなりと言はざるべからず。

在露排日派の巨魁秦學新等逮捕

（大正九、六、八）

最近西伯利より歸來せる某氏は該地方の狀況に就て語りて曰く。彼の地は實地に往きて觀ざる人に對して其の狀況を語る能はず。何々なり、何々なりと、各新聞紙上に連日掲載され居れるものは全部事實として認むる能はず。最も近き事例に就て言はむにパルチザンの手に依りて日本軍及居留民六百名が殺害されたりとて各新聞は殆んど全紙面を空費して大活字を以て騷ぎ立て、各地にて演説を爲し追悼會を爲し或は日本政府の責任を問はむ等と稱して日本全國が上を下への大騷ぎなるも、余の出發前に浦鹽に於て露西亞新聞を見たるに「哀しいかな勢力を有せざる者は！吾人の屍骸はいかでか彼れ日本人の六百の過ぎざらむや。

吾人は敢て吾人が殺害され殘酷なる目に逢はされたる事を述べて日本の殘虐なる行動を世上に發表するの必要を認むるもの非にらざるも、惟だ吾人に勢力なく完全なる政府なきを恨むのみなり。見よ！六百名の生命を死なされたりとて騷ぎ立つる日本を。吾人も汝に等しき感情を有し血を有し且つ文字を書くべき筆をも有し言語を發する舌も有す。然れども〳〵吾人には唯だ或る物なきを以て如何ともする能はざるなり。あゝ同胞よ！此れ何たる耻辱ぞ？此れ何たる心外の事ぞ」と云へる論説を掲げて居れり。而して又國境方面の武裝團は今年一月以來侵入を開始し殆んど毎日連續して侵入し居れるなり」と語り、氏は尙詳細の言を言はむにも是亦自由を有せざるを恨むのみなり。と述べたり。

而して五月四日捕へられて銃殺せられたる崔在亭は「ニコリスク」に於て逮捕せられたるものにして其の當時の慘酷にし怨痛なることは一々言語に盡し難く、又今囘獨立運動の首魁として其の地に於て重要視され居りたる秦學新外七名も浦鹽に來りて某事を起さむとせしを逮捕せられたるが、他の數名は放免されたるも秦は容易に放免されず目下嚴重なる調査を受けつゝありと。

天寶山附近の接戰 （大正九、七、二一）

（天寶山に於て排日鮮人との接戰ありたりとの記事「禁止事項」を掲載）

民族復活の曙光 （大正九、七、二二）

吾人の復活を運動する志士義人が千辛萬苦を冒す一方、それ以上多數の蟊賊が腐の慘境に捉らはれむとしつゝあり。吾人の一部が正義を擧げむとすれば一部は罪惡を擧げて正義を壓倒せむとす。其の正義と罪惡とが決鬪するに際し正義の力强ければ罪惡を撲滅せしむべく優に文化復活の樂園を成就すべし。（中略）半萬年の歴史を有する光彩あり光明ある文明を有する朝鮮民族の祖先を今日誇るは罪惡なり、（中略）貧弱なる悲境を脱する能はず文化の香を傳ふる能はざる今日を思へば痛嘆に堪えざるものあり。況や是に由りて外人の侮蔑を受け壓迫を加へられ毆打擊迫の慘極を受く。此れ半萬年の歴史を有する神聖なる民族をして一掬の熱涙を禁じ得むや。

學友會巡回講演團解散命令と言論壓迫　（論說）　（大正九、七、二二）

多年海外留學中の學生の今夏巡回講演團は十八日京城に於て開會中解散を命ぜられたり。解散命令理由書に書して曰く「朝鮮の併合は東洋の平和を維持し朝鮮の安寧を保障する爲めに行ひたるものにして歴代の總督皆此の方針の下に日鮮融和及朝鮮人の福利を圖りたり。殊に齋藤總督は赴任以來日夜內政の改善に努力し此の大方針の實現に盡瘁せり」と。東洋の平和と朝鮮の安寧が朝鮮を合併するに依りて維持せらるとは其の根據那邊に在るものなりや。事實上朝鮮に安寧有りや未だ知らざるも個人の生命は其の肉塊が禽獸又は機械の如くに存在するにあるに非らず、只思想の解放と言論の自由とに依つて其の意志を表示し動作を爲すに在るなり。然るが故に萬一思想を抑制して解放せず言論を壓迫して自由なる能はざれば茲に意志の表示も休止し動作も絕ゆ。動作と云ひ意志と云ひこが休息しては其の肉塊に何の人生としての生命あらむや。此の如く民族の生命も其の民族の意志休息することなく活動絶えざるに依つて始めて其の民族全體の生命存在するものなり。然らざれば眞正の人類としての生命を享有する能はず。朝鮮民族に思想の解放と言論の自由無きは再言を要せず。故に朝鮮には個人として人生の生命無く全體として亦人生の生命無し。只機械に等しく只禽獸に等しく亦奴隷に等しく苦痛呻吟九生十死慘憺たる生活を營むのみなり。かるが故に安寧の保障は該民族の生命有りての問題なり。生命の實在を蹂躙しつゝ安寧の保障とは怪辯なり。否な一種弄絡的口實に過ぎず。朝鮮の安寧を保障すとの言は到底理解し得ず。又歷代の總督が此の方針の下に日本と朝鮮の融和及朝鮮の福利を圖りたりと言ふは何を指すものにや。(今は此問題を避けむ)しかし融和とは同化を意味するものなり。朝鮮の文化と道德と言語と文字と精神の傳統を破壞又は撲滅し以て朝鮮民族をして大和魂をもつ日本人に作り上げむとするものなり。

其の手段方法として昔日は二重警察制度に加ふるに警察行政官及警察裁判官甚しきに至りては警察敎育官警察銀行家を設置して日語敎育を强制せり。然かし其の努力は意の如く成功を收むること能はざりしを以て齋藤總督は新任の際前總督等の失策を日本の爲政家又は學者に極論し各方法を以て攻擊したり。齋藤總督は融和の不可能なることを看破し該政策の改善に努力せしのみならず本紙創刊號に祝辭を送りて同化政策の無意味にして不可能なることを論じたり。故に今齋藤總督が融和てふ大方針の下に之れが實現に努力すと云ふは了解する能はざる處なり。

齋藤總督は徹頭徹尾言實相符合せざる人物なりや。其の部下が上官をして言實を合せしめざる樣弄絡したるものなりや。然り而して日夜内政の改善に努力すと云ふは改善の内政そも如何なる内政ぞ。前總督等のなしたる總ての武斷政治の言論壓迫人權蹂躙政治を改善するものなるを以て過去の總督時代には朝鮮人の安寧の保障は有らざりしことを自白するものなり。然れども言實符合せざること再び暴露したるを以て果して改善なりや又は或は改惡なりや。改善なれば其の實あるべく今次の解散が改善なりと言へば改善なるべし。再び何言を費すの要あらむ。

又書して曰はく講演團は平素修得せる學術上の智識を披瀝する事として申請し、必ず國法を守り國憲に遵ひ一意文化の宣傳に從事し決して政治を論議し治安を紊亂する事無きを宣誓せるを以て總督府は悅んで其の計畫を容認したりと。容認は可なり然るに講演團が各地を巡廻して治安を紊亂したる事有りたるか無かりしか。萬一有りたりとすれば其の事實は必ずや形式として露はれ治安法の條文に對照して別般の處分有るべきは寛宥無き法律吏に當局の治安法擁護政策上明確なる事とす。かゝる處分あるなくかゝる形式無し。該形式なかりしを以て各地の講演團の内容及行動は少しも治安紊亂に觸れざるものなることを知る可きなり。且つ平素の修得せる學術上の智識を披瀝するを容認したるものなれば彼等の平素の修學たる政治法律經濟文學歷史を各地講演の實際に披瀝したるものなるを見るべく全然當初の宣誓に反せず。然るに之れを反したりと爲し又京城にては一層不穩の言辭を用ひて治安を紊亂すること頗る大なるを以て遂に禁止したりと言ひ。又曰く各辯士の演說は悉皆朝鮮の獨立を內容とし反語又は隱語を用ひ或は例を他邦に取り不穩思想を煽動すること甚だしと。各地にて講演したるものよりも京城にて講演したるもの一層不穩の言辭を用ゐたりと云ふ。故に他地の講演の內容は治安を紊亂せず反りて治安の保障に補益する處ありたるを知るべし。何故なりやと言へば一層不穩の言辭を用ひたりとする京城の講演を見るに其の內容極めて平穩にして言言平和を說き又愛他を唱へたり。平和と愛他が治安を紊亂するものなりとせば戰爭と排他を以て治安を保つものとせざるべからず。當局は之れを以て治安を保つものとなし居るにや。

又反語隱語を用ひ諷刺或は例を他邦に取り不穩思想の煽動すと。反、隱語は何を指すものぞ。例を他邦に取りたりとは何を言ふものぞ。京城の辯士は帝大法科出身なれば學びしものは法律、歷史、時代の思潮の胚胎せる學術なり。其の學術を講演することを喜悅して容認したりと言へり。歷史を言ふに際し何ぞ例を他邦に取る能はざらむや。時代の思潮を說くの時何ぞ反語隱語無からむや。目下の時代思潮を直說し去れば實に當局の周章狼狽は形容する能はざるべし。然るに當局は時代思潮に胚胎せる學術を直說し民族自決は如何にして世界勞働問題は如何なり、勞働黨の小弱民族に對する態度は是の若く過激派の勢力は如何にして其の內容は如何なりと直說し去らざりしを責むるものなりや。

修得せる學術講演を容認されたるも其を直説せずして隱語又は反語を用ひたるは該辯士の用心が反つて當局の用心よりもよく熟考したることを知るべく、此れ反つて今日禁止されたる所以なりとせば反覆常なき當局の時代學術とは果して何を云ふものぞ。了解に苦む。（中略）

當局諸公よ日本の學海を觀よ。諸公の思量する學術時代は既に過去なり。時代遲れの何ぞそれ甚しき。然れども自稱賢明なる諸公がいかでか時代の學術を知らざらむや。只諸公は齋藤總督初志を無視して其の同化政策の無意味不可能なりとの主唱を撤廢せしめ、一口二言の好人物に作り上げて歷代總督の壓迫政策を復活し、かの融和の實現を企圖せむとするに熱中するに依つて時代の學術を曲解するものとす。

悲しい哉齋藤總督よ。當局諸公よ。其の態度と政策とを明かにし、假飾虛僞の無差別、一視同仁善政德政等の蛇の舌を弄して朝鮮人を欺瞞する勿れ。

隱したるより顯はるゝは莫し。時と處とを問はず當局の政策顯はれて隱す能はず。

間島の武裝排日團 (大正九、七、二四)

中國の諒解を得て出兵せざるよりは巢滅は困難なりと

間島堺總領事談

間島に於ける排日思想抱持鮮人等は昨年來間島北部地方に根據を定め、數萬の壯丁を募集して組織的に兵式體操を敎鍊し武器は露西亞過激派より精鋭なるものを手に入れ其の根據極めて堅固なれば現在の如き巡査にては到底制御するの能力無きを以て一日も速に中國政府の諒解を得て軍隊の出動を乞はされば決して其の根據を巢滅し能はずと堺日本總領事は語れり。(鏡城支局)

朝鮮問題と中國 (大正九、八、一一)

中國　孫逸仙

朝鮮問題は極めて困難なる問題なり。余の平生考慮せる處を一括し茲に論ずれば日本は朝鮮人の要求を容認して其の獨立を承認するを可とすべし。日韓合併が朝鮮人の怨恨を購ひたるは言を竢たず且つ中國人の對日疑惑を甚しく高漲ならしめ中國排日の遠因も實に玆に在るなり。元來中國民族の如く正義を愛する者無し。日本は中國が朝鮮の獨立を侵犯したりと稱して遂に日淸戰爭によりて中國を擊破せり。然れども正義を愛する中國人は自國が朝鮮獨立を侵したるを以て此の膺懲は當然なりとして一言の怨嗟を發せざりき。

怨嗟の聲無きのみならず日本の正義を尊敬せり。歐米に赴きし留學生は日本文明を憧憬し留學地を日本に轉じ其後日露戰爭に至りて中國人の日本崇拜は其の絕頂に達したり。然るに遂に昔日と相反する現狀を呈するに至りたるは何故なりや。日韓合併が事實上最大有力なる原因なりと斷言す。中國人は日韓合併に因りて曩きに崇拜尊敬し居たる處を一掃し無限の疑惑を以て無限の不安を產出せり。露帝國が崩壞せる今日日本は北方に何等の脅威と不安を感ずる所無き此の際なれば朝鮮の獨立を寬容するも何等の障害無かるべきなり。朝鮮は永久に日本の恩惠を忘れざるべく、中國人の疑感不安も亦此に因りて氷釋すべし。昔日の交情は美しく復活すべく東洋の平和は玆に確立するに至るべしと（

大英と印度（論說）（大正九、九、二五）

二十世紀の印度

世間には不義の力を以て他の民族を統治するもの多し。其の統治さるゝことになりし原因は發達の過程にあり。英國が印度を統治することになりし如き不義の例は天下になからん。英國人の內に公平なる心を抱くものあらんか、吾人は君に問ふ。君は東印度會社の歷史を讀み尙十八世紀の末と十九世紀の始めの自國人が實に印度人を高尙なる文明に導かんとする熱烈なる純潔心を以て印度にて努力し活動せりと信ずることを繼續せんとするや。果して當時印度內に英帝國を建設せしもの等は稱揚すべき諸般の性質を具備せりと云ふべし。其の性質如何なりしを以て稱揚すべしとするやと言えば卽ち海賊掠奪を良くなすことを希望するものの稱揚すべき性質たりき。卽ち其の巧智と頑强と奇略は皆印度を制服し簒奪する困難なる經驗に依つて學得せしものなり。夫等は惡黨なりと雖も其の惡黨を自稱し僞君子的虛善を以て修飾せざりしば吾人の稱すべき所なりと言ふべきか。之等は掠奪する目的を以て印度に來りしことを自白し掠奪が方に正當なることを自白するに躊躇せざりき。夫等は自己の行動を强辯を以て辯護せんとせず印度に對する英帝國の恩惠を强賣せざりき。また英國人の貪慾の犧牲となりし印度人が自己を稱揚せずとて憤怒せざりき。英國人が印度を不義の暴力を以て强奪せりと雖も此の惡黨の寬恕的本色は又一美點なりと云ふべく男性的快然の態度なりと云ふべし。十九世紀中に英國政府が東印度會社に代り印度統治を擔當することになりたるも舊制度は其の儘になし、又其の後直轄領土が大擴張せられたるも在來の制度を代えざりき。英國官吏と英國軍隊の多數が印度各所に駐屯し其の給料は印度人の納稅を以て充當せり。吾人論して此に至り一種の奇異なる觀を禁する能はず。凡そ人民が政府に對し稅金を納付することは何故なりや。人民の幸福を增進し其の權利を伸張して共同的社會生活の圓滿を期するにあるにあらずや。印度人は晝夜を分たず額に汗を流して努力し、結果を分けて自己の幸福はさて置き自己を虐待し賤視する英國軍隊と官吏を養ふ爲稅金を納付す。之は金錢を與へて辱を買ふなり。豈奇異なるにあらずや。奇異なること之に止まらず此の他に多數なるあり。夫れは印度政府が印度人を以て軍隊を組織し他の印度人と爭鬪することを訓練するなり。之れは主人の遊戯心を滿足せん爲鳥が互に爭ひ牛が互に蹴鬪することゝ同樣にあらずや。

印度人が印度人と何等の理由なく互に爭ふは結局彼此兩方が皆英國人に一網打盡されることにして卽ち經濟的政治的奴隷の窟に陷入り其の鐵鎖を一層堅强にし其の障壁を一層完全にすることなり。

元來人は各々自己の幸福を追及して歇まず、其の幸福を追及するには同類が相結びて力を合すべきなり。

今印度人は然らず。此れを奇異ならずとせば天下轉覆して地に歸すると雖も別に珍らしきことなかるべし。一八七六年に「ヴイクトリヤ」女皇は「印度帝國の女皇」といふ稱號を得たり。英國皇帝を印度總督が代表す。印度總督は英國內閣の一員たる印度事務大臣の如く事實上無限の權力を所持するものなり。

在來印度を統治し來りし諸般の法律は「印度政府條例」の下に統一され一九一五年に國會を通過して一九一六年に訂正せられたり。一九一八年に更に印度人の熱烈なる運動の壓力に耐えずして英人は此の法律に多少の改正を行ひ以つて印度人に極めて制限されし自治權を賦與することを國會に提議せり。

祭祀問題を再び論ず（論說）（大正九、一〇、二五）

祖先紀念と偶像崇拜の別

吾人は既に禮を定めし本意と禮の大本を擧げ以て社會制度より祭祀の位置を論したるが今祭祀其の自體に對し內容を觀察すれば第一に問題となるものは祭祀の本意が何れにありやと云ふ問題、卽ち其の本意祖先を紀念するにありや或は祖先の魂靈が降臨したるを以て此を崇拜するにありやと云ふ問題なり。吾人は此を論ずる前に先づ偶像崇拜の如何なるものなりやを明にするを必要とす。凡そ此に對する明かなる智識なければ祖先紀念との區別を明かにする能はず。偶像崇拜の一番著しきものは木彫泥塑に粉面全身を飾り神此れなり或は此にありとし、此れを崇拜するのみならず時によりては此に對して降祥降福を祈るものなり。此れは確に偶像崇拜と云ふべし。又人身を模作せる偶像に非ずとするも或は鏡或は珠玉或は劍を以つてし、其の他何等の模作にても物形を作りて某所に奉置し神が茲にあり或は靈茲にありとなし、此に對して崇拜し或は祈禱するは一切に偶像と云ふべし。凡そ此の理は知者を待ちて始めて知るべき處にあらず賢愚を論せず人の智覺を具備したる以上必ず廓然たるべし。人の手にて作りたる處の工と塑匠の彰旋せし處の色が豈神に接し、神又豈此に接せんや。神は神にして物にあらず、魂は魂にして物にあらず。木は本にして神は神たるべく其の間に何等關係なしとす。見よ偶像に耳目ありと雖も其れ豈能く見聞し得んや。又心腸元よりなきもの豈能く知覺し得るや。棟宇を蔽はされば風霜剝蝕するも知らず務めて掃除せざれば鳥鵲巢を作るも知らず。實に空然たる一片の木偶のみなり。人にして此を崇拜するは自ら其の作りたる所を崇拜するものなり。

若神ありとするも人の作りたる處の神に何等崇拜の價値あるべけんや。神に神を以てなさず靈に靈を以てなさず、空虛なる木石其の他の物形に對して崇拜するは卽ち偶像崇拜なり。此に依て見れば神に侍するに物質を以て爲し靈を思ふに物質を以て爲すこと亦偶像崇拜と云ふべし。萬有の主宰たる唯一の神が豈禮拜堂にあるべきや。故に昔祭壇を設け玆に神ありとせしことも亦偶像崇拜の一なり。人復活すれば天使に異ならず豈物質的家屋を要求すべけれや。故に或者等の天國を珊瑚珠黃金の家屋の如く考ふる事も亦偶像崇拜の一なりとす。神は唯一の神にして理は唯一の理なり。故に此を崇拜するものは神靈を以て爲すへく亦眞理を以て爲すべし。其の間に豈雜神を各樣に崇拜することを容納することを得んや。

然らば祭祀の本意如何。祭日に當り祖先の靈魂か降臨して祭を受くるを以て崇拜するか。若し祭祀の本意然りとせば吾人は斷して是を排斥すべし。此は社會敎化の制度として何等益なきのみならず、反つて民智を啓發し民德を增進するに害あるべし。祖先の靈魂降臨すれば亦昇去すべし。其れは何所にあり降臨すれば何所に止まるものなりや。靈魂豈風の如く彼所、此所を往來し人の如く飲食を要求せんや。此は靈を待つに物質を以て爲すものなり。元來靈は時間と空間を超越し又物質的感覺なし。然らば此れは偶像崇拜なること明なかるのみならず民衆に迷信を擴大して其の間に自然阿諂を爲し幸福を求むるの非禮生すべし。此豈世道人心に益あり吾人贊成すべき處ならんや。

然し祭祀の本意は然らず。此は吾人の無理なる說にあらず。其の禮の素の甚美なる事を知るを以てな。見孔りよは子蔬食菜羹と雖も祭祀なりと言へり。此れは祖先に對する祭祀にあらざるも萬事本意を忘れざる點に一理あり。基督敎徒の臨食感謝の祈禱と其意味は異なるも其の趣きは同然なり。又孝を教ふるに、生きて此に禮を以て事へ、死して此れを葬むるに禮を以てし、此れを祭るに禮を以て爲すと云へり。此れは人の親に事へる手續なり。生死を通して孝を盡さしめんとするものなり。孝心とは何なりや。卽ち父母を思慕する至誠なり。故に生きて事へるに其の誠を盡し、死して葬むるに其の生を盡し、又祭るに其の生を盡すと云ふ意味なり。換言すれば父母を忘る能はざるの至誠を以て爲すことにして必ず其の靈魂の降臨に依るものにあらず。故に霜露既に降れば君子は是を踏みて必ず悽愴の心あるなり。是は其の寒さを言ふにあらず春に雨露既に濡るれば君子は是を踏みて必ず怵惕の心ありて將に是を見んとす。是れは四時祭の起源なり。是に依て見れば祭祀の本意豈偶像崇拜ならんや。豈終を愼み遠きを追想するの美情ならざらんや。此を一層明に論證すれば祭儀に曰く、內に於て齋戒を致し外に於て齋戒を致す。齋戒の日其の居所其の笑語を思ひ其の志意を思ひ其の樂しむ所を思ひ其の好む所を思ふ。齋戒三日目には卽ち其の齋戒するものの所爲を見る。と、此れは靈魂の降臨を指すに非らず其の齋戒する所のものに親しく對面して見るか如きを意味せるなり。祭日に室に入れば端然として必ず其の位見ゆるか如く、周環して出戸するに際し肅然として必ず其の音聲聞ゆるが如く、戸を出て聞くに依然として必ず其の歎息の聲聞ゆるが如し。と、此れは靈魂か降臨して其の所にあることを意味したるにあらず。祭は在るが如きを意味したるものにして、先王の孝は色目に忘れず、聲耳に絶へず、心志好み欲することを心に忘れざるを云ふなり。愛を致せは存じ誠を致せは著る。著存を心に忘れざるもの其れ豈敬にあらすやと言へり。此れは勿論大孝の至極なる情誠の効果なるも、兎角此れに依て見れば祭祀の大本は人情の至美なる點を以て流浪して民德を厚きに歸せしめ、終りを愼み遠きを追想する社會的敎化制度なること明かなり。其れ豈飮食を以つて靈魂を接待することが祭祀の本意にして報本の道ならんや。吾人は只其の至誠美なる點を賛揚せんとす。

紳士風の朝鮮人 （大正一〇、二、二三）

東京停車場に於て逮捕事件の内容は未だ秘密

東京警視廳刑事課、高等課の職員は近日各處の停車場其の他に多數の刑事を以て非常線を張り大活動中、去る十七日午後十一時頃日比谷警察署刑事か東京驛に於て背廣洋服に外套を着したる二十二三歳の眉目淸美なる鮮人青年一人其の行動怪しきを以て誰何するや其の青年は直に逃走せんとするに付之を逮捕し東京署に於て取調べたる結果、朝鮮江原道通川郡鶴二面嚴瀧里に原籍を有する金七星（二十一歳）なるものにして五六年前日本へ來たり各地を立ち廻りつゝ居りしが、昨年中より東京府下南葛飾郡龜戸日本製紙會社の職工となりて勤務中のものにして財布には現金二百六十圓有し其の夜東京驛を最後に發する列車にて朝鮮に向ひ出發せんとするものなりと答へたり。同署に於ては目下尙ほ嚴重に取り調べる中なりと。

警視廳の大活動嫌疑者四人引致

去十六日以來東京警視廳にては某重大事件に關し管內各署の刑事巡査を總出動せしめ犯人を搜索中なるが同事件の裏面には多數の排日鮮人が暗中飛躍を試み多數なる共犯者ある模樣なるを以て去る十七日より十八日兩日間、學生の如き鮮人四名を引致し嚴重に調査中なりと。

滿二個年の春を迎ふる獨立宣言事件囚人の生活 （大正一〇、三、一）

世上に春來り花の時節を促がす雨は、人をして知らざる中に春愁を引き起さしめる此の時、滿二個年間の獄中生活を爲す朝鮮獨立宣言事件の關係者四十八人は、一個月前京城監獄に移送せられたり。春の風は無心に彼等の獄窓を尋ね來り、前の山は愁傷の氣に圍まる。然るに彼等の近日生活は如何なりや。此に對し閔牟田典獄は曰く。彼等は元來思想あるを以て普通の囚徒の如く吾等を苦しむることをなさず極めて正肅に服役す。而して彼等の讀む本は重に宗敎書籍と修養に關する書物多し。其の中天道敎徒は念珠の如きものを差入し之を以つて朝夕祈禱を爲し、耶蘇敎徒は默禱を爲す。又は聖經を讀み哲學、修心、語學に關する書物多し兎角彼等に對する獄吏の取締りも寛大にして特別待遇を爲しつゝありと。

日本の朋友よ（上）（論說）（大正一〇、三、四）

朝鮮人の苦痛

嗚呼日本の朋友よ。吾人をして哀れに悲しき說話と胸痛き心情を充分に吐露せしめよ。

君は吾人の敵か。然らず。君は凶惡なる人か。然らず。吾人は君の胸中にも溫き情の燃へ君の眼にも美しき淚あるを確實に信す。君の中より西鄕隆盛の如き情の偉人出で、四十七士の如き義士出でしにあらずや。嗚呼吾人は石童丸の話を聞く時に泣き幼き正行の話を聞く時に亦泣き歎服せり。何んぞ君の胸に情の炎と君の眼に溫き淚なからんやと。吾人は本來如此考をなすものなり。此全世界の人假令其言語異なり其色を異にし其衣食異なりと雖其根本の心に異なりなし。誰れか父母の恭敬妻子の愛なからん。誰れか悲に泣き喜びに喜ばさるものあらんや。各人の心の底にある天與の生命は皆同一なり。萬一君の心中に如此美しき情及び義なしとせば吾人何ぞ重言復言吐情せんや。されど吾人は君が一層情に鋭敏にして義に强きを知る。明治維新史を装飾せし大久保利通は誰人なるや。明治憲政史を輝かせし板垣退助は誰人なるや。吾人は實に吾人の胸中に飛躍する生命が亦君の中にも飛躍せるを知る。故に君を朋友と云ひ手を携へて吾人の痛き胸を打開けて言はんとす。嗚呼日本の朋友よ。吾人をして忌憚なく言はしめよ。日韓併合後過去十年間に君は總督府が吾人に何物を與へたりと考ふるや。一は見目好き靑山。二は立派なる道路。三は立派なる裁判所。四は立派なる行政官。五は立派なる産業開發。六は立派なる敎育振興なりや。然らば朝鮮人は滿足して幸福と考へ太平歌を歌ひしか。在來の韓國政治は惡かりしなり。政府は腐敗し大臣は暗弱に法律紊亂し財政困乏して官職を賣買し人民を取利の材料と考ふるを以て、生命財産の安全なく、敎育の發達、産業振興は企念だになし。況んや自由の何たるやは知る由もなかりき。然らば則ち在來の韓國政治は暗黑政治なり。然るに總督府政治は文化政治にあらざるか。幽谷を出で、喬木に遷るは事理の當然なる所なり。朝鮮人は此を歌ひ此を頌して太平歌を歌ふならんと。君は此の如く考ふるや。君の觀察は無理にあらずと信ず。然らば朝鮮全道に網を張り附けたるが如き有名なる憲兵制度は何を意味し、又朝鮮全體に鉗を欲めて一言半句の意思をも吐かしめざりし彼の有名なる言論壓迫は何を意味したるや。吾等は忌憚なく論す。斯の如き諸壓迫は鮮人が當時總督府の政治に對し不平を有したるが故のものなり、又其の不平の爆發を防禦せんとする爲めなりしなり。然るに燃える火は袖を以て掩ふ可からず流れる水は手を以て塞ぐ能はず遂に此の不平は爆發したり。然らば其當時の考として朝鮮人は實に「背恩忘德」のものなり。餅の御馳走を受けて後足を以て反て其の人を蹴るものなりとせしならん。萬一斯の如く思慮したりとせば吾等は更に討議すべき餘地なきことを思ふ。

噫、其の考は一應は無理ならざるも人を誤解せる餘りに甚しきものなり。人間は過去と現在のみを比較して滿足するものにあらず。其の胸には千萬年經過するも消えざる理想の火燃えつゝあるものなり。此の理想あるを以て吾等の建設あり價値を有するにあらずや。自己の實現と生命の開發とは何か。皆理想を追求し向上するを指すものなり。吾等に斯の如き理想なきものとせば吾等も草田に臥する驢や羊と同じく安息するに相違なからん。又吾等に此の理想なきものとせば人生の諸價値は葬事に歸すべし。

人の胸中の火卽ち理想は人の手を以て消す能はず天の能力を以て亦消す能はず。

日本の友達よ。過去に比して當時の總督政治を誇張する勿れ。過去は朝鮮人自からも克く打破し革新したるに相違なきものなり。否、一層善く革新したることと信ず。

過去は過去なり追ひ咎むるも何等の要用あるべきや現在は果して如何。

三　砲殺を宣傳　（大正一〇、四、二三）

總督府に於て現今施政宣傳を爲すは皆知り居れる處なるが、大韓獨立團に於ても當局にて施政を宣傳すとのことを聞き四月一日以來「三砲殺」を一齊に宣傳したりとの事なるが、其の方法は六名宛一隊となり中國陸軍服を着し乘馬長槍を提げて巡回し左に記錄したる條項に相當するものは砲殺するものなりと。

一、敵の犬馬となり同胞の血を啜りたるものを砲殺す。
二、武器を提供し敵に歸順し敵と通ずるものは砲殺す。
三、日本の學校を經營し兒童青年をして敵に接近せしめたるものは砲殺す。

爆彈銃器を携帶せる暗殺團侵入說 （大正一〇、七、一）

國境方面の排日朝鮮人は朝鮮內地に在る官公吏其他の親日派を暗殺し各官廳を破壞して大に朝鮮獨立の氣勢を揚げ他迄も朝鮮獨立を達成せむとし、今回十三名の暗殺團が各々爆彈拳銃を携へて國境の嚴重なる警戒線を突破し朝鮮內地に侵入したりとの事なるが。此の噂を聞きたる全道の各警察署にては寢食を忘れて目下嚴重に警戒中なりと。（平壤）

義州地方大不安 （大正一〇、七、八）

〇〇團が〇〇〇〇を配布警察は四日以來大警戒

去る四日晩〇〇團は〇〇文を義州市街地及梧木市の商店、或は路上に散布したり。之を聞きたる警察當局にては元より警戒を嚴重に爲し居たる處なるも其の夜は特に大警戒を始め今尙警戒を繼續中なるが、如何なる者が斯の如く大膽なる文書を廻はんたるか、今回初めての事なるを以て當局にても極めて秘密に附し嚴重に搜査中なり。而して其の文書の內容は未だ詳細に知るを得ざるも、〇〇〇〇〇〇名は今月中に義州に〇〇すべく、男女老若は遠村に豫め避難し青年等は後程〇〇せよとの言と、〇〇の方へ〇〇〇の場合には是非〇〇〇を一般に通知すべく官公吏は勿論百姓等も〇〇する者に對しては〇〇を爲すべしと書し、〇〇文の出所は〇〇〇〇〇義州出張所と書し居れりと。義州は元來國境なるを以て怪しき風說多き處なるが今回斯の如き危險なる〇〇〇を配布して以來は人心甚だ不安になりたりと。（義州）

咸南長津に獨立團 （大正一〇、八、一〇）

二百四十名國境を威脅咸南警察隊遂に出動

八月一日午後十一時頃咸南長津郡に二百四十名許りの獨立團體顯はれて附近民家に火を放ち掠奪す(何事をか計劃す)との噂を聞きたる咸鏡南道警察部にては即時警官隊を出動せしめたるが、彼等は何の抵抗も爲さず國境方面に退却し山林中に綜跡を隱したるを以て繼續捜索中なるも未だ其の行衛を知り得ず附近民心甚だ不安なる模樣なり。一説に該團體は平北厚昌方面に向ひたりと。(咸興)

李承晩一派の宣傳 (大正一〇、八、一三)

朝鮮大統領なりと稱する李承晩は上海クロニクル紙記者に語りて曰く。余は將に開かれむとする華盛頓會議に對し朝鮮に民族自決主義の原則を適用することを要求する豫定なり。曩きに巴里會議の際には吾人は常に日本の外交家の壓迫を受けたり。然れども米國は常に小國に同情する筈なり。されば諸種の事情佛國と異なり居るを信ず。朝鮮は獨立を願ひ又米國と同じく共和國たらむことを願ふなり。余が米國に對し願ふ所は米國人が中國人と朝鮮人を救けて其の獨立を確立に保全せしめ亞細亞にある諸國が其の勢力を平等に保つ樣にせしむることなり。と言ひたるが、之れと策應して米國内に於ても朝鮮の獨立を提唱し最近「朝鮮の爲めに」と題する著作を爲したる鄭漢卿及びヒヤデルフイヤにある徐載弼の兩人も李承晩を救けて會議開會前に各地にて宣傳演説を試むる筈なりと。

「横説竪説欄」 （大正一〇、八、二四）

やれ「平穏」やれ「不穏」と碌でもなき宣傳戰繼續して新聞の押收頻々たる中に國境附近に於ては獨立團の侵入に因りて森林地帯に軍隊の出動を見るに至れり。千百の議論よりも一個の事實を直視せよ。

今月に入りて本報は當局より二回の發賣禁止の處分に逢ひたり。發賣禁止の原因たる記事が二回共日文新聞より譯載せられたるものなるに其の日文新聞は皆無事に世上に公表せられ唯獨り本報のみ引續いて酷禍に逢ふ。總督府の言論政策が「寛大」なりとか「苛酷」なりとか徒らに議論するなく斯の事實のみ直觀せよ。

松井茂君の視察感想の一節に「總督府の總督と地方面の總督とは著しく異れり」との語句あり。倭城臺にて散布せらるる宣傳と村落の數も知れざる總督の行動とは其の差の如何に甚しきかを當局者は果然知れりや否や。

朝鮮鐵道の滿鐵委任經營は調印を了したり。今後實現せらるるは從業員の大淘汰なるか、賃金が此れ以上增額さえしなければ萬幸なり。何人が經營すとも朝鮮人に何の關係かあらむや。

「横説竪説欄」（大正一〇、九、五）

監獄は人類社會の典型なり。人生の苦痛の如何なるもなるかを雄辯に證明する處は監獄なり。衣食住の威脅を受くる人生、權門勢家の勞役に壓迫を被むる人生が、監獄に入れば鐵窓の暗室に心根のよからざる看守の號令に進退を左右せらる。こは廣き社會の人類生活を善く縮圖したるものなり。自由と平等とを呪咀するよき機關なり。こは實に特權階級の創作中の傑作なり。名譽を求むるにも地位を圖るにも金錢を奪ふにもよき方法なり。見事なる考案なり。

監獄裏にて泣きの涙を以て天道の無情を時々呼訴する囚人が又更に資本の爲めに生產的勞役の强制を受く。囚人としては誰れの爲めにする生產なるか、自身の爲めの生產なるか。然らず資本の爲めにする生產なり。資本家の爲めにする生產なり。更に換言せば自身の爲めにする生產にあらずして他人の爲めにする生產たるなり。

他人の爲めに爲して過りて囚人となり。囚人となりても亦更に他人の爲めに生產す。悲哀なるかな。人生は可憐ならずや。忍ぶべけむや、待つべけむや。

裁判所檢事室に行き見れば監獄製品を以て見事なる展覽會を開設せり。其の展覽會を縱覽する時良心ある人士の感想如何なるか。

誰か知らむ盤中の粟粒々皆辛苦なるを。と言ひけるが、誰か知らむ展覧品は悉々血涙の凝なるを。の考出づべし。果然其の展覧會の製品は何れの品も血涙の纒着し居らざるなし。然れども其の製品は將に豪奢なる金持に、權力多き人に、更に語を變ふれば他人をして血涙を流さしむることを爲す人の手に入るなり。彼等は其の製品を使用しながら良心には少しも苛責を受けざるにや。

興農會創立と朝鮮產業（論說）（大正一〇、一〇、四）

朝鮮人の有するものは何ぞ。宗敎なりや、敎育なりや、政治なりや、經濟なりや。宗敎は事大にして敎育は機械、政治は畸形にして經濟は破滅なり。精神上朝鮮人の人格を向上せしめ道德を高め智識を啓發して人生の人生たる自由を保障し心神を慰安せしむるものを有せず。又物質上生活の基礎を安定し父母妻子の疾苦を救濟し兄弟朋友の流離を防止し家庭は和樂に鄕村は親睦に、因りて肉體を潤滋ならしむるものも有せざるなり。

否、心神を慰め肉體を潤滋ならしむるは尙論する莫からむ。支離滅裂家庭は破壞し鄕村は頹廢せり。乃父乃兄乃夫乃子東西に丐乞するの秋、秋夜寒月に路頭に石を枕とし猩々の哀怨の聲に和答して嗚咽切叫するも大空無言に人事無道にして飢腹凍骨遂に冷屍を作すのみなり。憂愁怨恨、腦神喪膜、靈臺塗漆して走獸飛禽を美望してもそれにも及ばず。意識無識に生じて而して死し、死して死す。九死に一生も圖つて得難きなり。

噫々朝鮮人よ運の否なる何ぞ此に至り、命の乖く亦何ぞ其の極に達したるぞ歷史の無き所以にして、平等無きて、軀殼陋なるが所以にして、頭腦の劣れる所以なるか。否らず〳〵自由無き爲めにして、平等無き爲めにして、權力無き爲めなり。自由自由自由！平等平等！權力權力！何を以て得べく何に緣りて達せらるべきか。富は屋を潤ほし德は身を潤すとぞ、富まざればあるべからず、德たらざるべからず。

管子に曰く倉廩實らざれば榮辱を知らず衣食足らざれば禮節を知らずと。西語に曰く生活の資料を失ひたる者は凡ての自由を失ひたる者なり、凡ての自由を失ひたる者は生命を失ひたる者なりと。されば既に失ひたる生命を復せむとせば自由を復せざるべからず。自由を復せむとせば生活の資料を求めざるべからず。禮節を知らむとせば衣食足らざるべからず。榮辱を知らむとせば倉廩實らざるべからず。されば倉廩は如何にして實り衣食は如何にして足り、生活の資料は如何にして求むべきか。一も產業の振興に在り二も產業の啓發に在り三も產業の進展にあり。（中略）

朝鮮は現狀の如く產業振興せざればその生活資料を得られざるべく隨ひて自由なかるべし。生命を失ふべし。故に產業の興替如何は卽ち朝鮮人の興替を證明するものなり。一寸の虫にも三分の魂あり。所謂人なり虫にも及ばずして魂を喪ひ只徒らに死をのみ待たむや。否らず朝鮮人は其の魂を喪はず。進んで爲さむとするものなれば決して其の魂を喪はさりき。

數年來朝鮮人は休まず止まず作し就さむとし、京鄕を論せず或は思想に、或は主義に、或は修養に、或は社交に、其の團體簇出し、敎育機關言論機關並び發し、朝鮮人の精神を喚起し朝鮮人の存在を表示すると同時に、朝鮮人の生を擴充し、奮鬪努力して止まざるなり。此れ卽ち朝鮮魂なり。いかでか之れを喪ひたりと言はむ。されど朝鮮人の實生活に關する緊急重大なる農業問題に對しては未だ機關を有せず團體なかりしなり。此れ實に朝鮮人の不幸にして吾人の深く且長く遺憾とせし所なり。此回興農會創立を見る。幹事諸君幸に有終の實を擧ぐるに努められよ。

日本の朝鮮統治評 （大正一〇、一〇、一六）

紐育「ヘラルト」紙通信

紐育「ヘラルト」紙は繼續し同一論調にて「セボルト」氏の通信を掲げ本月十、十一日に亘る京城通信なりとて日本が武力を以て朝鮮を統治し居る狀況を記述し、又朝鮮を愛蘭に比較し唯朝鮮人は戰爭を敢行し得ざる國民なるを以て日本の壓迫に服するものなりと朝鮮獨立運動に對する日本官憲の壓迫狀

態を大々的に報道したり。（紐育電）

中國の獨立問題（論說）（大正一〇、一一、一〇）

門戸開放の交涉

太平洋及極東問題の解決無ければ軍備制限を期し得ざることと、軍備制限無く平和を確保し得ざることと、更に平和無ければ世界文明の增進は到底望む能はざることは吾人の屢次論述せる處にして軍備制限會議の前提條件として太平洋及極東問題の解決を要望し、此に關する會議を大統領ハーデングが兼て招集したるは萬人共に其の妥當なることを首肯する處なり。さて太平洋問題は結局極東問題となり。極東問題は要するに中國の門戸開放主義が骨子となり居れるものなり。此れ米國が中國開放の主義を力說し日英同盟更新に對し熱烈なる反對の意見を表示する所以なり。元來日英同盟條約には中國の門戸開放に對して反對の文句なく兩國の政府當局者は同主義に對して深甚なる贊成を表せざるにはあらざるも、其の實地の結果を觀察せば中國の主權を侵害し其の門戸を閉鎖すること事實なり。かるが故に極東問題の解決を主張する米國は中國の門戸開放を主張し、中國の門戸開放を主張する米國は更に其の獨立の保全を主張し、中國の獨立を主張する米國は其の獨立保障の必要なる條約を力說し、反面其の獨立に危險を及ぼす各種勢力の除去を主張す。玆に太平洋會議は其の開會期に漸近し隨ひて出席各國代表の歡迎に奔走し居れり。米國の眞意が果然那邊に在るか具體的に聲明したる處無く、又推測し難きも政府顧問の人物と其の言明及其の他の報道を綜合して觀察せば佛國の有名なる著述家「フ・ヘルチノー」氏の左記言明は果然事實の眞相を發きたるものと言ふべし。卽ち同氏曰く。

米國は中國の獨立保障に對して（一）靑島を包含せざる膠州灣を除外するの條約を以て山東を開放し同時に中國に在る凡ての勢力圈を撤廢すること。（二）右協定を滿洲に迄擴張すること。（四）日本の中國に對する殖民を禁止すること。

されど日本は其の賠償として必要なる諸原料の供給を受くること等が必要なる條約たるを覺ゆ。その組織的勸告書を作製したりと云ふ。中國の獨立問題が果然華府會議の最も肝要なる問題にして同會議の第一着問題なりとせば、換言せば極東問題解決の主要點が中國の門戶開放にして中國の門戶開放は政治的獨立と領土の保全とを必要條約とすることを事實なりとせば、此の獨立を危險に陷らしむる各種の勢力の除去を主張するは論理の必然なる歸結なり。

中國各要害地に各國の勢力範圍を確立し、同範圍內に在りては中國の主權活動を容認せざるはいかでか中國の領土保全にして其の獨立を保障するの所以ならむ。鐵道は國家經濟と社會生活の脈絡を作る主要なる機關なり。此の機關が或は日本人の手中に或は英國人の手中に歸し居れるは豈夫れ中國の自由發達を完全に保護するの所以ならむ。更に他の一面に在りて列國の機會均等を實地に行ふに於ておや。此の兩個の事實が中國の獨立を威脅するは大凡列國が共認する所にして且つ此の兩個の事實を除去するに對しては勿論滿洲一帶を例外とし難きなり。滿洲がたとひ中國の本部にあらずと云ふも中國の領土たるは依然領土たり。其の滿洲を支配するものは結局北部中國の全體を支配すること必然の事勢なりとす。されば此の滿洲の運命は卽ち中國人の運命を支配するものなりと云ふも過言にあらず。

されば勢力範圍の撤廢と中國鐵道の中立は中國の獨立を保障するに必要にして此の主義の承認は滿洲に對して例外を許さゞるなれば此に對する日本の立場に果して如何なるか。

日本人の或者等は近來米國の輿論、日本人の經濟的發展を容認せよと云ひ、滿洲と西伯利を其の人口問題の解決處なりと云ふに對して滿足の意を表し日本の前途に對する安心の念を抱かんとするが如くなるも、吾人の觀察する所に依れば此は短見なりと云ふの外なし。米國人が日本の經濟的發展を容認せよと云ふは日本の產業に必要なる原料品の供給を確保し、其の純然たる經濟的活動を容認せよと云ふにあり、決して其の政治的在來の特權を全部其の儘容認せよと云ふにあらざるなり。されば經濟的發展を容認せよと云ふ價値何なりやと言へば吾人は其の內容の漠然たるを覺えると共に彼の中國に對する關係の依然として困難なるを感ずるものなり。

されど此の際日本が徹底して極東の解放を主張し或は賛成するならば如何でか小を失し大を得るの所以ならざらむや。

「東亞短評」(大正一〇、一一、一〇)

華府會議も明日を以て開場せらるゝ豫定。各種の重大問題が如何に決定せらるゝか、環球の注目も當然。

極東問題の討議順序と巴里條約の既定事實除外の如何が日米衝突の根本點なりと米紙は報ず。

極東問題の各個に至りては日米間に完全なる意見の合致を見るもの殆んど一件もなきは確實。

中國本部と滿蒙を分離して討議せむとするは日本は希望なるも英米は强硬に反對すと云ふ。此亦衝突の一點。

米國は中國諸鐵道の中立を熱心に希望するも日本は亦猛烈に反對す。此亦衝突の一點。

山東の開放と諸外國の勢力圈撤廢にも日米意見は合致困難なる模樣。此亦衝突の一點。

勢力圈撤廢を滿洲に迄擴張せむとするには日本の絕對反對あるは分明なれば此亦衝突の一點。

工業原料の供給を受くる條件を以て中國内の日本移民禁止も協定困難。此亦衝突の一點。特に日英同盟存在せば軍備縮少不可能なりとの米國の見解は日本に取りて最難の問題。數多の衝突點、複雜せる難問題を如何調停解決するか興味と危險の平行は此會議の前途。

朝鮮の獨立承認を中國國民外交大會より電請　（大正一〇、一二、七）

上海に開催中なる中國國民外交大會は中國の獨立尊重、山東の無條件還附、二十一個條の廢止其の他五個條の決議案を通過し華盛頓會議長フユーズ氏並に列國代表者に通電したるか其の中には「朝鮮の獨立を承認せよ」の一條項有りたりと。（上海電）

華府會議と朝鮮獨立運動　（大正一〇、一二、三一）

華盛頓會議を機會として獨立運動を起さむとする朝鮮と印度の兩民族は數年來華盛頓に獨立運動本部を置き其の他の小弱民族も此回の會議を期會とし華盛頓に代表を派遣し機會を窺ひ獨立問題を會議に於て會議する樣運動したり。朝鮮人は去る數年來米國に於て民族自決の爲めに奮闘したるが未だ成功したることなきも前記朝鮮獨立運動本部に於てはフレドトルフ氏を顧問とし此の人が各種の指揮を爲しつゝあり、又朝鮮共和國大統領李承晩は十一月中にワシングトンに到着し多分會議の終る迄逗留すべく華盛頓にある朝鮮人中今回の會議に於て獨立の目的を達する能はずと悲觀する者あるも獨立の希望全く無きに非らず。這般獨立問題を會議する際顧問たるドルフ氏は曰く。

朝鮮の主權を奪はし以來種々の國際的集會に於て獨立を主張し來れり。海牙に於ても巴里に於ても又此回の華盛頓に於ても機會ある毎に主張を陳述し個人としては各國の代表の同情を受け居るも、各國代表なる人々は皆自國に利なる政策に拘束せられ公平に朝鮮を救け得ざるなり。と述べたり。

又一九一九年にミスリー州上院議員スペンサー氏の提出したる朝鮮獨立に關する決議案を遂に票決するに至らず。又ハーミツトキングドム氏の朝鮮に對する日本の惡政を大びらに列擧したる請願書は議會記事錄中に一卷を爲すの大部に記錄され居れり。朝鮮獨立運動者は華盛頓會議の米國代表者に對し種々運動するも會議に於ては未だ會議せられず。中國代表は朝鮮獨立に對し衷心より賛成するも米國代表と各國新聞記者等は格別の態度を見せず。中國代表某氏曰く。「萬一朝鮮獨立希望を各國に於て聞かざるときは中國代表は自國の主張中に一の大決心ありと」言ひたりと。（華盛頓電）

「横説竪説欄」（大正一一、一、九）

鴨綠江の氷上通行區域を制限し殊に午前八時前及び午後五時以後は絶對に通行を禁止し萬一此の禁止時間内に通行する者は銃殺すと云ふ。

如斯非常手段は宛然戰時狀態なり。總督府にては表より「時局平穩民心安靜」なりと宣傳し後門よりは戰時と異なるなき銃殺令を發布したり。國境方面は果して如何なる程度迄形勢不穩なるか一向に正體知れず。總督府の第一の得意は宣傳なれば此の種のことは宣傳を以て徹底せしむべきものなり。政治上に何の關係もなき店童村婦の血を以て鴨江の氷を紅に染むるが如き事なき樣徹底に宣傳すべし。

又時計は如何なるものを標準として之れを許可又は禁止するにや。日を見て時間を推定し又は不正確なる時計を楯に數分間の差異を以て此の災難に掛るやも知れざれば該地方の住民は自己の生命の爲めに充分の注意を爲さざるべからず。

灰色政治と煩悶時代 （論說） （大正一一、一、一四）

近年來日本政治家にして朝鮮統治を論評するもの多し。或は文化政治の徹底を主張し、或は武斷政治の復活を警告し、或は自治制度の施設を提唱し、或は參政運動の必要を暗示し、その說一ならず、その論多端なるも此れ皆皮相の觀なり。井底の見なり。何が故なりや。凡そ政治は歷史を離れて論評する能はず歷史は政治を離れて說明し能はざるなり。歷史は過去の政治にして政治は現在の歷史なるが爲めなり。かるが故に朝鮮統治を論評せむとせば朝鮮民族の心理を解剖せざるべからず。朝鮮民族の心理を解剖せむとせば歷代の事實を精考せざるべからず。茲に日本が朝鮮に對して取りたる統治史を三期に分ちて論評せむとす。第一期は保護政治卽文治時代なり。第二期は憲兵政治卽武斷時代。第三期は灰色政治卽煩悶時代なりと云はむとす。此を逐次說明せば進行の線路と事實の變遷は瞭然たらむ。第一期保護政治の經過は如何なりしか。一九〇五年十一月十七日發表せられたる保護條約是れなり。(一)日本政府は確實に韓國外交の代表權を得たり。(二)京城に統監を置き各地に理事官を置く。

當時日本は多年蓄積せる銳氣と精練なる武備とを以て淸を打ち。露を逐ひ。政治上にも軍事上にも韓國政界に獨り舞臺獨裁官となりたり。何を求めても得られざるなく何をしても從はざるなかりしも統監に任せられたる伊藤氏は自主政治を繼續したる歷史的背景と特殊の文化を形成したる民族的感情を充分に諒解し華麗燦爛たる政治的巨腕を縱橫無盡に發輝した。韓廷に對しては格勤に外臣の禮を執りつ韓民に對しては誠實に開發の意を披瀝し言論を開放し敎育を奬勵し百方懷柔し萬端撫慰して多少感情緩和せられ秩序の維持せられたるも事實なり。されど其の當時の社會狀態は如何なりしか。慷慨激越の氣分朝野に充溢し或は海牙の密使となり或は山林の蹶起となり、或は言論を以て或は集會を以て反抗の氣分逐日增長せり。哈爾賓事件が保護政治の結幕となりたり。是に於てか日本政府は文治主義の失敗を見、武斷政治の端緒を開きたり。然らば第二期武斷政治の成績如何なりしか。軍閥の寵兒寺内將軍は數萬の精兵を半島に集中し秋霜烈日の如き態度を以て一九一〇年八月二九日東洋平和と朝鮮民族の幸福なりとの題目下に併合の大事を斷行し第一世總督の任に就き模範的武斷政治を實現したり。文化に侵言論を壓迫し敎化を蹂躙し集會を禁止し俊傑を威逐し、極端に迫害し加速度に拘束せり。されど移國さえ亦足淪せる朝鮮民族は反抗の力鈍く戰々兢々たる中に履霜歩氷の感無き能はざりき。されど移國さえ亦足れりとなすを武壓位何の罪ぞとの悲憤充溢し、月を追ひ年を加ふるにつれ表面は靜謐なるが如きも不平は不平を生じ苦痛に苦痛を加へ忍耐せむとするも忍耐する能はず沈默せむとするも沈默する能はさりしなり。例を言はば一九一九年三月一日の萬歲事件は箇中の消息を傳ふるものなり。茲に武斷政治が終局を告け灰色政治出現したり。されば第三期灰色政治の將來は如何。未だ結論するに尙早にして判定し能はざるも過去に在りて伊藤氏の文治政治が失敗し寺内氏の武斷政治が破壞したるを見れば根本的に統治策の良否を論ずる餘地なきなり。

日本政府が敦厚なる文官の氣質を有し武事の閱歷ある齋藤氏を總督とし文武並用の策を取らしめ、地方行政に練達せる水野氏を總監として幾分地方人士の意見を收拾せむとするも一時的彌縫策姑息の計に過ぎざるなり。されば吾人は現在政治を灰色政治なりと批判し且つ又朝鮮民族の煩悶時代なりと云ふを躊躇せざるなり。見よ新思想に接觸し新局面の展開を待つ朝鮮民衆は所得何ぞ。所望何ぞ。元氣沮喪するのみ。中途に彷徨するのみ。或は失望佇立し或は過激突飛なり。日本政治家諸公よ。懇切に請はむとす大悟徹底すべし。一千七百萬民衆の煩悶何ぞ日本の憂患ならざらむ。東洋の危險にあらざらむ。米國の黄金の勢力に結托せざれば露西亞の赤化宣傳に歸順せむとするは現狀の趨向なり。殊に自覺の程度伊、寺、の時代と懸け離れ、世界の思潮大變せる此の時に在りては朝鮮に對する根本方策を確立し、以て兩民族をして永遠なる幸福を共に享けらむるに非ざれば將來の成敗は豫測すべきのみなり。

經濟的特別保護の意志なきか（論說）（大正一一、一、一八）

朝鮮人の生存權

朝鮮人たとひ陋醜なりと雖も豪奢なる日本人と等しく人間的價値を有し、朝鮮人たとひそれ貧賤なりと雖も富貴なる日本人と等しく生存權を保有す。日本人が萬一ワシントン會議に對し生存權を主張する當然の權利と理由とを有すとせば朝鮮人も亦その生存權を天下に對し主張する當然の權利と理由とを有す。日本人が世界に對し人間的價値の平等を要求する當然の權利と理由とを有すとせば朝鮮民衆も亦その人間的待遇の平等を萬邦に對し要求する當然の權利と理由を有するなり。日本人は獨りその自己の權利のみを主張し他の權利を排斥することを得ず。獨り自己の要求のみを是認し他の要求を無視することを得ざるなり。日本人は朝鮮人に對しその生存權を認定し確保し更に進みて其の生存權を擴充したることありや。吾人は新年劈頭に此の質問を提起せむとす。更に日本人は朝鮮人に對しその人間的價値の平等を是認し尊重し實地にその向上と發達の爲めに如何なる積極的方策を取りたることありや。吾人は此の第二の質問を併せて提起せむとす。

人民の生存權を無視する國家は既に其の存在の理を失ひたる國家なり。此を保持する必要もなく義務もなし。人民に對し人間的待遇の平等を拒否する政府は既にその人民の政府たる性質を失ひたる政府なり。此の轉覆を期し此の倒壞を企つとも人民たる義務に何等違反することなく隨て罪惡たることなし。否とよ。人民はそれ斯の如き當然の權利を有し理由を有するなり。人民いかでかその人民自體の爲めに生存せずして政府自體の爲めに存在し、人民それ自體の幸福を追求して生活せずして國家それ自體の爲めに生活するものならむや。

存在の理由を失ひたる國家に對して反抗する勇氣なき國民はその精神的生命に在りても既に死せん國民なり。たとひその頭上に痛棒を受くとも地に跪拜して哀を乞ふなるべし。屈辱の如何なるものなるやを知らざる者たり。本來の性質を失ひたる政府の爲めに依然忠誠を盡すものはその實忠誠を盡すものにあらず巧知を飾るか無智を掩ふに忠誠の殘骸を以てするものなり。

凡そ國家は人民が貴く隨ひて其の國家の爲めに忠誠を盡す義務を負ひ、政府は人民が重く隨ひてその政府の爲めに保支の責任を擔ふ所以はその國家と政府が能く人民の價値を向上し其の生存權を擴充するが爲めなり。

然らば則人民に貴きものはその生存權と價値の是認なり。その國家自體にあらず。その共同目的を達せむ爲めの政府なり、政府それ自體にあらず。朝鮮民衆はまさに自覺し盲目的に服從するなく萬事に存在の理由を問ひ自家の權利を伸張し自家の自由を擴充すべきなり。

吾人が經濟的特別保護の必要を論するに當り此の如き前提を提起したる所以は生存權擴張が經濟的施設と保護とに依り始まり、人間的價値の是認が亦經濟的施設保護とに依り發する事實嚴然たるが故なり。經濟的施設上朝鮮人の發達を無視せばそれ數千萬言を費して朝鮮人の生存權を尊重せりと云へども、それ數千萬卷の法令を發して朝鮮人の人間的價値を是認せりと云へども、全然虛言なり。全部虛構なる事實なり。經濟的施設上朝鮮人の發達を無視したるものは、凡そ如何なる重大なる意義を包含せるや。云はば現代自由競爭時代に否資本主義的社會制度の下に在りては卽ち生命の剝奪を意味するものなり。見よ彼の嚴然なる事實を。鐵道が日本人の掌中に在り、銀行が日本人の掌中に在り、商權が日本人の掌中に在り、工權が日本人の掌中に在り、政權が亦日本人の掌中に在り、其他諸般の産業開發に關係せる知識と技能と資本とが日本人の掌中に在りて唯々朝鮮人に殘存せるものは勞力と土地の大部分なり。その土地が亦漸次に日本人の掌中に歸するは地方報道が日夜吾人の耳朶を驚打する事實なり。斯の如き環境に處して朝鮮人に特別なる保護を講究せずれば朝鮮人は都市より驅逐され田舍に退去するの不得已境遇に至る筈なり。田舍に退去しても地主より零落し小作人或は勞働者に墮落すべきは明白なる事實なり。元來資本主義下の小作人或は勞働者が其の身體を保養すべき充分なる富を獲得せず、其家庭の團欒と和樂を取るへき充分なる時間と餘裕を有せず、尙其子女を敎育すへき希望を抱けず、一旦病席に臥する場合は容易に其醫藥を求め得ざるは世人の熟知せる所の戰慄すべき事實なり。然らば其妻子の飢渴を醫する能はず其身體の養育を保する能はざる勞働者なり小作人なりに對して生存權確保の空言が何の用に立ち人間的待遇許與の法令が何の所用ありや。之が故に吾人は經濟的施設其宜を得て人生の第一條件たる經濟力が豐富となり其の生を樂ましむるのが人間的待遇の第一步にして生存權擴充の出發點なりと云ふなり。

問ふ齋藤總督は朝鮮人に對して經濟的に如何なる特別の保護を加へたること有りや。特別なる境遇に處したるものに對しては特別なる保護を與ふるが其の宜を得るものなり。其宜を得たる政治こそ初めて民衆の支持を受くべきものなり。請くば君は茲に念を置き、第一朝鮮人商業家に對して金融上特別なる保護を與へ、第二朝鮮人工業家に對して奬勵の特別なる方策を取り、第三日本人の朝鮮土地兼併を防止し、第四農民に對して低利資金融通の途を講究し、第五富源開拓の利權を可成的朝鮮人に對して許與せよ。一言を以て之を蔽へば朝鮮の經濟政策を朝鮮人を本位として行ひ日本人を本位とするなかれ。朝鮮人が豈日本人の爲に生存し其土地を豈日本人の殖民の爲めに提供して欣然たるべきものならんや。

朝鮮民衆は起て自由と權利の爲めに　（論説）　（大正一一、一、二〇）

朝鮮民衆に氣力ありや勇猛ありや心臟の皷動と血脉の躍動ありや。若然らば起て。朝鮮民衆は屈辱の如何なるかを知り卑劣の如何なるかを知り並に正義人道の如何なるかと、自由と權利及幸福の如何なるかを覺り居れりや。仰で天を見俯して地を觀よ。人間の最貴なる所以を察したるや。若然らば起て。

見よ諸君の生命は貴重ならずや天下に貴く重きものありとも諸君の生命以上に貴きは無し。（略）此に由りて之を見れば權利は人生の發達それ自體の認定なり。人生の發達は生命それ自體の擴充を意味するものなり。世人の所謂人格とは何ぞ要するにその生命の擴充に過ぎざるなり。社會は如何なる理由と權能とに依りて此を拒否せむや。かるが故に吾人は告げむとす。朝鮮民衆よ民衆の權能を拒否する社會はその發達を拒否する社會にして卽ち生命と人格とを無視する社會たり。

世上に屈辱多しと雖も此より大なる屈辱無く世上に非理多きも此より大なる非理無からむ。

吾人は吾人の權利と自由を單に吾人自身の幸福と發達の爲めに企圖するものにあらず、吾人萬代の子孫の爲めに企圖するものなり。吾人が自由と權利とを獲得して吾人の子孫に傳へざれば吾人何んぞその子孫に對して完美なる社會を傳へたりと云ふべけむ。隨ひてその幸福を期し得ざるなり。此は吾人の子孫に對しての義務たるのみならず又吾人の祖先に對する面目にあらずや。

見よ諸君はその貴重なる生命の擴充の爲めに如何なる權利を有するか。その生命發輝の爲めに如何なる自由を有するか。諸君は諸君の生命に最も重き關係ある國家生活に就ても卽ち政治に對しても參與するの權利を有し居らず。國家はさて置き諸君の生活に最も密接なる關係を有する地方生活に就ても卽地方政治に對しても關與するの權利無きなり。それその如き結果は如何なりや。諸君は自由に意志を發表するを得ず、自由に集會するを得ず、自由に旅行するを得ず。たとひ抑鬱事あるもそれを呼訴するの人權の保障なくたとひ無理に遭ふもその無理を匡正するの機關無きなり。かかる狀態と立場に在る諸君は諸君の生命の暢達を期し擴充を期し隨ひて人格の完成を期し得べけむや。人權無ければ個人の發達無し。個人の發達無くして社會が完成すとせば草木の生長に雨露の必要なし。

かるが故に吾人は朝鮮民衆の氣力を向ひ、その起たむことを促し、その感奮を發しその動せむこととを要望するものなり。されど吾人の戰爭は暴力の戰爭にあらず。義理の戰爭なり。銃火の交換にあらずして論難の攻擊なれば、朝鮮民衆は義を抱き理を提げてその權利と自由との爲めに現總督政治に肉迫すべきなり。

朝鮮問題を可決 （大正一一、三、四）

最近莫斯科に開催せられたる極東勤勞者大會に支那、日本、朝鮮、蒙古の社會主義者約二百名參列したるが、社會主義を以て日本の帝國主義を破壞するを論議し朝鮮代表より提出したる朝鮮獨立案を種々協議の結果、朝鮮を獨立せしむるを可決し其の實行の爲め互に援助し努力せむことに決し閉會し日本代表一名は議長に選ばれたりと。

齋藤實君に與ふ（論說） （大正一一、四、一）

白岳山人

一

朝鮮總督男爵齋藤實君

朝鮮の獨立を絶叫する萬歲の聲八道の山河を盪振したる後を承けて總督府の官制が文官總督制を認むることゝなると同時に君は豫備軍人より特別に現役に復活し短劍と共に總督の印綬を佩びて二萬の警吏の武裝に豫算の大半を注ぎつゝも猶口には文化政治を標榜し禮砲と共に爆彈の轟鳴する中を總督府の新幹部を引率して京城に入りてより既に一千日なり。事業にして着手せられ居りなば其の間に相當に結實したるべく實行したる施設なりせば其の間に相當の成績あるべきなり。然して則ち君の總督就任より今日に至る迄に行ひ得たる事は果して何なりや。勿論君若は君の部下をして之を語らしむれば都合よき數字を羅列して巧妙なる宣傳を行はむも吾人の眼目を以て觀察せむか朝鮮人の利益の爲めにしたりと特書すべき事業なく擧ぐるに足る施設なきのみならず、將來に向つても果して朝鮮人の幸福の爲めに其の幸福を計るに幾分の誠意あらむかは過去に徵して之を推すに亦一大疑問なり。是に於てか吾人は朝鮮人の爲めに日本將來の爲めに又は私的に君個人の將來の爲めに君が一日も速に現地位を離るゝを必要なりと考へ君に此の書を與ふるものなり。請らくは吾人をして此の下に其の理由を君と並に一般に對し開陳せしめよ。

二、

朝鮮總督男爵齋藤實君

日本の朝鮮統治方針は何なりや。東京の現政府と及び朝鮮に於て東京政府を代表する君が所謂「內地延長主義」を以てして朝鮮に臨むの根本方針なりと云ふは屢々聲明したる處なり。然らば則ち此の內地延長主義の實現は朝鮮の爲めに果して幸福にして日本の爲めに果して利益なりや。此れに對しては吾人の理論を俟つの必要も無く賢明なる諸君が世界の歷史より嚴肅なる敎訓を受けたること已に久しきものあるべし。英國對愛蘭の歷史は此の內地延長主義が完全に失敗したる最上の確證に非らざるか。此の內地延長主義の爲めに愛蘭人の苦痛如何は尙更のこと英國人は果然如何なる程度迄の辛酸を嘗め盡し、且つ又今日の結果は果然如何。此一事に徵しても所謂內地延長主義が朝鮮人に幸福を寄する方法に非らざると同時に並に日本に取りても利益にあらざることは吾人の明瞭に知得したる所とす。然らば則ち君は何が故に此の內地延長主義を把持して此れを以て朝鮮民衆に臨まむとするか。萬一君が君の同類たる官僚軍閥の一派に迎合して官僚軍閥の援護下に地位を安らかに保たむが爲に內地延長主義の不可なるを認知しながら一時の方便として此を崇奉するなりとせば此れ無責任の極なり。到底日本を代表して朝鮮統治の重任に膺り得ざるべし。又若し君が心より內地延長主義を最善のものと信ずるものとせばこは現代の政壇に立つ資格毫もなければ朝鮮總督就任てふ當初の事實からして間違なり。故に如何なる理由に因るとも內地延長主義を信奉するは朝鮮の爲めに不幸にして日本の爲めにも亦不利なれば、內地延長主義たる君は朝鮮總督たるには明かに不適當者なり。此れ吾人が君に辭職をば勸むる第一の理由たるなり。

三

朝鮮總督男爵齋藤實君

君の朝鮮を統治する主義は「內地延長主義」にして、朝鮮に施す政策は「文化政治」なるは君等の口より俺聞せる所なり。然り而して君の所謂文化政治は其の正體果して如何なるものなりや。君は之を說明すらく「文化的制度の革新に依りて朝鮮人を誘導提携し以て其の幸福利益の增進を計るものなり」と言へり。然らば則ち今日迄に實現せられたる朝鮮の政治に朝鮮人の幸福利益を增進するに足る文化的制度の革新を行ひたるもの果して幾許ありや。就任以來法令の變改二百餘件に達したりと言はむも果然其の中の幾分の一が文化的政治の實蹟を擧け得るの價値有るものにして其の法令の實施に際して幾部分が文化的政治の實績を擧げむが爲め努力の誠意の有りしものぞ。文化的方面に對し幾分の施設有りとするも、其れは君等が文化政治を標榜する反面として此を排斥する寺內正毅伯の「武斷政治」時代にも其の程度位は行ひたりき。又中途君の手に依りて「武斷政治」が「文化政治」に改名せられずとも時代の形勢は今日君等が行ふ程度の文化的施設は此を實行せざるべからざるものなり。あー君の所謂「文化政治」が寺內の所謂「武斷政治」と比べて實質的に相異するもの何れの點ぞ。改頭換面は決して實質を變へたるものにあらず羊頭狗肉は世人を長久に欺瞞し得ざる所なり。凡そ政治は必ずや文化的ならざるを得ざるは大原則なり。特別に文化なる冠辭を附加するは當初より奇怪事なり。又文化政治なるものが普通の政治方針よりも文化的方面に特色あるものとせば君の政治は普通の政治方針よりも文化的色彩は稀薄なるなり。君の重任に對し最も深く切なる信任を寄與する帝國議會の演壇に於て責任ある議員の口より「朝鮮の政治は罪惡の政治にあらざれば先づ聲のみの政治なり」との斷案を下したり。吾人更に何の言をか費さむや。只空々然として無意味なる「文化政治」なる語句のみを金科玉條として標榜し、實質「武斷政治」と異なる無きは君に對して辭職を勸むるの第二の理由なりと言はむのみ。

四

朝鮮總督男爵齋藤實君

以上は君の主義と方針に對して概括的に此を論述したるに過ぎざるも實際の各方面に向つて政治の功過を論陳する時は吾人が茲に辭職を勸告するの理由の一層正當なるを認むるものなり。君は赴任の劈頭に言論、集會、出版等に對して相當考慮を加へて民意の暢達を圖る事を聲明したるも其の實行は果して此の聲明に相副ひたるか。二千萬の民衆を抱擁する朝鮮に於て朝鮮人の言論機關として許したるものは僅かに三種の新聞あるのみなるに、其の中一種は總督府にのみ阿諂したりしがば民衆に放棄せられて自滅の悲境に陷入り、殘餘の二種に對しては苛酷なる拘束を加へ頻々たる押收處分はさておき、長期の停刊をさへ命して事業の經營を極端に困難ならしめ、且つ集會に對しては依然として屋外集會の禁止を勵行するのみならず屋內の集會も總督府を謳歌するもの以外には政治問題に關するものは絶對に禁止し、學術的講演會の許可にも嚴密なる制限を附し講演中に片言隻語にても臨席せる下級警官の耳に逆ふ有らば演士の拘引、集會の解散等無數の壓迫を加へ、出版に在りては原稿檢閲制度を益々嚴重に施行し出版の不自由は所謂武斷政治時代よりも益々甚しくなりたり。君は此の事實に向つて何れの點が民意の暢達を計りたるものなりと云ふか。日韓併合以來今日に至る迄朝鮮人の言論集會出版に對する政策は壓迫を以て一貫し其の間に何等特別の改善無きのみならず、(中缺)君の赴任以後には一層酷甚となりたるは隱蔽し能はざる事實なり。現代に於て民論を壓迫する政治は何を以て善政なりと云ふものぞ。吾人は此の三大自由の無理なる壓迫を以て君の辭職を勸むる第三の理由となす。

五

朝鮮總督男爵齋藤實君

又君は民意の暢達を計らむが爲に總督の最高諮問機關として中樞院の改革を聲明してより一週年を過ぎて其の官制の一部を變改したるも、其の變改は內容の實質に何等の改善を加ふるなく其の任用の人物に至つても從來と何等改良を認むべき箇所なく更に其の運用に至りても從來と全然同一にして中樞院は依然として官吏の廢物か現當局謳歌者の爲に若干の恩給を與ふる一種の政策的機關たるに止まるのみならず、敎育の根本方針を定むる時にも一言の諮問なく産業の大方針を樹つるにも一言の諮問なく地租を一時に三割も增加しながらも一點の意あるを徵せざりき。無論現在の中樞院官員に此を諮問すとするも彼等が民意を代表する何等の資格無きことは明白なる事實なるも、君の中樞院を改善すと云ふは一種の廣告に過ぎずして實際政治に民意を斟酌するの誠意なきは變改せられたる官制に見るも其後の運用に見るも旣に的確なり。結局朝鮮には臺灣に有る評議會も有せずして此の有害無用の一虛器を擁し人民の意思を直接に政治當局者に傳達する何等の機關も無く機會もなきなり。朝鮮人の意思を尊重せずして何物を以て朝鮮人の幸福と利益とを增進すと云ふものぞ。朝鮮人の意思を無視して朝鮮人を統治せむとすることは朝鮮人の到底承服し能はざる所なり。此れ君に辭職を勸むる第四の理由なり。

六

朝鮮總督男爵齋藤實君

君は敎育の刷新を聲明し朝鮮の敎育制度を新定したり。敎育制度の良否は朝鮮民族の興亡の是れ係る所なり。吾人に取りては實に至重且大なる問題なるを以て君が敎育制度審議を企圖する當初に君の統治に對し不平を抱ける朝鮮民衆も此の事に對しては已むを得ず深大なる期待と切なる希望とを寄せ時勢に適應し民衆に幸福なる制度の樹立を遏仰したるが、普通學校敎授用語なる根本的大問題に及んで民衆は全然失望し衷心より罻忿したり。家庭にて常用せざる未知の言語を以て初等敎育を施し兒童の腦力發展を妨害し智識向上を壓迫し永久に大害毒を流したるをば朝鮮民衆は大聲反對したるも君は少毫も之を斟酌する無かりや。勿論君が樹立したる朝鮮の新敎育制度は外形の規模を日本の現制に取りたるに過ぎず其の內容に入りては普通學校用語以外にも幾多首肯し難き點あるも從來の舊制に比すれば確實に改善なり。此の點に在りて吾人は君の功績を認むるに吝ならざるも上陳せる初等敎育用語問題は實に根本的大缺陷として徹底して此に反對し其の責任を問ひ一日なりとも速に匡正の途を講究せざるべからざるものたり。又敎育行政に至りては吾人は實に滿腔の不平を禁ずる能はざる所なり。向學熱逐日昂り校門に殺到して敎育を求むる兒童は大海の努濤の如き此の時に尙寺內時代の所謂三面一普校主義を膠守して要求に應ずる何等の積極的方針を立てざるは君が朝鮮人の敎育の爲めに誠意なきを表明するものに非らざるか。誠に思へ一百七十萬の學齡兒童を有する朝鮮に於て八百の普通學校を以て如何に敎育するものぞ。其他私立中等學校設立認可は現狀にては殆んど不可能なりと云ふべき苛酷なる條件を課してす。又官立中學校の設立數不足等君の朝鮮人敎育に對する態度の徹頭徹尾冷談無誠意を證明するの實例殆んど枚擧に遑なし。此等の弊害は一日も速に矯正せざるべからざるものなるを以て朝鮮人敎育に對する無誠意は君の辭職を勸むる第五の理由なりとす。

七

敎育方針と並びて重要なるは產業政策なり。朝鮮人の死活は直接此に支配せらるが故なり。敎育制度の改定に失望し激忿せる民衆も更に深甚の注意を以て朝鮮產業調查會の成果を待ちたるが此亦全然失敗に歸し「朝鮮人本位の產業方針を樹立せよ」との絕叫も一顧の幸を得ず總督府當局者の原案通りの成立を見、凡ての點に於て優勢なる日本人と總ての點に於て貧弱なる朝鮮人の競爭を全然自由に任かし朝鮮人の爲めに何等特別の保護機關又は指導施設を行ふ無く、產業戰に於ける勝負の勢は益々明瞭となりたり。斯の如き產業方針下に於て將來朝鮮人が如何にしてか自活の道を得む。目今の狀況を一督して明日の前程を推すの時吾人は實に毛骨の竦然たるを禁ずる能はざるなりのみならず此の產業方針の樹立に際しては所謂「本國の爲に在る殖民地」なる殖民政策を最も露骨に實現し、現代產業として最も重要なる工事發展に就ては何等具體の大方針を確立するなく、只日本內地に於て不足せる食糧を朝鮮に於て求むる目的を以て考へ出したる所謂產米增加策が新產業方針の大宗となり了せり。事茲に及んでば朝鮮人たるもの誰か失望し且又忿慨し延ひて君の誠意を疑はざらむや。殊に朝鮮民衆の熱烈なる要求に考慮を加へずして只日本人を本位に樹立したる最大方針の產米增加に關する施設は日本人にも亦除斥せらるゝ所となり此に關する豫算は三次議會より排斥せられたり。然らば則ち君の新定せる產業方針は果然成功なりや失敗なりや。只に失敗たるのみならず朝鮮人は自己の生存の爲めに自己の生存を威脅する產業方針をば一日も速に變革せられむことを强硬に要求するなり。此れ新生產業方策の樹立者たる君に辭職を勸むる第六の理由なり。

八

朝鮮總督男爵齋藤實君

敎育と產業に次いて警察は如何。朝鮮人の君の政治に對する不平の焦點は實に朝鮮の警察其の物にして、外國人の君の政治に對する非難の目標も實に朝鮮の警察其の物なり。君は赴任以來最大の心力を此が擴張に傾注し爲めに萬般の事に警察が其の基調となり、現今迄君の朝鮮統治を直接に支持したるものは唯一の此の警察なり。其の警察機關が怨府と化したる以上は忍耐に富める君も失望を禁せざる能はざるべし。然り而して世間の警察に對する非難を、傳ふるがまゝに準信するに吾人の取らむとする所にあらず。且つ警察に對する批難の責任を全部君に擔はしむるも苛酷の感なき能はず。本來警察權の發動は直接人民の權利に關係するものなるが故に其の性質上必ずしも民衆の好感のみを占め得るものにあらず。且つ又其の間の朝鮮時局が警察の畸形的發達を招致したる關係もあるを以て其の間に若干の弊害あるは免れ得ざる事なりと云ふべしと雖も朝鮮の警察は必要以上に擴張せられ制度以上に劣惡なり。警察の擴張に莫大の經費を投じ助長行政は此が爲めに沮害せられたること少なからず警察の萬能は人權を蹂躙するの不祥事各地に踵起するは掩蔽し能はざる事實なり。拷問の惡弊が今尚除去せられざるは君が議會に於て認めたる處、下級警吏の實質不良の者多きは君の部下たる警察當局も承認する處におらずや。現警察制度の根本的改善は刻下の最大急務にして朝鮮人の最も熱望する所なるも、君が此に對して何等改新を加ふる意嚮無きは君の平素の言動に徵して明白なり。此れ君に向ひて辭職を勸むるの第七の理由なり。

九

朝鮮總督男爵齋藤實君

地方自治制度の實施は君の赴任當時聲明せる主要政綱の一なり。吾人は君の聲明を正直に解釋し地方自治の制度は疑無く實現すべしと思惟したるも事實は吾人の期待を悲慘にも破壞しぬ。君の手に依りて建設せられたる所謂新地方制度は地方自治の制度にあらず實に奇怪なる一種遊戲的演習機關として各地方に多數の中樞院を設立したるに異ならざるは君よく認め居る所なるべし。吾人は君の建設せる地方諮問機關制度の有名無實なるを責むる前に聲明と事實の相副はざる政治家の背信行爲を詰問せざるを得ざるなり。又朝鮮人は此の地方制度の實施に依りて如何なる利益を受けたるか、幾名かの財產家階級者が地方豫算の朗讀を聞くの光榮を得たるのみなり。尙此の會議は秘密を固り守りて一般民衆は何等之に聞知するの機會なく地方制度として無意味なるのみならず、所謂自治制度演習機關としても何等の實效を奏し得ざる無用の長物として了んぬ。君は之を以て「文化政治」の最大產物と認むるやも知らざるも「文化政治」が斯の如き怪物を產出したるものなりとせば吾人は一層此の文化政治なるものを呪咀せざるを得ず。其他朝鮮人の官吏任用待遇等に關して改善を加へたりと云ふも朝鮮人の官吏任用に何等顯著なる改善を加へたるを認定する事實なきは君の部下を列錄せる總督府の職員錄が最も的確に證明する處にして待遇を改善したりと云ふも日本人官吏に比して事實上多大の徑程あるは此亦明瞭なる事なり。故に此の點に關する聲明も只聲明に止まりたりと云ふの外道なきなり。地方制度及朝鮮人任用待遇に對する背信は吾人が君の辭職を勸むる第八の理由なり。

十

朝鮮總督男爵齋藤實君

更に一般を通じて君の態度を許するとき朝鮮及朝鮮人に對し誠意を認め難しと斷定するものなり。以上列擧せる數種の實例に就ても其の無誠意を認定するに充分ならむも其の外の點にも吾人は君の誠意を認め難しと云ふなり。其の顯著なる一實例を擧ぐれば、たとひ朝鮮人中に不平と反對有るにもせよ其の制度施設にして日本の大方針に關係無ければ此を改廢して其誤解より出でくる不平者反對者の歡心を買ふに汲々たる政策を取りたり。墓地規則の改正、鄕校財產の還附等輕率なる行動是なり。山野に猛獸橫行して人畜の損失多きも人民の銃獵は此を許さず。地方費の補助もてして充分に足る文廟の享祀費の爲めに普通學校より鄕校財産を奪還したり。之を以て朝鮮人に對し眞正の誠意有りと云ふか。吾人は君に面接の機會を有する朝鮮人に聞き君の性格の溫厚に君の言動の篤實にして朝鮮人現在の地位に率直に同情し朝鮮人の文化向上に衷心の誠意あるを知り個人たる君の品格に就て異議を挾まざらむとし此を信ぜむとこそするものなり。然れども君の同情は法令として發露するなく誠意は事實として化し出されたる少なきに至りてはいかでか失望を禁ぜむとして之れを得むや。無論君の今日迄の失政は君の本意に非らざるなり。環境の事情に牽引せられたる處も有るべく、君の部下が行ひたることにして君の關知せざる事も有るべきを以て其の全部を擧げて君に加責するは苛酷なるやも知るべからず、されど中間の事情は兎に角其の結果に對しては全責任は君の肩上に荷はざるべからざるなり。君の誠はたとひ滿腔なりとするも政治上に其の誠意を事實化し得ざる時はその勇氣なき誠意にして結局無誠意と同樣なり。

朝鮮人に對して誠意を寄與し能はざる君に對して吾人は辭職を勸むるは已むを得ず又且つ當然にはあらざるか。

十一

朝鮮總督男爵齋藤實君

獨立運動に對する鎭壓手段の不當政治犯人に對する刑事政策の苛酷等は君の自決を求むるに最も重

大なる理由なるも此れは本書が公開狀たる關係上忌諱に觸るゝものあり此には省略せん。其の外にも幾多の理由山積せるも冗長を忌みて長提せざらん。而も君の爲に謀るも今日は君の辭職の爲めに絕好の機會なり。君の政治上の實蹟はとにかく今日の朝鮮は君の擁有する强力を以て壓迫をなし外面上重大なる騷亂なきを以て日本政府より見る時は朝鮮の騷亂を鎭定したる功勞者なり。功成りたるを以て退くの好機とす。君が此れ以上久しく留まる時は幾多の大過が過去の小功を破り滅ぼすやも保し難く、又君が朝鮮總督の重任に當りたるは海軍腐敗事件の致命傷より復活せむとするの重大理由の存じたるは人情として當然なり。今やとにかく其の目的を達したるのみならず、日本政界の變遷は朝鮮總督の椅子より轉ずるの福家たる事も歡迎せらるゝ兆候更になければ今日身を退いて東に歸るは大局より見て朝鮮の爲にも日本の爲めにも幸たるのみならず私的に見るも亦明哲保身の策なり。故に吾人は如何なる方面より觀察するも君の辭職を勸め其の自決を促すを當然と思ふなり。君之を諒せよ。

呪咀せよ！ 平和博覽會 (大正一一、五、四)

同胞よ！ 觀光を斷然中止せよ

上野公園に開かれたる所謂平和博覽會は前より種々の失敗を繼續し內は社會の攻擊猛烈に外は中國

人の感情を買ひて國際問題をすら起したるのみならず、毎日の入場者豫定の半分にも達せず二百萬圓の不足なりとて騷ぎ居れるが之の博覽會は成功するも不成功となるともそは朝鮮人には少しも關係なき事なり。されど該博に朝鮮總督府より設備せる朝鮮館なるものと總督府にて勸獎して引率し來る朝鮮人の觀光團に關しては朝鮮人全體の面目にも關し總督府の心根を疑はざるを得ず。目下在東京の朝鮮人間には不平殆んど極况に達し之を奮慨せざるもの一人もなし。

公憤の的たる朝鮮館

先つ朝鮮館の建築たるや博覽會内中最も醜惡なるものなり。外模は殿閣の如きも柱は中空にして瓢簞の如きものなり。構造極めて弱く階上には招待者を登らしむるが十人以上も登れば危險なりと云ふ。又所謂丹青の色は紙を貼りそれが雨に濡れて剝れ落ち居れり。又鉞力の凸凹したるを以て瓦の形となせるありて朝鮮人の目には見るに忍びざるものあり。殿閣の二階の裝飾は寺の厨の天井に貼る五六錢の犬、鷄、獅子、虎の繪紙を貼れるがあきれて物が言へず。其の陳列品は如何。第一最先に目につく正面にはみすぼらしき朝鮮農夫の人形を出來る丈け見惡くく製り上げて立て居れり。外國人初めて之を見て朝鮮人は野蠻なりと考ふる樣に人形を作りて最初に目につく場所に立てあるも怪しからぬ事なるが、中流以上の家庭の模型なりてふものも言ひ顯はし得ざる醜惡なり。朝鮮の工業如何に幼稚なりと雖も斯く迄に陳列すべきものなきにや、黍箒笊の類が陳列されたる物品の重要なるものにして朝鮮米は何に使はむとしてか何斗も何斗も色々と列べたるが此れも種類も選ばず石の混ざりたるが如くに防腐劑を入れ居れるを以て朝鮮米は惡しきものなりとの廣告を立派に爲すことになるなり。總督府の援助を以て初めたる朝鮮慣習の朝鮮飮食を賣る處には朝鮮料理とは似寄りもつかぬ飮食を賣り居れるが殊に朝鮮人の口には嘔吐を催うすばかりの劣惡極りなきものなり。如何なるものなりやを知らず這入りたる人は内外人の區別なく朝鮮料理なるものは實に劣惡なるものなりとの考を持つに至るべし。

而して平和博覽會内にある朝鮮總督府の設備なるものは凡百のもの朝鮮を見惡く、好からず、野蠻なるが如く見せむとしたるやの疑を出す程それ程醜惡に出來居れり。朝鮮人たるものいかでか之に對し公憤無からむや。留學生中心となり不平の聲四方に起りたるを以て總督府當局者は事件にても起らぬ樣にとてか恐を抱き夜は多數の巡査朝鮮館を擁して夜通し警戒し居れり。總督府の爲す事は何處迄も巡査にあらざれば扶持し得ざる醜體を夜毎に陳列し居れり。

痛哭すべき恥辱の廣告

斯かる構造の朝鮮館斯かる種類の陳列品を以て毎日四五萬名の内外國人に朝鮮の短處と缺點とを幾

倍か繼ぎ足して見物せしめ居れるは殘念にして忍耐するを得ざるに、此れよりも重大なる一事あり。こは近時東京にて日本人の後指を指して嘲弄する的となり居れる所謂朝鮮觀光團なり。此等觀光團員は毎日數百名に達し居れるが殆んど全部田舍者にして博覽會の意味も充分に知らざるものあり。されば視察しても何の效果もなきは勿論、只亡び殘りの秋穫を爲すが爲めに官廳にては强いて勸めて引入るるを以て已むを得ず團體に加はりたる人々なり。旅行にも荷物を多く持たしめざるを以て衣服は普通着て來たる儘なり。着のみ着の儘にて數十日客地を引廻はられては其の樣果して如何ぞ。殊に日本は雨多くして濕氣多き處なり。汚れて濡れたる着物に護謨靴を引摺り雨傘に水筩を掛け隊を作りて引率者にまくし立てられ乍ら大厦高楼ある時は仰ぎ見て腭を外づし居る樣は之れを見る毎に何とも言へぬ形容の出來ぬ痛さを感ず。噫斯かる觀光團を組織して朝鮮人の耻辱を東京三界へ持出して廣告する者は果してそれ何人ぞ。「朝鮮團體」なる言葉は近時東京にて「むさくろしきもの」を形容するニックネームとなり了せり。いかでか朝鮮人が眞に奮慨し心に痛みを感ぜざらむ。一郡の觀光團の旅費を合計すれば該郡にて相當の公益事業をも爲すことを得べし。該博の爲めに朝鮮全道より消費せらるゝ金を合すれば百校を充分に建設し得べし。何が故に貧窮せる朝鮮人に多額の金錢を虛費せしめて耻辱を天下に廣告せしむるものぞ。總督府當局者の心根たるや痛恨せばとて何の手ごたへもなければ、只朝鮮人が朝鮮人等を侮辱する博覽會を見物せむか爲めに、自己の耻辱を廣告せむが爲めに、東京に來らざらむ事を在東京の朝鮮人等は懇切に希望すると同時に朝鮮內の同胞に通牒せんとするものなり。

小作人と小作地（論說）（大正一一、七、八）

達城郡農業協會に對して大邱警察署にては不穩團體なりとの理由の下に解散命令を下せり。然らば則ち此の會に對する迫害者は單に地主のみならず警務當局者迄もなり。現代の國家は勿論資本主義的國家なり換言せば資本主義の經濟組織と社會組織を是認し擁護する國家なり。其の法律は私有財產を擁護し其の秩序は私有財產に依る各般の行動を保護するを以て基礎と爲す。

たとひ小作人の要求が人道的見地と生活上の必要に依る正當なるものなりとするも少しにても地主に不敬に地主に不便なる場合には此の資本主義的國家の警察當局は直接其の私有財產と私有財產に依る各般の權利とを保護するを以て任務とする。資本主義の看守人が「不穩」なりと認定するものをその所謂「權力」に依りて「解散」を命令するは資本家の爲めに忠を盡す者なるべけむも、然れども人生を人生として觀、生活上の要求を萬人に共通する要求として觀る時に、換言せば資本家勞働者の區別なく殊に資本家擁護の觀念を持たずして此の問題を觀る時に、吾人は果然其の橫暴に驚き其の迫害に慄るるものなり。見よ地主の爲めに小作人より小作地を奪ふは如何なる正當の理由有り、地主に或る要求を提出したりと稱して此を不穩團體と認定するは如何なる是認の基礎を有するものぞ。勿論小作地は地主の所有なり此は法律に依りて確然たる所明然たる處なり。地主の所有たる以上其任意の處置は必然の事なり。或は今日之を甲に與へ明日乙に與ふるも任意なり。然れども共通の自然の一部分にして共同なる國家の領土の一部面たる土地をば、殊に耕作するに依つて其の農地たるの價値を生み、且つ又人生に對する必需品産出地としての面目を發揮するその土地を擧げて地主なる非耕作者不生産者の手中に付し、單に付するのみならず、人生として同等の價値を持し平等の要求を有し同一の國民として國家に對し社會に對し共同の犧牲と努力を提供する小作人の生殺權を兼握せしむるは何が故ぞ。如何なる正當の理由ありや。此の理由を明確に爲し得ざる以上小作人より土地を奪ひ地主の爲めにする行動は是認する合理性を持て得ず。殊に斯の如き地主に或る要求を提出せるを「不穩團體」と認定する當局の行爲は存在の理由なきものなり。吾人の觀察に依れば地主と資本家の土地私有に對する是認の理由は極めて單純なるを知る。曰く「我金錢を以て土地を買ひたるものなれば其の土地の所有は當然なり。元來我金錢は我の勤儉貯蓄を以て來りたるものなり。此を私有する何の不當か有らむや」と云ふなり。然れども吾人の發問する要點は金錢を以て土地を買得するが故に其の所有權を主張する「買得の理由」を知らむとするものなり。換言せば何が故に人生の共同の必要物たる土地を擧げて賣買の目的物と爲し隨ひて私有の對象物と爲したるかと云ふにあり。此に對する答辯は資本家の爲めに組織せられたる社會より來る。曰く斯くするを一般社會に「有益」なりと云ふに在り。然らば則ち土地を實地に耕作し利用し以て其の價値を產出する勞働者の勞働を搾取し非耕作者不生產者の口腹を充すものなり。それと反對にもし勞働者が勞働の全收を主張する場合に此を剝奪するが其の非生產者不耕作者の爲めに一般社會の爲めに有益なりや。勿論地主と資本家の爲には有益ならむも一般社會の爲めには決して有益ならず。自分の勞働の結果を奪はれて其の生活の資料を取られて之を尙有益なりと云ふを得むや。

吾人は詭辯を憎む。要するに土地は人生の共同物なり。同時に國家社會の依立する根本基礎なり。此を耕作して人生の必要を充し社會の基礎を立てむとせば是非共社會の眞實なる必要と利益との爲めにする共同所有とし、その耕作人に對し耕作の權利と義務とを認定せざるべからざるなり。此れ單に小作人の爲めに小作地を定むるによらず實社會の萬人の爲めに土地と耕作人の關係を一層密接ならしむるものなり。

日本に於て朝鮮人大虐殺 （大正一一、八、一）

觀よ！ 此の殘忍悪毒なる慘劇を

一日十七時間の苦役を强制し

逃亡すとて銃殺して河中に投ず

毒魔に慘殺せられたるもの百名以上

日本の信濃川なる河水を利用し信越電力株式會社にては八ヶ年の計劃を以て東洋第一の大發電所を作らむが爲め目下新潟縣地方に於て朝鮮人勞働者六百名日本人勞働者六百名計一千二百名を以て工事中なるが、最近信濃川河水に朝鮮人勞働者の屍體幾回も流れ來るを以て中魚沼郡十日町警察署にては異樣に思ひ詳はしく調査したる結果實に天下の驚くべき事實を發見したり。中魚沼郡秋成村穴藤なる工事場に於て勞働する朝鮮人六百名は最初朝鮮に於て日本人が募集したる際一人宛豫め四十圓宛を借し與へ八時間丈勞働し一箇月八十圓宛給する事に約束して連れ歸りたるものなるが、其の現場に着くに及んでは毎日未明四時より夕の九時迄十七時間の間牛馬よりも酷使鞭使して强制を以て勞働せしめ苦役に堪えずして其の場より逃亡し逃れむとするものあれば工事請負人は直にピストルを發射して殺し、他の朝鮮人に對する見せしめなりと信濃川の河水に投じたるが、去る二十六日晩にも一千五百尺もある絶壁より一名の朝鮮人を投ずるを警官が目擊したるも其處は登り行く途なきを以て仕方なく其の儘見逃したりと云ふ。斯の如く虐殺に遭ひたる朝鮮人の數は幾名になるかは未だ確實ならざるも逃走して發覺し殺害されたる者と過度の勞働に耐えず病になりたりとて殺害せられたるものを合すれば百餘名に近き模樣なり。新潟縣警察部に於ては東京警視廳の應援を得て目下生存し居れる勞働者を保護し犯人を檢擧せむと着手したるが、斯の如き虐殺事件は實に現世界の何れの處にても見るを得ざる惡毒なる事なり。是が爲めに問題は甚だ擴大すべしと。

反抗性（論説）（大正一一、八、四）

朝鮮民衆の意氣如何

罵詈、侮辱に遭ひて怒るを知らず、蔑視賤待せられて憤るを知らず、壓迫橫暴蹂躙奪取の各種不義に遭ひて激するを知らざる者。その妻が侮辱を受け其の子が虐待を受け其の身が奪取に遭ひても起ちて爭ふ處を知らず、爭ひて死する勇氣無き者。此の如き者は此の社會に此の人間界に生存する權利と繁榮する能力ありや。權利は爭ひて獲得せざるに自ら生ぜんや。權利を爭ひて獲得せざる所に、或は爭ひて此れを擁護せざる所に其の生存を圓滿にしその發達を永遠ならしむるを得んや。吾人は此れに對して甚しき疑問あると同時に顧みて朝鮮民衆の實況を見て一種の歎息を禁じ得ず。吾人は勿論朝鮮民衆が全部その妻子に對する侮辱を受けその身に壓迫横暴を受け居れりとは言はざるも、少くとも其の生命その生活の途日日に縮少し削減せらるゝを感ずるなり。觀よ朝鮮民衆に政治的に何の權利存するか。社會的に如何なる權利ありや。生存發達に如何なる積極的設施と保護と指導と存するぞ。個々の人が罵詈せられ或は賤待を受くるの時その名譽を思ひ體面を念ひて憤起するを可とするならば、社會全體民衆一體として賤待侮辱を受くるの時にその兄弟を思ひその先祖を念ひ一層憤慨して勇壯なるべきなり。個々の人にありてはたとひ一時怒と憤を忍びその暴虐者専制者不義者を恕するを可とすべきものあれども。その多數民衆の生命、全體に對する暴虐不義に對しては斷じて寛恕の道理無きなり。此は卽ち人生自體を破り生命それ自體を滅するものなればなり。然らば則ち朝鮮民衆は目下の狀態に在りて政治制度社會制度經濟制度に對し如何なる反感を有し如何なる反抗の意氣を持つものぞ。人は小事に明るくして大事に暗し。朝鮮人はその妻が凌辱を受くる時白刄を以てその名譽を保障し得ざる者を天痴なりと稱し、その子が罵詈せられ賤待を受くる時敢然起ちて叱咤の勇氣を持ち得ざるものを無意氣地者無心志者と稱す。然れども天下の大事に對し換言すれば政治的侮辱と社會的賤待に對して白刄を以て其の名譽を保障し死力を以てその主張を貫徹する這個の義憤と勇猛と反抗の心無し。吾人は朝鮮人に此の性或はあるを認む。時有りてか現出するを知り得るなり。然れども大部分に就て論ずれば朝鮮人の不平は心中の不平にして暗中の不平なり。言語の不平にして卑怯の不平なるを痛感す。街道に出てゝその主張に怒號するの勇氣の代りに室内に退いて鬱憤を私語する是なり。民衆を組織し衆力を團結してその主張の貫徹し、隨ひて政治的社會的權利の伸張人格の向上生活の充實を期する代りに、今日は倫情に從ひて甲と合し更に明日は私情に憤りて乙に從ふの離合進退常無き是なり。嗚呼朝鮮人は苟安を圖りて惕れ、私憤に急にして公憤を却くるの弊端存するなり矣。此の如く一方反抗の勢無くして他面に在りては反抗の勢を揚ぐ。大反抗の中心勢力を作るの團體と組織無くしていかでか民衆の權利を云々し民衆の生存を云々すべけむや。賤待下に憤起するを知らず橫暴下に反抗するを知らざるものが此の世に生存し得ざるには非らず。生存する資格と價値無しと云ふなり。之れ實に事實なれば朝鮮人が此の如き無意氣無氣力の狀態を繼續するの限は到底その向上發達充實擴張の眞實なる解放を期待し得ざるなり。朝鮮民衆よ。朝鮮民衆の意氣如何。壓迫に對する彈力無く卑賤せらるるに對する義憤無きんや。吾人は平和を棄し、朝鮮の前程を破壞し敢て兵を招き火を起すの者ならむや。萬一然りさせば吾人は朝鮮兄弟の幸福の爲めに吾人の筆管を破り吾人の舌端を剪まむ。然れども世界の歷史を觀よ。不義の平和を貪る民族と人民にしてその運命の隆盛を見たるものなく、壓迫賤待に義憤を感じ得ざる墮落國民、その義憤に杖して奮起するの勇力に乏しき民族にして偉大なる事業と功績を成したるもの何れにか在らむ。日本の明治維新史佛蘭西英蘭の大革命史下りては露西亞の革命的大記錄は此を證明せずや。吾人が或は瞑目靜思するの時或は抱頭煩悶するの時朝鮮民衆の此の無氣力、一種の呪咀の平和夢を實に呪咀せざるを得ざるなり。呪咀反抗此は一種の暴言にして暴虐破壞殺戮を欲する惡魔の心情也。萬一吾人が此の道を避けて彼岸に到達する方法存すとせば之を欲せざるも然らざるを以てなり。ホーキユリスの混亂有りて清潔生じ洪水の大審判ありて更生始むるとすれば、此の「爭鬪」「苦痛」「犧牲」「悲慘」に正面より堂々と對する此れ吾人の責務にして價値に非らざるか。安逸を取るものは安逸を取りて死し勇壯を取る者は勇壯を取りて進め。吾人は反抗に生命の開拓あり順應なる奇しき道理の潜在するを覺ゆるものなり。朝鮮民衆の意氣は果して此に適當し此に適合するか。吾人は單に政治に對して此の言を立つるもののみにあらず否な政治は只吾人生活の一面に過ぎざるを知る。立ちて人生の全面を望見せよ。幾多の障害束縛制限あり。家庭を見よ經濟を見よ心情を察せよ。因習傳統利己巧知の各種の素因合して吾人の無限の生活の前程を塞がずや。吾人の無限の發達の希望を殺がずや。反抗の槌を擧げて此れを紛碎し破壞せよ。然る後に此れを蹂躙せよ。此の外に諸君の進出すべき道理、生長すべき發達すべき道理無きなり。ああ反抗の情よ。反抗の力よ。

朝鮮人虐殺說は事實無しとの當局の發表 （大正一一、八、四）

本報に發表したる事實の顚末

信越電氣會社工事請負人が朝鮮人を非常に虐待しそれで逃亡する者あれば慘酷なる虐殺を爲したりとの東京電報を東亞に記載したりとて總督府警務局に於て差押、禁止を爲したるを以て當時報道したる事實の內容に就ては茲に更に紹介し得ざるも其後總督府警務局に於ては此の事實に對し東京內務省に照會したる結果

新聞紙に報道せられたるが如き事實全を無しとの回答ありとて警務局に於て之を發表し、又一方東京內務省當局者が日本電報通信社記者に語りたるものなりとて京城は到着したる電報を見るに、

朝鮮人勞働者二名その場より逃亡したるが發病して死したるものを斯くは世上に傳へられたるなり。

と。又昨日京城發行日本人經營の大陸通信には上に述べたる警務局に於て發表したるものを掲載したる終に、

> 水力電氣會社に於て使用する工夫中相爭ひたるものあり漸次擴大の模樣なるを以て多數の工夫を一時に他の場所に移したるより生じたるものらし、

との意味の記事あり。如何なるものが果して確實なる事實なるか斯の如く種々の說に分れ居れるを以て應對するものは實に眩惑するなり。又本事實は七月二十九日讀賣新聞にも掲載せられ又三日朝鮮新聞號外にも掲載せられたるが當局にては何の處分も爲さず、惟獨り朝鮮人が最も多く讀む東亞日報に掲載せられたるものに對し苛酷なる押收處分を行ふは如何なる故なるか、實に其の心中を知り難し。本社に於ては此の電報を受くると同時に卽時日本事情に明るき記者を東京と新潟縣とに派遣し飽迄も事實の眞情を調査せむとしたるも、總督府と內務省の態度上述の通りなる以上記者を特派しても事實のまゝを調査すべき便宜を得べき途無きのみならず事實を調査したりとするも事實の通り新聞紙上發表するを得ざるべく、又一昨年間島討伐當時吾東亞日報は無期停刊の壓迫を受け居りしも張德俊氏を間島地方迄派遣したるに何處で如何なりしか生死不明となり今日迄消息なき悲慘事に遭ひ居れるなり。日本人にして尙非常に危險に考ふる日本の鑛山地方に深く入りて鑛山の人の隱くさむとする事を探知するは到底絕望なるを以て實に遺憾なるも不得已今回も中止する事となれり。只此の機會に分明に言ふべき事は當局者の發表の通り虐殺事件が事實ならずとはせず何人も幸と思ふべし。朝鮮人にして朝鮮人が虐殺せらるるを希望するものの無かるべく、又徒らに朝鮮人の人心を煽動せむが爲めに虛言を拈出するものなるが如くに考ふるものもあるが如きも、本電報は初めより朝鮮人には何の關係も無く全く日本人の手より東京の大新聞を經て出で來りたるものなるを述ぶるのみ。

朝鮮人の胸中（論說）（大正一一、八、一六）

嚴肅なる沈默

日本政治家よ、公等は果然朝鮮人の胸中を察するや否や。

茲に公等は朝鮮を掌中に保有してより既に十有餘年なり。勿論其の間公等は充分なる報告と豐富なる材料を以て朝鮮人の心事を少しも遺憾無く研究し調査したるべし故に之を察する得ざりしとは言ふを得ざるは勿論なり。

又公等は吾人よりも歐米の文化を四五十年も先に受け理知は既に優秀なる發展を爲し心情は既に醇美なる發達を遂げたり。道德習俗は既に文明人の極致を表はしぬ。さればその理知心情道德を以て吾人の胸中を察するに何の不足と何の足らざるあらむ。それのみならず公等は六七百年間の武士道に對する遺風と餘韻とを承受したり。たとひ利に迷ひて義を忘るるは常人の心事なりとは言へ斯の傳受と先風ある公等の事なれば利益の觀念又公等をして吾人の心情を斟酌するに何等の妨害を與ふるものならむ。公等の聰明は既に人に超えて秀いで公等の良心は又人に絶えて發達したり。それのみならず公等にも血有り涙あり、その聰明その良心その血その涙を持つて吾人の胸中を想ひ察するに何等の遺憾かあらむ。されば公等の吾人の胸中を察したるもの又は察するものたるや明、且つ審なり矣。正且つ確なり矣。されど吾人に疑惑無かるべからず。公等の朝鮮に於て行ふ政治と政策とを見て然り。公等の吾人に對して取る態度を見て又然るなり。もし公等が吾人の胸中を充分に想察したりとせば吾にも廉恥あり膓あるは勿論、吾人にも四千年の歴史あり優秀なる文化あり堂々たる良心有り赫々たる義理の觀念あるを又充分に知得したるなるべし。之を知得したる政治家ならんには今日朝鮮に於て見るが如き政治政策を敢て吾人に施し得べからざるべく、今日日本人が朝鮮人に取るが如き態度も亦取るを得ざるものなるに、公等はよく之を爲しよく之を取るを見る時吾人は公等に向ひて公等は果して朝鮮人の胸中を察するやと問ひたくなるなり。

公等は動もすれば吾人に向ひ「日本人は朝鮮人の幸福を增進せむが爲めに莫大なる勞力を虛費し居れるものなれば朝鮮人は宜しく其の恩惠に感泣すべきなり」と云ふなり。

然れども是れ豈吾人の胸中を察したる者の言なるならむや。嗚呼吾人如何に頑冥なればとて恩惠の概念を知らざる者ならむや。萬一眞正なる恩惠の然るものなりとせば吾人は寧ろ一時たりともその恩惠の中にあるを肯せざらむとす。又公等は吾人に向ひ「誠心誠意を以て朝鮮人に臨むなり」と言ふも吾人は「吾人を何物と思了してか」と反問せむとす。吾人如何に辨別力なき孩兒に等しきものなりとは言へ人の誠心と誠意とを理解し得ざるものならむや。然れども萬一誠意亦是れ斯かる如きものなりとせば吾人は永遠に斯る誠意を謝絶せむとするものなり。

又公等は恒に「同化主義」「內地延長主義」何主義何主義と云ふも此れに至りては朝鮮人を侮辱するも甚しく又公等の誤も甚しきものにあらずや。公等が如何に吾儕朝鮮人を輕視したればとていかでか此の如き沒廉恥にして傍若無人の横暴なる言語を忍びて言ひ敢て吐くものぞ。噫今日朝鮮人が如何に一時の衰微を極めたりとは言へ少くとも吾人には四千年の長久なる歷史と一定の言語一定の文化一定の風俗一定の傳統一定の道德完全なる文化あるにあらずや。斯かる人民斯かる民族に向ひて人民は先存の歷史及文化を忘れ棄てて他の歷史文化に化しよと云ふ。此れ豈大膽無謀なる横暴にして吾儕に對する侮蔑の極にあらざらむや。然れども吾人は茲に吾人の胸中を公等に知らさむともせず。又吾人が公等に向ひて何をか言はむ何をか論せむや。萬一吾人に言はむとする處あり論せむとする處ありなば吾儕各自が獨りで知り獨りで訴ふるのみ。かるが故に吾人には只嚴肅なる沈默あるのみなり。

日本政治家よ。公等萬一記憶あらば過去十年の事を靜かに追考せよ。吾儕朝鮮人が曾つて何時か此の「沈默」の態度の改めたるの時有りたりしか。又斯の心約を破りたる時有りたりしか。

近日日本政治家にして朝鮮を特に來訪する者の中に吾人に向ひて現時總督政治に對する批評を求むるもの多し。或は「總督政治に對する感想如何」或は「總督政治に對する不平と不滿は何なりや」又「總政にも改善すべきもの無きにしもあらず如何なる點が改善すべきものなりや」と。然れども吾人は之に對して何を以て答へ何を以て陳べむや。されば此の如き質問を受くる度每に簡單に吾人は別に總督政治に對して感じたることもなく随ひて不平不滿もなし改善すべき點も思考したる事別に無し」と答ふるのみなり。

然れども吾人いかでか果然政治に對して何等の批評眼を具有し得ざるものにして亦何等の要求と主張とを抱持せざるものならむや。又總督政治に對して何等の意見と何の不平なき者ならむや。只その意見を吐くべき眞正の機會無く又その施すべき餘地無きなればなり。ざれば何をも開口して論せむよりも寧ろ沈默を守りて言無きに如かざればなり。

嗚呼、果然なるかな吾儕朝鮮人が今日の總督政治に對して何をか言ひ何をか論せむや。再言せむとす吾儕には只「沈默」有るのみなり。

然れども日本政治家よ。公等は此の朝鮮人の「沈默」をば、壯嚴重き謎の如き「沈默」をば如何に思ふものぞ。公等が萬一吾儕に向ひて總督政治に對する眞實の批評を聞かむとするなれば先づ公等の聰明が此の無言の雄辯なる「朝鮮人の沈默」を洞觀すべき能力有りやを卜すべきなり。

「横說竪說欄」（大正一一、九、一六）

東京に於て發行する東方時論九月號には「世界大勢上より見たる朝鮮問題」なる論文掲載せられたるが其の要旨は、日鮮融和は歷史上より見て到底不可能なるものにして特に民族自決主義は世界の大勢となり。愛蘭は自由國となり、埃及は保護領の羈絆を脫したる今日朝鮮を獨立せしむるは當然の事なるのみならず日本の將來の爲めに利益なりと云ふにあり。朝鮮獨立を主張するものを「不逞鮮人」と云ふ當局者は、如斯日本人を「不逞日本人」否「不逞本人」と云ふべし。斯の意味の不逞日本人も隨分と多き模樣なり。「七海の閃光」なる某米國宣敎師の朝鮮統治評に大驚失色して辯明に努力する倭城臺に於て此の文を見なば其の感果して如何。名からして厭な捕盜廳の遺趾にて博奕のみにて、日を送る國民協會幹部諸君に特に一讀を勸む。

普通敎育の彈劾（論說）（大正一一、一〇、六）

去る二日大阪に開催せられたる日本勞働總同盟大會にては現在の普通敎育を彈劾することに一決したるがその提案の理由を一見するに、「現在普通敎育に關する政府の方針は無定見なり。且敎科書にも偶像崇拜を勸め資本主義軍國主義を謳歌し且つ奴隷の心性を稱揚する個所許多あり。書中にある桃太郎の話は軍國主義の謳歌にして千早城の楠正成を偉傑なりと云ふは偶像崇拜なり。「使はれの身は飢餓に迫るとも」と云ふは奴隷心性の稱揚にして「貨幣と資本」は資本主義の謳歌なるのみならず「勤勉に追付く貧乏なし」とは一場の虚言なり。世界の平和を維持し人類の幸福を増進せむとせば兒童敎育より此等の時代錯誤の思想を除去せざるべからずと云ふに在り。「資本主義的經濟組織上に成立せる現代社會にありては單に敎育のみならず宗敎政治乃至其の他の一切の制度全部が資本主義を擁護せむが爲めに成立し、小學敎科書の如きは實に一字一句皆資本主義を維持せむが爲めに作成せられたりと云ふも過言にあらざれば區々たるその改善運動の如きは不可なりと云ふ過激論もありたるも、兎に角現在の普通敎育を彈劾せむことに衆議一決したるは吾人の痛快とする所なり。第一日本の目下の普敎は誇大妄想患者を養成する病源也。第二帝國主義軍國主義發酵の根本なり。第三資本主義奴隷根性養育の搖籃ならずや。第四偶像崇拜の發源にあらずや。日本民族は世界に比類無き民族なり。並に國家社會の組織、天下に冠たるものなる事を兒童の頭腦に注入するは卽誇大妄想の國民を作成する根本たり。故に此の誇大妄想の日本國民は世界に於て到る處排斥を受け、世界に比類無き日本民族なるもその比類無き點は宗敎を以てにあらず藝術を以てにあらず且又政治法律を以て又は道德を以て然るものにあらず只征服殺戮の勇を以てなり。日本人の唯一の世界的自慢は何なりやと言へば豐臣秀吉にあらざれば西郷隆盛なり。德川家康にあらざれば乃木大將なり。その精神童話的に發現したるもの卽ち所謂桃太郎㖞なり。要するに日本兒童の崇拜の對象と尊敬の人物は雙刀を帶び丁髷を結びたる所謂武士的人物なり。明治維新以來の日本の大業は何なりやと言へば勿論內政の幾多の改革も存したりしも結局は軍國主義的結合にして外交上幾多の功績有りたるも要するに帝國主義的精神の發揮に過ぎざるなり。日清戰爭と日露戰爭は然らざるか。歐洲大戰に獨逸を極東より驅逐したる根本動機は亦然らざりしか。こは日本民族の誇大妄想的表發の一種なり。かの世界の指彈を受くる一大原因にして、こは單に日本民族が排斥を受くるのみならず世界の平和を威脅する根本要素なりと云ふも過言にあらず。

更にその日本內部社會組織に對する觀念より之を論ずれば軍國主義を奉崇し資本主義を信仰す。現社會組織を神聖視し且つその組織內に於て上位を占領する人物を極めて尊敬し人生成功の極致と認定するなり。茲に日本兒童は此の社會制度に適合する樣造作せられ此の人物標準に適合する樣敎育をば受くるなり。歷史的人物は皆偉人にして上部階級を占領する人物は皆成功の人物なり。現社會制度に合はざる人物は皆落伍者失敗者に過ぎざる可憐なる者也。一世の風氣は滔々として資本主義權勢主義に流れ卑屈にあらざれば傲慢征服にあらざれば奴隷の慘狀を傚出するなり矣。

あゝ眞實に世界の平和を念ひ日本の將來第二の民生を思ふものいかでか痛歎せざらむや。吾人は赤裸々の人生の權威意義にさめたる日本勞働階級の代表者が此に對して反抗の聲彈劾案の提起を爲したるは當然にして又痛快なりと云ふものなり。此の人生があらゆる凡ての虚僞虚飾を脱し、眞面目の赤裸々のまゝの人生がその眞面目赤裸々のまゝに對し、又自然に向ふの道理を追究するこそ道理にあらざるか。

不自然不合理を論ずれば日本兒童以上の不自然不合理の敎育をば受くる目下の朝鮮兒童は擧論する迄もあらざるも、吾人は實に衷心より日本勞働者の此の神聖なる運動の日々その力を加へその根をはり、社會の土臺生育の根本よりその病弊と惡習を一掃し清新なる人生發達の進路を開拓せむ事を望む。

內政獨立も獨立か（論說）（大正一一、一〇、三〇）

當局の奇怪なる解釋

日本天皇陛下の下の朝鮮內政獨立を期すると云ふのが朝鮮を日本統治權より分離せんとする獨立運動と同一なる內容を有するものであるか。

日本の天皇は日本國家主權の總攬者だ。此の主權總攬者の下に服從すると云ふのは卽ち日本の主權の下に朝鮮が其の領土の一部分となることである。日本の天皇は單獨に其の國政を料理するものではない。換言すれば單獨に其主權を行使するものではなく國務大臣が此れに對して輔弼の責任を負ひ、又國務大臣は政黨政治、國會政治の發達に伴ふて議會に責任を有する樣になるのであるから結局天皇の主權行使は國會の協賛を以て行ふ樣になるのである。

此の如く主權總攬者の下に服從すると云ふのは要するに日本國務大臣の輔弼の責任を承認し又國會の協賛を認定した上の內政獨立であるから其の名は內政と云ふ冠辭を有する「獨立」であるが實は獨立でなく日本領土の一定なる部分內の一定なる政務の自治を意味するに過ぎないのである。日本天皇下の內政獨立である。故に第一に日本天皇は其の所謂獨立である內政に對して監督權隨つて拒否、干涉の權を持つであらうし、第二に日本主權の統一性に違背する事實に對しては當然に破棄を命ずることが出來、第三に國際關係に對しては朝鮮人は絕對に容喙の權がないのみならず、更に第四に外交と軍事の關係で朝鮮內政に交涉を持つこととなるので朝鮮の內政は獨立だと云ふても其の實は日本政府の干涉を受ける樣になるのであつて、此れは單に法理論より然るのみならず政治論からも亦然るのである。故に吾人は此れを朝鮮の獨立運動とは其の性質其の精神が天壤の差あるを知るものである。故に一部朝鮮人士が此れに對して運動を試る樣であるが朝鮮民衆の大部分の思想心持は決して其れに響應しないことを感ずると同時に、其の一部人士の此の運動を試みる動機を論じても純潔なりと云ふことの出來ないことを看破して居る。吾人の探査する所に依れば最初には朝鮮の獨立を日本國會に請願することにしたが日本國會で此れに對して贊成する希望なく又日本政客の幾個人が內政獨立を標榜するが善いと勸めたるに依り、其の勸告に依り最初に獨立請願の委托を受けた幾個の委員が任意に突然意思を變換して所謂「內政獨立」を請願したと云ふから、其の無誠意、無主見、無責任は推して見るべきでなからうか。其れのみならず其の內幕を精密に調査すれば同光會の有力なる幹部內田良平氏は曾つてより宋秉畯一派と附合して一進會を利用して日韓合併を促進したるものであり、頭山滿一派と連絡して中國に對する日本の帝國主義を代表するものであるから其の所謂日鮮融和も吾人の信じ得ざる所である。殊に內政獨立の如き看板の下に如何なる心機と動機を藏するものであるか、果して朝鮮人の眞の幸福を企望するか或は朝鮮を餌にして私腹を充たすことを以て其の眞目的とするか吾人は容易に決定し得ざる所である。

故に吾人は此の運動に對して單に贊意を表し得ざるのみならず一種の反感を有するのであるが、此の運動を朝鮮獨立運動卽ち『日本統治權の實體』を否認する運動だとして其の團體其の結社に對して解散命令を下す當局の解釋に對しては實に奇怪だと云ふの外はない。警務當局が一面に於て日本統治權を認定することを是認しながら他面に其の統治權の實體を否認すると云ふのは理論の矛盾觀察の錯誤でないか。現總督政治が日本の主權を朝鮮に行使する唯一の形式でないことは知者の始めて知る所ではなく、例へ朝鮮人のみの朝鮮政治を希望するとしても日本の天皇の統治下に服從することを認定すれば其の形式が自治となり內政獨立となつても何れも日本統治權の實質を認定することは事實である。日本天皇下の朝鮮人のみの內政獨立が如何にして朝鮮の獨立運動卽ち日本の主權否認と同一なる內容を有するか。日本の主權を認定しても朝鮮政治に限つては日本人に政權を拒否し朝鮮人のみに限つて此れを許す事が出來る事は恰も同一なる日本國民でも日本國內に在りて參政權を有しないものがあるのと同一であるから、此れを唯一なる理由として此の運動を目的とする結社に對して解散を命ずるのは（其の運動自體に對する批判は何れにしても）吾人の取らざる所である。勿論朝鮮內政の獨立が實現すると假定して日本人參政權を拒否すると云ふのは小數民族を保護する意味にありて又日本人と云ふ其の自體を無視すると云ふ意味にて或は反對するのが可であるかは知らないが朝鮮人のみの朝鮮內政獨立は卽ち日本主權を否認するものだと解释するは到底理性あるものの論理が滿足し得ざるものではないか。惟ふに現總督府は所謂內地延長主義を取り從がつて參政權を主張する所である。此の內地延長主義、參政權主張に違背する主張ならば其の內容が自治であり、日本主權の承認であつても其の實は主權の排斥だと云ふ見解を持つて居る樣であるが此れは餘りにも偏狹なる解释見解でないか。吾人は內政獨立其のものに對して區々論ずるのではないが政治的結社の自由に對する當局の見解が餘りにも固陋偏狹なるに對しては實に取らない所である。殊に萬一現當局が其の所謂內政獨立派が現總督府の秕政を摘發することを以て重要なる任務となす點を観て此れに解散命令を下す動機を作つたと云ふならば其れは吾人の何處までも抗議を提出しようとする所である。

高宗太皇帝の陵碑建立 (大正一一、一二、一三)

十一日午後二時昌德宮敦化門前に一老人筵を敷いて拜坐せるあり、昌德宮警察署にて取調べむとしたるに余は警察に罪を作りたるものにあらずとて何事をも口外せず李王職李源昇事務官委細を尋ねたるに老人は金谷洪陵參奉高永根(年六十七)氏にして、金谷陵には一昨昨年國葬ありて以來未だに石碑を建立し得ず各種の事情の爲め其の儘となり居り將來も何時建てらるるか渺然たるものあり奉職以來それを慨歎し居たりしが、遂に十一日午前九時に碑閣に之を建て自己の潛越の罪を贖はむと闕門に罪を待つものなりと云ふ。

八字を加へたる碑の內容

碑文は以前淸凉里洪陵にありたる碑石にして

大　韓　　洪　陵

明　成　皇　后

の八字のみ刻み付け間《アキ》をわけ居たりしものに

大　韓

帝國大皇帝洪陵

明成大皇后附左

前記圏點を　附　八字を彫刻して　建　るものなりとの事にして同時に高氏は昌德宮王　下に次の如き上疏を爲したり。

王殿下の至孝に感激

高　永　根氏談

自意を以て洪陵に碑を立て闕門に罪を待ちたる氏は目下謹愼中なるが往訪記者に語る、今回は全く余の自意を以て爲したるものなるが重大なる罪を造りたるものなれば只處分のみを望み居れり。余の今回の事は全く激憤せる考より余の一身を犠牲にしても碑石を建てむとしたるものなり、奉職二年間に王殿下の陵行五回ありたるが王殿下には恒に拜陵の後必ず碑閣の扉を開けよと仰せらるるも莚包の儘臥かせてある碑石を見給ひ左右を顧みられ碑石は何時立つるにや速かに建てよと仰せられ、玉顔に御感蒼深き色を帶びさせ給ひて歎息せらるるを拜察する度毎に余の心は非常に感動せられたり。去る度の十月の御參拜の際は如何なる譯なりしか碑閣を御顧みあらせられず只溜息のみおつきにならせらるるを拜見したり。斯くの如き事情に居りて舊臣の身として如何でかそのままに居らるべきや如何に考ふるとも李王職か又は總督府の處分を待ちて閑慢に居るを得ざるを以て王殿下の至孝なる御心を拜察して自意を以て碑を刻字し立てたるものなるが五日間秘密に工事を行ひ十一日午前九時之を立て二時罪を門にまちたるなり、と。

上　疏　文

臣　高永根恐惶して罪を待つ。伏して以てみるに臣は猥りに踈賤を以て先帝の殊恩を蒙り涓埃の效靡し。その恩天地も及ざるなり。一朝死して魂魄なりとも從はむとしたるも能はず區々たる微衷猶松栢に倚りて以て餘生を終らむとす。

聖明之れを哀はしみ給ひて願望を聞き屆けさせ給ふ。恩眷感激して涕流せむとす。竊かに伏して陵前の碑石を見るに先帝の尊號を愼刻じあらず。徒らに碑石のみをそのまゝに臥しあり、毎に陛下が謁陵の際玉歩に陪して碑閣を過ぎる度に陛下未だ嘗て歔欷させ給はざるなし。臣　天顔を望むに胸臆裂けむとす。

先帝の陵に碑を立派に立て得ざるはこれ痛ましきことなり。陛下の誠孝竊かに心を傷ましむ。而して聖情も未だ伸させ給はざるなり。

臣伏して自ら念ふに犬馬も主を戀ひて只事ふる所爲す事を知る。苟くも先陵の役を秘密に爲し而して陛下の情を達すべきのみ。重く罪を得て死するとも恨まず。輙ち去年下し給ふ所の御筆勅を用ひて臣字の大小を量揣し之れを進むるものなり。工を鳩め摹刻して今日巽時に之を竪てたり。臣此くせざればわらざるを知るのみ、此の役事莫重の擧なるを期す。尤たるや萬々其の擅行を容れざるべし。臣の罪は當に誅死なり。伏して聖旨を候ふ。

捜索本部は鍾路に　(大正一二、一、一五)

爆彈犯人は既に逃走?

爆彈事件に對し十三日午前十時丸山警務局長は鍾路署に出張し大體の捜索方針を立てたるを以て京畿道警察部長は勿論同部各課長出張して本部を鍾路署に置き各署に支部を置きて連絡して蟻一匹も逃がさず嚴重なる犯人捜査方を取り本部隊附特別捜査隊は三輪警部指揮の下に別働隊として敏捷に活動中なるが犯人は〇〇方面に逃走したる模樣ありとの事にて近日逮捕せらるべき模樣なりと。

母指大の爆彈破片發見

爆發したる破片は龍山兵器支廠に送り其の形體、大小を鑑定せむとしたるも元來小豆の如くばら〳〵に破碎し居れるを以て確かに鑑定するを得ず。昨十四日朝現場にて更に爆彈の破片を拾はむとしたる處東大門署員はその現場に於て母指大の爆彈破片を發見したるを以て掛員等は大に喜び即時兵器支廠に送りたるが、此の爆彈破片を分折すれば其の爆彈の形體と大小を知るを得べく隨ひて犯人に對する系統を推知するを得べしと。

事件の經過に就て　馬野警察部長談

（前略）

而してその爆彈に就て言へば交通室の硝子に當り空中に攅がり微塵に破裂したるを以てその爆彈の性質其の他勢力を鑑定せむと警察當局にては大に努力したるも仔細に鑑定し得ざりきと。

直接行動（論說）（大正一二、三、一七）

爲政家の考慮點

法律無ければ社會成立せず社會成立せざれば人類生活の確保と文明發達は到底期待すべからず。故に人類存在する處に必ず社會存在し社會の存する處に必ず法律存す。凡そ社會を組織する個々の分子その社會の秩序關係組織を規定する法律を遵守するの義務あるは斯の如き必要に依るものなり。而して社會が發達し進化せば進化する丈法律も發達し社會對個人の關係個人對個人の關係の大部分を法律を以て規律するは亦此の如き必要に依りてなり。個人と個人の爭議を個人の暴力に依りて決定せむか決して完全なる社會的生活の形態なりと云ひ難く、社會と個人の權利權力關係を亦その暴力に依りて決定せむかその社會的生活の形態を完全なりと許し難し。故に現代生活の特徴と將來社會組織の理想より論ずれば暴力を以て人生々活の最高標準を作さざるに在り、殊に此の如き狀態を以て進化せむ事を要望するなり。白晝公途に於て金錢を强奪し人命を殺害せむか此は社會の存在法律の威權を無視する者なりとて嚴罰に處し、又衆を合し力を結んで現社會に對し反逆革命を圖らるか亦社會の存在法律の威權を冒瀆する者なりとして或は絞殺銃殺に處す。凡そ法律を無視して社會成立せず社會成立せずして人類の生活保障せられざるが爲めなり。吾人は勿論人類生活に社會が必要なるを認定し社會が存する處に必ずその社會の各般の關係を規律する法律の必要なるを認定するものなり。然ども人類の生活は進化するものにして發達するものなり。その進化發達生活內容の生長と、一定不變時代と共に推移し得ざる社會の制度とが互に一致するを得ず、單に一致し得ざるのみならず矛盾衝突する場合にはそれ果して如何なる方法を以てその矛盾衝突を突破するかに對しては許多の疑訝有り。殊に一階級一民族が他階級他民族に抑壓迫害せられ到底その生の暢達を期し得ざる場合に在りては實に法律萬能論秩序萬能論は到底その權威を維持し得ざるを痛感するものなり。見よその社會關係國家秩序を維持するが爲めに一層その生苦深かくその困窮の切なるに於てはいかでかその法律その秩序に對して愛着尊敬の念生せむや。茲に法律破壞の運動生じ秩序紊亂の直接行動出づるなり。此の如き場合に單にその舊法律舊秩序論を以てしてはその直接行動の倫理的價値道德的觀念を到底打破し難く殊に批難は爲し能はざるなり。こはその舊社會舊法律に對しては實に敵對行爲にして反逆行爲となるも、その將來の新社會隨ひて人類生活の進展發達の爲めには一種崇高の犧牲土臺となるものにあらずや。此の如き行動に幾多の仁人烈士がその熱血を濺ぐを以て今日吾人は此の如き程度迄の文明社會なりとも獲得したるものにあらざるか。然れば動的社會、社會進化の側面より立論する時吾人は必ずしも直接行動暴力使用を不可なりと言ひ難く倫理道德的見地に立ちてその批難の理由無きを覺るものなり。此は此の方法を外にして社會の更新を促進する方法なきが爲めなり。

かるが故に社會の進化的性質を明察しその進化的性質に依りて政治を行ふ者は必ず時に隨ひてその宜しきを制し、決して革新の機更新の運を阻害抑制するを以て能事となさざるべきなり。此れ卽ち實に社會の平和を期し並に進展の法則に違はざるべきものなるべし。彼の金相玉事件に對する總督府當局の所觀果然如何なりや。徒らに民心安定社會の平靜を裝ひて得々たるべきものにあらずと云はざるべからず。

捜索檢擧押收 （大正一二、三、二一）

以前より鍾路警察署に於ては活動を開始し同署高等係及司法係刑事迄も出動せしめ市内各所を一々捜索すると同時に多數の青年を檢擧し、殊に去る十六日には市内〇〇洞にある〇〇團體を中心に朴某及金某及李某張某等七名を逮捕したるは既報の通りなるが、同署に於ては尙繼續して活動し十九日午後には某重大事件の端緒を得て〇〇方面に於て青年四五名を逮捕すると同時に〇〇迄も押收し尙刑事等は猛烈に活動中にして事件は漸次擴大の模樣なりと。

五月一日（論說） （大正一二、五、一日）

メーデーは全世界の無產者が搾取と壓迫より解放を高唱する國際的示威運動日なり。「幼兒の日」は吾々も人なり人の待遇を與へよと幼兒を弄玩視したる父兄に對する子供の人的解放を訴ふる紀念日なり。

メーデーは米國に於て發源し全世界を包含し、「子供の日」は朝鮮に於て唱導せられ未だ朝鮮內にのみ限らる。一は世界的一は朝鮮的なり。然とも兩者何れも同一「解放」の絕叫なり。人格の主張なれば精神的には共通性あり。

全人類の生活を正視しその非道無理なる生活環境を打破せむが爲めに蓄積せられたる鬱憤に勝えざるなり。

（中略）數三年前より日本に於ても、メーデーの示威運動の擧行せられ來る。想ふに必ずや今日は東京大坂、神戸等大都會に於て壯烈にして悲憤ある示威行列有るべし。日本勞働者の今年の標語は八時間勞働の卽時實施失業防止の徹底生産權の獲得。殖民地の解放。土地の所有。勞農露國の承認等なり。何れが人道の正軌にあらず正義の旗幟に非らざるむ。塗炭に呻吟する人類の爲めに此の標語と主張は實に壯嚴なり。五月一日のメーデー朝鮮人の感情にのみ刺戟を與へ興奮を起さしむるのみにあらず、生活意識ある全人類の公正心に針を刺す烈火の電波なり。被壓迫者に階級意識を催促し壓迫者に恐怖心を抱懷せしむ。

一年一回のメーデーが人類の良心を刺戟し覺醒を鞭撻するに重大なる意義あるべし。不合理なる現代生活より脱出し人間本位の新天地に遷移せむとせば天然の良心の至上命令に歸順し人間が人間らしき生活卽ち相互に人格を是認する制度組織を設け習慣道德が實現せざるべからず。

人情本位の制度と道德を要し人生價値を充實せしむる組織と習慣に努力せざるべからず。吾が社會に於て在來はメーデーの意義を知らざりしが今後は朝鮮人に生活意識を皷吹し生存權を主張する定期祝祭日となるべし。

漸次に無産化する朝鮮人の生活がいかでかメーデーを忘却するを得むや。無念を禁じ得ず。自ら克く棄てるを得ざる熱情の表現として、義憤の發露として、メーデーを紀念するに至るべし。不合理なる政治組織社會制度下に於て良心の痲痺せざる以上いかでや沈默を守り平靜を期するを得むや。高喊聲もあるべきなり。示威行列もあるべきなり。無産者も有産者も共に經濟組織の要素なれば主從と輕重と經濟上の分配の不當なる厚薄あるべからず。勞働者も資本家も等しく社會組織の當然の一人格者たる以上貴賤はなく上下はなかるべきものなり。

「現代人物投票」（大正一二、五、一一）

大歡迎の新試驗

一千號紀念の爲め人物投票を募集せるに發表以來多大の歡迎を受け居り現代人物投票は以前に募集したることなきのみならず興味ある新にしき試みなりと一般社會に於ける期待切なるものありて到る處此の話にて持切なるが十日正午迄に本社に到着したる投票の第一回開票の結果左の如く、實に現在人物中の各方面を網羅し居り眞に興味津々たるものあり。二錢郵票を貼付して投票紙を請求するもの日益に増加し居れば種々の點に於て意外の變動あるべし。差當り明日の投票結果は如何に變化するか。

第一回（十日正午迄）

四九	李承晩
二五	崔麟
二二	安昌浩
一八	崔南善
一七	徐載弼
一二	李春栽
一〇	李商在
七	李東暉
六	呂運亨
六	康一成
四	李昇薫
四	金元鳳
四	尹相般

四　中　興　雨

三　金　佐　鎭

二　李王世子殿下、鄭翰景、朴容萬、盧伯麟、

朴泳孝、安昌男、金永禧

一　尹致昊、朴一秉、李完用、金奎植、吉善宙

曺晩植、崔奎東、金重世、金潤秀、金東元

閔泳徽、黃玘煥、柳東說、李始榮

投票者に注意

自己が自己を投票したるもの採用せず、東亞日報社に關係する人を投票したるものは主催者の立場にある關係上一切採用せず。

日本各地に〇〇〇〇　（大正一二、九、四）（號外）

（缺）

火原を脱出して（大正、一二、九、九）

無事歸國迄

江原道淮陽の金根植は歸京して語る。

日比谷公園より出でたるが朝鮮人等は日本人と感情阻隔して思ふ樣に避難するを得ず、漸く隱れて上野公園に三日夜來り日暮里より中央線にて歸りたるが、汽車に乘りて來る途中で汽車が交叉する度毎に日本人等は東京に向つて行く列車に向つて「東京に行つたら朝鮮人を〇〇せよ」と叫ぶを聽き身の毛もよだちたりと語れり。

日本經濟界の大波瀾（論說）（大正一二、九、一二）

東京震災の突發は日本經濟界に對する空前の大颱風なり。更めて吾人が噪々するの必要なきもその致命傷的大打擊は實に勝げて算す能はざる數字に達したり。

東京震災以前の日本經濟界は如何なりしかと言へば數年來の不況の爲めに極度の沈衰に陷り每年の輸入超過は漸次その形勢を增加するのみなり。

今年度上半期の輸入超過額のみにても既に五億に近づき事業界の不況と金融の梗塞は一般經濟界の元氣を頗る沮喪せしめたり。斯くの如き經濟界の大不況のその原因と認めらるるものは一二に止らざるも歐洲大戰亂終息の結果に因る日本經濟界の轉機と且つ日本政府の放漫政策の影響が最も大なりしは一般大體の結論なり。前者の歐洲大戰亂終息の影響は大勢の然らしむる必然到來せざるを得ざる現象なれば日本は將にその機會を一大轉機として之を覺りて事業整理の必要有りたりしなり。然とも一般經濟界の態度は昔日の繁榮に戀々としてその迷夢を覺破し得ず依然として附合雷同の裡に彷徨し遂に反動の恐慌に陷りたり。此れ事業整理の域に就くを得ざりし一原因なり。且つ又一つの一原因は政府の取りたる放漫政策の餘蘖なり。此の點に於ては政友會の罪過無しとせず。卽ち上は政府の態度放漫に流れ下の此に倣ふも又避け得ざる事實なり。斯くの如くにして日本政府は大に公債を濫發し所謂積極主義を盛んに取りたるを以て政府發行の公債は漸次その價格低落し遂に五分利公債の主義が一片の反古に歸したる觀あり。

要するに東京震災以前の日本財政及一般經濟狀態は極度の沈衰に陷り一種進退維谷の感有りしかば是に反動として緊縮主義の必要を絶叫するは最適の時策として提唱せられたり。その結果一般人心は政友會內閣に日日に離反し新內閣の出現を要求せり。單純なる經濟界の一側面觀よりするも內閣更迭の已むを得ざるに至りしなりしなり。

今回の山本内閣が一面に憲政の常道を無視し突然出現したるにも拘らず日本輿論の歸趨が反りて迎合の態度に至りたるは決して偶然にあらざるなり。即ち斯くの如くして暗雲の低迷せる日本の經濟界は新内閣の出現を觀望したりし處突然青天の霹靂が頭上に下らむとは誰れか此を想到せし處ならむや實に東京の震災の大慘害は日本經濟界の大打擊なり。銀行會社の燒滅が一たび傳はるや日本坂神地方の各市場は遂に休會を斷行しその倉皇驚愕の態度はまさに吾人の推測に難からざるなり。續いて非常徵發令と暴利取締令發布せられてよりは經濟界の人心は極度の混亂に至り株式期米綿絲綿布等の大慘落を告げたり。その結果一時擡頭の氣勢を示したりし各種物價は更に復舊の低落を挽回したり。然とも今後物價の騰落は今日の如き混沌期の標準を以てしては到底その前途を推測し難くたとひ法令の威力が如何に徹底すとも無より有を生じ得ざるは明瞭なる事實ならずや。吾人は此の點に於て物價の暴騰の大勢を否認する能はず。

然して日本財政の前途は頗る悲觀すべきものなる事は昨日も既に一言したる處なるが明年度豫算は更に編成せらるべきが將來如何に編成せらるるかは知らざるも外債の大々的募集に依賴せざるべからざるは動かす能はざる事實なり。而して一般經濟界の復舊は到底今後短期の時日を以てしては不可能なるは勿論なれば方今震災地域の支拂延期も表面上少康の態度を持し居れるも將來如何なる破綻を起すやは世人の豫め斷言し難し。是に於て一般人民の覺悟と節制とを盛んに唱道し人心の不安を大に鎭撫せむとし各種の宣傳に腐心中なり。而して斯の如き日本經濟界の惡影響は必然朝鮮の經濟界に波及するは何人も覺悟する處なるも既に朝鮮內の各銀行は貸出停止と資金回收を極力斷行し金利の引上を計劃したり斯く金融の流通杜絕すると同時に朝鮮資金の大部分は日本に流出し了はるべし。

然らば朝鮮經濟界の恐慌は免かるるを得ざる事實なり。此れ隣火に厄に逢ふにあらずして何ぞや。更に朝鮮の財政は例の來年度補給金問題を初めとし諸多の事業公債募集計劃は殆んど水泡に歸したる觀あるは當局者として既に聲明したる處なり。此の如き東京震災の惡影響は必ずや朝鮮の經濟界に重大なる恐慌を波及すべきを以て總督府當局者は如何なる對策を以て之を未然に緩和するか吾人は茲に切問せむとするなり。

軍警の保護にて生命は保全したるも　（大正一二、九、一九）

最も繁りに來るは人と等しくあり能はざる悲哀なり

災難當時東京附近に在つた留學生は一個所に收容せられて外出をしなかつた爲めに比較的害を受けた者が少なかつた。最も殘酷なりしは本所深川方面に居りて勞働を爲し居たる朝鮮人約五千名にして災難が起るや否や四方に散らばつたが行手が不明なる中に殊に日本事情に暗きが爲めに意外の殘酷なる禍を受けた人々が非常に多い。留學生等も所轄警察署に收容せられた人々は大部分習志野に遷されて目下軍隊の保護を受け居れるを以て生命には別段の危險なきも故國に歸らうとする者が澤山あるのに未だ出してくれずその儘握飯をもらつて食つて命を繼いで居る。斯く不自由な中に埋れて居る爲めに他の消息は少しも聞くを得ざるも、何よりも外國人等の避難民は相當の自由があり、又自國より軍艦が來るとか慰問使が來るとか言ひ中國學生等も自國より軍艦が來て彼等はそれに乘つて歸つたと云ふ自慢をするのを聞く度毎に殊に悲しい考が胸にせきこんで來る。その時に本社から特派員が飲食物を負つて東京に着いたとの言を聞いて限りない信念を得たと同時に堪え難い喜の涙を流したと語りたり。

日本に居る朝鮮人の送還（論説）（大正一二、九、二一）

緘口し得ざる問題

東京震災時に朝鮮人問題に關する風說ありてより以來日本に居りし朝鮮人勞働者は毎日三四百名宛も朝鮮に歸來す。其間朝鮮人勞働者の歸來數は既に四五千に達し居るべし。

而して聞く所に依れば日本より歸り來りたる勞働者は東京横濱等今回の災變地方に居りたる者に非

らず災變とは何の關係も無き大阪以西所謂關西地方に居りたる者なりと云ふ。

何が故に彼等は多年得居たりし職業を棄てて、何事も爲す事業なき、考ふれば、歸り來るとも宿り食する處無き朝鮮に蒼皇として歸り來るか。彼等が歸り來るに至りたる詳細なる理由に關しては未だ語るの必要なきも決し自意を以て職業を棄てて歸り來りたるものに非らざるは何人も疑はざるべし。

萬一既に還歸せる四五千の朝鮮人が日本に止まる事を得ずして貴く考へ居たる職業を捨てて還り來らざるを得ずとせば其の餘の十數萬の同胞も亦同一事情の下にゐるべきは當然の推理なりと云ふべし。

萬一此の有樣を以て日本全國に散在せる十數萬の朝鮮人が足を容るるの處を失ひて朝鮮に歸り來るに到らばては看過するを得ざる重大事件なりと云ふべし。

第一、三十萬以上の日本人を受け入れたる朝鮮人は自由に日本各地に於て居住し營業し勞働するの自由と權利とを享有してこそ正しきものなるに今や宛ら大規模の放還に遭ふは此の自由と權利とを蹂躪せられたるものなれば、こは決して十數萬在日朝鮮人のみの問題に非らざるなり。實に全朝鮮人の緘口する能はざる問題なり。朝鮮人をして斯く還り來らしめざるべからざる樣に爲したるは日本政府なるにも人民なるにもせよ、それは何の差異なきものなるが、日本官民中に此の不正當なる事件に對して何の措置も無きは正に非難を受くべきものとす。

第二に今回の多數の勞働者が不時に職業を失ひて蒼皇として歸國するに立到りてはその精神的痛苦と經濟的損失は實に莫大なるものなれば彼等の此の莫大なる損失を賠償すべき責任者はそれ何人ぞ。吾人はその責任者の明確なる答辯を要求すべき權利ありと信ず。

第三に本來農業を爲したるも土地を失ひて生くるの途無きに由り日本に勞働を求めて赴きし彼等なり此の可憐なる群が此の際赤手空拳を以て不意に朝鮮に歸り來るも將に何を以て糊口の計を得られむか。彼等は日本各地の工場に於て薄給と過勞に堪えて日本の國富を增進するに勞役したる功勞者に非ずや。

第四に此回の不人情にして不當なる待遇を受けたる彼等の不平は何を以て緩和せむとするか、緩和するの途無きを以て遂に警察の高壓あるのみなるべきなり。

吾人は在日同胞の還歸なる甚しき異樣なる事件に對して一面既に還歸せる數千の同胞と日夜不安の中に在りて而して全く去就の方向を知らざる十數萬の同胞の爲めに熱き同情を表すると同時に彼等をして此の破目に至らしめたる日本政府の偏狹不公平なる心事を非難せざるを得ざるなり。

（以下數行自ら削る）

（ポンチ繪並に其の説明）　（大正一二、九、二三）

（缺）

急激なる暗流（論説）　（大正一二、九、二九）

大杉氏慘殺に就て

向日不意の慘殺を被りたる大杉榮氏一家族の全滅は日本震災の爲めに生じたる副産物中最も悽慘なる光景の一にして又最も不祥なる事件の一なり。之が爲めに直接加害者たる甘粕大尉は卽時軍法會議に附せられ各長官の更迭、停職ありたり。されば斯の如き大規模の引責は直接加害者たる甘粕大尉の行動を又一層擴大ならしむるの背景を供したり。之と反對に被害者たる大杉榮氏の一派は一網打盡の大檢束を受けたり。是の事は日本現在の社會的暗流が如何に急激なるかを説明する一材料に非らずして何ぞや。卽ち左傾對右傾の兩極端思潮が互に衝突して破裂する瞬間の突發的閃光なり。

被害者たる大杉榮氏は日本現在の左傾思潮派の第一線に立てる先頭者なり。氏は主義者たると同時に有數の學者なり思想の系統よりは社會主義者と云ふよりも無政府主義者たりき。實際の運動としては「勞働運動社」の領袖たり。その機關紙としては「勞働運動」なる雜誌あり。此の一派の標榜は凡そ斯の如し。「近き將來に資本主義崩壞して新社會現出せむには必ず勞働階級が組織的に團結して一般民衆の先鋒となり代表となりて自發的に新社會に適應する新機關の建設を完成せざるべからず此れ卽勞働階級の負へる歷史的任務なり」と。此の如き簡單なる文句にても其本領を多少知るを得べし。然とも以上の勞働運動は彼の第一步なり。卽「勞働運動社」の一人としては普通社會主義者の主義主張と別段の差異なく茲より一步進みて無政府主義を把持し居れるは吾人が皆知れる事實なり。

氏は主義者としても學者としても强烈なる個性の所有者なり。氏の奔放不羈なる態度と堅强なる志操は氏の主義者としての特色を一層發輝せしめたり。氏の生涯は卽ち斷間なき反抗の歷史なりき。家庭に學校に社會に國家に且つ全世界に反抗を以てして始まり反抗を以て終りたり。氏は天生の反抗なり。氏は反抗して勝利を得たり。家庭と學校に反抗して新らしき自由と新らしき道德を立て、社會と國家に反抗して新社會の光明を得むとしたりき。斯くして氏は全生涯を通じて一步なりとも一時刻なりともより速かに步まなむとしてあらゆる苦鬪を繼續したり。氏は勇士なり。最後の生命のある限り迄傳統と權威に對抗し遂に憲兵のサーベルに斃したり。

勿論過般の日本關東震災は亘古未曾有の大災難なり。人の手を借らざる自然の破壞なり。然らば現社會の破壞を目的とする各種の主義者等も此の苦難は意外に思ひしなるべし。のみならず人類の不幸と思ひしなるべし。組織の破壞に非らず只外廓の動搖の爲めに彼等には死馬の屍に對して殘忍なる加鞭を敢行する冷血的非社會性はなかるべし。又斯かる必要無きなり。只彼等を邪推疾視したりし側に疑心暗鬼が生したりしなり。然らば斯かる大慘難に際して會心の惡魔の笑を爲したるは決して主義者側にはあらざりしなり。

戒嚴令發表せらるる迄は自衞團が一時跋扈したりし由にて之が爲めに狂暴なる非行が隨時隨處に突發したり。然とも一旦戒嚴令が發表せられて後は秩序整頓の全責任は軍隊に移りたり。卽規律が嚴肅にして訓練の整然たる日本帝國の軍隊が出動したり。此の如き軍隊の戒嚴裏に於てそれも軍隊の警察を掌る憲兵隊の高級將校が部下の憲兵を指揮して秩序的に大杉氏の全家族を慘殺したり。そは帝國の安危の爲めにすと云ふ軍人固有の憂國熱より斯の如き天人共に容れざる一大慘劇を演出したるなり。あー恐ろしく高價なる犧牲に非らずして何ぞや。又況や何の罪も無き只血肉の自然的連鎖のみなる天眞無辜の大杉氏の二兒も此の犧牲の渦中に入るるとは。玆に至りては人間を超越した否な禽獸の劣情よりも尙殘忍卑怯なる暴行に非らずして何ぞ。之を以て見れば日本社會の裏面に兩極端の暗流が如何に奔放し居れるかを知るべし。

「横説竪説欄」（大正一二、一〇、二三）

今囘の東京震災中に自警團員が中國人迄も虐殺したりとの風説喧傳せられ、在留中國人共濟會長は警察より軍隊に軍隊より放免となりたりと云ふも行衞不明なりとて中國方面にては大問題起りたり。排日を以て有名なりし中國にても日本の震災には衷心より同情し官民の協同を以て救護に盡力し來りし此際斯の如き事件發生して中國の對日反感を更に挑發したり。

言論壓迫を最も得意とせる日本の官憲は中國新聞に迄も記載禁止の命令を發せむとするか。世間に傳ふる處が事實なりせば兎に角自警團事件は重大なる國際問題となる形勢に展開せり。

〇〇〇虐殺事件（同日）

警官も關係

横濱堀割青年會員某が〇〇〇事件に關して自首したるを以て裁判所の活動となり訊問開始の結果多數の連累者ある模樣なるを以て卽時神奈川縣警察部にては活動を開始し同時に憲兵隊も各自警團青年團を嚴密に調査中なるが、調査の進行に伴れて今囘の〇〇〇虐殺事件には只單に青年會員のみならす警察官中にも參加したる者ある事實ある模樣にして各警察當局者は不安中に日を送り居れり。

百七十餘人を一時に打ち殺す

近日山城丸にて上海に歸來せる中國人王國章外三名は頭部足部に刀痕あるが彼等の語る處に依れば九月二日午後九時日本人三百餘名は大島町八丁目にある中國人下宿を襲ひ中國人百七十名を廣庭に引出して地上に跪かせて大玄能を以て打ち殺したるが黄子連なる人は僞はりて死したる風を爲して幸にも助かりて上海に還り來りたる由、又六日朝龜戶警察署警官百餘名は三丁目に居住する中國勞働者七百餘名を拘束して習志野兵營に收容したるが同日午後共濟會長王希天氏が龜戶に往きて彼等の消息を知らむとしたるも知るを得ずして追拂はられ十日朝に至り王希天の起床前に巡査一名來りて連行して以來王氏の行衞不明となりたりと(ハルビン)。

中國新聞の呼號

曩に晃光紙は「日本軍閥は大杉を殺害しても尙不足なるにや遂に罪なき中國人を刺し殺ろしたり。日本在留の中國人は商工業者にして日本の帝國主義とは何の關係も妨害もなきなり。然るに中國人一百七十三名を凶暴にも虐殺せり。政府は何が爲めに抗議せざるか溫州同鄕會は負傷者より此の慘報を聞きて起ちて全國に叫びたり。吾人は是非共此の日本の大なる罪惡を世界に宣布せざるかべらず」と叫びたるが、上海附近にても刺殺ろされたるものもある模樣なり。然とも混亂中なるを以て或は言語

の行違ひより又は誤解を受けて刺殺ろされたるなり。日本人が支那を惡みて斯くしたるにはあらじと噂し居れりと。（ハルビン）

大難に處するの道（論說）（大正一二、一一、三）

一

朝鮮人が目下大難に處し居れるは否定するを得ざる事なり。經濟的に旣に「極度」以上の悲境に陷りたるは朝鮮人たる萬人が痛く體驗せる處なるも精神的にも吾人が目下民族的解體の危機に處し居れるは吾人が前日にも論じたる處なるが、實に朝鮮民族は今や未曾有未曾聞の大難大危に處し居れり。

二

吾人に殘れる途は只二つなり。此の儘死滅の途に陷込みて終はるべきか、又は最後の一奮發を爲すべきか、吾人は只今此の兩岐路の分岐點に立ち居れり。危機なる言葉が生じて以來夙に經驗し見ざりし大危機に立ち居れり。此の際に朝鮮人の反應如何を以て朝鮮民族の歷史の方向は決定せらるるなり。

三

吾人は最後の線路に立ちたる鬪士なり。全族の興亡此の一心に在り。線路に立てる勇士は悲嘆するを許さず。失望落膽するを許さず。彼等は勇敢に各自の部署に就きて「全力」を盡して「一心」に自己を棄てて全體のみの爲めに戰ひ、戰は勝利迄亦は死迄爲さざるべからず。

問はむとす。朝鮮民族に斯かる士氣有りや。各々己を捨てて全民族の生の爲めに「一心」「全力」以て「死而後已む」の精神と氣魄ありや。人類の歷史は今や目を括りて朝鮮民族の「生くべき力」を試驗中なり。

四

然とも朝鮮人が最後の一擧として爲すべきは何なりや。第一は「民族の總動員」なり。總動員とは民族の各員が今日より民族的大難と奮鬪するの勇士となるべきを指すものなり。

勇士には精神と氣魄なかるべからず。個人的利害慾を暫らく忘れ民族的利害の爲めに財產と精力を捧げむとする此れ勇士の精神なり。敎育者は敎育に於て商業者は商業に於て各種團體の經營者はその事業に於て各々最大の義務感最大の能率を發輝して以て民族的救濟なる中心觀念を寤寐にも忘れずに爲すべきなり。斯くして朝鮮民族の各員は各々「大業」の部署に就き忘食徹夜の大活動を開始せざるべからず。現今の狀態を以てしては能はず!口唇を一度うんと嚙み締めて新自覺新決心を以て生活の根底迄も動かす大變革を民族各員の生活に實現せずしては能はず!

五

然ども各員の個別的活動は大難に勝つ能はず。民族的大難はそが政治的なるにもせよ經濟的なるにもせよ又思想的精神的なるにもせよ決して個人的勞力を以てしては勝つべき性質のものにあらず。只團體的を以てのみ鞏固なる一心の團體の偉力を以てのみ勝つ事を得るものなり。吾人は政治的にも朝鮮民族の政治的意志を代表するに足る團體を組織せずればあるべらず。今日の朝鮮民族は政治的單位となる資格なし。そは民衆を代表するに足る政治的結社が無きを以てなり。

第二に吾人は經濟的に各種の團體を作らざるべからず。自作自給を目的とする大規模の産業組合の未だ朝鮮に起らざるは民族的羞恥なり。朝鮮の産業運動の中心は此の自作自給を目的とせる全民族的大産業組合にあり。此に非らずしては朝鮮には産業は決して起らざるなり。

第三には民族教育を目的とする教育的結社なり。大學より小學校に至る迄就中現在の朝鮮に特に必要なる教育機關を設立せむか爲めに、又は今日の朝鮮に於てはその必要なる事學校に下らざる各種の通信教育機關及農民漁民勞働者等の短期教育機關の設置の爲めに全民族的大團結を始めざるべからず。

最後に、然れども必要なる事としては第一位に修養團體運動を至急に開始せざればあるべからず。こは青年の道德的墮落を防止せむか爲めのみにあらず、實に朝鮮青年が新社會の一員となるに適當なる公民的基礎的訓練を受くる爲めにしてあらゆる民族的事業中の基礎的の事業たり。

六

以上述べたるあらゆる活動を時急に開始せずして此の大難を免るるの日は永遠に永代來らざるなり。

或は言はむ今迄も斯かる活動を爲し居りしには非らずや而して全部失敗したるには非らずやと。然り然れども吾人の自覺と決心と熱誠とが不足し、且つ計劃と方法が不足したりき。今回は新精神を以て最後の一戰に臨むの士氣を以て殉教者的敬虔と熱情とを以て一民族の歴史に一度有りて二度と有り得ざる大勇猛大一心大犧牲大抱負を以て又始めざるべからず。顚れば起き沛るれば起き何回にても百回にても千回にても最後の勝利迄又は死迄奮進する外無きに非らずや。

七

二千萬の大衆に對して既に召集令は發布せられ全朝鮮民族の財產に對して既に徵發令は下れり。此の召集令此の徵發令を下した者はある國家の元首にもあらず强力にもあらず眞に民族的運命と及各員の良心なり。朝鮮人よ誰ありてか此の民族的大難大危に臨みて無上の命令に應せざるあらむ。

十八團體の首領會議 （同日）

中東鐵道沿線各地に武装せる高麗革命軍横行し去る九月中旬にも「ソピシン」停車場附近の山中に於て十八箇團體の首領が集合して決議したる結果

朝鮮の自由を得る迄は積極的に獨立運動を繼續する事に決定し既に着々實現中なるが彼等の最大急務は

南北滿洲に散在せる各團體を統一し强大なる武力を有する統一機關を建設するにあり、然る後に同族を排反する親日派朝鮮人を撲滅する義勇隊を編成し軍資金募集をなし新聞雜誌を發刊すべきなりと。

露國共產黨の見たる朝鮮 （大正一三、三、一二）

こは三月四日の露國共產黨の機關紙ヅリブナ紙の記事を飜譯したるものなり

吾人は日本の帝國主義的桎梏に呻吟しつゝ自己の自由の爲めに斷へず戰ひつゝある朝鮮人の現在狀態を比較的等閑に附したりき。

日本の政治は既に全朝鮮のあらゆるものを完全に征服し自己の永遠なる植民地と化し了せり。日本の朝鮮人に對する民族的追窮は最高點に達し日本官憲は朝鮮人の朝鮮的思想を消滅せむが爲めに努めて努力中なり。朝鮮人の意識及言語迄奪はむとし居れり。

それのみならず斯れと同一手段を以つて朝鮮人の經濟勢力迄も征服せられ了せり。

茲に朝鮮總督府の最も精密なる調査に依れば朝鮮の經濟的發展も非常なる好成績を呈し居れり。然ともこれが事實ならば朝鮮人は何が故に此の政治を忌らひて或は自己の故鄕を棄てて遠く逃亡し或は銃を執つて反抗する者があるにや。

朝鮮人は現在の政治及經濟制度下にては到底生活し得ざるが爲めなり。

第一朝鮮の經濟界は其の全部が日本人のものなり。經濟的の生活の基礎たる工業農業商業等あらゆる生產業の所有權が地方民の手より脫け出でて彼等の願はざる者等の掌握する所となれり。或者は云はむ朝鮮は日本の勢力圈内に入りて以來大に發展し行くと。然とも之は皮相の觀察に過ぎざるなり。

此等の發展は朝鮮人の生活の向上と發展とにあらず、日本政府の經濟的政策に伴ひて自然的に勢力を進展し行く日本人の發達なり。

朝鮮を統治すると稱するあらゆる日本の機關は只だ大規模的に商工業及土地を獲得する事が其の行動なり。

日本の資本は貧弱なる朝鮮人の工產業迄も猜忌し其れを撲滅せむ爲めには如何なる手段なりとも敢て辭せざるなり。朝鮮人の小資本的產業機關すらも發達する事極めて難きなり。朝鮮人の農業も亦征服せられ了せり。

日本政府の一の機關として土地不動產の買收を專業とする東拓（ハルビン方面に迄も其の勢力を及ぼし居れり）は巨大なる土地を買收す。貧乏なる朝鮮人は若干の金錢を借用せむか爲めに抵當にすれば其儘奪ひ盡さるるなり。斯くの如くして比較的豐沃なる土地特に南方は殆んど半分は既に東拓の手中に入りたり。

此の現狀よりしては尙朝鮮人の手中に殘り居れる土地もこれ亦早晚同一の運命に陷入るべし。あらゆる朝鮮人の勢力は漸々日本人の所有となり了はる。

產業權の移動（論說）（大正一三、三、二〇）

今後二十年を出でずして朝鮮の土地が全部日本人の所有に歸してしまうと云ふ事は昨日論じたるが

それは今後二十年以内に朝鮮の土地が朝鮮人の所有を離れてしまうと云ふ事を勘定して見た譯である。朝鮮人の唯一の産業の根據たる土地が他の外來の分子に奪はれるのはこれ卽ち朝鮮の産業攪亂を意味するものである。

朝鮮人の唯一の生産の源泉である土地迄も奪はるるに至れば其の結果は朝鮮人の全部がその固有の産業を失ふか又は漸く小作か或は傭人に墜落してしまうのである。

而して他の國の産業革命とちがう處は他國では中産階級が沒落して資本階級が發生するとも國內的現象に過ぎない。卽ち朝鮮の如く外來の資本階級にその産業權を移動するのではない。隨つて他の國に於ける産業革命はそれがあつて後は産業の增殖があつて大なる産業的利潤は普遍的に各階級に利を霑らしめる點があるけれども。朝鮮ではそれと反對である。卽ち出て行けば行く程永遠に還つて來ない運命にある。而して資本は利潤の低い處から高い處に推し進むからどこの國でも利潤の高い殖民地に向つて資本を投下する事となる。これが殖民地として搾取に遭ふ一般の徑路である。

斯くの如く外來資本の侵入の爲めに現はる産業の一大變動は卽ち搾取階級と被搾取階級の兩大陣形に對立する外なきに至る。卽ち民族的に被搾取の地位に陷入りたる朝鮮人と、資本を通じて搾取を敢行する日本の現行殖民地政策とは到底調和する事が出來ない。

これは決して政治的の爲めに然るにあらずして全く經濟的理由としての朝鮮人の最後の生存權の爲

めに已むを得ず取らざれば(?)能はぬ關係あるが爲めである。

只朝鮮の如く特殊の事情あり政治的運動と經濟的運動とが互に偶然合致せざるべからざる因縁あるに於てはある程其丈此の問題の可燃性は尙より大となるのみなり。

死にに何故歸つたか（大正一三、四、八）

六日午後里門洞共同墓地に行きたり。其處には單身數千の警官と六日間戰ひて一時京城の天地を震動したる一代の冒險兒金相玉が言葉無く橫たはり居れり。寒食の節日なり老幼が墓前に哀哭せるがその中にも吾人一行は何が故に金相玉の墓地を尋ねたるか。金相玉の夫人の案内にて行くままに一つの墓標目に付きたり。

原籍　朝鮮京城×××

住所　上海法租界愛仁里

と書きあり更によく見れば、

金　淳　慶　之　墓

とあり。之も亦金相玉と共に上海と朝鮮間を往來して獨立運動に熱中し居りしが、苦楚に堪えずして死し、死すとも魂は上海に去りて事業を爲す筈なれば墓標にも住所を上海と書きくれと言遺せりと。

二三歩進み墓標なき處に來りて金相玉夫人は。

此の墓です。此の墓場です。子供等がある爲め墓標も立てざるは耻かしと。

側に立ち居りし金相玉の母親は。

「三人兄弟の息子が今は獨りになりました。長男は病死し二男は金相玉ですがあまり賢く生れて斯くせしか、賢からざりし爲め斯くせしか。彼の事業を爲してあの境遇となりました。死んだ年にも何年振かに家だと云ふので歸つて自分の家へも這入る事が出來ずに街路を歩るき廻りて死にました。飯一杯も汁一杯も食はさずに斯くは死んでしまつた事を考へれば涙が流れますと。

嘆息し居りしが聲を張り上げて泣き出し、

何故 還つたか 死にに何故還つたか あそこに居れば生きての別れなるに 何故 還つて永の別となつたか。

と腸も斷絶する樣な言葉で泣きたり。

子供を非命に失ひたる其の母親が幾度か此處で何故 還つたかと呼びし事ならむ。胸に積結せる恨を解くを得ざりし金相玉の魂は今何處にかある。

身は獵師の子と生れ一時はヤソ信者となり、晝夜玄能を振つて蓄へし金と鍜錬したる腕節を以て獨立運動に參加し數萬圓の金をその事業に捧げ、遂には昨年一月二十二日曉に孝悌洞の一角に於て雨と降り來る彈丸を浴びつゝ悲愴なる最後を遂げたり。わー胸に抱きしその意志は何處に置きて今や共同墓地の一角に横はり居れるか。

勞農大會の開催を祝賀す（論說）（大正一三、四、一五）

世界各國の勞働運動及小作人運動卽ち無產者の運動が今日の經濟制度の破壞を目標として進み居れる事は讀者の詳知する所なるが、吾人が更に考へざるべからざる事は其の手段方法なり。嗚呼吾人は知る。只今日國家の總ての權力を各々其の大衆の手に收めざればあるべからざる事を吾人は知る。

此の意味に於て吾人は實に世界各國無產民衆の會合を雙手を擧げて恒に祝賀するものなり。

そは只無產民衆の堅固なる結束ありてこそ甫めて戰闘すべく、無產民衆の結束さへあれば能く爲し能ふ事と信ずればなり。

さて朝鮮の無產民衆運動は如何に。

朝鮮はたとひ產業の發達を爲し居らずと雖もそは特殊の境遇にあるが爲にして決して吾人が無產者としての搾取と壓迫とを少なく受け居れりとの理由とはならざる事は吾人が自ら體驗する處に非らず

や。故に朝鮮にも昔より此の運動ありしなり。然とも吾人の過去を回顧せば無数の波瀾重疊たりき。

しかしそは過渡期に處せる吾人として免れざる處なり。

吾人は今より一歩調を取りて進まなむ。朝鮮人たる者誰か無産者に非らざらむ。誰か無産者たらむとしつゝあるものに非らざらむ。

三

勞農大會は開かれたり。全朝鮮勞農大會は開かれたり。吾人が待ち詫びし勞農大會は開かれたり。

而して此の大會に於ては過去のあらゆる波瀾を除去し全朝鮮無産民衆の堅固なる結束を爲す事と信ず。而して朝鮮民衆解放運動の一新紀元を作る事と信ず。

嗚呼吾人の解放を目標とし進み行く初一歩には毛の尖程の障害も前に無なし。最後迄奮闘して吾人の期待に違ふ無く圓滿確固たる結束を爲すべきなり。

嗚呼吾人の立場は如何に。言はむと欲する言は一言も碌に言ふを得ず、書かむと欲する文字は一行も充分に書くを得ざるは寧ろ之を忍ばむも、つねに驅り來る「銃劒」の閃光は吾人の全身を戰慄せしむ。

あゝ！吾人の境遇は如何。打擲せらるれば打擲に遭ひ、囚へらるれば囚へらるゝ儘に囚へらるゝは寧ろ忍ばむも、時々刻々に押寄せ來る「貧困」の潮流は吾人の生命を洗滅せむとす。

あゝ此の立場と此の境遇をよく退け避くる者誰れなるか。只吾人が有るのみ只吾人が結束するのみ。勞農大會は開かる。茲に一縷の光明を認めて喜ぶの餘り一筆を以て祝賀して止まざるなり。

自由と團結（大正一三、四、二三）

哲學博士　李　承　晩

此の廿世紀に處して能く自由權を保全する民族は文明富强に進み、自由權を保全し得ざる民族は他人に踏み躙れて殘滅を免るる能はず。此れ今世界に流行する所謂强權主義なり。

我が國にも先覺者等が有りて數十年前より筆端舌頭を以て此の意を我が民族に知らしむる事を試みたるも其の時の當局者等は權利と地位の爲に紛爭に餘暇なく、全國人民は各々獨り生活しなむとせし爲め遂にその禍を皆共に蒙りたるなり。

去りし數十年間に經たるあらゆる慘毒なる經歷は皆韓人等の自ら取りたるものなり。且相當の罰なり。天の神が吾人の過去を懲戒し吾人の將來を開發せらるるものなれば今日にでも警醒すれは遲しさはせず。

紛爭を棄てて合同を致し黨派を破りて統一を作れ。余一人を犧牲にして吾人名勢を生かしめよ。個人の榮光と權利を忘れて民族全體の福利を圖れ。これ韓族の生くる方法なり。韓族生きざれば韓人は生きざるなり。

自由は元來自分のものにして他人に請求すべきものにあらず。靜かに坐して他人が持參しくるるを待たずして起ちて進みて取るべきもののみ。他人が與へずとて怨むべきものにあらず他人が與ふると與へざるとは吾人自ら責むべきのみ。

他人の軍艦大砲のみが壯なる勢力なるにあらず吾人の一心團結が一層大なる勢力なり。吾人の自由は今にても求め得ざるにあらず。求めざるなり。

自由の爲めに戰へ。世界に戰はずして自由を求めたる民族なし。吾人の筆端と舌頭とを以て他人の劒及と彈丸に對敵し吾人の排斥と非協同を以て他人の虐刑と束縛とに戰へ。

正義と人道に違反する事は他人に對して行はず他人より受くる勿れ。義の爲に棄つるは辱を受けて生くるよりは光榮なり。堂々たる自由民の氣象を以て命を棄つるは奴隷として生くるよりも貴し。

共產黨、社會黨等の名義に意見を分つなく自由の目的を以て韓族黨を起せ。今日吾人の最も急なるは自由なり。自由なければ如何によきものも使方なし。世界的主義がたとひ大なりと云ひ好しとなすも吾人民族が先づ生きざれば見られぬなり。

今日世界の大勢が日に變じ吾人の希望を成就せしむるに好き機會が前に多く來る。吾人はまさに互に服從し互に愛護して大團結を作りて機會の來る時に利用する樣準備すべし。內地に外洋に凡ての同胞は茲に今一度決心せよ。

治安警察令に就て（論說）　（大正一三、四、二八）

一

如何なる思想、如何なる運動たるを論せず頭より抑壓せむとするは權力階級の通弊なり。思想は思想を以て對すべきものにして決して權力を以て抑壓すべきものに非らず。運動は運動を以て利導すべきものにして決して撲滅すべきものに非らざる、此の單純なる確定的理論は依然として權力階級の頑冥なる頭腦を啓發するに何等の效力なし。斯くして人類の歷史は多くの過誤と犧牲とを演出し甚しきに至りては社會國家の滅亡を告げしむるに至る。此れ一般國家の通弊にして殊に人民の自由を過度に壓縮せる專制國家に在りてはその流害最も甚だし。

二

あ〻歷史は繰り返へす。その痴行と過失は何時も如何なる國にも恒に人類進運の正路を蹉跌せしむ。此の意味に於て國家の權力は「必要的惡物」なりと云ふよりも「不必要的惡物」なりと云ふが却りての超正鵠なりと云ふべし。然らば此の國家權力の多くの罪惡は果然何處より來るかと云ふに國家觀念の超人格的偶像視より胚胎せらるるなり。

即ち人類の實生活上の利福の方便なる國家なりとの概念よりも國家を目的視し國家の爲めの人民なる國家の偶像崇拜的觀念より此の多くの痴行は演出せらるるものなり。

即ち國家の尊嚴、文化の擁護、主權の神聖、或は社會の公安等あらゆる似而非なる名稱下に及び斯かる先入主の見地に於て何等の省察もなく大砲、軍艦を作り、警察の蜘蛛の巣を配布する事が即ちこれにして、此れ惡戯に類する行動なりとせば殊に危險にして且つ不生產的惡戯に非らずして何ぞや。

三

彼等の主張の如く社會の公安の爲めに權力の必要を最小限に認定すとせむ、然し此の最小限に認定せられたるそのものもその功罪相償はざるを如何せむ。斯くの如く「得」少なくして損多き比較にありても國家の權力なる偶像崇拜的觀念はその儘それを度外視し了れり。

此れ國家と人民の關係に於て未だ清算し能はざる永遠の宿題なり。斯くの如く危險多くして罪過多き國家權力の自體が却りて他を危險視し呪咀するはこれ一大矛盾に非らずして何ぞや。即ち國家の權力は新らしき思想と新らしき運動に對しその善惡と是非を批判するの餘地なく一種の先天的憎惡嫉視の態度を以て臨むなり。

而してその撲滅の爲めにはあらゆる立法的手段と實際の權力を借りて斷じて容赦せざるの禁壓をば忌憚なく敢行するなり。

四

最近朝鮮に於ける反動勢力の擡頭を言ふ勿からむ。且つ勞働總同盟及靑年總同盟に對する種々無理なる干涉を一一例證する勿からむ。只總督府當局者が方今朝鮮の治安警察令を考案中なること。

去る二十二日各道警察部に發したる勞働運動禁壓の內訓は果して何を意味するかは茲に贅說の要なし。

要するに權力は固有の本能に依り此のあらゆる思想と運動に對し直接挑戰を試みたるに已定の順序なり。然とも記憶せよ。あらゆる思想と運動をば夙に權力の對抗を以て禁壓するに效果を奏したりしが奏せざりしかを。却りて歷史の事實は權力の對抗が甚しければ甚しき程人心の反激は益々甚しくなれり。

更に言へば斯の思想と運動の起りし根本的事實に對して徹底せる矯救策の無き限りに於てはその表面的禁壓は只百年の河淸に過ぎざるを如何せむとするか。

似て非なる亞細亞聯盟論（論說）（大正一三、五、二）

一

東洋は永遠の東洋なり西洋は永遠の西洋なりとの某詩人の言を是認せは知らず、少くも地球は一塊であり又全人類が同根であるとの高き見地から觀察すれば是非とも東西は互に融和せねばならぬ。人種の差別と洋の東西に依りて愛憎の觀念が異るものではないのみならず十八世紀以後今日に至るまで全世界の交通は漸次密接したるは實にして、其結果全人類の文明が益々增進せられたるは茲に今更喋々の必要なし。然らば世界同胞主義が卽時に實顯することは難かしき理想なりとするも高遠なる理想の爲間斷なく努力せざるべからざることと又如斯努力が各方面に顯著となりたるは否認し能はざるものである。

二

然れとも國家と國家との墻壁が互に對立し人種と人種との軋轢が激甚なる今日の立場に於ては人類同胞主義の凡有金科玉條が皆空虛なる杆牌に過ぎざるなり。斯くて黃禍主義の宣傳が全歐洲列國を風靡し又黃禍に對する白禍主義の宣傳が必ず擡頭せざる能はざる結論を作り了つた。然らば黃白兩人種の葛藤が實に勢ひ不兩立の關係あり從つて將來の大戰爭は人種と人種との衝突に起因することを豫言することも亦一片の杞憂に過ぎずとするを得ない。唯だ白色人種の文明が今日の如く優越なるだけ黄色人種又は一般有色人種の隱忍と屈從を已むを得ざらしむるのである。見よ全世界は白種の横行跋扈する獨占舞臺に化し一般有色人種は唯氣息奄々として其の蹂躙に呻吟するのみだ。

三

此の意味に於て黄色人種又は一般有色人種の大同團結を絶叫し彼の白人の横暴に對抗せむとする氣勢を見するは理論上當然なるのみならず一般有色人種の自衛の爲め必ず取らざる能はざる最後の活路である。然し如斯機運の來た促進せられざるは何の故かと言はば勿論一般有色人種の自覺の不足にあることは其の大なる原因ならむも、

少くも亞細亞の全局面に在りては日本の取りし帝國主義的侵略主義が以上の機運を阻害したのだ。此點に於て日本は亞細亞全民族の罪人である。日本をして亞細亞聯盟の大義を宣揚せしむると同時に從來取りし帝國主義的侵略を撤廢せしめよ。之れ日本の公明なる態度を全世界に表明すると同時に全亞細亞民族の重量を增さしむるものである。

四

如斯大徑大道を捨て却つて歐洲の列强に追從し同族の膏血を搾取するに汲々たるは之れ果して日本の永遠なる將來の爲め取るべき所ならむや。況んや自家の前過は少毫も改悛せざる日本の立場に在り

て米國の排日問題が沸騰したるを機會とし隱に亞細亞民族の大同團結を慫慂するは其の心思の陋劣なる之れより甚しきはなからむ。勿論我等は米國の新移民法案に對して眞の不義不正なることを感ずることは決して日本に降らざるを信ず。即ち全亞細亞民族の名譽の爲め我等は正義感の衝動を起すのである。從つて此の共同の名譽の爲め全亞細亞民族の團結を主張するは實に雙手を擧げて賛する所なり然し日本の如斯主張が唯一時の便宜より出たるに過ぎざる以上其主張が神聖ならざるは勿論なり。却つて日本の受くる今日の困辱が覿面の懲罰なりと云ふやも知れず。

弱小民族は團結して　（論說）　（大正一三、五、四）

（五月八日時代日報記事に略同じ）

中國の國耻紀念日に就て　（論說）　（大正一三、五、七）

中國の年中行事たる五七紀念日又來れり。二十一箇條が中國四億萬の人口に如何に深刻なる印象を與へたるかは此の國耻紀念日を見てもその一班を知るべし。勿論此の紀念運動の甫まりたる當初には一部煽動に過ぎさるの觀ありしのみなりしが數年を經重ぬるに隨ひてその焔は擴大せられ、その結果中國の各學生團及各處の商務所は勿論一般兒童走卒に至る迄靡然として響應したるなり。

二

然とも五七紀念は單純なる示威運動に過ぎざるならず寧ろその影響は少なかるべきも、然らずして中國の經濟運動と連結して日本の物貨排斥を爲すに至りてその運動の步武は益々堅實となれり。此れ中國の日本に對する消極的抵抗なり。卽ち長江一帶に初まりたる日貨排斥熱は更に東三省方面に燃及したるは云ふも更なり、日本の咽喉の息を塞ぐに異ならざるば所謂經濟斷交運動の絕叫なり。日中兩國の貿易額は中國に對して約三割にして日本に對しては約二割三分餘に相當す。然らば中國の日本に對する經濟絕交は此れ程日中兩國の通商に一大阻碍を波及せしめたり。

三

勿論中國の排斥思想は決して一日本を唯一の對象とするものには非らず、返りてその淵源を溯考すれば變法自强の國論が一致してその固有の排斥思想の隱顯するうちに出沒するものなる事は蔽ふ能はざる事實なり。

所謂利權外溢の防止と外溢利權の回收運動が漸次露骨化せるものなり。只斯くの如き排斥又は恐外思想は日本の二十一箇條問題を導火線として一層熾烈になりたるものなり。言を再びせば二十一箇條約の廢棄運動と旅大回收運動は歐洲大戰亂の終熄を機會として爆發したるものにしてこれも國權回收運動の一端なりき。

四

見よ巴里講和會議に於ての中國の主張が如何に國權回收に汲々したりかを。即各國の勢力範圍の拋棄と外國駐屯軍の撤退、外國郵便局の廢止、領事裁判權の回收、租借地の還付、居留地の回收、關稅自主權の恢復等を熱烈に主張したるは全世界列國に對する共通的通牒なりき。斯くして列國は原則上より中國の要求を承認し更に華府會議の開催を機會として以上の實施に對して各種の條約は成立したるも、只日本に關する二十一箇條の廢棄は依然として日本の强硬なる拒絕によりて成功せざりき。

此れ二十一箇條廢棄を中心問題とせる「五七紀念日」の成立せる所以なり。

五

日中兩國間の諸多の懸案がいかでか二十一個條問題にのみ限らむや。その項目を列擧せむには實に汗牛充棟の類に非らざるなり。然れどもその多くの懸案中最も大なる痼疾は此の二十一個條問題なり。此の條約に因りて日本は旅大の租借權を七十四箇年も延長せり。然とも中國の主張は二十一個條約が日本の强壓に依りて締結せられたるものなるを以てその條約は無效なりと云ひ、隨ひて日本の旅大租借權は二十五個年の通りにして一九二三年即昨年三月末日を以て滿了したるものなり、と云ふにあり。斯くて中國はその國務院の決議に依りて二十一個條の廢棄を宣言したり。ああ旅大回收は日中兩國のアルサスローレンと等し。年々巡り來る此の五七紀念日は果して何時の時にか歸正するの日あるか。

在露共產黨の新計劃　（大正一三、五、一二）

露領浦鹽にある朝鮮人共產黨等は五月一日勞働記念日を機會に大々的に團合し國民運動を起す計劃を立て數十萬枚の宣傳文を配付したるが其の大意は左の如し。

吾人朝鮮の勞働者階級は世界に問題たる朝鮮問題に對し自己の力を盡さざるべからず。吾人等の問題は堅き團結の力ありてこそ解決せらるべきものなり。卽ち目下の狀態に鑑みて吾々が朝鮮復興に努力せむには民主國家主義者等と協力一致して密集部隊を組織して進まざるべからず。曩に日本帝國主義の反動を以て起りたるあらゆる朝鮮國民の運動は黨派的なりしも最近に至りては大に合同的運動に變化したり。今となりては吾人勞働階級が民族運動に努力するに當りて、吾人の生活事業に力を致さむが爲めに獨立黨を起さざるべからず。吾人共產黨等は事業の爲めに家を忘れ勞働〇〇を組織し、而して吾人共產黨は吾人の理想を擴大せしめ吾人の勢力範圍を强くせむが爲めには其の活動を一變し獨立黨を組織するの自覺生じたり。今よりは共力せむが爲めに朝鮮の一般的組織を作り其の組織に依りて朝鮮復興に力を盡さむ。

吾人等は曩に無秩序にして孤立的なりしを少しも憂ふる處にあらず。吾人等の最も貴ぶべきものは同族に對する愛其れのみなり。同族に對する愛を致さむ爲には吾人等は如何なる犧牲なりとも辭せざる所とす。（上海）

菊池の悖言（論說）（大正一三、五、二九）

日本陸軍大將朝鮮軍司令官菊池愼之助が去二十四日下關に於て新聞記者を接見し左の如き朝鮮談を爲せり。

朝鮮には猶二千萬を移植するを得べし。國境出沒の鼠賊に掛念するなく每年內地より入り込むが良策なり。

陛下の軍隊は鼠賊の爲めにびくともするものにあらず鴨綠江は中間にあり向側は中國領なるを以て無下に至り込むは稍六ケ敷も喊聲一番すれば江も國境も無し。と。

又斯の言あり。

朝鮮人は口と手段は達者なるも魂はなし。

吾人の筆は少くとも朝鮮民衆の正義を代表せむものなりと自ら信ずる所たり。いかでか一個無識の武夫の旺悖なる言語を以て對手となさむや。されど斯かる悖言か敢て口外に出で來るは此の世上の人道なるものの存在を疑はるるなり。吾人は吾人を離れて人道上菊池の悖言をば捨て置くを得ず。

吾人千七百萬民衆は今猶生命あるを、菊池の此の言はその眼に吾人民衆は見るを得ずして只管日本人を移植すべき廣漠たる荒墟とのみ見ゆるを確かに證明す。菊池の斯かる悖言は人道を無視するに依りて出で來りたるは今更云ふ必要もなきも菊池一個人としては此の言をば敢て放ち得ざる事と認む。吾人は此の言よりは特に菊池をして此の言を放たしめたる日本陸海軍及日本爲政者を憤らざるを得ず。

爲政者の朝鮮策此處に彷彿として認められ陸海軍の朝鮮觀此處に顯然として露はる。殺人を惟一の功勞と考へ金鵄を以て一生の光榮とする日本軍閥も漸次時代の變はるにつれて功勞は卽ち罪惡となり光榮は卽ち耻辱となるべきなり。菊池いかでか之を知らむ。

されど武士道の精神を自慢せし彼等としては殺人を爲しつゝも自己等には義氣なるものを持ちしに非らずや。敵濵てふ天職を打ち忘れて暴亂なる悖言を敢てする菊池を見よ。現今の日米問題は日本の如何なる國耻と考ふるにや。殊に軍人としては敢て坐視するに忍びざるものとす。然るに彼等に此に對しては何等の敵愾的奮發なし。斯くも畏怯卑劣なる彼等が吾々朝鮮に對しては忽ち衝天の氣概を示す。强ければ自國の恥辱も知らず弱ければ他民衆の生命をも顧みざる彼等の行動は惟れ彼等の不義無道なる事を表明するもののみ。

武士道精神の根本に至る迄も疑はしきにあらずや。吾人如何に孱弱なりと雖も日本人二千萬の移殖を安んぞ安じて受けむ。彼等の眼には見えざりし處の生命も何時かは奮起する運命あるべし。菊池をして吾人に魂あるを知らしむるの日あるべきなり。

一方より考ふれば斯の悖言は吾人には小さき興奮劑となるのみ。されど菊池の如き陸海軍のみを以て中心とせば日本の前途はよろしからざるは必定なり。如何に立場は反對なりとは云へ義の爲めに一身の私を顧みざる人々をば鼠賊なりと云ふ。菊池は義が何物なるやを知るや、義の進み行く力は如何に强烈なるかを知るや否や。且つ武力を信み國境なし等云ふ菊池が公法を無視すればその反應が日本に如何なる殃禍を遺すやを知るか。空手を以てしても或は大地を照らし耀かすの刄の出て來る事もあり、弱國にても或は海水を飜覆するの殺氣起るの時あるものなり。

吾人の言は決して吾人を標準としての感情にあらず人道上之を棄て置き難しと云ふにあり。されど吾人の言は日本陸海軍及爲政者には何等の影響なきも知れり。

吾人は斷言す。陸海軍中心の日本と世界の人道とは決して共存すべきものに非らず。

されど斯の如く無識なる武夫の菊池にも日鮮融和は千年後にも成り難けむとの言あり。吾人は茲に深き感想あり。現今融和説を主張する當局者は見識彼の菊池よりも劣れるを知れるなり。殊に吾人民衆中にも不逞鼠輩ありて公然融和説を唱導するを見れば强勢者より傳染するの害はいかに蔓延するものなるかを知るべきなり。斯かる鼠輩は聞け汝等は吾が民衆に非らず汝等は菊池に對しても罪人となるなり。

日米國交險惡なるを以て米國領事館に脅迫狀

（大正一三、五、二九）

久しき間一大懸案となりて今日迄世人の耳目の惹き來りし米國の排日移民法案も其間數知れぬ波瀾曲折を經て茲に最後に日本に取りては絶望的の終結を告げたり。此れか爲めに日米兩國間の國交は宛ら絶壁に臨める駿馬の如く實に危期一髮となり、如何に成り行くか、或は太平洋沿岸の風雨急となり或は東亞の輿論を以て列國の同情を得る等、頗る世論紛紛たるの今日、我が朝鮮內に於ても米國の排日に對する日本人の憤慨勃々たるものあり。先づ初一歩の示威的行動として西大門內にある米國領事館に對し數日前より日本人の脅迫狀頻りに來り、遂に米領事は此の事實を携へて西大門署に相當の保護を請求し同署に於ても秘密裡に大々的に活動を開始したりとの噂世上に喧しく、之に對し石橋署長は之を否認したり。

爆彈携帶したる獨立團 （大正一三、六、四）

水陸兩隊で平壤に突入？

（記事略）

外來人と鄉土人 （論說） （大正一三、六、六）

外來人と云へば他邦より我等と一所に暮そうとして入つて來た國籍の異なる異邦の客等で、鄉土人と云へば永らく此の國の國土に根を下し歷史を作つた我等朝鮮人等である。而して解放された今日の朝鮮には彼等外來人と我等鄉土人が混つて暮す樣になつた。

茲に外來人とか鄕土人とか云ふ自他の區別を語るのは決して我等が彼等外來人を排斥しようとする意味より出たものでなく政治的に何か感情があつて云ふのでもなく、又外來人等が入り込んで住む樣になつたので我等の習慣風俗が外人化して行くのを心善からず思ふて云ふのでもなく唯だ外來人等が多く入り込む程我等の生活が漸次困難となり貧弱となり外來人の幸福が我等の不幸を醸出することを痛寃に思ふのである。

上から水が流れて來る程下の水が流出する樣に、外來人等が朝鮮に多く入り込む爲めに鄕土人であつた朝鮮人は續いて流出し、流出せずして堪へるとしても其の生活狀態は日々衰殘し、遂には朝鮮人の社會的生命が遠からず破滅すると云ふことは一般識者が推想する所であり吾人の痛寃に思ふ所である。今日の朝鮮人で血液が涸れて居ないものがなく飢饉に會つて居ないものはない。何の期待を囑することが出來何の幸福を望むことが出來ようか。

路傍に匍匐して一文二文の惠澤を哀乞する乞人に對して吾人は其の行と外樣が醜であると云ふことも出來ず、無念無恥だと云ふことも出來ず我等は其の情景を無意識に見ることも出來ない。今日の朝鮮人の一般事情と境遇から見て十年か或は二十年後に乞人とならない人が幾人位あり、幾家族位であろうか。

今日自己が田地家屋を持つて居ると云ふても此れが何時までも自己の所有の儘にあり自己の生活を

保全して呉れると思ふてはならない。勢力のない人の所有は勢力のある人の所有しないものにも及ばず、勢力ある人の所有しないものは勢力なき人の所有せるより優ることが多くある。

異邦人が我が鄉士に入り込むときは彼等が自己が所有した財產を荷ふて入り込んだのでなく大概は大膽にも兩拳を携へて勢力の後を追ふて入り込んだのである。而し其の兩拳が武器となり勢力が資本となり今日は彼等が我等の鄉士に主人となり我等は彼等の隷屬者となつて仕舞つた。

我等が彼等を迎へたか、彼等が無理に入り込んだか、其の來歷事情は此處に語らず。何れにしても彼等が入り込む其の時には彼等は兩拳と素裸體の以外に何も持つて居ない貧客であつた。我等は彼等より幾倍も多い糧食と住宅を有する富んだ主人であつた。併し兩拳が我等の糧食を奪ひ其の勢力が我等の住宅を侵掠した。

日々貧乏となり月々弱つて行く我等の生活は今後何程繼續しようか。昨日の現象より今日の現象が異なり、昨年の狀態より今年の狀態が一層甚しくなつて行かないか。路傍の行人にして外貌が瘦瘠に容色が愁慘なる人皆我等の鄉士の兄弟等であり無いとか有るとか云ひ乍らも血色よく活氣よく走り步く人等は殆んど皆異邦の客等である。彼等は人のものを奪ひ得ずして痛寃しようとして居るが、自己のものを他人に奪はれて悲を晴らすことも出來ず凡ゆる慘境に陷つて居る人の心には如何に寃痛が生じ如何に慘酷なる怨恨に積まして居るだろう。

生ずる寃痛と積まれる怨恨が破裂するとき我等の生命の途が蘇生するであろう。併し其の寃痛と怨恨が破裂する其の時迄は種々の忍耐と奮闘と鍛錬が必要である。

無責任なる巡査（論説）（大正一三、六、八）

人を毆打するを泰然として眺めたる事

前日、黄金町一派出所前に於て些細の事より十餘名の日本人が日巡査の面前に於て朝鮮人一名を亂打して重傷を負しめたり。

電車中又は路傍等に於て日人無頼の輩が黨を作りて朝鮮人を毆打し蔑辱する事は時々あり、今更事新らしく大に驚く事もなきも日巡査が之を見て何にもせずに居りしと云ふには吾人は堂々と權利を以て數言を述べむとす。

吾人が彼等巡査を派出所に立たしめて生活費を與ふるは彼等の顏が愛らしくして眺めむと立たしめ置けるにもあらず、赤鉢卷の帽子と劒を帶びたるが美しくして市街裝飾として立たしたるにもあらず可愛想にして乞食に淨財を惠む意味合にて金を與へて立たしめ置くにもあらず、專ら吾人の生命と財產に對しての守衛（實際はそうでわり得ざるも）として立たしめ置けるなり。

朝鮮に二萬數千名の警官を喰はして生活さして居る金は惘れなる朝鮮人の巾着を搾りて取りたる金なり。血を搾りて出さむばかりに痛き税金を納めて立たしめ置ける巡査が吾人の生命が何の理由もなく迫害を受け居れる時に何も爲さずに眺めたりと云ふは此れ豈些末の巡査の誤としてのみ見るを得むや。之は正に彼等を指揮訓練する者が平素の訓育の不足せるを證明するものなり。

殊に憎むべきは日本人が意氣揚々と徒黨を作り朝鮮人を毆打するは背後に斯かる無智非法の巡査ありて暗に保護しくるるをかすかに信ずるが爲めに非らずや。

最後の線上に立てる兄弟よ　（大正一三、六、一三）

吾人は久しき間忍耐し忍耐し來れり、非道なる重壓の下に吾人は多く忍耐し來れり。然し諸君よ今や吾人は最後の線上に立ちたる事を知れ。

亞米利加本土民族が今日如何になり居れるかを諸君は知り居れるなるべし、朝鮮民族がそれと同じ方向に傾きつゝある事を確かに知るなり。吾人は死するより外なき難境に處し居れり。吾人の滅亡は只吾人自身のみの滅亡を意味するのみならず吾人半嶋萬年の歴史を持ち居れる民族が滅亡する事となる！吾人は少くとも民族消滅の戰慄すべき事實を前に置き居れるを知らざるべからず。

あゝ！最後の戰線に立ちたる諸君！力ある拳固はありや？熱き民族愛はありや？吾人は吾人の失ひたる總てのものを求めむが爲めに吾人の生存の爲めに吾人民族の復興の爲めに戰へ。諸君の有ち居れる力と熱とを皆絞り出して前に出せ。最後の戰線に立てる諸君よ吾人は危機一髮にあり。吾人は弱し然し此の世界には吾人と等しく重壓の下に壓へられて呻吟する民族尠なからず。而して吾人の背後には凡ての被征服者等の無言中の應援あるあり。のみならず吾人には人間力を超越せる正義の偉大なる力附き居れり。吾人が失へる！奪はれたるそれを求むるに此の力ありとは云ふなり。吾人も生きむとするには斯かる力ありとは言ふなり。斷然として起て！吾人の今日は如何なる狀態にあるかを諸君は確實に充分知り居れるにあらずや。吾人は寸土をも所有し居らず往く處に躊躇する今日にあらずや？暖かくして暮らしよき故國を離れて西伯利の平野に散り行く今日にあらずや？昨年九月の震災時に逢ふべからざる事に逢ひ乍ら嘔者となり居れる吾人にあらずや？吾人は今や最後の線上に立てる事を自覺すると同時に力強く握れる拳を振り廻はして吾人の生存を保存せむが爲めに！吾人民族の甦生の爲めに奮然として立て。

都市の城外に推し出され行くものは我人の住家なり「暮らし得ず」との聲は吾人等の斷末魔の叫びなり。斂會の窻の隙もる讃美歌の聲は「暮らし得ず」と呼訴する吾人の聲なり。吾人は奮然として起つべき日なり、吾人の使命を遂すべき日なり。吾人を壓ふる重き壓力の下に吾人は生きむ事を願はず吾人は自由の空氣を吸はざるべからず。吾人の努力の中に自由の空氣ある世の中は微笑して待ち居れり。吾人は茲に茲に入らむが爲めに戰へ、努力せよ、奮起せよ。同一の最後の線上に立てる諸君よ！自由の鐘は鳴りてより久し！（東京にて田）

汝等は罪を知れ（論說）（大正一三、六、二八）

所謂公職者大會なるものが本紙の紙面の一片を汚がしてより數日も經ざるに又閔元植の殘黨所謂國民協會にて「政府は朝鮮民衆の熱望に應じて速に衆議院議員選擧法を朝鮮に施行せられたし」と、約二萬の朝鮮人の姓名を列書せる建白書を日本政府に提出したりとの穢聞聽ゆ。

吾人の筆を劍と見立てむ。切らむとするも及が惜し。凡そ此の會の生じてよりは吾人の運動を沮害しなむとす。當局より金を與へて鬼蜮の口腹を充さむとしたるものなれば此の建白書のみを以ては其の畜養の恩惠を皆報じたりとは言ひ得ず。之を切らむとすればそれ及が惜しきに非らずや。外に吾が民衆の名譽を毀損せむとするも列强に耳目あり、內に吾人民衆の意思を迷亂せむとするも同胞は大義を知り居れり。

二萬の姓名を列書す。二萬人が全部之を知りて之に附和したるものなりとならば之れ自ら吾民衆と絶つものなれば大義を知れる同胞は之を除外して以て民族の減少を厭はざるなり。

或は欺かれて脅迫を受け又は知らずして之に附和したるものならばその數如何に多くとも斯くは多數とならむや。されば此の會の此の建白書は彼の罪狀を自白するもののみ。何をか毀損し得、誰をか迷亂せしめ得んや。切らむにも惜ししとは過言にあらず。

されど彼等も朝鮮人の血肉に非らざるにあらず。絶ちたるは大義なるも之を憐に思ふは人情なり。殊に欺かれて脅迫を受け身が何れの境遇に至るかを知らずして建白書に姓名を列書せる者こそ一層に矜れなり。

吾が義人烈士が膏血を荒野に流し事業は惡運に折られたる過去及現在を考ふれば餘りの憐みもいかでか彼等に迄で及ばむや。されど人の感慨は對象を比較するものなれば其の事に相遇すれば自然と之を制止するを得ざるものなり。

亂逆盜賊を切るの際にも矜惻の情あり。彼等をして心を飜へしむると雖も既に罪狀は既に重大なれば吾人の容赦を受くるを得ざるも、彼等の罪を明かならしむるは之亦彼等の天性を回復せしめむとする矜惻の情の發露なり。

此の會の建白を何人か一顧せむや。されど近きよりせざれば遠きに行くを得ず。彼等の謀計が頗る陰凶にして然かも小なるものなるも之を獲れば吾人の利益なりとの言はその詐欺實に老錬なり。

吾人の病、大病にして生命危殆なるの際之を根治する事を考へずして徐症を先づ治せむとするは何人と雖へども笑ふべし。況んや大病大事は長く之を患づらひつつ小なるものを以て苟安せむとするに於ておや。尙治療に藉口して全々生命を絕たむとする一種の指畫を承り居れるに於ておや。

且つ此の指畫は實現よりも風聞を流して以て民衆の一致せる融結をさへ沮害せむとするものなるに於ておや。

何を以てしても一度考ふれば人として之に愚弄され了るが如き事なし。且つ又自由にあらざれば死を持たむとするは人の貴き意氣にあらずや。

羈絆の下には幸福なし。荒野に膏血を流すを何人か好まん。惡運が事業を折るの際何人が落膽せざらむや。

されど前進して死するとも後退して生きむとするなきは貴き意氣を持ちて最後の幸福を得むが爲めなり。斯くて流血あるなり。之を思へ。近きより始めて又小なるものなりとも得るてふ言葉は吾人に良劑なりや死藥なりや。國民協會は言ふ迄もなく之に附和する者等も天性あらば汝の罪を知れ。

國際孤立の悲哀（一）（論說）（大正一三、六、二九）

攻城野戰に得勝の日本人が樽爼折衝に失敗して今日國際孤立の悲哀を味ふに至れるはその原因何處にあるか。軍事に精錬なるも外交に拙劣なるが爲めなるか。外交に拙なるが爲め斯ある事も多少事實なるやも知らざるがそれよりも政治的野心餘りに勃々たるものなり恒に國力以上の侵略を恣に行ふを以て國際に憎を受くる爲めなり。見よ掌大の島國が十九世紀末葉に大陸の淸國と戰ひて勝ちたる結果遼東半嶋を讓り受けたり。されどその土地が淸國北京に接近せる關門なるが爲めに永久に日本の領有に歸するは如何に戰敗國なりとてその主權に不斷の威脅となるを以て兼て中國の富源に對し流涎し居りし歐亞列强に絕好の口實を與へ遂に露獨佛三國の干涉を招來するに至れり。

二

而して日本は已むを得ず遼東半嶋を淸國に還付せり。されど三國干涉が端緒となり旣に闖入せる泰西の列强勢力は一潟千里東洋の文明舊邦を掀撼せり。

豺虎の如き碧眼人等は膏腴なる中國大陸を無關視し白晝公々然と分割論を唱導するに至れり。當時黃色人種の國家の運命こそ危機一髮に瀕したり。されど此の禍亂の原因を作りたるものは決して露西亞人にもあらず獨逸人にもあらず只日本人なりき。如何にして然るかと言へば當時淸國に戰勝せる日本人が百年の大計を考へずして徒らに一時の野心に驅られて同文同種たる國に對しその死命を制するに足る首都の咽喉たる遼東半嶋を據有するに因りて西人の干涉を誘致し東洋の平和を破壞したるが爲なり。

三

二十世紀の劈頭日本が白人の强國と極東の海陸に於て雌雄を決する際高聲大言を以て亞細亞民族の自由を標榜せり。而してその戰爭に勝つや前日の約束を恣に變改し數千年の恩師の國たる朝鮮を合併せり。僥倖にも當時英帝國の後援下に第三者の抗議は無かりしも只その侵略的行動は極めて列國の猜疑と恐怖とを惹起し世界到る處に排日運動は蜂起するに至れり。之に因りて日本は東西にその自由發展の門路全く杜絕し了せり。されど未だ國際的危機の孤立に迄は至らざりしに歐洲戰亂中に數萬の大軍を發して青嶋を攻め陷し中華民國を囊中の物と看做して所謂二十一個條約を締結せり。之れのみならずその侵略の鋭鋒は蒙古沙漠より西比利雪原迄も犯すに至れり。

四

かかるうちに一朝にして美國の抗議の爲めにその勃々たりし野心は挫折し西伯利守備兵を撤歸するに至れるは極東大勢の轉機として見るを得べく星旗は日旗に交代し金力は武力を嘲笑するに至れり。西伯利撤兵が當時紛糾の一段落を告ぐたるも前日の尼港に於て行はれたる虐殺の餘憤を殘し居れる露西亞人は共產主義の宣傳と化して國境を越えて日本社會に侵入するのみならず、二十一個條の爲めに怨恨その骨髓に浸み居れる西隣の支那人は日貨排斥と國恥紀念とを厲行するに至り。又加州排日以來二十餘年間間歇的に發生せる米國人の惡感は今日新移民法を制定するに至れり。到る處に於て厭忌を受けて進路の杜絶せる日本人は今や又露支米三大國の排斥を受くるに至りたれば四面楚歌聲中に包まれたる島帝國は純然として國際的に獨夫となり了せり。

毆り毆られ（同　日）

全南、求禮にては巡査が農民を毆打し又大山なる技手は農民を毆打せり。何物をももたず只被征服の地位と絶對服從の義務のみをもてる吾が朝鮮人社會に在りては斯の如き無理なる壓迫及不法の暴行はいかでか一二回に止まらむや。されどさるにても總督の標榜せる美しき看板の名のみにても所謂唯一無二なる文化政治を窺ひ見れば實に殖民政策の巧妙奸猾なる手段を充分に看破するを得るたり。官吏にして然りその餘の凡ての事は言ふ餘地もなし。只朝鮮人は叩かれ、日本は叩くのみ。

言論集會壓迫彈劾團體會の決議文（大正一三、六、三〇）

水標町朝鮮教育協會内で百餘名代表が集まり討議した後

七月二十日に演說と示威

言論集會壓迫彈劾に對する第二次各團體代表會議は豫定の通り再昨日午後五時より水標町全朝鮮教育協會內で十餘名警官監視の中に各代表者百餘名が出席して臨時席長選擧を始めとして諸般の議事を進行することとなつた。順序に從がつて實行委員側より過去の會錄報告があつた後、今日迄の經過報告があつたが各方面より言論及集會に對する壓迫の實例を見るに今年一月一日より六月二十日迄での間に新聞雜誌の押收されたものは月刊雜誌開闢の三回と週刊朝鮮之光の總發行十一回に對し七回を始めとして今年三月三十日より發行された時代日報の九回、朝鮮日報十三回、東亞日報十五回であり、集會の禁止されたものは三月より六月二十日迄での間に京城市內でのみ十三件となると云ふが、此れは差當り調査したのであり、今後は全鮮的に詳細に調査して壓迫の實證を洩れなく暴露させる考だと云ひ、其の中でも殊に苛酷なのは去る五月一日元山勞働會で紀念講演をしようとしたのを禁止し、園遊會も禁止し、最後に執行委員四名が晝食を共にしようとしたのも刑事七名が尾行したと云ふことである。經過報告が終つてから實行委員徐廷禧が總辭職を申し出で此れを許容して新に委員十三名を選擧して、前委員の腹案である決議文を朗讀し多少修正して決議した。

決　議　文

言論は生存の表現であり集會は其の衝動である。我等の生命が此處にあり我等の向上が此處にある。

萬一我等の言論と集會を壓迫するものありとすれば其れは卽ち我等の生存權を迫害するものである。現下の朝鮮總督府當局は直接に我等の言論を壓迫し集會を抑制する。故に我等民衆は我等の生存の爲めに當局の此の如き橫暴を彈劾する。

實行事項

一、朝鮮內各地と海外必要地に於て七月二十日を期して一齊に言論集會壓迫彈劾演說會及示威運動を行ふ事。

一、言論集會壓迫の事實を擧げて世界的に宣布する事。

一、吾人は言論集會の自由の爲めに鞏固なる結束を以て最善の努力をなす事。

以上

日米國民の態度（論說）（大正一三、七、三）

最近に至り日米間の問題は議論を超えて感情的に極めて强烈なる反撥に入りたる感あり。十九世末葉なりしならば日米戰爭は今明日に切迫せりと世界の視線輻輳し輿論沸騰したるならん。戰爭を職業とする軍人等は磨き置きたる長劍を幾回となく拔拂ひて見たるべく、國家の名目上容赦するを得ざる自國民を排斥するの理由の下に殺害せられ、國家の唯一の威嚴として見立つる國旗を踐蹴せらるる等、在來の國家の行動國民の名譽心としては到底默過し得ざる憤怒を刺戟する事實每日新聞紙上に報道せらるる通り頻出す。兩國民間に於て斯くの如く激烈なる反慽と迫害の流行するを從來の國家觀念又は國際間の歷史的敎訓より押して見れば必ずや、政論家は勿論實際責任者たる政府當路者間にも相當の準備と覺悟は必要なりと推測せざるを得ざる迄に難局に到達せり。

二

然るにも拘らず兩國爲政者は冷淡比なき態度を持續す。殊に日本の爲政者が今日持せるその態度は一種の奇異なる感を禁ずるを得ざる程平和の爲めにし戰爭を避くるが如し。

是れ如何なる理由なるか勿論言ふ迄もなく第一には日本の國が今日に於ては到底米國の如き富國と相爭ふに足らず。第二には日本の財政が米國と戰爭するを許さず。とは吾人が本欄に於て累次論述したる通りなるが、今日日本の財政は米國と實地に兵馬を相交へずして只國交斷絕の狀態を繼續しその結果として生糸の輸入のみを杜絕せしむるとしても日本の財政界は一大恐慌を免れざるのみならずそれが爲めに敗國の悲運に逢ふやも知れざる程貧弱なる現在なれば、國力上より見て日本の爲政者が滿身の憤恨を抑へつつ表面泰然として平和と協調を云々するは實に可愛想なりと云ふべきなり。

三

されど吾人が茲に注目せむとするは日米間の交易關係及經濟力の如何よりも今日兩國をして戰爭を

實演するを得ざしむる直接事實を觀過するなきと同時にその底面に暗流する間接原因を正視せむとするにあり。元來國家間の戰爭なるものは封建時代には凡て治者の感情如何迄もその原因となりたりとす。されば國民の利害は一毫も念頭になかりしと云ふも過言にあらざりき。所謂近世國家(統一國家)間の戰爭なるものも又治者の利害に全部關連せるのみ。被治者の利害に因果關係を持ちたるは殆んどなかりき。されど多少は多數人の意見を尊重せざるを得ざる點に迄發達したるが此は人智發達上の必然の歸結なりと言はざるを得ず。

四

兩國民中にも(日本國民が尤も甚しき様)在來の國家觀念に中毒し奇怪なる行動を爲す者あるも此は例外なれば論ずる必要なきも、昨今日本政論家間より發表するその意思に對する一般國民の態度を見て吾人は偉大なる時代的思潮の影響を發見せむとす。米國の排日にも一是一非あり。日本の對外政策にも適不適あるを觀破せる日本國民間に、在來の如く利害と是非に對する見解と判斷なくして専ら所謂政治家及軍閥の煽動又は指揮を以て戰爭氣分を勃興せしめ得ざるに至りし事を意味ある時代的産物として見むとするなり。

米旗事件（論說）（大正一三、七、七）

七月一日日本東京赤坂區內に國際的事件發生せり。駐在米國大使館燒跡に異樣の日本青年一人が入り込み國家を代表する國旗を引卸ろしたる事件なり。此の事件發生して以來各新聞は詳細に報道する自由なかりしが本件は日本政界には重大なる問題となれり。米國代理公使の抗議もあり日本衆議院の質問もあり、又日本當局責任者の引責さへ起りたり、日米間の空氣緊張せる今日本問題は意外に大展開するやも知れざるを以て日本朝野に於ては一般に危懼心を持つに至れり。

二

米國は一般國家と異なる點あり。國民の統一不完全なるこれなり。之が爲めに國家觀念薄弱なり。故に米國にては國旗を非常に重視し之を以て國家觀念の中心を作らむとする傾向あり。他の國と雖も國旗を疎忽にするにはあらざるも。米國は特別と見るを得。米活動寫眞館にて開幕閉幕の際米國々旗を映寫し其の際一般觀衆は起立して敬意を表するも國旗を重視する一班として見るべし。他の國よりも斯く迄國旗を重んずる米國政府に於て本件に對し極端なる愛國主義者の一時的過失なりとて襟度の寬大なるを示すと云へばこは國際關係上の美事なりと云ふべし。

三

日本人は感情の早き國民なり。敵愾心多き國民なり。事件と性質の類似せる史實は日本維新以後も時々ありたり。その顯著なる例を擧ぐれば西紀一八九一年(明治二四年)に日本遊覽の露國皇太子「ニコライ」が京都に於て危害を受け日本皇室以下一般朝野を驚動せしめたる事件あり。又一八九六年(明治二八年)清國媾和使李鴻章が馬關にて負傷し日本當局者を惶惻せしめたる事件あり。斯かる事件は血氣過ぎて見識の足らざる一二個人が全國家に累を及ぼすものなり。他の國にも斯かる事件無きにあらざるも感情速く敵愾心多き日本國民にはしば〳〵ありし勝の事なり。

四

曩に無名の日本人が米國大使に宛てたる遺書を持ちて米國大使館前にて自殺したる事件あり。當時有名なる政客等迄も口を揃へて讃揚し有數の報館等迄も筆を以て稱道し、國士なりとの美稱を帶びて國民葬なる盛禮を受くるに至れり。生を捨つるは大事なり笑つて看過すべきものに非らず。愛國は公心なり輕忽に批評すべきものに非らず。されど此の人をば國士なりと稱讃するは却りて可笑しく此の人を國民葬を以て禮待するは却りて輕忽なりと云ふべし　見識ある名士輩も讃揚稱道を惜まざるに於ては血氣ある青年等が如何でか見習はざらんや。

五

吾人は此の事件の實行犯人は青年なりと雖も後に於て教唆せる犯人は日本の有名なる政客と有數な

て見むとす。

今回事件が國旗問題より起りたるも米國が襟度を廣く持つは日本に取りては大々なる多幸なりと云ふべし。血氣多く見識なき青年等が爆彈を米使館に投じたりせば如何にし、白乃を米使身上に振ひしとせば如何にせむとするか、前日日本の無名の國士の稱讃がすぎたる際吾人は實に後日弊のあらむ事を考へたり。今又吾人は此の事件の犯人も褒めすぎたるの實例として見むとす。

凶窮まり悪極まる拷問　（大正一三、七、一〇）

慶北事件第一回の公判の訊問を終りたる裁判長は被告に對し「警察部の調書及豫審の決定書を見るに有罪と認定せらるる點多し。萬一被告等より有益なる證據あらば詳細に申立てよ」と言ひたるを以て辯護士李仁氏は被告等を顧みて警察部に於て拷問を受けたる事を話せと告げしかば被告は交々立ちて警察部の刑罰係りに酷毒なりしを以て一時にても生命を保全せむが爲めに事實なき事をさへ陳述するに至りたるなりと振ひ聲にて寃を訴へ。各々傷口を出して見せたるを以て、裁判長は衣服を脱がしめて實地鑑定を爲す必要ありとて傍聽者及新聞記者を外に出して傍聽を禁止したる上拷問に逢ひたる傷口を鑑定したるが、今日尙酷毒なる刑罰の跡は其の儘殘り居り、崔胤東は指の間に鐵棒を入れて突刺したる跡及毆打の跡歴然たるあり。

李遂榮も亦鐵棒にて手足を烙かれたる跡及細繩にて甚しく緊縛したる傷跡あり。鄭斗奎は煙草の火を以て烙かれたる跡及富永警察部長が直接自己の佩び居れる劍を以て掌を刺したる事及（他新聞には成富課長とあり）煙草の火を以て陰莖の尖を無殘にも烙きたる傷口を一々申立て茲に事實が爆露したるが、未だ秘密に附して其の眞僞を調査せむが爲めに已むを得ず十四日に公判を延期し、當日法廷に於て醫師を呼んで傷口を實地に鑑定する事に決定して閉廷せり。

天魔隊員襲來說 （大正一三、七、一二）

近時國境方面一帶に於て活動する獨立團の技術及能力が前日より特に異なり居れる事は既報の通なるが、滿洲各處に於て根據を置きて活動する最も武力多き天魔隊長崔志豐及白狂雲及光正團李某は最近互に協議の結果各々勇士七十名宛を撰拔し續いて朝鮮內地に入り込み各官公署の破壞及銃器奪取放火殺人等大々的に活動する豫定を以て國境警戒線を窺ひ居れりとの消息を聞きたる警察當局にては近日一層警戒を嚴重に爲すとの由なりし（新義州）

奴隷となるの豫感　（大正一三、七、一二）

日本人が鮮人婦人を蹴殺したり。斯かる彼等の無道を痛憤せざらむとする程神經は遲鈍となれり。一回や二回ならば知らざるも顯はれたる事實顯はれざる事實朝鮮天地には斯かる殘虐は非レ一非レ再に非らずや。

經濟的に保護無く、又發達の餘裕なき朝鮮人等は國外に逐はれ、或は勢力ある者に蹴殺さるるとは如何に殘念にあらざるか。

朝鮮人が日本人に蹴殺されたりとの此の簡單なる事實は二千萬民衆に甚大の悲哀と恐怖とを與ふ。

一葉落ちて天下の秋を知る。此の簡單なる事實を見るも將來數千萬の白衣の百姓は奴隷となる豫感と屍體となるの豫感を起さざるなし。

されど吾人はまさか二千萬が全部斯かる事とは思はざるなり。只公平無私の天地を信じて正々堂々と戰ふのみ。只其の間斯かる幾多の犧牲を悲むのみ。

岩泰小作爭議（論說）（大正一三、七、一六）

岩泰小作爭議は去りて益々險惡となり關係者小作人一同の慘狀は形容するを得ざる苛酷になりつゝあり。

元來性質上より見て到底妥協又は調和のあり得ざる階級鬪爭なるが爲めに爭ひが斯く迄熾烈となり斯く迄結束固きなり。

飢えたる腸を充たさむと只前途のみを望みて猛烈に戰ひ行くそのものは豈正義の叫びに非らざらむ適切なる要求に非らざらむ。

或は戰略上より見て戰術の能不能あり好不好ありとは云へ戰ひそのものが到底廢するを得ざるものなる事を察する際吾人は少しも之を抑止するの理由を持つを得ず之を批評するを得ざるなり。況んや大部分が一寸の土地一文の錢を持ち得ざる朝鮮人無產大衆なるに於てや。

如何なる時代に於ても食はざれば生くるを得ざる事及無ければ食ふを得ざる事は變ずるを得ざる眞理なると同時に最も嚴正なる現實たり。故に現在の無產大衆の立場としては去つて益々斯くの如き戰が繼續せらるべく猛烈たらむとす。

こは決して煽動によりて生ずるものにあらず事實の正體が其の儘に顯はるるに過ぎざるなり。

ああ階級の意識に醒めたる小作勞働者等よ。眼の前の屍に對する時に最も冷靜なる態度と沈着なる思索とを以て之に臨め。

岩泰事件を聞いて（大正一三、七、一七）

所謂現代的國家組織なるものは少數の有産階級を本位として形成せられ居れり。斯かるが故に政治法律宗教道德教育藝術等はあるも寧ろ大衆無産階級は拘束のみを受け壓迫のみを受く。噫、政治法律道德宗敎藝術敎育は何の恩あらむ。徳あらむ。語を更へて言へば現代資本主義的經濟組織の國家なるものは少數の有産者を飽迄も擁護せむが爲めに大衆の無産者は何處迄も壓迫せられ犧牲に供せらるるなり。そは近日の事實が火を觀るそれの如くに證明す。

見よ！彼の岩泰事件はそれ如何に分明にして絶對的なる。該事件の發端は專ら金力を借りて人を買收して民衆に拳固を先づ喰はせ毆打傷害したるより始まれり。加害者たる地主側にては放免もせられたるが寧ろ被害者たる無産者の代表たる十三人は警察署を經て公判にさへ附せられたり。悲しい哉無産者は如何なる事ありても何處迄も壓迫せられその反面に有産者は飽迄も護衞するの不自然を固執するにや。噫！當局者よ！。君等も人ならば人情と耳目あるべし。見よ！六百餘名の男女老幼は何よりも貴重なる生命すら投げ出して法廷に於て天を滌闢とし地を褥として数三日を飢えつゝも飢えたる腹を抱へて渇する咽喉を忍びつゝ十三人の兄弟の放免を哀呼悲泣するなり。その悲絶慘絶の哀景を見よ!。人の情ある人として豈に一掬の厚き同情の血涙を惜み又禁するを得むや。草木も戰慄する所なり。アー、當局者よ!。政治も大衆を本位としたるものにあらず法律も大衆の爲めにしたるものに非ず而して法律政治は豈幾個の有產者のみの爲めの政治たり法律たらむや。

當局者よ!。これが現下の文化政治の根本意義ならば木石とて反對せざらむ。魚鱉とてか哀泣せざらむや。(成川、金煥旭)

獨立團と警官にいぢめられて生きる事の出來ぬ楚山郡民

(大正一三、七、二六)

警官は郡民を拔いて厄介な見張を爲さしめ
獨立團は見張番の居る見張小屋に火を放つ

平北楚山には獨立團の侵入頻々として民心恂々たるは累報せる處なるが楚山の鴨綠江岸には警官の命令を以て獨立團の入り込みさうな處には住民をして見張小屋を作らしめ家の順番に毎日毎夜四五名

宛の壯丁を拔いて見張番を强制し、目下農事に多忙なる農民なるが爲めに或は身體疲れて暫時の間なりとも寢る樣の事あれば其の際警官來りて發見すれば「此奴等は見張をしに來たのじやないか寢に來たのではない。見張に來る前日には充分寢て來い、と云つたのに」と毆打し、又その見張番の村へ獨立團が入り込みたる時は「此奴等！」見張をせずに何をして居つたかと之亦毆打すと云ふ。斯くの如く安心するを得ずして日を送る見張番なるに去月三十日城面安賛洞へ獨立團三名顯はれて見張小屋に火を附けて無數に銃を亂射して一時は大に危險なりしが幸にも見張番には何等の被害なく只見張小屋のみ全燒し獨立團は直ちに隱れたるが內淵駐在所にては此の急報を聞いて現場に急行し事實を調査したる結果、一方には追擊中にして一方には見張小屋を再び作れと命令したるを以て該地住民等は仕方なく見張小屋を作りて以前同樣に見張を爲し居れるが、去る十三日楚山署長は城面、西面に出張し各洞里區長を面事務所に集會せしめ、每戶順番に爲し居れる見張は目下繁農期なれば大に不便なるを以て今後は家計の貧富によりて戶別割の如く現金を徵收して每面四名宛一定の見張番を定めその見張番には徵收せる金錢を以て相當の給料を與ふる樣にせよと命じ、又各駐在所每に石垣を築き居れるが、その石垣も不完全なれば石垣のある外側に又土垣を築けと命令したるを以て、該地住民等は仕方なく十七日より農事を廢止して每日四十名宛人夫を出して土城を築きたり。食ふものなき住民なるを以て戶別税納付にも窮困する住民なり。見張錢迄も支拂ふを得ずと民心は大に不安中なる。

每夜素手にて冒險、それにも差別あり。

楚山城內にも最近獨立團の侵入しさうなりと稱し、去る七月より楚山郡邑內にも警官の命令を以て每日每夜五六名宛壯丁を拔き出して邑內附近の獨立團の入り込みさうな淋しき道路、獨りはなれの山の角に往きて見張を爲し居れるが、萬一異樣のもの通行すれば捕へて警察署へ來れと云ふを以て邑內住民等は仕方なく午後八時より危險なる街路及山の角へ往きて兩の拳のみ握りて寢る事も出來ぬ見張を爲し居れるが、それにも差別ありて日本人及一般官公吏面協議員は見張を爲さしめず。純至たる人民等のみに見張を割當つるを以て稼いて衣食する人民なれば夜も寢られぬ爲め生きて居る事が出來ぬと楚山の人心は大に不安中にあり。（楚山）

賄賂の肆行（論說）（大正一三、七、二八）

一

日本歷代內閣の政綱に官紀肅淸は繼續的に揭げらる。然るに日本の官僚は依然として瀆され庶僚は勿論大臣よりも醜聞露はれて政綱に對する面目もなきは一二に止まらず。

山本のシーメンス淸浦の子孫等の不正事件あり。肅淸とは瀆されたる過去を表はす事となり瀆亂は繼續たらざるかを疑はしむ。

二

二百年位の前の朝鮮は斯くは賄賂甚しからざりき。皆之を禁物とし體面を惜みたり。太皇帝に至り閔某が貴官の惡例を作りて賄賂を取りて公家に累を及ぼしたり。今之を思へば實に甚しきものなりしなり。

三

茲に朝鮮總督府內の官紀を察するに肅清する必要あるが如し。而して彼自身は身を汚がし又我民衆に影響少しとせず。

一例を擧ぐれば庶務部要任にある某が全南金某を郡守に預約して三萬圓。開城金某を洋行に同伴して二萬圓晋州金某の參議運動費六萬圓を受けたりとの噂世上にあり。吾人が親しく見たる處にあらず或は風聞なるやも知れざるも之の事を全部否認する明證あるならばいかでか人言之れ迄に及ばむや。

四

現在總督府官吏にても自己の內行を檢すれば非義の賄賂を受けざるもの無しとせず。富豪を優待して賄賂の私徑とせむとする蔽ふべからずる事實時々人の口に上る。

官紀を肅淸すとは云へ吾人をば標準とせざる政治なれば之に不平を絕たむとするも得ず況んや賄賂

の行はるるに於てや。

賄賂は富豪に非らざれば行ふを得ず富豪は無辜の民衆を搾取するものなれば民衆の苦痛は告ぐるに所なく富豪の横恣は憚かる所なし。

されど之は寧ろ大事件にはあらず、吾人にして彼等の官紀問題を論ずるは本末を誤るものなるやも知れず。

日夜不安 (同 日)

昌城郡に百餘名の獨立團侵入し大楡洞の坂の上に四十名滯留し居れるを以て、人民は晩は金鑛の穴の中に避け晝やうやく出て來る狀態にして、青山面長の家に來り七十圓を受取りて還り去りたり。

(昌城)

不安なる渭原地方 (大正一三、八、八)

平北渭原地方には獨立團の侵入頻々たるは屢次報道せるが、本年夏以來殊に侵入甚しく渭原崇正面地方には連日出沒して富豪の家毎に軍資金を募集し居れるが現金多からざればある丈手當りのまま持ち去り現金なければ後日更に來るべければ各々準備し置けと直ちに踪跡を晦まし居れり。富豪等は再び獨立團が來るや否や軍資金に應募せざるべからざるを以て僅許りの世帶道具を持ちて警察署の近所に移住し其の跡へ獨立團來りて見れば金を持たる富豪は行衞知れず只小作人のみ殘り居れるを以てその家には火を放ち小作人に迄も命令して若し彼奴等の田畑を小作する小作人あらば一家族を全滅せしむと言ふを以て小作人等は農業を全廢したりと云ふ。崇正面は沃土が荒蕪地となりたるが困境に陷りたるは小作人なりとて渭原の民心は洶々たり。

練習、襲擊

去る廿七日和昌面大野洞に十六名の獨立團顯はれ大びらに食事を無事に終り廿八日新興洞に又顯はれ禮拜堂に入りて獨立唱歌を歌ひ一方には體操を練習しつゝ往き來の旅人及農住民迄も禮拜堂に呼び込みてその日終日趣味ある練習ありたりと云ふ。

去る一日夜三時又十六名の獨立團顯はれ和昌駐在所に至り約三十分間銃を放ちて襲擊したるも警官等は既に駐在所の壁に石垣を築き居りたりしを以て兩方何の被害もなく獨立團は直ちに新興洞に入り行きて親日派李某の家に火を放ちて踪跡を晦ましたるが此の急報を聞きたる和昌駐在所にてはその時初めて獨立團を追擊し初めたりと。(渭原)

最近、吾人の光彩 （大正一三、八、一四）

强弱は久しきものにあらず。今日奴婢牛羊として踏み踐ぢられ反抗なき蟲けらとなり居りても明日は鷹獅子鰐となり、破裂の前には障礙なき大水となる事を得るものとす。意氣精神の奮發沮喪は氣慨の如何にあり、之を退かれむるは消化劑にして進ましむるは奮發なり。吾人は弱者なり。されど此の現象は長久ならざる事と信ず。他の事は言はず最近本報に報道せし清州呉泳成の妻李氏の烈事を見よ。

是れ此の烈婦の事なるも實に我が全朝鮮民族の精神を示し氣慨を示すものなり。此れ豈暗澹たる山河に新らしき光彩とならざらむ。

全民族の精神氣概が一婦人の凛烈なる事蹟に顯はれたるを見よ。一個人何程の事か成し得むと云ふ勿し。烈婦の肉は土となり居れるも萬古永へに存するその精神とその氣慨は全民族の精神氣慨と共に流る。全民族の精神氣慨は一婦人の事蹟に顯はるるの時此の烈婦の生命は絶えたるも一婦の精神が全民族の運動を助くるの時此の民族の生命は回復す。單獨的反抗に死あり。民族的奮起に生命あり。一小事なるも現に一切の羞恥を知らざる者は此の烈婦の烈事を見よ。

古より朝鮮に烈婦義烈の婦多し。（中略）

婦女の衣服を脱がしむるは蠻族以外にはなし。事は小事なりと言ふ勿れ。只吾人は一方に於て死者の靈魂を慰勞し一方に於ては民族の奮起を促がして光彩ある此の事蹟が發憤の動機とならむ事を望む。

凶獰の輩が烈婦の衣を脱がしめむとし弱き力にて抵抗せし光景を考へ、警察署門前を出でて慨然として胎兒と共に淸流に玉肌を投じたるその時の光景を考へよ。

吾人いかでか一日も姑息し居られむ。我が民衆よ自强せよ。人としては弱者の悲哀を久しく堪へ得ざるものなり光彩ある此の事蹟を光彩あらしめ發揚せしめよ。

（記事略）

有婦女を凌辱强姦　（大正一三、八、一五）

江界郡漁雷面駐在所巡査の戰慄すべき蠻行。拳銃を携へて横行する巡査が村婦を凌辱。徹天の恨を抱き呼訴する途なき彼等の情境。

警官の悪刑（英文）（論說）（大正一三、八、一七）

朝鮮の日本警官が極惡非道の拷問をやる事は誰も知つて居る。それは確かに法律に反對の事である。米國にリンチがあつて一般人の批難を受けて居るがそれは法律が認めないけれども或る罪を咎める必要上の事であり私人の行ふものである。

朝鮮の警察官の拷問卽ち警官がリンチを行ふ事はそれは人民保護の警官が行ふものであるが爲めに非常に罪惡である。しかも拷問はその法律の最高地位保持の裏書に依りて行はれ居るにはあらざるか。

拷問は嫌疑の掛つたものに行はるるのみならず單なる報知に依る嫌疑者や又は意思にない事を强制的に要求せられて之に答へない者に斷行せられて居る。

婦人の嫌疑者や罪囚に對しては近代の心理學上では巡査の奸計的取調丈ででも非常なる恐怖を感ずるから餘りに之に强要取調はなさないのである。それに殊に朝鮮婦人の場合にはその强固的取調は大概その侮辱感は死に勝るものなるにも拘らず粗暴に自白を强要せられる。

去月廿五日清州吳某の妻李岩回は巡査の取調べを受けて歸途胎兒と共に自殺した。彼女は母、弟、夫と共に最寄の警官駐在所にて告發を受けて罪を犯かしたものとして取調べられたが最後の手段として巡査は彼女を裸にせむとし彼女等は胎兒ある旨を述べて峻拒した。巡査は裸體にすれば姙娠か否かが判明すと稱して裸體にせむとし、彼女は陰部を掩つて居る褌が寸斷になる迄苦悶して反抗した。

ああそれは自殺を遂行迄にそれ程の耻辱であり且つ憤怒であるからである。

齋藤男爵の政策 其の一一(英文) (論說) (大正一三、八、二一)

朝鮮に於ける日本の敎育政策を論及するに當り吾人の認めざるを得ざる點は日本の監督下に於て學校が數に於てのみならず組織に於ても進步發達したることと是なり。然れども日本敎育制度は全然不正なり。現在の敎育制度は兒童の人格修養靑年の人格煉磨を目的とさせざるなり。加之其は我が靑年に科學的智識を敎ふる爲に何等の眞意ある努力を拂はざるなり。而して敎育の唯一目的は朝鮮人を日本化せむとするにあり。敎育的活動の全體は世間の周知せる同化政策の實現に向けられ居れり。實に朝鮮に於ける敎育制度は日本植民政策の宣傳局たり。我等の兒童は日本皇室を尊敬し君が代を歌ひ皇祖の傳說を暗記し旭日旗に榮光を見出すことを敎へらるると共に我等は固有の歷史を學ぶことを得ず。又天皇の聖德以外に道德的權威を認むることを許されず。

然らば日本政府は何時か此の目的を實現することあり得べきか。否らず我等の兒童は良く知れり。彼等は不正の思想を以て敎育せられ事實上欺かれ居り且つ又彼等の敎師なるものが自己の國敵なることを。兒童等は自己の父祖父等が日本人に依りて如何に殘酷なる迫害を被りたるかを聞き居れり。又其の同胞民族が日本統治の下に如何に苦悶しつゝあるかを聞き居れり。彼等兒童は日本の巡査が家に入り來りて自己の父母に對し蠻的所遇を爲す狀況を目擊し居れり。此等の兒童たる者安んぞ日本化せることあらむや。

尙吾人は日本人の生活慣習を賞讚し難きなり。着物を着ることは厭はしく足を眞似て下駄を穿くことは不可能なり。

日本民族中に我民族をして自發的に喜むで日本化せしむる程度に吾人を魅する何物も存ずるなし。唯兵力に依りてのみ日本は吾人を征服す。然れども日本は吾人の心を征服することを得ざるなり。我が國土は日本軍隊に依りて征服せられたるも我が民族は未だ嘗て征服せられ居らざるなり。

疑問の事件、一洞七戸燒失　（大正一三、八、二二）

平北渭原郡に生じだる事件此れ何人の仕業？

三十餘名殺さる

平北渭原郡和昌面內洞站で十一日明方或る武裝せる人の爲めに一洞七戶全滅せられたるが之に對し該地方は悲慘の空氣に包まれ種々の風說生じ住民は全部不安裡中にゐるが今其の詳細を聞くに去る七日該地へ獨立團二十五名來り飯を炊きて食らひて立去りたる後、該地五六戶の住民は(削除しあり)十一日晚神も知らぬ間に武裝せる人に全滅せられたるが、少なからざる生命と家畜が死しその腐臭と穀類の燒ゆる臭とは今日迄も絕えず凄慘なる光景を呈し、燒殘りの人の屍骸と家畜の屍體とは共に烏鵲の餌となり居れるも誰一人をそれを顧るものなく、此の世の地獄を形作り居れるが如きにも拘らず警察側にては一切素知らぬ振を爲すは一層奇態にして、死の沮上より辛らじて生き出でし崔興周の言に「余は崔應奎の小作人にして家族三名と共にその長屋で就寢せむとする時、異樣の呼聲にて主人を尋ね開門を命ぜしと見るや、何者なるか入り込みて家族全部を一箇所に集まれと命じて之を集め我々家族迄も集め何にも言はずに夫々手足を縛りて家に火を放ちたり。何か言はむとするや咽喉を縛りて聲を立てしめず。

しかし生命ある時は別にして手を縛られ居りし繩が切れたるを以て脚や頸の繩を解き火の着き居れる着物を脫ぎて出で來りしなり。吾々が彼等に縛らるる時には既に他の家も火に燒え上りしが、火光衝天し居たりき。入り來りし人々は言語はぽつぽつと話し充分に話しを爲し得ず。一人は刀を拔きて振り廻はして何かがやく〳〵さ八釜敷言ひ居たりき」さ。又彼の息子崔仁國十四歳は當夜鐵砲にて腹を打ち抜かれ腸綿が出で來り目下は江界桂禮智病院に入院治療中なるが、辛うじて口を開らいて、「父母を縛り上げて今や火を放ちて死なむさし居れるを以て私も死ぬるならば一所に殺ろしてくれさ言ひしに銃を以て腸を刺して火焔の中へ投げ込まれたり。ややゐつて甦りて見るに火は益々激しきに銃を擔ひて正服を着し居れる人等が〇〇語にて何か八釜敷言ひ居たりき。私は腸綿が出で居れるも知らず、一里許りの處の兄弟の家を尋ねて往きました」さ。哀聲を以て語るを聞けば如何にしても助かりそうに見えず。茲に死者の氏名は左の如く牛馬家畜家具什物の全部が全滅したるは勿論なり。

崔應奎以下家族四人全滅。李昌涉以下家族三人全滅。金昌燦以下家族四人全滅。金明吉以下家族二人全滅。金應採以下家族七人全滅。宋芝恒及家族二人は外出中殘り家族四人のみ全滅。崔興周及其の子は現場より逃亡其妻のみ殺害。

江界に獨立團出沒 （大正一三、九、九）

過ぎし春以來一時江界地方を騷がしたる獨立團小隊長張昌憲以下部下五名が戰亡しその派は全滅同樣になるさ同時に彼等の凡ての計劃が暴露したるは既に世人の皆知る處なるが、其後一箇月間も彼等の活動に何の消息もなく部隊を全部引連れて歸還し計劃を變更するとか何とか言ひ居たりしに、果して去月下旬より日々その數を增して旣に數百名に達したりと傳へられ、その中には義烈團一部隊も混じて廻はり居りそれ等は全部爆彈すらも携帶して居る樣子なりと傳へられ、前回張隊長戰死の復讐を意味し大々的に破壞と襲擊を計劃すべしとの事なるが、去る二十九日三十日にも漁雷、㽞河、時中の各面に各々數十名顯はれ、三十一日晚には同郡從西面黃淸洞にも數十名顯はれて朴文弘兄弟の家にて祭祀の供物を食し、張隊長戰死の事實を知らむが爲めに朴氏を嚴重に取調べ無茶に毆打し、又同里に於て警察署の密偵の嫌疑を受けたる李枝成父子、金成魯、韓承恒の四人を捉らへて張氏戰死の場所に往きて銃殺し、更に軍資金に應せす警察と氣脉を通ずると言はれ居る家十二軒に放火して燒拂ひたるが、本部隊は昨年江界地方を大に騷がしたる小隊長車千里の一派なるらしく、農村の健康なる青年等は見付け次第募集し去る模樣にして去る春以來江界地方より募集せられて往きたる人五十餘名にもなり居り、將來如何になるか一般住民は戰々兢々たりと。（江界）

檢事局の漁雷面事件調査（英文）　（大正一三、九、一三）

七、舊七月廿一日夜二名の警官金用弼の家に來り彼を外にして一名は見張し一名は彼の妻を野原に挽き出したり。拳銃を彼の女の口に擬し大切なるべき事なるにも拘らず彼は彼女を裸出せしめて取調を行ひたり。

八、同日二名の警官は田熙叔の家に闖入して一名は見張を爲し一名は彼の十八歳の妻を牽出し玉蜀黍畑に連れ込み携帶拳銃にて脅かされて彼女は其處にて强姦せられたり。

此の外にも惡行巡査に依りて多くの凌辱强姦等が行はれて居る。以下只其の被害家族名丈を摘記せむ。

文武春の處女（以下人名或は相違せしも正確に記し難し）

金雲憶の妻

鄭泰吉の妻

金興柱の婦《ムスメヨメ》

田正允の妻

河春璧の婦

金　某の娘

崔　某の娘

金豐水の婦

金益春の妻
李性顯の妻
朴載允の妻
李贊協の妻
宋啓奉の妻

右は妻や處女が屈辱を受けた大略の調査であるが誰れか尙他に隱れたる多くの事實あるを知らむや或る人は吾人に此の悲報を告げたりとの事にて殘酷なる毆打を受けたり。

前述金用弼の妻は被害暴行に對して辯護人等の諫止あるに拘らず正式の告訴を爲したり。相當の對策を講ぜむとして四人の警官に甚しく毆打せられたる彼女の夫は町に馳け附けて官公人の保護及輿論を受けむとして居る。彼の家族は飽迄も法の制裁を仰ぐ決心なりと云ふ。

憫むべく、悲境にあり、虐待せられ居る人民等は囘復の爲めに法に訴へむとして居る。もしも囘復が充分に出來るものなれば。しかし多くの場合に於て此の地方の法律は彼等には役に立たぬ事となる。

此の絕望の境遇にある彼等の爲めに何人何神が彼を罰するならむか、彼等が自身で如何なる驚くべき方法を以てしても法をその手に收める事に必死にならざる間は彼を罰し得ざるべし。

日本初有の大逆事件（大正一三、九、一五）

（虎の門事件を解禁前記載せるに依り差押）

國民的精神生活（英文）（論說）（大正一三、九、一八）

昔波瀾は只一つの權力に征服せられずして三箇國に分屬して居つた。そして墺太利は波瀾人の波瀾國精神を壓し潰す爲めにあらゆる殘虐を行ひ、獨逸も同樣の事をするのに全力を使ひ、又露國も波瀾人を露西亞人たらしむる爲めに專制虐政を用ゐた。

然し事實はそれと反對に波瀾國民精神は生きて居つて動亂や革命をやつた。そして今日では波瀾は完全なる獨立自由國回復の凱歌を奏しその國旗のひらめく下に億兆の民草は萬歲を壽いた。

波瀾は實に一好適例であつて如何なる國でも他國からの占領苦を受けつゝもその國民精神は決して壓し潰さるゝものでないのである。

大戰の結果多くの弱小國は喪失せし自由を回復したがまだ多くの國はその生存の爲めに消滅せざる國民精神を提げて紛爭中である。

韓國もその例に洩れて居ない。實に韓國保全の精神は永久に堅固であるのである。日本政府は世界に告ぐらく朝鮮は日本の統治に滿足して居るそうして今や何等の不平もなく圓滿平和の統治が全國に充滿して居ると。そんな事は日本ピーキの者等を斯くも誤つた宣傳に陷し入れるものである。

しかしその一方には彼の獨立心は確實である事を見よ。そして吾人はネビン、オ、ウヰンターの言を例に取らむ。「韓民は實に不平である。何故ならば獨立は奪はれそして異邦官憲に服從する事を强制せられし居る。

……たとひ今日では武裝の鐵拳は表面柔かに手袋を嵌めたる官憲の手に變り圓柔に思つて居るかもしれぬけれど、日本は韓國領有を決心して居る。しかし韓民は將來何時かは完全自由國たらむ事を目的として居る」と。日本の宣傳に對抗して吾人も世界に向つて韓國民精神は死滅し居らぬ。尙生きて居つて尙永遠に生きるのである事を告げなければならぬ。

天痛地哭の國境大慘禍事件　（大正一三、九、二七）

平北渭原郡和昌面新興洞に於て武裝せる人々が一洞六戶二十八名を燒却虐殺したる事件は既に各新

聞に報道せられだるが今回無名會特派員の調査に依れば左の如く、戰時狀態の窮境に陷れる國境の可憐なる同胞を思ふて此の消息を傳ふるものなり。

初より終までの事件の概略

八月七日午前七時頃同地の駐在所を襲撃せむとして中止した獨立團約二十五名が新興洞に入り來り宋芝恒方にて晝食を取り崔應奎方にては夕食を取りて立ち去りたる事あるが、その翌日拂曉竹内平北警察部長伊達警部補の引率せる警官隊四十餘名が突然その洞に馳せ來り被害を受けたるその六戶を包圍し家族全部を捕へて獨立團が食事を取りて立ち去りたる事實の有無を問ひたるも、彼等は獨立團が食事を取りて立ち去りたる旨を警官に告ぐれば滅亡せしめらるるを氣遣ひて事實を告ぐるに困しみ誰も容易に自白せざるを以て畢竟は拷問を始め一々口に言ふを得ざる惡刑を加へたるが、而め隣村全某の家にて中食を取り新興洞にては約十五名が朴某方に滯在しつゝ該六戶の戶主金應彩、全明吉、金昌盛崔應奎、宋芝恒、李昌涉の六名を呼び集めて夜を徹して惡刑を加へて拷問したる結果、彼等も遂に笞に堪えずして獨立團が飯を食ひて立ち去りたりと自白したるを以て、其の翌日卽九日一時放免せられ各々家に歸り居たりしに、十一日晚に神樣も知らぬ樣に斯くの如き慘禍を受けたるものなり。

之の僻村の深夜！突現せる四十餘名の武裝隊が一過後に一洞全滅！衝天の火光に無辜の住民一時に慘死、何人の所爲なるか警官等は獨立團に塗りつけ獨立團は警官に塗りつく。

六戸全燒二十八名燒死

此の外にも家畜穀物の物質的損害は數千圓

前記の被害を受けたる慘禍の程度左の如し。

金應彩方、八名燒死。

金方は家屋全燒。就眠中の夫妻子供三名及長男妻次男妻孫二名都合八名の家族が燒死す。

全明吉二名死亡、二名不明

李　昌　涉　四名燒死

崔　應　奎　六名燒死

宋　芝　恒　四名燒死

金　昌　盛　四名燒死

その燒けたる屍は警察官に於て冷淡視して取かたつけもせず只烏鵲の餌食となるにまかせある慘狀なり。

此の如き慘虐なる事件をば獨立團は警官隊に警官は獨立團の所爲なりと互にぬりつけ合ひ居れるも獨立團は吾人の所爲に非らずと長文の宣傳文を多數に印刷して一般に配布したるを以て此の何人も知らざる間に起りし事件の下手人は只その判定を蒼天と讀者にまかさむのみ。

惡刑！極刑！

四十餘名の武裝隊が我が家に來りて……たと

避禍したる宋少女の(15)談

斯かる慘禍の中より幸にも之を避けて江界郡某處に潜み居れる宋少女(15)が居れるを聞きて訪問せしに(記者李爽が)娘は語る八日、四十餘名の警官隊が新興洞を包圍せし際、我が家へも入り來り家內の者を一人〳〵惡刑を加へ遂に妾迄を捕へて着衣を全部脱がせた上無暗に毆り乍ら獨立團に飯を食はしてやつた事があるかと問ひしも、何も知らぬ私としては何と答へてよきか何事も知らずと答へしに、最後には妾の局部に石を嵌め込む等色々の惡刑に堪え兼ねて人事不省に陷り何事も分別し得ずして昏倒しその翌日に至りて精神を吹き返へして見たるに全身少しも動かすを得ざる程痛かりしも、其處に居りては又如何なる事が起るやも知れざるを以て深夜母と共に高き山を超えて此處に來りしなり。斯くして幸にも燒死して鬼となるの禍は免れたるもしかし他の人々等は無慘にも………と言ひも了らず泣きくづるるのみなり。

殘虐なる惡魔は誰？

灰の殘れる庭に地下足袋の足跡のみ

事件發生の光景及何人の所爲なるかに對し住民に問ふも元來大吃驚を爲し居れる人々なるを以て人

さへ見れば逃げ廻はりて如何に新聞社員なりと云ふも詳はしく語らず。親切にするも獨立團かそれとも警察官かと疑ひて答へず。辛うじて或る人より聞くに「當夜火光沖天したるを以て何事が起きたるかと思ひしも元來危險なるを以て往きて見る事も出來ず其の翌朝見れば何も無くなく居り。只火が燃え居れるのみなるがたま〳〵に被害者の門前に地下足袋(日本の足袋)の足跡のみ殘り居たり」と語れり。

その住民が互にささやき合ひ居れるを見れば彼等は此の如き慘禍を爲したるものは何人なるかを明かに知り居れる模樣なるも人を殺ろす事を水を飲む樣にやり居れる此の地方にては此れ以上詳しく調査するの途なし。

日米の關係（論說）（大正一三、一〇、一八）

一

暗に想ひしことは外の蔽が脫け、默測せしことは表面に顯はる。日米の戰氛は吾人の最も注目すべきものなり。米國人の海軍練習が對日攻擊の練習に非らざるか假想敵が假想に止まるが如くんばこれ豈に兩國の福ならざらむや。なれども之は望み難し。果然一朝にして兩國の外交が斷絕し大西洋におる米國艦隊が練習せし舊路を通りて布哇より比律賓より馬來半島より分れて日本に入り來り米國艦隊が日本人の考へ通り九州東海岸を襲撃するかも誰れか知らむや。兩國の勝負は如何になるとも練習の假想敵が假想には止り難し。

二

戰爭は平和の裡より爆裂し易し。忌めば忌む程怒眼を和眼を以てし。塞《せ》けば塞く程金皷を玉帛を以て隱すの前例多し。直さむとして眞狀見らはれ隱さむとして潜闘見らはるれば、大概は汲々として之を塗抹するものなり。

何時かは最後の通牒を發せざるうちに誰か戰爭するの形勢を公然と宣露せむや。强國が弱國を威嚇するにあらざれば決して此の宣露なかるべし。

日米兩國に就て言へば色々と彼此優劣あるも日本も他人の威嚇を安受するの國にあらず。されど米國が斯くの如く宣露するを見れば日本の應戰力が微弱なるを壓視せるが爲めなり。

日本がもし充分なる實力を持ち居るならば自ら潜める勢を取りて米國をして更に忌む事此の上にはなしと云ふ迄忌ましめ置きて時機に隨ひて驕師の不意を襲撃せむとすべきなるに、日本に於ても亦宣露するなし。これ豈應戰力の微弱ならざるを見せて敵人の考を碎かむとするものにあらずや。若し然りとせば微弱ならざるを示す事が卽ち微弱なるを示す事にあらず、敵人の考を碎かむとする事が却りて之を固むるものにあらざらむ。

三

太平洋を間に置き兩國が互に睥睨する今日中國の內亂に隱然と互に分れたり。天下之に因りて日々に多事なるべし。殊に日本の海軍防禦練習に馬來半島より敵船が侵入するを假想するを見れば英米の合同を疑ひ居れるは事實なり。

日本は孤立せる國にして四方の援助なく大難日々に近づきつゝあり。善後の良圖を問ふべき處少なく救時の奇計出で來るの途なし。

盛衰は無常にして成敗は一時なり。されどそれ彼等にして古今を俯仰して見れば豈慨然たらざらむや。

四

吾人は戰氛見ゆる此の秋にいかでか悠々として日月を送らむや。內外の形勢を察し遲晩の時機を考へ飽迄も鼾睡者とならざらむとす。

吾人の境遇に於て「好ニシ家居一ヲ美ニス衣食一ヲ」は吾人に適當ならず。極危險大艱厄は吾人の辭退すべきものに非らざるを知らざるべからず。

吾人の生活（論說）（同　日）

九月中京城市內强制執行（税金を納め得ずして）を受けたるもの實に五千五百餘件なり。税金そのものの性質の如何なるものなるかは暫らく言はず。只の徵收せらるる成績のみを以て見て吾人の生活の如何に悲慘なるかを事實に見よ。

ああ吾人の今日の現狀が斯くの如く日々に死滅に近つきつゝあるは僞りなき吾人の現實生活なり。一度不幸にも鋭き侵畧主義の洗禮を受けて根底より生活の土臺を破滅せられたる吾人の生計は斯くの如く經濟方面を甫めとして日々に衰殘し月に亡びつゝあるは最も明かなる事實なり。

ああ然らば將來如何にすべきか。

此の悲境は今日に甫まりたるには非らざるも去りて益々甚しき吾人の民族全體の運命が死滅に近づきつゝあるを痛切に思ふが故に立つも坐はるも恒に之を言ふに至るなり。悔むに至るなり。

その活路は果して何處にあるか。如何に泣くとも叫ぶとも哀訴すとも吾人を救ふの人は一人もなし。

只吾人は等しき境遇に處し居れる吾人の群を以て互に堅き團結を作り吾人の今日の境遇になりし由來と原因を察して覺りその根本問題に立ち入りてその病根を撤除するわらざるよりは吾人は完全なる

生活を得ず。

二千萬の朝鮮人よ。皆共に一度尙考へよ。

金祉變の運命？（同日）

日本に宣戰布告

金祉變は立ちて曰く

「本件の豫審に於て判事は余に對し汝等が今獨立が何のと騷ぎ居れるもし今獨立を與へなば果して汝等が獨立して立ち行くの方途ありやと言へり。これ一個の判事の身を以て我が二千萬の朝鮮民衆を侮辱するものに非らずして何ぞ。

檢事が死刑を求刑せるは實に殘念なり。卽ち黃鈺白允和事件を見よ。余は余の事業を妨害せむとするものは携行せし拳銃にて皆殺ろす考なりき。又二重橋事件の何のと云ふが何が故に斯くは重要視するにや。日本と朝鮮とは政治思想が違つて居る」と言はむとするや裁判長より注意を受けて中止せり。爆彈は濕氣ありて爆發せざりしなるが余は最初より完全なる者とのみ思ひて持ち居りしなり。

法律の精神は余の精神と一致す。卽ち法律が生命財產、秩序維持を目的とし、余は我が朝鮮民衆の生命財産を維持せむが爲めに斯の行動を取りたるものなり。それが法律上何の罪ありや。のみならず凡ての余の行動は不能にして何等の實害なかりしを以て余の身體は潔白なりと言はざるを得ず。故に死刑か無罪か二の內の一に速かに判斷せむ事を望む。

吾人朝鮮の獨立宣言は日本に對する宣戰布告なり。

故に日本人は余と戰ひ余は日本人を殺ろす目的にて渡來せるものなり。故に日本人は余を殺さむとするは勿論なり。所謂軍人の勳章なるものは人を殺ろしたる表章なり。さて吾人朝鮮民衆は結局飢え死にし、毆り殺ろされつゝある中に余獨り敵國に入り來りて死刑を受くるは實に身に餘る光榮なり。されば決して他の刑罰を望まず。と慷慨して坐に就けり。

朝鮮の將來（英文）（論說）（大正一三、一〇、二三）

夫れ朝鮮人民の運命は旣に日本帝國領土內に殘留して居るの途より外に開けて居ない樣に決定せられて居る。

然り暫く吾人がそこに殘留して居るものと想像せむか。又實際その爲めに努力しつゝあるが爲めに斯く考ふるとするも吾人の運命は斯く單純且つ容易に決定せらるべきものなるか。

汝の政府は吾人を汝の帝國內に殘留せしむる爲めに出來得る限りの凡ての努力を行つた事は事實なり。

汝は我國の耕地の半分以上を所有し居れり、汝は首都及都會の目拔の場所を占領せり。

汝は汝の管理下朝鮮の市場の凡てを持ち居れり。爲めに吾人は汝等を通してのみ買賣を爲すを得。

吾人の經濟力は汝等の銀行に依りて左右せらる。

汝は卓越せる軍隊を以て半島を管轄し配するに世界に於て最も良き機關を有する警察を以てせり。

大小凡ての官廳は二三人を除くの外は汝の國民を以て充たされ居れり。

朝鮮兒童及青年は汝等の理想のままに汝等に依りて敎へられ汝等は記する側に立ち吾人はそれを讀み行く側なり。

斯くの如く汝は吾人を第一に政治的奴隸となし次に經濟的破產せしめ最後に殖民地の居候とならしむ。

此の事情の下に於ては吾人は最早人民卽ち自ら支持し得る人民として生存し得ざるものと考ふるなり。

それのみならず汝等は吾人の凡てのものを持ち去りしにあらずや。

それにても尙吾人に目星しきものを殘し居れりと考ふるにや。

而してそれにても吾人が猛烈に汝等に反對せずと考ふるや。吾人も少くとも汝等が今日殘し居れるものをより多く奪はれざらむが爲めに反對せざるものと考ふるにや？。

果然統義府員入京！ （大正一三、一〇、二六）

吳佩孚は上海へ逃げ曹總統も亦何處へか逃亡し馮玉祥が北京の天地を占領する等中國動亂の風雲は急轉直下し如何なる形勢を作るやも知れざる此の際に滿洲の張作霖と連絡を取りたる大韓統義府にては此の機會に何か重大事件を計劃せむが爲めに今回朝鮮內地に於て壯丁二千名及多額の軍資金を募集せむが爲めに首領たる金東三が部下數十名を引率して入り來り大活動を開始したるが、聞く處に依れば十三道各道に皆代表者が派遣せられ居り、京城では首領金東三が親しく募集に着手するとの噂あり、一昨日京畿道を引受けて派遣せられたる原籍慶北安東郡金肯植、金章植の兩名は市內〇〇洞〇〇番地某方面に潛伏し居れるを探知せる道警察部にては大活動を開始し一昨廿四日晚直ちに逮捕して目下取調中なるが、一說には金東三が逮捕せられたりとの噂あるも未だ事實か否か不明なり。彼等は壯丁を募集する際一人に對し先づ金一百六十圓宛を與へて連れ歸ると云ふ。

モルヒネ中毒と當局の心事（論說）（大正一三、一〇、二九）

京城北部一體の阿片、モルヒネ中毒者のみにて七百餘人あり市内には四千人ありその慘害甚だし。

二

滿三年の間吾人は此の問題を論評するの一方吾が民族自體の覺醒を促がし一方には爲政者に注意を與へたる事二三に止らず。然れども今日迄吾人が絕叫し來りたる事を總督府當局者は聽而聞かざる振を爲し依然として傍觀するの態度と心事を繼續し來れり。

斯くしてまさに朝鮮人中の多少活氣あり生脈幾分にても殘存し居れる青年と中年の殆んど全部が阿片モルヒネ中毒者となり、世上の事を夢の如く考へ一生を床に臥して敗家亡身を以て終を告ぐるもの全部なるをば、自若として傍觀する心事こそ實に吾人は形容し難し。吾人自らの無知覺を泣き自歎に咽喉の塞《ッ》まるのみなれば吾人は今更云ふの必要なく。只吾人の愚かなる身の上を痛哭するのみなるも、吾人は更に又總督府當局者等にも人類的良心のあるかを問ひ度くなるなり。

三

總督府當局者等も法律を嚴重に制定しその法律を勵行せば明かに斯くは漫延せざるのみならず漸次

その數が減少すべき事と是認しつゝも法律を以て嚴重に取締らず宛ら暗々裏に於ては漫延し傳染し易き程度に放置し居れり。

斯くして彼等は言ふには一般民衆が覺醒せざるべからず人權の發達し居り文化政治を實施する今日法律を以て制裁して根絶せむとするは時代錯誤なりと。又一つの理由としては此れ全朝鮮的にあらず地方的なれば總督府制令を以て法律の制定し難しと云ふ。

四

斯かる口實を以て法律の制定と實行を回避する當局者等に吾人は此の上論駁するの勇氣なきも、されど一言を更に虚費すれば朝鮮人の全部に共通せる政治的要求と運動に幾十圓かの金品を與へてすらも拷問に附し懲役に處する文化政治が、敗レ家亡レ身し、發狂し、窃盗强盗を犯し精神喪失者とさへ變ずる者に殊更に之に限りて文化政治下の法律の效果が力無しと云ふて力説するは論理上幾分にても價値あるものにや。又一つには地方的なりと云ふもこれは事實自體迄も欺罔するのみならず、且つよしんば地方的事實なりとするも、阿片中毒に關するものなれば既に世界問題たる以上には法律を以て制定すべき理由充分なり。又斯くの如く世界問題たらずとするも秋毫の誠意さへありせば既に過去に於て多數のモルヒネ中毒者の實訓あり、その害毒は將來如何ならむかは疑ふ餘地なく明かに是認する以上、今更言ふ迄もなく法律を制定してこそ然るべきにあらざるか。

五

吾人の常識を以て觀察せば阿片中毒とモルヒネはその性質上取締を差別すべき理由なかるべきを以て、現在の如く區別する理由を肯定するを得ず。故に吾人にはモルヒネ取締に等閑なるは阿片取締に等閑なると何等内容に變りなし。如何に善意に解釋しても三年以上に亘りて吾人が力說し來れるを今に至るも不顧に附しその患者今や全鮮的瀰滿せむとする現象と對照して、吾人はある道慈惠院長が言ひたる人道上として朝鮮人のモルヒネ中毒者を取締るとも政策上としては必要なしと言ひし言を聯想せらるるなり。

總督府當局者が萬一にも斯かる無知なる見解を持ちたりとは吾人は信ぜざるも、とにかく現下の情形をそのまま觀察せば當局者は朝鮮人の滅亡をそのまま傍觀するものなりとの外に尙考ふるを得ず。

不言不笑　(論說)　(大正一三、一一、一)

言葉が無い。笑ひがない。頑冥で馬鹿で出來そこないの項羽の樣な奴に賣られて嫁いてから十五年。

十五年の姑仕へに無茶苦茶になつた可愛想な姉に言葉がない。笑ひがない。

笞に打たれ周牢(刑の名)に責められ胸倉を執られ頰を毆られ背も手足も火に火傷せられた跡を持ちて來れる姉に言葉も笑ひない。

姉を賣り飛ばしたる奴に叛抗する力もなく、行けと言はるるままに嫁入して行き、そこで彼奴に辱められるのみならず、其奴の强制に堪え兼ねて居る姉に言葉はない。

そうだお前は賣淫を强要せられた。丁度朝鮮と云ふ土地のそれの樣に。

しかし十五年の間に無茶苦茶になつた身を以てお前が頸を垂れて拳を握りしめ、口を緘して獅子の如くに蟠居して居るのは何をせむとする爲めか?。

お前の顏は憤怒が表はれて居る。踏み躙ぢられたお前の肉體は强き鐵の如くに緊張して居る。

愛する姉よ嫁入してから十五年の今日となつてお前は今激憤に充滿して居るだらう。その胸の裏には絕叫があるだらう。何とか言へよ。言葉がないのかな。余の姉よスヒンクスの樣に坐つて居るわい。

言葉がない。可憐な我弟に笑ひがない。

「番犬の樣に」生を命ずる冷酷なる現實と戰を爲し居れる我が弟に何として笑ひあらむや。天は怒り木の枝は葉落ちて劍を拔きたる如くに冬の武裝を準備し居れり。

その可憐なる我が弟には笑あらむや。言葉あらむや。ああ汝は怒れる牛の如くに佇立せり。

現實は飽迄も殘忍なり。朝鮮の現實は暴惡殘忍である。どうもならぬ。どうも出來ぬ。人の暮しをして人らしく暮らす事が出來ぬ。おーそうだ必ずや犬と同じ樣に暮さなければならぬ。

そしてそれで我々に番犬の樣な生活を强要するのが朝鮮の現實である。そして凡ての人を番犬に或は獵犬に或は乳犬として暮らさして居る。此の現實が無道でなくして何ぞや。

資本主義の城廓を守つて居る番犬等よ。保護する獵犬等よ。汝等は絶間なく「人として生くる勿れ」と云ふ苛酷な命令に依つて暮さなればならぬ。之を忘れてはいかぬ。

「漫　畫　欄」（大正一三、一一、五）

餌さへ呉れなければ

（日本婦人が背に小刀を隱れ持ち餌を與へて鷄を集め居るもの）

合併後の朝鮮（論說）（大正一三、一一、一〇）

所得は何なりや

一

併合以後大正十二年末迄の對日本資金流出の統計を見るに日本より朝鮮に流入したるもの大凡十億六百萬圓にして朝鮮より日本に流出せるもの二億六千五百萬圓なり。差は實に七億四千五百萬圓とす。これは朝鮮が日本に(不明)せる債務なりと見るを得べし。日本人はややもすれば「吾人は朝鮮の爲めに多大の金錢を使ふ」と大言壯談する唯一の材料なり。勿論これのみを見れば日本が朝鮮の爲めに用力せし事少しと見るを得ず。されどその代りに併合以後大正十二年末迄の對日貿易關係を見れば貿易は恒に輸出よりも輸入多大にしてその超過額は大凡のみにても約七億八千萬圓見當となる。然らばその間に日韓併合の結果に因りて損したるものは誰にして得したるものは誰ぞ。

二

果して日本は朝鮮の爲めに尠なからざる金錢を濫費し居れりや。七億八千萬圓と七億四千五百萬圓とを相殺して見れば朝鮮に流入せる金額より朝鮮より日本に流出せる金額が寧ろ三千五百萬圓程多きにあらずや。

のみならず日本より朝鮮流入せりと云ふ七億四千五百萬圓は其の中の一部分は勿論政治的費用にも消費せられ了はれりと雖も大部分は固定又は運轉資本となりて現在又は將來に亘りて多大の生産機能と活動とを爲し居れるを以て、或は銀行會社の貸付資金となり居り、或は工場となり居り、又或は果樹園漁船土地建物ともなり居りて多大の利益と多大の收穫とを生じ居れり。然らば日本がその朝鮮の爲めに多大の金錢を使ひたりと云ふも結局それは純然と一度使ひ果し了はるにあらずして大部分は朝鮮に對する債權となりだるものなれば所謂七億四千五百萬圓なる金もその大部分は後日更に朝鮮に向つて報償を請求するを得るものなり。隨ひてその金は回收するを得るものなり。

三

されど之を朝鮮の計算として見れば日本より流入せる七億四千五百萬圓はその大部分が朝鮮の債務となり居り、貿易の輸入超過の爲めに朝鮮より日本に流出せる七億八千萬圓は純然朝鮮の損失となれり。

所謂日本人の資本は日々に朝鮮人の膏血を掻きつゝにあり。且つ輸入超過の爲めに日本に流出せりと云ふ七億八千萬圓は大部分が朝鮮人の累代傳來の土地の所有權移渡と變じたるなり。

所有權の移轉は小作權の移動までも影響を及ぼし目下朝鮮人はその爲めに重大なる困難に遭ひ居れり。されば日韓合併が果然何人の得にして何人の損なるか。

日本より見れば所謂朝鮮の爲めに使用したる金錢もその實は有利なる投資となるの外七億八千萬圓の輸出超過を得たるも、之を朝鮮の見地より見れば多大の高利の債務たる外に七億八千萬圓の價値の土地所有權を失ひたるものなれば日本と朝鮮間の得失損益は之を認むるに餘り明瞭ならずや。更言すれば日本は併合に依りて二重の利得あり、朝鮮は併合に因りて二重の損失あり。

四

合併後の損益計算はいかでか之れのみならむや。此の外にも重要なるもののみを擧げても日本は四十萬の移住民ある反面に朝鮮は數萬の失職者と二三十萬の國外流離民あらしめたり。日本人には多大の山林川澤の利權獲得あると同時に朝鮮人には幾十幾百萬の貧民窮民生ずるに至れり。ああ合併の利得は果然誰にあるか。吾人は之を思ふの時に胸の塞ぐを禁ずるを得ず。

朝鮮人の貧困問題 (論説) (大正一三、一一、一一)

一

朝鮮人の貧困は今日に始まりたるものにあらずされど今日の如く貧困に泣き貧困の苦に包まれたるはなし。今日朝鮮人の最大苦痛は貧困にして生活の不安なり。今日の叫びは如何にして生きむか、斯の生活なるも如何に繼續せむかなり。斯の如く朝鮮人の生活は切迫し、可憐にして危急に至れり。之を數三年以前に比するもその時は寧ろ黄金時代なりと云ふべし。その生活は寧ろ安樂なりき。

朝鮮人の生活は年毎に甚しくなり、今年は昨年より、今日は昨日よりも甚しくなりつゝあり。

を爲さしむるは勿論計策の一にあらざるなきも、されどこれよりも一層に緊急なるは彼の重要原因となりし總督政治を根本的に改めざればあるべからず。

ああ當局者よ。朝鮮人を斯く貧困に置くは道德上より見て決して小ならざる罪惡なるのみならず、又日本の爲めにも得策に非らじと考ふ。

日本の新軍國主義（論說）（大正一三、一一、一三）

新軍國主義の特徵は

一、他の國家を排斥又は侵略せむとする見地より國民皆兵主義とする事。

二、軍事費の財源を國家財政より支出し重大部分を占むる事。

三、軍事上の機械器具等を逐日增大し科學を應用し新研究新發明の結果精巧の極致を試み彼の毒瓦斯の如き殺人劑を軍事上に實用せむとす。

而して新軍國主義の根本的特色は政治權が軍閥官僚になくして完全に資本閥の掌中にあるなり。これ新軍國主義の發生の原因とその實演の理由を見て當然の事とす。何となれば新軍國主義は資本閥がその存續と繁榮の爲めに創造したるのみならずその資本閥は之を以て自己の唯一の武器、生命の糧食と見てその財嚢を傾けて積極的大々的に之を支持擴張するによりて實演せらるるが爲めなり。

二

さて後進國家たる日本は時潮の關係にて後進にあり乍らも他の先進國と並驅せざるべからざる外的形勢に强制せられて諸般の文化が成長發達したるが故に晩開早熟の果實に畸形物多きが如く日本文化に畸形的發達多きは周知の事實なり。就中新軍國主義の畸形的發達も他の國家に於てはその例稀なり。

而して此新軍國主義の發達の畸形的なるは日本の資本主義の發達が畸形的なるに原因するは勿論なり。且つ今日に至りて此の軍國主義が既に爛熟したるも是亦日本の資本主義が既に極度に至りたるを以てその内部に於て破綻が生じたるが爲なり。察するに大戰後日本經濟界の無數の波瀾と新興階級の興奮せる氣勢之を證す。而して大隈内閣が組織せられたるを甫とし政權は軍閥官僚の手中より資本閥の掌中に移り來り年々軍事費が支出豫算の大部分を占領したるは勿論にして、科學の軍事上利用に熱中する最近の現狀は實に言語同斷なるのみならず、今次の内閣に至りては國民皆兵主義を徹底せしむる目的にて軍隊敎育を中學生、小青年に迄施行せむとするは結局新軍國主義の本色を餘地なく暴露したるものなり。

三

されば斯く露骨に進み行く日本の新軍國主義の演劇すべき舞臺は何處なりや。

勿論その國内にある新興階級の頭上に於ても行ふと同時に外には國際舞臺に出征すべきが、米洲濠洲印度等の膏油の地域は全部深滞高壘たれば不可犯として斷食すべく、隨ひでその總勢力は朝鮮を基點として極東に集中せられ滿洲及中國本邦及西伯利に於て實演せらるべく、今後此の演劇の慘絶悲絶の實際事情は實に想像のみを以では到底形容し得ざるべし。

而して帝王アチラの過ぐる所青草も生長し得ずと言ひしが、その帝王の軍國主義に於てすら斯かりしに況んや新軍國主義の通過する地域に於ておや。青草の生長せむ事を企待するを得むや。今や朝鮮には到處毎に皆飢饉問題あるも此の現象は決して今日にのみあり又今日のみに止まるべしと言ふを得むや。

或る人は曰く今年の其れは(飢饉)水災旱災火災等がその原因の全部なりと。然れども之よりも災殃のより多かりし日本にありては飢饉と云ふを聞かず。吾人にはそれが朝鮮饑饉の原因なりとは絶對に信用するを得ざるのみならず此の外にも重大なる原因の潜伏し居れるを發見せざるを得ず。

天摩隊長公判 (大正一三、一一、一三)

獨立は可能なりや否や

裁判長は更に

「被告は朝鮮獨立が出來るものと信じ居るか」

と問ふや崔時興は感慨無量の語調を以て

「朝鮮民族にして朝鮮獨立を何人か希望せざるものあらむや。されど余は其の間不幸にも獄中に四はれたりしを以て世の形勢を知らざるを以て獨立に關する成否如何は斷言するを得ずと。

檢事より一審通り死刑の求刑あり續いて辯護士の辯論ありたり。

死生關せず

「朝鮮獨立の爲めに命を捧げたり」

辯論終らむとするや被告は再び法壇の前に近付き

「余は既に生命を獨立運動に捧げたる身なれば死生は少しも關せず。而して事實の有無は少しも隱す必要なきを以て有る事は有りと答辯せり。無き事は無しと答辯せり。我國の民族としては三尺の童子にても○○する希望は皆あるなり。獨立運動の爲めに如何なる手段を使用したりとても獨立運動者に對して强盜と云ふは何處を押しての言なるか、余は只○○○○○の爲めに多忙にして○○○○○せざりせば斯の如き處に來りて君等に裁判を受くる理由もなきなり。又獨立運動を爲す必要もなきなり…………」と。

と多くの言を以て自己の强烈なる信念を更に表示して之にて結審し判決言渡は十八日と定まれり。

學理と實際（論說）（大正一三、一一、一六）

殖民政策の學理は如何なるものにして且つ殖民政策の實行せらるる殖民地の實際事實は如何なるものか。殖民政策の學理は母國の利益の爲めに殖民地原住民の勞働とその所有たりし天然の富と及それを運轉利用する凡ての生產機關を奪取するにあらずや。此の事實は英國のその殖民地に於て明かに發見せらるるに非らずや。又吾人が夙に體驗したる所にして現在體驗しつゝある所なり。振り顧りて察知せよ。然るにあらずや。

朝鮮人の勞働にして朝鮮人の爲めに生產するものが何ぞ。朝鮮の天然の富にして朝鮮人にあるものは何ぞ土地、鑛山、林野、海岸等それ何れが然るか。金融、運輸、交通、通信、工場等の何れが然るか。

殊に數年以來實行せられたる事實は彼の學理を一層明かに說破し居れるにあらずや。

日本人官吏の生活の爲めに又は日本人企業家の便宜の爲めに、人爲的に放漫無理となり果てたる朝鮮總督府財政を獨立せしむるを甫めとし、關稅をば撤廢し、稅率をば增加し、朝銀、鮮鐵を日本政府に於て經營し、一方東拓の活動を一層後援し、他方その資本を日本より招來して凡ての富源を賦與し特に間接稅を高率に增加すると同時に煙草を官營にする等」。此の外その政策の學理と事實に於て不安を感じたる將軍閥の師團增置を計劃するは吾人の最初より最後迄論ずる處の眞正の學理なる事明かならずや。然るにも拘らず然らずと之れを抹殺すべきか。

饑饉と人、情（論說）（大正一三、一一、二一）

饑饉！如何許り恐ろしき言葉なるか。破滅し行く吾人の將來に馳せ來る饑饉は今目前に切迫し來れり。

兄弟よ！吾人の殘命を如何に維持し何人の力に依りて此の急難を救ふべきか。此は時急の重大問題なり。過去吾人の歷史は政治、經濟、風敎上あらゆる方面より見て如何ならんも兎も角も、軍閥資本階級に專有物となり壓迫橫暴搾取的の毒手に依然として朝鮮をして退步と破產の記錄を與ふるのみなり。

朝鮮人の土地は銀行會社に典執物となり、靑々たる林野は吾人の爲めにありと云ふを得ず。斯かるが爲めに朝鮮の生產力が增加してもこれは日人彼等の增產にして決して吾人の增產にあらず。吾人は反比例して益々減ずるのみなり。現在の政治及敎育は吾々民族の爲めにあらずして少數の日人の福利

二

斯くの如く果然朝鮮人の貧困は今日に至りて極度に達したり。此れを朝鮮人の階級に證驗するも知るべく地方的に徵しても都鄙の別なく貧困と疲弊とに遭ひ居れり。「生きて行けぬ今は眞に死ぬ」の聲は朝鮮民族全體の叫びなり。

朝鮮人が斯く貧困し斯く疲弊するに至れる原因は何處にありや。之に種々の論あり。或は朝鮮人の懶怠、又は富者兩斑の搾取、或は現代的產業の智識と技術が缺乏したる爲なりと。これ勿論原因として直接間接に多少の關聯なきに非らざるも吾人の所見にては此等よりも今日朝鮮人をして斯く貧困に泣かしめたるその責任は大部分が日本人にあり。總督政治にありと斷言す。

三

何が故に日本人が朝鮮人の貧困に對して責任あり、總督政治が朝鮮人の生活困難に直接の原因となるかの問題に至りてはその理由を說明するに餘りに明白にして顯著なり。その根本的のもののみを擧ぐれば大凡三種あり。

第一は移民政策なり。これは朝鮮人の各階級に向ひて失業問題を起こさしめたり。例へば農民には小作權喪失とならしめ、官公吏にありては地位喪失とならしめ、商人にありては顧客喪失とならしめ、敎師にありては敎師の地位を奪はれしめ、勞働者巡査配達夫職工にありても又各自の職業と就職口に捨てられしめ終はんぬ。

第二は關稅の撤廢政策なり。朝鮮人が如何に殖產興業を試みむとしても日本との關稅を撤廢しては到底期待し難きなり。これ宛も小兒と大人とに角力の勝負を決せしむるの無理に外ならず。かるが故に小工業も屢々朝鮮人が試みむとして忽ち破產し損滅す。故に今となりては此の關係を熟知し居れるを以て最初より之を試みむともせざるなり。換言せば朝鮮人には企業心亡び了はれり。

第三には利權の占奪なり。交通は勿論山林鑛山漁業開墾等、利益あらむ程のものは全部日本人に與へ了れるはまさに一定の原則なりと言ふも過言にあらざる程當局の行政は偏頗にして無理なり。勿論これには種々の口實あり。

或は朝鮮人に資本なし。或に經營の能力と技術なしと。されど之をその能力の範圍內に於て經營せしめてこそ、彼の三菱、三井、大倉組の爲めに累百年の間守護し利用し來りし山林漁場開墾地鑛山をば其のまま失ふよりは朝鮮人に利益たる點に於て數等有利ならずや。

四

兎に角朝鮮人は此の如き政策と此の如き理由に依りて貧困に陷りたり。故に茲に若し朝鮮人を斯くも可憐にして貧困なる窮境より救濟せむとせば朝鮮人をして今少しく勤勉にして今少しく合理的發達獄刑場とし反逆者の大殺戮を行ひたり。その時彼等の手に依りて刑場の露と消えし親日派等七八十名に及び大恐怖時代を演出したりたるが、其事件終りて清津の出身にして露國教育を受けたる上共產黨重要幹部とし多大の活躍を爲したる李漢(39)は本部の密命を帶びてハルピンに赴き百萬長者崔〇〇と面會して多額の運動資金を受けて白衣の兄弟の多く住するポクラニチナヤに赴きて先づ〇〇なる團體を組織したるものなり。

宛然たる獨立政府

さて該地方は暴惡無道の虐政を受くるを厭ひて國外に流離せる人が集合し居れる處なるを以て、前記李漢は露國官憲の諒解を得て朝鮮人の自治機關を建て一種の政治を爲すに至りたり。而してその重要なる施設を見るに七八十名居住せる部落にても皆學校を建てて子弟を敎育し病院と養老院工場農場等を施設し其外警務機關を設置し裁判所の如きものも設置して全く全部を理想通りの儘なる行政を爲し來れるものにして、該地在留同胞等には日々に益々善政を加へ他の處に於て苦勞し居れる兄弟等も多數來住せむ事を希望し居れり。果して今回朝鮮內地へ斯く入り込むは如何なる事を計劃し居れるものなるか注目せられ居れり。

無知と無産の因果關係（論說）（大正一三、一二、七）

發明家の勞苦を待つ迄もなく朝鮮に日本人の總督の存在せる全部の理由が日本人の利益なる事と、此の利益は朝銀、殖銀、鮮鐵、朝郵、東拓、東煙等を列擧する迄もなく日本人資本のそのものなること、此が爲めに因つて朝鮮はそのまゝの無産者なる事と、そのまゝの無産者なるが爲めに隨つて朝鮮は何の議論もなく何の融通もつかず無産者としての失業者たり。無産者としての勞働者たる事は何人も直觀する處なり。

かるが故に朝鮮の朝鮮人はその實際上に於て何人も皆同じく無産者たり。隨つて皆共に無産者たる事を覺らざるべからず。茲には哲學も宗教もその何物もなくして只無産者があるのみ。而して無産としての問題があるのみなり。若し然らずと言ふ者あらばこは勿論朝鮮人の生活とは敵對するものなり。見よ仕宦慾に飢えたる反動運動者等のそれは言ふ迄もなく、朝鮮の所謂御用貴族、富豪、實業家、學者等のそれは茲に顯著なる事實にあらずや。斯かるが爲めに朝鮮人は無知なるか全くの無産者なるなり。

二

無知と無産の因果關係に對して或る者は無知より無産を語り、又或る者は卵と鳥の關係を說明せむ增進の爲めにあり。

農業商工業は年々統計上には增加すとも吾人には何の有難さもなし。之れ吾人は梨を與へて其の核心《シン》を貰つて喰ふに等し。

一年間に輸入せらるる滿洲粟は如何に多きか。之が吾人の糧食問題を解決するものにあらずや。年々四百萬石の白米を日人に賣飛ばす朝鮮よ。その將來に饑饉のあるは豈に當然ならざらむや。

天道は無心なるか。朝鮮人に罪ありや。悲慘雙びなき此の時に今年は旱災の爲めに泣く同胞二十萬戶に達したりと云ふ。饑饉に泣く同胞を如何に救濟すべきか我が同胞愛を益々樹立して發揮するにありと言ふべし。

兩大運動の併行を期する北風會の宣言綱領（大正一三、一一、二九）

北風會創立せられその宣言左の如し。

現下の朝鮮の社會運動は混沌たるも今後は方に組織を要し實際を要求するの新機運に向へり。その基礎としては前衞分子が大衆と間隔を有ち居りて現實とは懸放れ居り學理上の理想のみを追求するの弊ありしが、朝鮮の大衆は今や動かされ居れるを以て今日迄の前衞分子は今よりは飽迄も現實を土臺として大衆と共に資本家の本陣に向つて突進すべきものなるを以て、吾人は凡てのものを根本的に改革してその新局面に適應せむが爲めの陣形を整へて戰策を新たに收拾して戰に臨む。

綱　領

一、社會運動が本質として無產大衆自體の運動たる以上吾人は飽迄も現實に立脚せる大衆の實際的要求に應じ終局の理想に向つて驀進せむ事を期す。

一、吾人は大衆運動部門たる勞農、青年、女子、衡平運動の知的敎養と階級的訓練と並にあらゆる現狀打破の運動を支持すると同時に經濟問題に重きを置きて科學思想を普及せしめ都市と農村の協同を期す。

一、吾人は未だ境界線の不明なる運動を整頓しその類別を確定するの組織を綿密ならしめて以て從來の消極的否認の態度を許さず、一層秩序的に正進せむ事を期す。

一、吾人は階級を無視する單純なる民族運動を否認す。されど朝鮮の現下に於ては民族運動も亦避け得ざる現實より發生するものなる以上、吾人は特に兩大運動卽社會運動と民族運動の併行に對し時間的協同を期す。

義烈團先發隊三十名既に侵入 （大正一三、一一、二九）

上海に本部を置きし義烈團は最近滿洲太白窠に本部を移し重大なる計劃を立てて朝鮮内に入り込まんとし居れるは既報せるが、先發隊三十餘名を二隊に分ち一隊は鴨綠江を一隊は豆滿江を越渡して確實に入り込み來りし形跡あるを以て目下警察部、各署は必死に活動中なり。

大規模の運動 （大正一三、一二、二）

決死隊續々侵入？

金元鳳を首領とせる義烈團にては今回最も組織的急進的の大規模の獨立運動を計劃し一擧にして國權回復の目的を達せむが爲めに本部を天然の要塞たる○○地方に移し團員中最も勇氣あり智略ある人○○名を拔きて朝鮮内地に潜入せしめたりとの情報が連續して警察當局に到着したるを以て、國境方面は勿論朝鮮一帶に嚴重なる警戒網を張りて大警戒中なるが、昨日は又第二決死隊入り込みし形跡ありとの急電來り當局は極度に神經緊張して警戒中なり。聞く處に依れば一隊は鴨綠江より一隊は豆滿江より入り込むと盛んに宣傳し置き、實際は上海奉天を經て日本に入り込みて更に釜山仁川を經て續々入京し居れる模樣なるが。未だ當局の警戒が嚴重すぎるを以て事を擧げ得ずして居れるものと觀測せらる。

馮玉祥と連結の義成團も侵入

義烈團の侵入說と前後して義成團侵入の確報ありたるを以て當局は大然失色して如何にしてよきかを知らず。元來義成團は馮玉祥と密約を結び朝鮮獨立に積極的援助を交換條約として共同軍事行動を取る事となり多數の團員は首領郭某の指導下に張作霖軍の行動を探知して密報し且つ奉軍に不利益なる事のみ行ひ來りしが、其後某政府の干涉に依りて馮と契約せる條件を充分に到達し得ず殊に張にその行動を探知せられて滿洲に居り惡くなりたる爲め各地に散在して運動の任務を行ひ來りしが、今回團員全部を長春に招集し最後として秘密裡に某重大計劃を協議し直ちに一派は朝鮮內地へ武器彈藥を携帶して侵入し本部は滿洲を離れて〇〇地方に移したり。斯くなる以上は最後としての大事件を試むと大活動を開始したりとの情報を得たる市內各署は密偵を八方に放ちて嚴重探知中なり。

鍾路署の特別警戒

同署は高等司法共晝夜大警戒中なるが收穫期なるを以て國外獨立團は每年此の時に侵入して爆彈も投じ危險なる事も爲すを以て、神經過敏なる警察署にては豫め警戒するものなりと稱し、又義成團決死隊が侵入したりとは北滿洲にある某總督府通譯官がその情報を警務局に送りたるものなりと。

而して各署長は會議の結果大正八年の萬歳の時の例を見ても敎會堂に潜入して仕事をする事多きを以て今回はその方面に注目する事に決し前日來刑事隊が忙しく敎會堂に出入しつゝあり。

「漫　畫　欄」（同　）

「びくともしようか（米國が）」と題するもの（略）

社　會　主　義（英文）（論說）（大正一三、一二、二）

社會主義は其の固執性に於ては酒精中毒と何等選ぶ所がない。然し曖昧に取扱ふ問題では決してない。彼の味方なりや敵なりやを知ることを切望して已まないのである。疑もなくボルシエヴイズムに向ふ傾向が此の土地にも見える。新聞紙の好意的筆致で見ても知れるでないか。「絶望」の一語は全部を盡して居る。

日本政府の統治下にある我々朝鮮は絶望の一語で盡きるではないか。絶望の淵に沈んだ我等が何かの變化を好まざる譯には行くまい。隣邦支那の如き政體になるのも近き將來ではないか。吾人は括目してボルシエヴイズムの經緯に注意しなければならん。

民族運動を計劃する勞農の朝鮮別動隊 (大正一三、一二、七)

最近、恐ろしき計劃を抱いて西伯利中東線ポクラニチナヤに本部を置ける〇〇團から朝鮮內地に入り來り在來の方法と異なる別方法を以て某事件を爲さむが爲めに多數の團員が續々外國人に變裝して巧妙に國境警戒網を突破して入り來ることの情報あり、全鮮警察は大活動中なるが、その一派の入り來る徑路は恐らく浦鹽が自由港となりたるを以て國事犯等の出入輕便となりたるのみならず今回入り込む筈の〇〇團は全部の執權者たるソビエット政府の別働隊に異ならざる程の關係を有するものなるを以てその本部に於ては其の行動を極力保護を與ふる筈なるを以て浦鹽經由して入來る事確實なるが如く警察當局は特別に朝鮮東海岸を一層嚴戒中なりと。

創設沿革

さて〇〇團は大韓統義府、義烈團、義成團等とは色彩大に異りて政治運動と社會運動とをよく折衷したるものにして、昨年ソビエット政府にて掠奪せる一般財產を國有とするの際新韓村に地下室迄も有する鮮人富豪呂〇〇もその家を奪はれたるが、共產黨本部にては其の家屋に分機關を設け地下室は監とす。されど吾人は斯かる閑談と議論を吐出するの餘裕も餘地もなき無産者たるのみなり。

換言すれば無知なりしが爲めに無産なりと云ふも問題にあらず、無知にあらざりせば無産にならざりしなり、卽無知を救はゞ無産を救ふと云ふも問題にあらざるなり。只現在無産なる事が問題なり。現在無産なるが爲めに無知ならざるを得ざる事が問題なり。

考へても見よ。無産にして無知を救ふを得るか。無産者の相續傳有物が唯無知なる事は現代の鐵則なり。飢寒到骨の無産にして能く無智者を救ふを得るか。無産者の子孫に天才あり秀才ありや。朝鮮人の子孫に天才あり秀才ありや。草の根木の皮も得るを得ざる朝鮮人にして科學と藝術とを以て糧食を作るを得るか。朝鮮人の無知なるは無産者なるが爲めなり。

三

茲に吾人は遠き歐米の先進國を擧ぐるの要なく只日本のみを見るとも最近に至りて資本主義の下に舊習慣と舊家族關係と舊國民性迄も根本的に解體せらるるは勿論なり。彼の土地兼併資本集中の無政府的專橫の下に從來の無産者がそのまま無産者として無知となりつゝあるは更に論ずる餘地もなきも、茲に小農小商小工の資本家が日々沒落すると同時にその子孫は無産者の名簿に登錄せられ無知としてその傳統を繼ぐに至る事は分明なる事實なり。國民敎育の施設ある彼等にして尙斯くの如し、況んや朝鮮の朝鮮人問題に於ておや。朝鮮の日本人總督府は大資本主義なり。大資本主義は一層小資本家を呑食しつゝ各方面に向つて壓迫又は搾取を爲すものなれば、斯かるが爲めに朝鮮の朝鮮人たる小資本家はその悲哀を叫號するの餘暇も無く殘滅し了はれり。これにして卽ち殘滅すれば朝鮮人の知的要求は尙一層絶望となる。見よ今や京鄕を問はず貧弱無條理なる幾個の機關の人口に比例して驚く計りの少數なる學生等も日々に減縮するなり。此の慘憺無比の統計數字は果然何を說明し居れるか。

四

玆に問題あり、知的要求が絶望ならば隨ひて朝鮮人問題は絶望にあらずや。然り。

されど朝鮮人は全體として無產なる事は變はりなき事實にして、斯くの如く無產者なるが爲めに無產者としての問題があるのみなり。而して無產者の問題は枝葉に於て解決せらるるものにあらず。只根本に於て解決せらるるものなれば結局問題は根本にあるなり。

歷史を通じて溫情と妥協に於て失敗せる人間は今や夫々その問題を解決し居れり。殊に弱者として の無產者としての人間はその問題を完全に決定し進行し且勝ちつゝあり。隨ひて知的要求も此處に於て解決せらるるものなり。

見よ無知なりし露西亞の農民にも知的曙光輝きたるにあらずや。故に吾人は無知と無產の因果關係を卵と鳥のそれにより又は無知に於て見ずして無產に於て見るなり。それのみならず朝鮮人の凡ての問題を只無知に於て見て無產に於て徹底ならしめむとす。

かかるが故に吾人は叫ぶ。朝鮮の朝鮮人は無産者なる事と、無産者なるが爲めに無産者の思想感情を持てる事と、此の思想感情を以て無産者の行動を行ふ事と、此の行動ありて後に甫めて問題の根本が解決せらるる事を吾人は再び叫ぶなり。

朝鮮人への公開狀　（英文）　（大正一三、一〇、一〇）

ドルフ氏は朝鮮人が渡米して世話になる亞米利加人として知られて居る。ドルフ氏は我が歐米委員及臨時政府の爲めに多大の貢獻努力を爲して居る人である。茲に吾人は該氏の意見書を掲載する。その意見は我が國民が心から歡迎するものである。

朝鮮××は何時かはやつて來る。それは夜の次に晝が來る如くに來る。

其のやつて來ることは朝鮮の事情に精通した人等を除いては餘り多くの人が豫期して居ない。世界戰は國民を思索に導いた。

人々は此の大鬪爭の原因を熟慮し、そして又他の鬪爭を惹起するに至るべき不義壓迫を發見せむが爲めに國際關係を作つた。

日本の二十一箇條の要求及山東問題に對する態度は一般の注意を惹起した。そして朝鮮の地位に就ても其の注意を集めた。人々等は日本が權利無くして朝鮮を占領壓迫したこと、及日本は同盟條約の餘德をすてて朝鮮に侵入し以て軍事的門戸を獲得し、以て其處に留りて隣邦たり友國たり又同盟國たる朝鮮の主權を握りて壓迫し、且つ遂に完全に簒奪したことを知るに至つた。

日本が支那に於て二十一箇條及山東問題を以て取り進まむとする經路は朝鮮に於て取りたりし經路と殆ど似寄りしものなりしを以て世界の注意は捲き上つた』（以下次號）

決死隊組織官公署襲擊 （大正一三、一二、一三）

共產制度を施行せよ、四千の群衆の決死的示威

險惡化せる道廳移轉反對運動

十三日は市日なり。各方面より市に來れる男女老幼は營物品の代りに兩手に赤旗白旗を持ち見るだに血の沸く大文字を以て稅金不納同盟決死隊、暴政二言等の文句書きあり。集まる群衆三千は意氣堂々將に恐ろしき光景を書き出したる其の際に千餘名の晋州示威運動隊と互にワーッと聲を擧げて合併し市街を廻はりて示威運動を爲し數千名が聲を絞りて「市民よ稅金を出す勿れ」「共產制度をやれ！」「吾人の仇を殺ろせ」と雷の如くに叫んで決死隊の氣勢を示したり。

官公署を襲撃

斯く血を吐く如き熱狂の群衆は喊聲を作りて南方に向ひ南橋を破壞して交通を杜絶せしむと云ひしかば警官隊は之を防止したるが、時は一時半にして和田知事は病氣と假稱して官舍に籠りて面會を一切謝絶し附近は多數の警官隊が嚴重に警戒中なり。

危機一髮

群衆は示威運動を爲さむと頭に赤鉢卷を爲し朝鮮樂隊を先頭にし「暴政に猛烈に反對し豈に之に盲從せむや市民は最後の決心を以て奮戰決鬪せよ、危機一髮の事件に倒るるを默視せむや」との文句ある旗を押立てて市內を一週し午後六時散會せり。

今後の警戒方針

藤原高等課長は語る

成るべく干涉を避け居りしが舟橋を破壞し殊に道知事官舍を破壞し且つ電氣を切り凡ての家屋を破壞する等の行動ありたるを以て之を檢束すとせば百餘名に達すべし。漸次猛烈とならば警察の存在を知らしめ威嚴を示す必要ありと思ふもしかし成るべく逮捕等は爲さざる方針なり。

重要建物提供

大建物望月樓、晉州座、自働車會社、材木店等の中のある者は旣に市民隊に提供したるものもあり徴發せられたるものもあり之に對し警察署にては未だ直接に干渉せずに居れり。

凍死者と社會惡（論說）（大正一三、一二、一四）

年末となれば京城には二つの特別なる事實が年中行事の如くに毎年起る。それは盗賊と凍死なり。さて外國には少くとも近代文明の諒解のある國家としては之が救濟機關を樹立せざる處なし。然るに朝鮮の爲政者の如く冷靜なる爲政者何處にかあらむ。

總督府當局者は言はむ。朝鮮人の年々凍死し行くは朝鮮人の産業が進歩し居らざる爲めにして、生活の窮乏せる結果なれば、凍死を無からしめんとせば朝鮮人の産業を根本的に發展せしめざる内は到底免かれ難しと。

さて彼等の言に吾人は明瞭なる條理を發見すると同時に、朝鮮に現存する實際事實を欺諱するの餘りに露骨的なるに恒に憤怒に堪えざるなり。

今日總督府政治なるものの産業政策が朝鮮本位なりと云ふも朝鮮に在る日本人本位たる事は内外が共認する公然の秘密にあらずして何ぞ。

さて朝鮮人の凍死者を救濟する事が日本人の利益の爲めに何の効力もなき事なるを以て、何等の方策を實施するの誠意無きことも亦隱すを得ざる實相にあらずやと吾人は斷言するを得るなり。

京城にて毎年起る凍死者を救濟するに依りて日本人の發展に何等かの利益ありとせば遠くの昔より此の救濟事業に着手し居りしなるべし。

其の凍死者の全部を皆救濟するを得るの完全なる施設を爲すを得ざるとも幾分の緩和或はそれを爲さずばあるべからずとの考は爲しつゝあるべし。

然るに今日迄朝鮮總督府當局者が京城に於て毎年尠からざる凍死者を出すに、之れを救濟せざるべからずとの考へすらも爲したるを見たることなしと吾人は斷言するを得るなり。

勿論斯かる事業は吾人が此の對策を立つるとするも萬能なる官邊が此に對して誠意なければ總有事業に於て見たる如く名のみにて實質なきものとなり終るべきを以て民間にて發議するは困難なり。されど總督府當局者が非常に横死する朝鮮人を傍觀し居れりとて、吾人同志が年中行事たる京城の凍死者を其の儘無感覺に看過するは實に忍び得ざる處にあらずや。

吾人は故に官邊を云々するよりも先づ社會組織の缺陷を云々し、同時に現代の社會惡に對する熾烈なる感激を思つて止まず。

（道廳移轉問題）（大正一三、一二、一六）

和田知事急遽上京

十三日午後示威運動隊は船橋を破壞せむとして警官に遮られて目的を達するを得ず。面事務所に向ひたるに所員等は既に辭職し盡し一人も殘り居らざるを以て之を見て喜びに溢るる突喊の聲を放ち乍ら郡廳に向ひ職員等に辭職を催促したる處彼等は官吏の身として辭職迄は未だ爲し得ざるも休職丈は斷然として爲す考なりとの答を聞いて銅鑼を鳴らして最後に道廳に向ひて殺到したるに警察部の警官等は門を閉ざして少しも入らしめざるを以て和田知事邸に向ひ、交涉委員との間の顚末を待ちつゝありしに知事の答に「卽時上京して力の及ぶ限り一般市民の衷意を報告し見む」と答へに一般市民はそれを徹底せずとして再び突喊して大聲を作り初めたるが、交涉委員の仲裁にて之を止め非常鍾を鳴らして公園に向ひ更に晋州座にて京城日報以下の非買を決議し更に月下に銅鑼を鳴らして示威行列を行ひたり。形勢險惡なるを以て和田道知事は總督の招電に依りて午前七時上京せり。

繼續せらるる赤旗示威

十四日午後より前日と同樣赤地に血誠隊、稅金不納同盟、商友血誠隊等の文句ある赤旗隊は別働隊青年團と書きある肩章ある者等と示威行列を爲しつゝあるが南江を埋めし群衆も十四日よりは一人も

見るを得ず市街は示威行列隊が行列するのみにて全く死したるが如し。（十四日發電）

馬山も決死的反對

馬山に於ても決死的反對する事を決議し自働車にてビラを撒き寂しかりし馬山市街が赤目となりて活動しつゝあるは戰時と同じ感あり。

（道廳移轉問題）（大正一三、一二、一八）

沈着に進行

十五日正午群衆一千四百列を作り樂器を鳴らして示威運動を行ひ本府に往く知事の自働車に遭ひ大騷動を演出したるも無事に終れり。

固城泗川大會

固城にても十三日市民大會、泗川にても十五日三百の市民小學校にて市民大會を開らき移轉には絕對反對の決議を爲したり。

各地同情電報

京城青年會より最後の勝利を得る迄奮鬪せよ

大邱より愼重にせよ

南海三嘉にても

等祝電あり。

市民大會を開らき反對の旨の激勵の電報を發し晋州の悲慘に同情して止まずと申込み。

商友會決議

朝鮮人側の商友會にては釜山との取引を拒絕し馬山を經由することに決議せり。

各地宣傳隊地方大會へ出張

青年團も

目的を貫徹する迄は商業取引手形交換をも爲さずと決議し、各地に開かるる府郡民大會に參列の爲め防止同盟會地方部にては十六日より委員を出張せしめたるが、廿五日の道民大會開催の際各地の有志に出席勸誘し且つ晋州の悲慘を哀訴して同情を求め地理經濟上其他晋州が道廳所在地として適當なる事を仔細に說明して應援を得むが爲めなり。

防止委員誓約

一、目的貫徹の爲めに共同努力を誓約す。

一、輿論を喚起し暴動を避け紳士的に運動を繼續し

一、本部不信任の際は協調を取る事。

配付せられたる公職者辭職理由書

道廳移轉に關し從來本府に於ては、移轉の議なかりしに本月八日に此の大問題に關し一片の豫告もなく急轉直下突然釜山に移轉を發表したるは獨り晋州を政治的經濟的に死地に陷入るるのみならず本道の行政關係の十數府郡の利害を無視したるものなり。特に年末不況に際し此を決行するは無慈悲なる失政たるを以て我等は茲に連名して公職辭任を斷行す。貴郡に於ても道評議員を甫め其他の公職者各位は以上の事由を諒解し正義公道上に立ちて我等と同一の行動を處決せられむ事を切望す。

晋州郡選出　道評議員　一同
晋　州　面協議員　一同
同　學校組合評議員　一同
同　學務委員　一同
同　面書記　名
同　面區長　一同
同　消防組　一同

統義府員入京說（同　日）

北滿洲に根據を置ける大韓統義府にては今回朝鮮內地に於て或る運動を起さむと首領金東三の最も信任する部員田〇雄、崔〇〇以下數名を秘密に派送したるが此の密命を受けたる前記一派は十五日根據地を離れ巧妙に鴨綠江氷上を渡り京城に入り來れる形跡ありとて警察部を始め市內各署にては嚴重警戒中なるが、曩に洪景植一派の事件に次いて又如何なる事を計劃するやも知れずと極めて注目中なり。

赤雹團の宣言綱領（大正一四、一、二〇）

（朝鮮日報と同記事）

東亞日報を通じて愛する內地の同胞に（五）（大正一四、一、二二）

露領にて　李　東　輝

恐怖手段に對する意見としては余の意見のみならず夙にレーニン同志にモスクバにて面會せし際の懇談中にも、特に小恐怖を使用せざる事及日本の無產者と聯結する事及大衆に宣傳する事を覺らしめよとの談片ありしを追憶して述べむとす。

レーニン同志は朝鮮鐵道線を指示し乍ら朝鮮の三一運動は交通の便を利用せりと云ひ。

朝鮮には民族運動が初めての階段なる事を語れり。

然り而して現下の朝鮮に於ける凡ての運動の傾向が、その發表せる政綱に依れば何れの團體たるを問はず社會運動に急轉直下せるは多大の進步と言ふべし。茲に於て無產運動の團體は互に聯絡してその實行に一致せむ事を祈るものなり。

東亞子よ無產階級を代表せる運動線上に立てる指導者等は直接勞農自身の運動と異なる點あり、殊に秘密地帶に於て動作する方法と而して國際的運動とを聯結する事及組織的に中心なかるべからざるものなり。

現下朝鮮の無產運動は只京城を中心として互に角逐する點及實地勞農階級に根底を置かざるを遺憾と考ふ。

今後よりは指導者等は京城に於てのみ廣告的運動のみをする無く各々地方に散在する實地勞農階級等と接近して普通文化より悟り覺めしめざるべからず、

實生活を目標とする社會運動は凡ての群衆と一致の動作を爲すべきものなり。レニン同志は曰く革命事業は實に高遠なるものにてはあらず勞働者は工場に於て農民は田園に於て學生は學校に於て女子は臺所に於て各々自分の職分をよく守りてその革命精神を貫抜くべしと言ひたり。されば今議會ロシアは第三戰なる標語を以て文化運動に熱中なり。その第一戰線は社會を建設する時代第二戰線は破壞せられたる經濟を恢復する時代にして今第三戰は文化を勃興せしむる期なるが如し。

我々朝鮮の無產運動は第一第二戰よりも第三戰線に於て先づ奮闘するを以て現勢に順應せる運動なりと考ふ。而して大中學校を經營するよりも講習所講演會を開らき勞農群衆の無識を退治し人格向上と生活均等とを漸次に覺らしむるがその階段と考へらる。

曩に民族運動が分裂し爲めに大同團結とか機關統一とか言ひて頽勢を挽回せむとしたるもそは名實の反する點と政見の不合なる點より何時迄も大同統一は不可能なるものなり。

此と反對に無產運動には勿論團結する事は事實なるも恒に指導者間に意見の衝突の爲めに破裂するものなり。決して無產階級の自體分離にあらざる事を知るべく故に何れの運動にても指導者の責任は重且つ大なるものなる事に注意すべきなり。

地主の覺醒を切望す　（大正一四、一、二三）

潭陽一記者

土地の私有は現制度の大缺陷中一番のものなり。吾人は一日も速に此の缺陷を根本的に改革せざるべからず。

夫れ人に生存權を認むるならば、その生存上必要缺くべからざる土地を少數人に壟斷せしむるは非所有者の生存をば拒否すると同一なり。人にして人の生存を拒否するより大なる罪惡は何ぞ。

土地私有の由來を歷史的に考察する迄もなく吾人が常識を以て判斷するもその源泉は强奪なりと斷言するを得るなり。

此の强奪をば永續的ならしめむが爲めに權力と倫理及道德が合理化し來れるものなり。

かかるが故に現在の法律倫理道德は强者を擁護するの道具たると同時に弱者を拘束するものなりと指摘するを得るなり。

此の矛盾せる制度のお蔭を以て小作人の血汗の所得を搾取し高樓巨閣に傲然として坐し美酒に沈み魔女に抱擁せられて歡樂の一生を送る地主諸君！君等に萬一一片の良心あらば、貪慾無道なる動物性が諸君の靈能を全滅し居らずとせば、尙又、諸君の子孫の爲めに毫末の誠意ありなば、諸君の逸樂の爲めに血を吸はれ居る小作人階級の爲めに同情を加ふる事が人としての義務ならずや。父兄として當に爲すべき事にあらずや。

國內同胞に呈す（三）

東亞日報を通じて

島山安昌浩

我が民族が日本や中國に歐米文化が入つて來た其の時新文化を受けたならば日本民族や中國民族よりずつと優れて居たのである。

根本優秀なる我が民族が斯の如き不幸なる境遇に處し、他人等から劣等民族と誤解されるに對して自ら憤り互に惻隱に思ふより外はありません。故に我等の天然の情と心と又我等の境遇を考へて不平視する心と惻隱する方向より轉換して相互扶助の精神が振發すれば我が民族の救助が此處から始まると思ひます。故に私は殊に青年男女に對して我が民衆に向つて怒つた眼を開き呪咀の舌を動かさずして五年前に流した熱い涙が繼續して流れる樣にすることを願ひます。

歸途に臨みて　（大正一四、一、二八）

趙　東　祐

中國の事も中國の事なるが我が臨時政府に於てもその間一新せる變動ありて朴殷植先生の統領下に李裕弼李圭洪氏等有爲なる人物が輔弼の任に當り理想的新局面を布設せむとし無限の努力を爲し且つ多大の希望輝ぎ居れるが朴老先生迄も絶大の自負心を以て種々盡力せらるるには無知なる小生も喜びに堪えざるなり。

學校問題　（英文）（論説）　（大正一四、一、二八）

朝鮮に於ける絶叫の一つは敎育問題の完全なる分離なり。

此の小紙面にては當面せる敎育の困境を論じ難きも然し吾人は初、中等敎育の容易に受けらるる樣に努力せざるべからず。實に學校は入學希望者の要求を充たし得ざる極めて不足を生じ居れり。卽ち來る春期には五千の兒童あるに三千五百の室しか無きなり。

又昨年は十九中等學校へ五千二百七十人の希望者ありしに一千八百八十二人しか入學出來ざりしな

り。

首都の京城に於てすら尙且つ此の驚くべき惡狀態にあり況や地方に於ておや。

吾人の素直なる要求は我が朝鮮青年に尙多くの學校を有たざるべからざる事なり。急場の此の秋に於ける最要の事業は根本問題にあらずして有爲の青年學徒に學ぶべき室を與ふる事なり。然るに日本政府は吾人の要求を充す事を成し遂ぐるの自由を吾人に與へざるを以て問題は解決するを得ざるなり。

日本の朝鮮に於ける敎育政策は政略的に活用せられ居りて朝鮮民衆の社會的經濟的の幸福の爲めにせられ居らず。敎育に關する勅令を以てして朝鮮人は容易に學校を建設するを得ずとの制限を附し居れり。

恐らく朝鮮人は日本の制限の下に學校を起こして困らしめらるるよりは時局の爲めに苦めらるる方がましならむ。何となれば彼の敎育政略は實に朝鮮民族の種族的自覺を磨滅せしむればなり。

斯くも久しく日本語は敎育用語となり居り、斯くも久しく日本の敎育政策は政略的なり。故に吾人は斯かる不正狀態の下に於て學校を建設しても何等の活動的利益無きなり。

茲に於てか初中等敎育問題は凡ての國家事業が吾人朝鮮人自身の手に落下せざる間は解決し得られざるなり。

行き盡す江南數千里　（大正一四、一、三〇）

君の國の名は何かね。

朝鮮。

朝鮮？

どうして僕が朝鮮で生れたのか知らん萬一外の國に生れて居つたらごんなに好く暮せたろうか。然しそれは仕方がないではありませんか。人生は苦痛を脱し得ないものですよ。

何故さうでしようか。

さうしてばかり暮す樣になつて居るものですからですよ。

ああ苦痛だ。

何が苦痛だと云ふのか人生は好いものじやないですか。

どうして苦痛でないでせうか、人生として暮さむと生れながら、不幸にして我國の如く、あんな環境と處地に於て夜晝なく苦憫と悲哀と憂鬱ばかりで暮さねばならぬから、寧ろ死んだならば…………

死ぬる？弱者の事だ！僕は今一度人になつて見たい。

あなたは苦痛を好かれるね。

否々、苦痛なことを好くのではないよ然し君の言ふ通りならば左程に苦痛なことは無い樣じやないかね。若し君等が「力」さへあつて「事業」さへすれば其の凡てのものは皆解決するではありませんか。

どう云ふ風にですか。

早い話が社會問題にしても經濟問題は資本家等を無くして了つて、無産者を解放すれば好いのですよ。又婦人問題は離婚をして假令多數の犧牲者が出來ても、其れは根本の道德律が異なつて居るのであるから……非人道的であるから……それはどうにでもして速に改造して清麗に一掃して了へばそれまでじやないか。其の間は多くの破壞に伴れての悲劇が生じようけれども。其れは皆建設の爲めの悲劇であるから其瞬間さへ過ぎれば、社會は人生は永遠に麗はしくなるではありませんか。さうすれば自由に生きられるし、自由には幾許ばかり麗はしい花が咲くでせうか。

否な〳〵吾國は他人の手に握られて居るのですよ。そうして其の問題を怎うして一朝一夕に克く解決することが出來るでせうか解決さへ出來るならばね………

怎うして解決が出來ぬと云ふのですか。君等は「力」があつても少し愚な樣に見受けられますね。何故に國をば人手から取り返し得ないと云ふのですかね。如何に强いと云ふても其の强さ丈けの强さがあつたら出來るじやありませんか。それで其れ丈けの力さへあつたらね、出來るのじやないですか。

其れは人が持つて居る力ですから、其の力を使ひさへすれば出來るのではありませんか。其の力には修養が必要です、隨て社會問題、人生問題も皆さうではありませんか、云々

臨時政府の新方針 （大正一四、一、三一）

去る一月十三日上海臨時政府の朴總理は臨時議政院に出席し前途の方針を演說したるが其の大要は左の如し。（上海特信）

一、臨時憲法を速に改正する事
二、內政を整頓する事
三、外交を實效ある樣に方針を建てて進行する事
其他の數箇條は秘密なるを以て外間に發表し得ざるものなり。

天人共に怒る東拓の罪惡 （論說） （大正一四、二、八）

斷然として撤廢せよ

吾人は我が民族の經濟的生活の吸血鬼となり絞首臺となれる東洋拓殖會社の撤廢を提唱せしより一二回に止まざりき。されど頑冥醜惡なる東拓會社は依然として毒牙を張り禍心を藏して惡極凶極なるあらゆる手段を以て半萬年の間も世に傳へ來れる我田土を無暗に侵奪し二千萬大衆の生命を時々刻々に威脅し少しも憚るなく自縮無きを見る時に吾人の心肝幾許り戰き吾人の涙血如何に流れたるか。あ﹅今に至りては忍ばむとして忍ぶを得ず耐へむとして耐ゆるを得ざる行き詰りに立ちぬ。我二千萬民族が殘らず生存權を抛棄するか然らざれば東拓が撤廢自決するかの最後の問題のみなり。

朝鮮全道に於て到る處東拓の横暴東拓の殘忍に耐へずして徹骨の寃を叫び泣血の苦を備嘗する兄弟は果然幾許ぞ。こは毎日の報道に依りても推察し難き程なり。更に贅言するの必要も無きなり。

されど近日に至りて吾人の心臓を益々鼓動せしめ吾人の肺腑を益々戰慄せしむる北栗面小作爭議事件は果然東拓の惡極り凶極まれる眞相をそのまゝに暴露せり。

三百名小作兄弟の膏血を搾取せむが爲めに所謂拓殖青年會を組織し團體的に威脅詐欺のあらゆる惡毒を肆行し更に正當なる生存權の爲めに決死的に對抗する可憐なる兄弟に對し却りて直接行動を以て放銃さへも爲したり。

これは果然小作問題よりも人道問題なり。

天人共に怒る東拓の罪惡！世界の人道を破壞する者それ誰か。東拓なり。

人類の正義を破壞する者それ誰か。東拓にして、朝鮮の民族の生命を掠奪する者それ誰か。東拓なり。

强權さへあれば民衆の生命財産を任意掠奪するも差支なしとするを萬一東拓の正義觀念なりとせば叢林中に於て短銃を以て行人の財物を掠奪する强盜の手段も正義行動なりと云ふべし。

東拓は人道の賊なり。彼自ら撤退自滅するにあらざれば吾人は正義の心劍を合して人道的公論を喚起して以て徹底に討誅し粉碎せむとす。少くとも半萬年の間○蓄せられたる義血は沸き二千萬民衆の心乃はひらめき居れるを知れりや。

彼如何に團體的暴力あり强權の背景あるとも此の人類社會が禽獸の世界にあらざる以上、東拓の如き人民の吸血鬼絞首臺となる暴力團體は決してその存在を許さざるなり。

最後に朝鮮總督府當局者に一言せむとするは諸君は果然誰の爲めに駐在しそれ何を以て生活の資料と作し居れるか。朝鮮民族の膏血を以て諸君の衣食に充て且つ形式なりとも朝鮮民族の幸福の爲めに努力すせさば、爭でか朝鮮人の生存權を露骨的に威脅し破壞する東拓の如き暴力團體の存在をその儘傍觀し默認せむとするか。而しても朝鮮人の民族的惡感を緩和するを得自衞的暴力を否定するを得るか。人の食を食ひながら人の災禍を袖手默過すとせばそれは果然人類だるの良心が許すものなるか。

殘虐無道の東拓（論說）（大正一四、二、一六）

北栗面の慘劇

政治的に又社會的に朝鮮社會に隙間も無く簇立し居れる凡ての機關を一周察すればその何れの物か吾人の怨府に非らざるものあらむや。されど就中東拓會社はその歷史久しき丈それ丈、又朝鮮の生產機關の唯一なる土地を殆んど併呑して土地王の地位と權勢を以て殘忍無道にも吾人の生活資料を徹底周到に奪取り居れる丈それ丈、夙に吾人の怨府の焦點たるは周知の事實なり。之に對して吾人が機會ある每にその横暴を指摘痛罵したる處にして正義の說銃又は筆鋒の投彈は百言千語に止まらず今更に牛の耳に念佛を重複するの必要なきも、去りて益々殘酷亂暴なる饑虎的貪婪の悖理暴惡を增長擴大するを見る時に益々毛骨の竦然たる義憤に咽喉の塞がらざるを得ず。

沙里院の電話に依れば東拓は又更に强制執行を斷行し二百餘名の小作人等は警官の警戒裡に痛哭するのみなりと云ふ。吾人は何時も慘酷なる敗北に於て餘地なく生命を犧牲にし居れるものなれば茲に北栗事件に新なる感傷を起す必要も無きも去りて益々無理無道なる事を受くる時には又更に沈痛なる悲哀を作りつゝ毅然たる憤怒を激發せざるを得ず。

朝鮮には小作料を勒取せむが爲めに武器を行使して以て實彈放銃の暴行を能く爲す東拓もあり且つ

武器の暴行に對し武器を持たざる小作人等を押去し且つ積極的にその殘虐なる手段を疵護する警官もあり、吾人は茲に斯かる金力も官力も武力も皆如何なるものなるかを知り居れり。

而して過去の種々なる事を考へ見れば今回の事は問題にもあらず今後も此の程度の事件は時々にあるべきを考ふれば、左程に興奮すべき事もなし。されど生命と財産とを殘らず剝奪する東拓の許に於て白心を象徴する白衣の大衆の専ら平和なる事のみを慕ふ弱き身分を考ふる時に痛しと云はむか殘念と云はむか吾人は言葉無きなり。

元來暴力の威壓に對して是非曲直又は正義人道を云ふは却りて愚なる事なるも茲に吾人は抑制し得ざる正義感に於て自然に心戰くなり。

斯かる現象は如何なる社會に於ても見るを得ざる所只朝鮮にのみ特有の慘劇なり。之を朝鮮人は絶對に看過するを得ず。而して昨年中に連結襲來せる處の慘酷なる水災又は旱災の爲めに何の收穫もなき北栗の小作人はその全部が等しく餓死凍死の破滅線に呻吟し居れる反面に茲に例年の如く小作料を絶對に强要する東拓會社に於ては日本移民を動員し法律と聯結して執達吏を徵發し居れり。これ卽ち吾人の死を說明するものにあらずや。

而して種族對種族、加ふに階級對階級の二重關係に於て彼等の無理をば、横暴をば語るは却りて愚なる事なり。

只吾人は斯かる事實にある事のみを直觀しつゝ自ら決定するのみ。

是れ何人の罪と云ふべきか平和のみを慕ふ朝鮮人よ。吾人は皆共にその罪のある處を明かにせざるべからず。

日本人に（論說）（大正一四、二、一八）

夙に專政露西亞の露西亞人は貧困の哲學を物語りしも今や現下の朝鮮の朝鮮人は死の哲學を物語り居れり。貧困なるを以て死するものなるか、死あるが爲めに、元來が貧困なる爲めに然るか。貧困なるも皆死するものにはあらざるも死に至つては全的に貧困なりしを知るものなり。これ專制時代の露西亞人と現下の朝鮮人との異なる點なるかと思ふ。

換言すれば專制時代の露西亞人は貧困なりしもその全部にあらず且つ死に迄は至らざりしも今や朝鮮人は全部が貧困なり。その上に皆等しく死に至れり。茲に於て朝鮮人の哲學は專ら死のそれとなり了はれり。されば專制時代の露西亞人も現下の朝鮮人に比すればいかでが幸福ならざらむや。

吾人は茲に北栗面の小作爭議を見つゝ之を慘酷なりと云はむか果然形容すべき言葉無し。乞人に執行し哀怨者に放銃す。

夙に日本議會に於て朝鮮問題に關する代議士の質問に對し現政府の書記官長たる江木氏は政府を代表して答辯すらく「政府は從來も經濟的に搾り取りたる事なく將來とも搾り取る意思なし」と言へり。日本人よ。此の言正しき言にして果然斯くなり居れりや。日本人は朝鮮人の生活を見る時には盲目となるにや。全體に餓死圈に沒入せる朝鮮人の生活をそれ何を以て說明するものぞ。滿洲にては失敗せる東拓會社が朝鮮に於ては土地王となり朝鮮人を睨視し居れるは何を物語るものにや。

斯くして今年度の朝鮮總督府の豫算面を見よ。行政を整理したりと云ふも寧ろ總督府豫算は前年よりも三千六百萬圓、京畿道豫算は四十萬圓增加し居り。他道の豫算も之と同比例を以て增加し居るべくその上、府、郡、面等の諸經費を綜合すれば今年度の朝鮮全國の總豫算は三億圓以上となるべきを知るべし。

これが何人より徵出せらるるか。就中所謂官業收入と朝鮮に居住する日本人の徵出も無きにあらず、されど官業は勿論日本人が日本より金錢を持ち來りて徵出するものにあらず、朝鮮に於て朝鮮人の富よりその一部を徵出するものなれば隨ひて官業收入又は日本人の徵出額が多ければ多き丈朝鮮人の富は日本人の手中に移轉し了はるなり。

斯くして之を通算して數字に記錄すれば專ら十數年來の朝鮮總督府の豫算面に顯はれたる數字のみにても毎一年一億五千萬圓と假定すれば總額二十億圓を下らざるべし。

斯くても經濟的に搾り取りたる事實なきを能く成言する者有りや。

過去を推究するに餘りに心象を刺さる。されど去りて尤に甚しき目に逢ふのみなれば之に對しては實に形容するの言葉なし。今年度の朝鮮全國の豫算のみにても三億圓なれば朝鮮人の一人平均負擔が十八圓以上なり。一戸五人に合算すれば毎戸九十圓となる。驚く勿れ此の外にも日本人の個人又は團體の經營する萬の銀行店舗工場等無數の機關あり。之を統合調査して數字を求むるが如くんば朝鮮人の哲學は貧困にあらず卽ち只死なる事を鈍覺にして盲目なる日本人もよく知るを得べきなり。日本人よ考へよ。世界に對して人類に對して人道を語り正義を叫ばむとすれば、特に米洲に對して濠洲に對して且つ更に東半球の東大陸に向つて正義と人道とを叫ばむとすれば日本人よ振り返へりて鑑みよ。古より今日迄國家社會の興亡盛衰が爾より出でて爾に反らざりし事無かりしものなれば、日本人よ結局爾反へる萬古不易の大原則大道をば再思三思せよ。

合致すべき二つの運動（下）（大正一四、二、二一）

上海にて　金　元　鳳

實地に於て現在の朝鮮民衆の生活を切實に體驗又は觀察してその生活問題をば直接解決し見むとの

誠意ある人なりせば區々たる論爭の餘地は無きものと思はる。

一つの外來の固定せる思想劃一せられたる運動方略をば其儘引用して以つて朝鮮民衆をしてそれに盲從せしむる事は取らざるなり。

朝鮮民衆の特殊の立場及環境に隨ひてその實地に於て內的に生長發育する運動にして甫めて生命と根氣あるべきなり。マルクスの嫡派として自任するレーニンもその○○方略に於てはマルクス主義には、あらずして隨ひてレーニン主義たりき。

斯かる方法を以て○○に成功したりと云はるる露國の共產黨も世界各國の情形に隨ひて或は民族運動を贊成し或は議會運動を贊成したるを見ても實地運動者の參考となるべきものと思はる。特に共產黨の中にて○○無產者○○無產者の協同を力說するを屢々聞きたるがそは果して彼等が信じ居れる如き價値あり斯くも效力あるものにや。又現今如何なる程度迄協同を實現せしめ居れるやは疑問なり。

朝鮮無產者と○○無產者の地位が互に懸離れ居れる事は上述せし處なるが、此の世界に於て類なき特殊の境遇にある吾人○○民衆をして○○無產者と協同せしむるとするも如何なる條件を以て如何なる程度迄に爲すかは知り度き事なり。日本の○○黨が無產政黨を樹立して以て議會運動を爲すに至るべしと言へば協同論者の當然の經路は○○無產者と共に議會運動に參加するにある。事實に於て日本の勞働者又は社會運動者は生活程度又は技術からしても又運動の經路からしても朝鮮の勞働者及社會運動者よりも優り居れるなり。されば〇〇の社會運動の成功期を〇〇民衆の〇〇〇實現期と見て〇〇民衆をして〇〇社會運動の後陣を踏ましむべきにや。社會運動が成功するの日は豫め豫言し難きものなり。

〇〇の移民は日々に增し〇〇民衆の生活は日々に破滅を受けつゝあり。そは防ぐ事を得ざる事實なれば朝鮮の土地に〇〇人よりも〇〇人が多數となるとせば〇〇〇の世界となるとするもそは〇〇民衆の爲にする〇〇は不能なるべし。

畢竟は堺利彥山川均の〇〇〇〇〇に於て劣等勞働を爲す少數の〇〇人を殘すのみにあらずや。故に〇〇の無產者と協同せざるを原理原則の如くに語る〇〇の民族運動者と協調をば只一時的手段方針として語る社會運動者よりは吾人は何事も望むべからずと思はる。

別に一言すべきは昨年蘇浙奉直戰爭が起りし時に〇〇に於て義烈團が吳佩孚を助くるなりとの言及び義烈團本部を南翔に置きたりとの風說を耳にせり。そは通信員の通信なるか或は僞消息を記載したるものなるかは知らざるも斯かる記事は愼まざるべからざるものと考へらる。

眞に吾人の本部が南翔にありとせば南翔は全く中國の一地方にして治外法權無き中國人の保護を受くる處なれば吾人に危險を及ぼす處となり、吳佩孚を助くとの噂は吳佩孚の敵たる國民黨と張作霖の敵意を買ふに至るなり。

事實に於て當時東三省にありし吾々の人にして朝鮮人が吳佩孚を助くとの〇〇の中傷の爲めに限りなき困難を嘗め、又南方にある吾々の人にして國民黨の誤解を受けし事ありき。吾人は他人の內爭に加擔するの餘地なく又國民黨の孫逸仙と直隷派の吳佩孚を比較するとも爭でか中國の革命黨たる國民黨に對し利害なき反抗を爲さむが爲めに〇〇團體にして吳佩孚を助くるが如きその輕率なる事を爲すの理あらむや（上海にて一記者）

東京の三一紀念（大正一四、三、三）

解散衝突檢束
太極旗も押收百餘名檢擧
集れば解散せしむる東京の紀念
軍隊まで出動せし一大風波

一日に東京にある朝鮮留學生等は本郷帝大佛敎靑年館にて三一紀念を開催せしに開催に先き達ち直ちに解散せられ十餘名檢束と同時に太極旗も押收せられしを以て極度に興奮せし五百餘名の群集は再び九段下に於て集合し警察官と衝突し數十名の兵隊まで出動して再び百餘名檢束せられ餘の四百餘名

は亦市外戸山原に集りしに警察官と衝突は勿論兵隊とも衝突し一大騒動を起せり。又再昨日朝も各處にて多數の者檢束せられたりと。

平壤の大警戒 （同日）

三月一日平壤警察署にては萬一を念慮して其前日より秘密中に嚴重なる警戒をなせしが此日は曉より搜査隊六隊を編成して各隊に同署高等係刑事二名宛加入して正服警官を指揮し市内各要所を大々警戒せしが表面にては異常なかりしと。

雙方依然强硬 （大正一四、三、七）

外國人職工採用方針
平壤每日新聞社にては記者
文選をなし漸く新聞を發行
平壤印刷工盟罷續報

平壤印刷職工同盟罷業事件は依然職工側と雇主側の態度互に强硬にして容易に解決する模樣なし。

去る五日よりは其餘の平壌毎日新聞社職工等約二十名まで全部罷業せしを以て同社にては發行に支障を生するに至り應急策として社員等工場に入り文選植字をなす等混亂をなし、亦一般印刷所には職工同盟罷業により休業すとの廣告を貼り工場の門を閉ぢ文化向上に偉大なる力を有する平壌の印刷界は暗澹たる狀態に陷れり。罷業職工等は五日も依然罷業團本部に集り晝食を飢えつゝ各工場の狀況を監視しあり、各地主義團體より來る激勵電報は依然甚だ多く、其一方朝鮮雇主なる印刷業者組合にては亦更らに解決を協議する爲め五日夜光文社に組合總會を開くこととし、日本人側雇主なる印刷同業組合にては依然頑强なる態度にて朝鮮人職工等を用ひさる方針を持し、新義州安東縣日本等の地に通知して中國人と日本人職工を雇傭することとし活動中なりと云ふ。此に對し某所の傳ふ言によれば某當局者よりも同組合員等に對して朝鮮人職工は使用する勿れと云へりと。然らばこそ日本人雇主等が罷業職工等に對して何等解決策を講せんとせざるなり。別に日本人と支那人職工を集め來らんとする其裏面には民族的感情と民族的排他心外に亦朝鮮人なりとて蔑視する心理を窺ふに足ると云ふ。

民族的大問題

降伏を望み待つ日本人雇主の態度

此に對して平壌の某氏語る「朝鮮人側雇主等は平壌印刷職工組合の存在を認定し、亦重要視し、今回の要求條件中數箇條を承諾したるもの及び全部承認せし工場もあり、朝鮮人雇主と罷業職工等に對しては互に圓滿なる解決をなすべく仲裁の途わり、そは單に時間問題のみなり。然れども日本人雇主等は印刷工組合の存在を根本より認定せざるのみならず、彼等は罷業に對して言語の必要なしとて只罷業職工等が再び自己等の足もとに伏して降服するを待ち、別に日本人支那人等の職工を求め居れりとの事なれば、彼等に對しては我も是れ亦朝鮮人なり如何とも仲裁をなす餘地なきが如し。彼れ等に對しては當局者が斡旋して仲裁せしむることこそ適切なるべきに、當局者の心理も亦日本人雇主と同じく朝鮮人が如何にも日本人の前に屈することのみ好む心理なれば、余は此度の罷業事件が民族的にて大問題と思ふなり」と云へり。

最後には直接行動

外國人職工を採用する場合は血戰をなすとも絕對に妨害

故に平壤の一部人士間にては今囘の印刷職工罷業事件に對して朝鮮人雇主側を除く外、日本人雇主側と罷業職工側との關係に對して階級闘爭と勞賃爭議以外に民族感情の暗闘の潜在せりと觀測して大に重大視しつゝあり。亦平壤印刷職工組合にては萬一日本人雇主等が日本人職工又は支那人職工を呼來り作業を始むる場合にはどちらにしても死は同じと云ふ考にて法外の直接行動を取り多數の犧牲者を出しつつでも作業をなし能はざる樣最後の血戰を辭せずと云ひ、平壤警察當局者は爲政者の態度として治安維持の爲め雙方の圓滿なる解決をなさしむべく斡旋して仲裁せしむる考は少もなさずして、罷業職工等の態度を監視するのみならず職工等が眞に死の苦境に陷り直接行動をなす場合は何處までも檢擧すべしと云ふが、日本人印刷工場にて日本人支那人等の職工を雇傭して作業を始むる時には如何なる慘澹たる事實を演出せらるゝや？此に對しては一部平壤のみに限りし問題にあらず全朝鮮民族が大に監視し亦猛烈に注目すべき重大問題と云ふべし。

吾族の重大問題 （大正一四、三、一四）

其他種々重大問題

討議する凡太平洋會議に

朝鮮よりも六名參席

既報せし所の如く凡太平洋會議は來る七月一日より十五日迄十五日間『ハワイ』『ホノルル』に於て開催することとなりしが、重要なる問題は移民問題を背景させる黃白人差別撤廢問題と、黃人種中の差別問題及び經濟問題民族文化問題や敎育問題等に對して討議する筈にして、特に敎育問題に對しては日本が朝鮮に對する敎育、則ち民族敎育文化を無視せる外國敎育を强制することと其他朝鮮人に對する教育差別に對することを協議すべく、亦會議の最終には『汝の國の最も重大なる問題は何か？』と云ふことに對して各代表の所願する所をかくすことなく陳述する筈なりと。今回參加する國は朝鮮、日本、中國、米國は勿論太平洋沿岸の凡ての國にして各々十名内外の委員を派送すべく、米國にては大學總長の如き凡ての感情を離れし純正なる學者的氣分をもてる人が參加し、朝鮮代表としては本社宋鎭禹氏外、下の如き代表と朝鮮婦人代表として兪珏卿女史も參加するものの如く、出發は六月初旬なりと云ひ其間代表等は會合して提案事項を決議すと云ふ。

下　　記

▲李商在氏。▲李啓泰氏。▲申興雨氏。▲具滋玉氏。▲金東成氏。▲宋鎭禹氏

在日本神戸朝鮮勞働同盟會　（大正一四、四、八）

日本神戸に於て朝鮮勞働同盟會組織せられて宣言綱領を發表した。

宣　　言　（略）（自ら省略し居れり）

綱　　領

一、我々は相互扶助の精神に基いて組織的團結を爲し以て經濟的福利を增進し、併せて智識の啓發を

期する事

二、我々は勇敢な行動を以て資本家階級の暴虐な壓迫に徹底反抗する事

三、我々勞働階級は勞資が協調し得ないと認めるから一致協力して不合理な社會を排斥して相愛的平等な新社會の建設を期する事

會　長　李　重　煥

副　　　宋　章　福

外部總務　水平社　前田平一

内部總務　金　鍾　煥

（以　下　略）

無理壓迫に反抗して赤旗を先頭に示威運動　（大正一四、四、二四）

（朝鮮日報譯文と同じ）

官權の横暴（論說）（大正一四、四、二三）

徹底に糾彈せよ

一

今日生命財產自由の保障が無くて壓迫專制の總督政治下で煩悶苦痛悲哀憤鬱を以つて全體の生活として居る吾人にして。徒らに筆舌のみを以て官力の横暴を糾彈し抗爭しやうとするのは却つて暴威と强權を忌憚なく發揮する總督府當局者の目から見ては寧ろ侮蔑を以て見られて居るの感が無いでもない。然しながら總督府當局者も又人である以上には人としての責任の觀念があるべきであらう。又且つ良心の省察もあるべきであらう。斯かる意味に於て吾人は舌刃の鈍ぶる迄筆鋒の禿る迄その非理を指摘しその横暴を糾彈して以つて彼等の人道的良心を喚醒しやうとするのである。萬一斯くしても一向の反響が無いとすると吾人は最後の覺悟を持つて生命で以つて吾人の自由と權利との爲めに抗爭の火蓋を開かなければならんのである。

二

第一現代國家の存立上の根本意義が全く人民の生命と財產と自由と幸福を保障發展するにある事は今更喋々の餘地もないものである。そうすると國家行政の機關となり使役せられて居る大小官吏は當然人民の自由と權利とを尊重すべきは勿論である。それにも拘らず機關たり使役たる官吏であつて濫りに人民の權利と自由を蹂躙するのは宛も汽車電車の機關手運轉手が乘客を虐待し使役從僕が主人を侮視するのに異ならないのである。

今回の警察當局の民衆集會に對する態度は實に言語道斷のものである。勿論集會自體が公安を妨げ多數民衆の福利を破損するの心配があるのならば國家の行政上禁止或は解散の命令を發するのも當然なる處置であるが、解散又は禁止をするのも又その實その目的が多大數民衆の最大幸福を保護する點に限つて意義があるものである。之にも拘らず今回の當局者の處置は一般民衆の集會の自由を根本的に破壞する事は確的な事實であり、且つ又之に因つて却つて平地に波瀾を惹起するものであるが果然その責任は誰にあるか。

三

第二は社會的公職を行使する新聞記者に向いて毆打檢束を肆にする警察當局の亂暴なる態度であるが勿論新聞記者と云つても公安を妨害する直接の行動があると國家の職責上その行動を監視制裁するのも當然の事であるが、純全自己の職責と職能を發揮せむか爲めに機敏を要する記者の活動迄も抑壓制裁するのは實に古代の坑儒焚書の暴政を今日朝鮮社會で再び見るに至つたものではなからうか。況や官權と民衆の衝突が生ずる時にその現場の光景と事實とを嚴正に報道し批判するのは第一の言論機關の職責であると同時に社會國家が又公的機關に與へた任務ではなからうか、之にも拘らず社會の耳目と正義の權化である新聞記者を毆打檢束して以つて暗黑社會を現出し且つ罪惡掩蔽の機會を作らうとするのは益々總督府當局者の醜惡なる心事の驚駭せざるに得ないものである。

三

一方には集會自由の剝奪に逢ひ一方には言論權威の蹂躙に逢つて居る吾人にはせめてもに殘つて居るものは何か、憤怒のみ怨恨のみ。然らば此の憤怒と怨恨とを如何に報雪すべきか。吾人は舌及の鈍る迄筆鋒の禿びる迄糾彈の烽火を擧げやう。そして反省がないとすれば最後の覺悟を決すべきである。あー民衆よ。

全朝鮮衡平大會に對して（論說）（大正一四、四、二六）

生命の動く。吾人は生きて居る吾人の生命を迫害し吾人の活動を威壓し吾人の事業を妬忌し恒に嘲笑と侮辱と虐待と壓迫とを以て一貫する貪婪なる群衆は血宴の狂醉殺伐の惡夢に偸安眠の渾睡をして居るけれども、浩蕩たる春は儼然たる實在を慢り群生萬物の源泉たる生命の原理は成長と繁榮の大勢力が發動する事を保障して居るから、兵力や斧鉞さてもどうして動いて居る生命を屠殺する事が出來やうか。蜘蛛の網の如き深溝と高壘とを築いて金城鐵壁の萬全歌を唄つて居る者よ。誤算と蹉跌の爲めに失望して戰慄せよ。

生命の原理が實現する處には征服と搾取の反生命的事實は總て消えて了ふ。

二

茲に階級解放を目的とする衡平社が二箇年の奮闘と四十萬衆の團結を以て大會を開いて重要案件を一瀉千里に討議完了した事は紛糾混雜の多い我が社會にあつて大に慶賀すべきと同時に吾人の生命が躍動した事を見る事が出來る。

吾人は此の大會に對して明確なる觀察と體驗から眞正なる綱領を樹立して吾人の運動の先驅たらしめむ事を望んで居る。

三

而して吾人の觀察した所を述べると。

一、吾人の運命を吾人の意思で決定する事。

一、吾人の生活を吾人の手で料理する事。

一、以上二項を實現する爲めに先つ征服者として自處して居る貪婪無理なる群衆にその地位の撤去を主張する事。

一、吾人は皆共に偏見私感から醒めて戰線の整理統一を力行する事。

の四箇條は吾人の凡ての運動の根本的大眼目となるものである。

之を話して見ると青年團體と勞働團體と農民團體とを如何に協調すべきか。民族問題と階級問題は如何に調節すべきか。之に對しての正確なる考案を發見する事も又何よりも第一に緊急必要なる事と考へる。

四

要するに問題は大局から見て朝鮮人全體が衡平社員と同一の運命を持つて居る事を自覺しなければならぬのである。

それであるから衡平運動は或る意味から見て朝鮮人解放運動の前衛隊となるのである。

此の意味に於て同大會の遠大なる着目と健全なる發達とを祈るものである。

「漫　畫　欄」（大正一四、尹）

（惡魔が鮮人青年に嚙み付き居るもの）（畧）

大同團結を力說した臨時政府の敎書　（大正一四、五、一四）

各地獨立團に送つた敎書
一致協力を目標として

軍事的訓錬政治的修養

最近上海臨時政府大統領朴殷植は中國各地及西伯利地方に散在して居る各種の獨立團に對し長文の敎書を送つたが其敎書の内容を見ると臨時政府が創設せられて以來六星霜、内治外交は漸を逐ふて完成しつゝあるが殊に此の際大同團結と軍事訓錬と政治的修養等に一層力を致すべく又南北滿洲に居る數十萬の農民に特別の保護を與へる事を力說したものであると。（上海）

征服敎育の誤算（論說）　（大正一四、五、一五）

朝鮮に朝鮮人の存在があるのか無いのか、朝鮮人の生活は人間でない。奴隷であるから政治に於ても經濟に於ても社會に於ても朝鮮の朝鮮人は只に奴隷として存在するのみである。此は則ち征服と被征服との關係より由來する所の必然なる運命である。而して主人と奴隷とは其意識と感情と生活より見て主人が奴隷化するか奴隷が主人化するか其中の一つとなるにあらざれば絶對に調和の實を求むることは出來ないものである。形式上は征服に依りて全然相異せる二種族間に密接なる接觸と關係が連結せられたるが如くに見ゆるけれども其實際にありては到底相容れざる兩極に分裂せらるるのみのことである。此は征服者の權力以外には其何ものも認定することの出來ない被征服者の利害と名譽と權利の爲めに免避することと能はざる理勢である。

二

然るに征服者は吾人に對して最初武力で威壓し、其次に敎育で戯弄し、今度は法律を以て高壓するのだ。此は如何なる時代の如何なる征服者でも被征服者に對する實行は共通の順序だ。見よ寺内時代には武力と敎育である。齋藤時代には敎育と法律ではないか。然れども此は大體上の區別である。其實質にあつては過去にも現在にも亦將來にも征服對被征服の關係が存續せる限り形勢と境遇に隨て或は武力を主として敎育を從とし、或は法律を主として武力を從とし亦或は其二者を並行するのであつて其中の一でも廢する理は絶對にないのである。彼の所謂武斷政治にも各種の法綱を布張し文化政治にも軍隊と憲兵が横行しつゝある中に其敎育方針は前後を通して一貫して居るではないか。

三

征服者の爲め被征服者に對する優越なる地位を維持するには被征服者は凡ての點に於て劣等種族で

あると云ふ觀念を是非被征服者自身の心中に付植するにあらざればならざるものである。萬一被征服者が此を信せずとすれば卽ち其社會の安寧と秩序を紊亂する原因となる。此れが故に此の觀念を强制する爲め奴隷敎育制度を實施するのだ。被征服者の言語と神を輕侮し、儀式と禮拜を排斥して、それに征服者の言語と神と儀式と禮拜を强制するのだ。此れのみならず被征服者の風俗と習慣と制度を總て蹂躙して其上に征服者の風俗と習慣と制度を樹立するのだ。そうして此破壞と建設には元來善惡と可否の價値判斷のあるものではない。只征服者のものは總て善となし此に反して被征服者のものは總て惡となすのである。然れども歷史を通じて征服者の敎育政策が成功した事實がない。此れは征服者をして煩悶と念慮を惹起せしむる所のものである。

四

此れであるから吾人は朝鮮の敎育制度に對して可否と善惡を批評する必要なきことは勿論である。之れを以て悲觀することもないと考へる。再言すれば制度と方針が惡ければそれによりて吾人の能率が大に犧牲となることは事實であるけれども朝鮮人の言語と信仰は決して蹂躙せられざることを信ずる。どうしてそうかと云へば征服と被征服の關係は偶然的事實である。言語と信仰は歷史的自然の必然の產物であるから偶然なる事實は必然なる產物を破滅することが出來ない爲めである。殊に吾人の言語と信仰がその何れを見るも彼れ等のそれより優秀なるに於ておやである。貨幣に就いて言へば善貨が惡貨に驅逐せらるゝとも人類の文化は善きものが惡しきものを驅逐することが進化の原則であるから、從て吾人の言語と信仰をば如何なる征服敎育も決して蹂躙することは出來ない。

朝鮮總督府の敎育方針 (論說) (大正一四、五、二三)

下岡總監の大膽なる告白

資本國家では敎育も强權階級の軍隊編成、產業軍養成の爲めにせらるゝ。言ひ換へると現代的產業は機械的生產であつて精巧な機械を使用するにはその必要なる智識者の勞働が必要であり、又その生產力を國際市場で消化せしめるには資本帝國間の侵略的戰爭を行はざるを得ない。此の戰爭も亦科學的機械の優劣で勝敗を決する關係上その機械の運用を爲すに足る智識のある軍隊でなくてはならぬ。

であるから現世界の資本國家では皆等しく軍隊と及產業軍を組織せむが爲めに服從道德の鐵則下に普通敎育制度を實施するのである。

二

然し朝鮮では彼等强權者が朝鮮人をして軍隊と及產業軍を組織する必要が無い關係から義務敎育制度を施行しない。であるから朝鮮に於ては民主思想は片影も發見する事が出來ず專ら壓伏主義が一貫するのみである。これは知事會議席上での下岡總監の教育に關する訓示で見ても知るべきである。即明年四月には京城帝國大學も開校する事になり朝鮮の文物は更に面目を改むるに至つた。朝鮮の民度に照らして數の增加よりも寧ろ質の改良に重きを置き此の際學校の濫設を戒めて內容の改善に留意するの時期であると信ずる。特に實業教育に重きを置くべきで實業教育の振興にも徒らに程度の高きを目標とするよりも寧ろ徒弟教育或は簡易なる實業補習教育等の如き卑近なる施設を充實するが最急務である」と。之は勿論その功利的立場から正直な告白である。

三

是れから先は朝鮮人も產業軍組織に徵發する必要が無いでもないから實業教育と云ふ看板の下に徒弟養成の施設を叫びつゝその程度の高いのを排斥するのは當然の事で、又京城帝國大學の開校の爲めに朝鮮の文物は面目を改むるに至つたと云ふのはその大學の設立せられた動機と存在の理由から見て即ちこれ征服的成功の微笑を表する自慢の歌である。

何となれば京城帝國大學は朝鮮人の專問教育の爲めにするものでなくて朝鮮にある日本人のそれの爲にするものである。日本で迄も靑年秀才を募集して以て朝鮮事情に精通した人材を養成するのが目的であるが爲めで、言はゞ朝鮮の文化を完全に驅逐しその上に日本の文化を完全に樹立するに至つた表徵で、これが京城帝國大學の存在である。されば朝鮮の文物は更に面目を改めるに至つたと云ふのは豈深長な意味が包含して居る歡喜の凱旋歌ではないか。

四

而して數の增加よりも寧ろ質の改善に重きを置き此の際學校の濫設を戒め內容の改善に留意すると云ふのは殊にその本意を如實に表明するものである。見よ朝鮮には中學程度以上の敎育機關は勿論普通學校に於ても都市では小學一二年組に迄も試驗又は抽籤等の方法を行つて志願者の半數內外を辛うじて收容するのみである。地方には一面一校の施設もない處があるのに此際學校の濫設を戒めるのは彼所謂文化政治の敎育方針である。又その內容の改善なるものが朝鮮人をして無理に日本人たらしめるものであると云ふ事は特に喋々する必要が無いではないか。

特に數の增加よりも寧ろ質の改良に重きを置くと云ふのはそれ何を語るものであるか。

元來大衆は同化するものでないから敎育を以て數の增加を圖るは甚だ危險であるから質の改良に重きを置いて以つて少數の心服した奴隷を製造しやうとするのが豈彼等としては甚だ怜悧な計劃ではなからうか。

吾人は只彼等が餘りに露骨に又大膽にその經綸を語り抱負を行ふを注視するのみである。

日本資本と朝鮮の富源（論說）（大正一四、五、二九）

國際、國内を問はず資本を貪る方法は一は勞働の搾取であり、も一つは富源の壟斷であるが、先進社會では勞働の搾取を主とし後進社會では富源の占奪を主とする。それは少ない犧牲から多くの果實を求めやうとする資本てうものの本色である。であるから朝鮮の日本資本は從來に於ても勞働の搾取よりも富源の占奪を主として居るのみならず將來に於ても富源の略取を主とするであらう。

何故かと云ふに殖民地に在る征服資本は元來工業資本でないが爲めである。言ひ換へると殖民地の工業が發達してもそれは征服資本を助けないのみならず却つて妨害する。それは英國の印度に對する政策から見ても知り得るが、今朝鮮と日本との關係から見ても益々明白である。

朝鮮では勞賃もやすく原料品を相當に產出するから工業資本の活動を見得るのであるのに、朝鮮と日本との距離が遠くなく且つ關稅の制裁もないから朝鮮產の原料を日本に輸出するにも差し支へが無く。のみならず朝鮮人勞働者の賃金は朝鮮で安いと同じに日本でも安い。それと同時に日本での製品が朝鮮に輸入せられるに於ても亦經濟問題にも、時間問題にもせよ何等影響を受けないから、こんな按配で朝鮮の日本資本は工業資本として活動する必要がないのは勿論殊に工業資本が活動する所にはその資本を威脅する武器が製造せられ、それと同時に此の武器を使用する軍隊迄も編成せられるものであるので、そうなるとそれこそ實に日本資本の爲には甚だ危險である。日本人が朝鮮で産業を云々するのは勿論日本人の産業であり朝鮮人の産業でないし、しかも産業も農業か或は林業に局限せられたものであつて決して工業を包含した意味のものでない。

元來時代の趨勢に依つて或る種類の工業は朝鮮にも無きを得ないけれども、これは工業自體の爲めでなくて總て他の目的の爲めに存在するものである。例へば朝鮮の烟草會社造幣局造兵廠等がそれである。

であるから朝鮮で日本人が唱論する産業の意味を現代的産業の意味に考へていけない。

言ひ換へると朝鮮の富源を開發して日本人の食料品及原料を生産するのが卽ち日本人の朝鮮産業である。要するに日本人の主張する朝鮮産業なる言は日本産業の爲めに朝鮮人の産業を迫害すると云ふ意味のものである。されば朝鮮人は日本人が主張する産業なる意味を右の樣に分明に解剖してよく記憶して置かぬといけないのである。

而して富源の搾取を二期に分つとすると第一期は國有の占奪であり第二期は私有の奪取である。

目下の朝鮮の形勢から見ると河川鑛山漁場林野等の國有に屬する富源は旣に日本資本が殆んど占奪し、今や第二期の最中になつて居つて盛んに朝鮮人の土地や家屋を侵奪して居る。

これは再言する必要も無く元來日本資本の目的であるが爲めに此の目的はある變革がない限は遠からずして完成するものであり、これに依つて朝鮮人は今や等しく共に破滅の悲運に處して居るのは勿論現在に於ても日本資本の直接侵掠を受けて居る者は中産階級の部類に屬する群衆の朝鮮人である。此の群衆が破産するのは政治で以つても經濟を以てしても社會からしてでも到底挽回する事の出來ない運命である。

であるから朝鮮人は同一の運命の爲めに全的としての共同の進路と方針とを決定すべきである、斯くしてこそ初めて問題の解決はあるものである。

日本の人口政策と朝鮮の生活不安（論說）（大正一四、六、一）

現下朝鮮人の生活は不安と云はうか破滅と言はうか全的に餓死圏内に沒入して居る。隨つて惡夢のうちに興奮した感覺はまさに危險なる恐怖を起さざるを得ない。そして生活不安てふ慘事實はそれがそのまま國家社會の不安を惹起するのは生命の爲めの正當な衝動であるが、茲に朝鮮人の不安な生活の爲めには威脅を感ずる國家もなければ社會もないのである。見よ朝鮮人に生命存在の權威があらうか。

生命の動く處には必ず局面が展開し局面の展開する處には又必ず相對者の不安を惹起するものである。しかしながら朝鮮人は如何なる國家社會に對しても直接に主張する何の波動もなく卽ち國家的の不安を惹起さす丈の或る努力もなく徒らに自生活の不安と威脅のみが最後の絶頂に達して居る。

これ豈無爲と無能と無力の事實の告白ではなからうか。

抑も生活不安の原因は一つは制度の缺陷であり一つは自然の窮乏である。

そうすると現下の朝鮮人の生活不安は何れに原因して居るか。

言ひ換へると元來朝鮮の自然の富が貧弱で朝鮮人の生活が不安なのか政治的の經濟的の社會的の諸般の組織に重大な缺陷がある爲めなのか。

朝鮮人は朝鮮の富源を以て充分におりあまつた生活をする事が出來る。

農業もそうであり漁業もそうであり河川鑛山林野も皆そうであるから實に錦繡の江山であるのである。膏油沃野であるのである。之は決して自慢でもなければ自讃でもないのである。

朝鮮人は朝鮮の富源を以て自給自足して猶寧ろ餘りがあるのである。

豈此れ朝鮮のみであらうや。如何なる國家社會でも自然の富が窮乏してその國民の生活が不安に陷つた實際事實はないのである。

であるから朝鮮人の生活不安の根本的原因は專ら制度の缺陷にある事が分かる。

そして朝鮮人の樣に不安な生活を爲して居るのは世界を通じてその類がない。之は朝鮮のあらゆる制度が斯く迄に缺陷が多いが爲めである。

言ひ換へれば朝鮮人の生活は相對的不安でなくて絶對的不安である。これ卽ち朝鮮の制度には相當に缺陷が多い證據である。

朝鮮の自然の富を朝鮮人が利用し得ず、朝鮮の産業を朝鮮人が管理し得ず、朝鮮の物産を朝鮮人が需用し得ないのである。

のみならず朝鮮人は職業を求める事が出來ず勞働を提供する事が出來ない。

その原因は果して何處にあるのか此の原因が抹消されない間は朝鮮人の生活は絶對に回復する事が出來ないのである。

隨つて塞いて流れざるなく止めて行かざる無き生死の鬪爭は到底避け得られない慘劇であるのである殊に日本の人口政策は朝鮮を唯一の移民地と定めてその反面に朝鮮勞働者の日本出稼を制限するの計劃であるから、それで朝鮮人は朝鮮に封鎖せられその上に日本移民は滾々として侵入して朝鮮の勞働も彼等が爲し、職業も彼等が持ち、富源も彼等が壟斷し、産業も彼等が占奪し、物産も彼等が總て消費するは勿論の事、朝鮮で巨量の物資を生産して朝鮮人の餓死凍死は不問にして置いてそれをばそつくり日本へ輸出するのは從來よりも一層深酷である。であらうから、そうなるとすると外には行く處もなく、朝鮮では衣食住がなく、そこで朝鮮人は生活が不安であらうか破滅であらうか朝鮮人の問題はこれで決定せられる。

見よ猛省奮闘に溢るる正當防禦の努力こそ豈朝鮮人の唯一の進路ではないか。

日本の海軍擴張に對して（論說）（大正一四、六、一〇）

日本の國策に南進北進の二つがあつて前者は大洋政策後者は大陸政策である。

歐洲戰爭中は大陸も太平洋も日本の獨舞臺であつたが戰後米國からも濠洲からも英國からも排日や排斥をを受けるに至つた。

そこで日本は涙を呑み怨を含んで南進を斷念して全力を大陸に集中したが米國この利害は大陸ででも衝突する。

米は海軍空軍の大擴張を行ひ大演習を行ひ英米協同を表明せむが爲めに、濠洲を訪問し又英は之に和應して新加坡軍港に忙しい。

そこで日本は滿齡軍船を廢棄して三億二千萬圓で一萬噸の大型四十隻を作る事を發表した。之で日米の關係が如何に展開するかを充分に觀察する事が出來る。

夙に帝國時代のロシアが極東に襲來するや日本では陸軍を擴張して遂に日露戰爭が發生した。

今度米國が太平洋で總動員をやると日本は海軍を擴張して居る。これは勿論日米戰爭の準備である

そしてロシアが東侵する時には英國は日本を援助したのに反して米國が太平洋に侵來する今回は英國は米國と協同して居るから、さきの日露戰爭には日本が勝つたが今度もし日米戰爭が勃發したならば日本の勝算は能く期待する事が出來ない事は、米國の國富が日本の十倍であるのみならず、國際上日本の地位は極めて孤立したものであるからそれで判斷する事が出來る。

しかし賭博の樣な戰爭の勝敗を豫斷する必要もない。只どちらが勝つても負けても吾人から見ると面白い現象である事丈は事實である。日本が陸軍を擴張してロシアと戰爭して後の朝鮮が日本が海軍を擴張して米國と戰爭して後にどう云ふ局面が展開するであらうか。

よしんば日本が勝つても、歐洲戰爭で勝利した英國の現象を通觀して見ると埃及は勿論愛蘭との關係に於て多くの變遷があつたのであるから、それに尙大戰後の世界の思潮は弱者の爲めに取つて一層に激變した事を考へると吾人の將來の變遷は充分に樂觀してよいと云へる。

であるから吾人は日米問題に對して多くの興味と企待とを持つて研究し調査する事を切言して止まないのである。

中國罷業同盟に對する決議文（大正一四、六、一六）

（時代日報記事に同じ）

慘劇に激憤せし同胞斷指銘衷（大正一四、六、二一）

恥は亡國民の恥より甚しきはなし

死を誓つて奮鬪大に國恥を雪げと

當　事　者　は　姜　九　禹　氏

北京にある姜九禹氏（天道敎宗理師）は去る五月三十日上海に於て發生せし慘劇と及び同地に於ける一般國民が示威運動をなす光景を見、一方祖國を念ふ感慨と同時に中國人が强國人の銃劍に倒るるに對し同情心激發して左無名指を斷ち赤き血にて、

亡國の遺民姜九禹斷指して我親愛なる中國同胞の爲め血書す、嗚呼痛ましい哉上海の狀況を見るに苦は亡國奴に於けるが如き苦なく、耻は亡國民に於けるが如き耻なし。死を誓つて奮鬪大に國耻を雪げよ。

朝鮮紀元四二五八年七月十一日

朝鮮人　姜　九　禹　頓　首

此の如く書して各後援會に送つたとのことなるが該會にては其指を協和醫院に依賴して永久に保存することとせりと云ひ一般人士は感嘆已まずと。（北京通信）

普校朝鮮人教員に　（大正一四、六、二三）

語る余も朝鮮青年。余の語るを聞く諸君も朝鮮青年。同じ環境に同じタイムを有する吾人は如何に境遇の信條が異るといへども心琴の共鳴する時多きを信ず。然るに教育者は不偏不黨ならざるべからざるに朝鮮の普校教育者は然らずして一種の走狗と認定せらる。そは如何なることなるか。

現在朝鮮人を苦しむるに二大陣容がありとせばそれは警察と教育である。警察は外部の現狀鎭定に在るが教育は內的生命を○○せんとする點より見て吾人に對しては恐ろしき○○である。殊に教育は何の理智力なき幼き兒童に對して天賦の民族的魂魄を中和又は歸化せしむることを努むるが故に吾人は生存的衝動に因つて義憤せざるを得ず。余は此意味に於て普校の教育制度が不平である。隨つて從事する諸君（朝鮮人教員）に注意を促進せんとす。

然れども吾人に與ふる此制度が强者の勝手のよいやうに作りたるものなる以上其罪を何ぞ諸君に歸せしむるを得んや。然れども可能性ある範圍に於て何か非行ありとせば吾人は到底容恕することは出來ぬ。這間新聞上にも亦地方に潜在せる事實にも普校生徒を日語を用ひされば罰金に處すとか亦は日本人の衣服制度を奬勵する等其の實現努力を朝鮮人敎員が一生懸命になすといふ其心理が何處にあるか。敎育用語を日語にすることが語學の一擧兩得の爲であり、衣服制度や民族的情操が充溢せる風俗を改むることが經濟方面又は新文化の爲めだと云へば其れは沒常識者である。敎育者として何等價値なく、それでなければ故意になすところである。應答せよ。諸君は朝鮮の靑年で朝鮮の爲の敎育者ではないか？

無罪の勞働者の公判の光景（二）（大正一四、六、二六）

上海　趙特派員發信

やー此の者等が何の罪なのか？言はゞ只金が無い罪丈である。

毎日二三十錢にもならぬ勞賃を貰つて一生を苦役して若干の不平を言ふとこんな非道い目に逢はされるのである。

その被告等の光景を見る者一毫の良心なりともあつたならそれ誰が同情しないものがあらう！

殊に十五に過ぎない幼年工が混じつて居るのは滿場の群衆の視線を惹いた。

定刻になつて陸會審官と田島日本副領事が臨席して裁判が開始せられた。

さて中國の凡ての運動の根本的動機は外國中でも殊に日英が行政司法甚しきに至つては軍機迄も干渉すると云ふのにあるのである。

殊に此の度の運動が之に胚胎して居るにも拘らずその公判の席へも日本領事が堂々と一席を占領して居るのは中國民衆にどんな感想を與へたであらうか。

調査が了り十九日に續公判があるのである。此回の判決は未だ確定して居らないから明言はし難いがその被告等は皆無罪放免せられる事と思ふ。それは其時居つた巡査の言とか又は被告等の言を聞くと、最初に日本人は無理に職工を苛酷に扱ひ工場へ這入らうと集つて來たものを無理に停業を宣布した。そこで職工等がその横暴を絶叫し無理を詰責するや日本人等は躊躇せずに五六人が拳銃を擊つてその中で問題である顧正洪を射殺した。職工一人が射殺せられたのを見た群衆は激憤して反抗的態度を取らうとしたけれども租界警察が之亦放銃して示威したから其儘解散したのであつた。

群衆が棍棒を持つて巡査や日本人を打殺さうとしたと云ふけれども、之は日本人が放銃した後で一時高く喊んだ丈であつて證據品として置かれて居る木棍鐵棍等はその被告等の見た事もなかつたものであると言はれて居る。

低い賃金で苦痛を受けて居る者がその同胞が射殺せられるのを見て激憤するのが良心上何等の罪にもならぬ筈であるし、況んや反抗的毆打を行つた證據が無いに於ておや！

只之は弱者であるが爲めに强者に任意に拘束せられた迄である。

英日が暴行亂打赤化等と宣傳して居るのは第一回の學生無罪判決と第二回の職工判決で以つてそれが虛僞的宣傳であつた事は益々明白になつた。

臨時議會開院式 （大正一四、七、一）

上海臨時議政院では去る六月廿日晚臨時議會開院式を擧行し朴臨時大統領の敎書及崔議長等の演說があつたが右は皆前途の事業に對する懇切なる希望であつたと。（上海特電）

在中英人の敎化機關撤廢 （論說） （同日）

中國にある英人の敎化機關は引揚げて了うそうである。

元來他民族に對して敎化機關を設置するのは弱小民族のする事ではなく强大國が美名の下に弱小民族に對する軟化、撫摩の手段で實行するものである。

英が印度に學校、大學を置いて敎育を授けるのは英國人の人道心が發達して印度人の幸福の爲めにするものでない。

印度人がその敎育を受ける事に依つて英國人の搾取の目的物が增加する其の限度內で此を授けるものである。

又英人に對する奴隷的動作に補助となる程度で英人が自ら進んで印度人の敎化を爲す理由があり又目的があるものである。

勿論積極的施設がないでもないがそれはその性質と分量が最小限度に於て所謂民心を幾部分安靜さするに止められて居る。之は英が印度を隷屬物として維持する一種の方法に過ぎないものであるからそれには何等人間性に適合した敎育的の好意を發見する事が出來ややや。

中國のも其の通りである、又英國にのみ限つてそうではない。

征服民族が被征服民族に與へ施すあらゆる敎化機關は例外もなく一律に同一の內容を持つて居るのである。

日支親善の爲めにやつたと言はれて居る日本の對中文化事業も中國人が反對する骨子は玆にあるの

である。であるから強者の爲めに利益が無くなつたら何時でも引拂ふのであつて其の敎化機關の最初の理由や性質から見ても當然の事であると言はねばならぬ。

斯の事は今回中國で英國が行つたから英國が非難の的となるかもしれないけれどもあらゆる被征服小弱民族に對する強者の恩惠的敎化機關はそれは決して善意の恩惠的の物では無い。利子が相當の高利なる債務であると言はねばならぬ。

英國のみじやない彼等の惡辣狡猾な巧策に對しては新らしい憤激を感ずる。

金祉變事件公判

忌避申請の理由（四）

辯護人　布施辰治、金完燮、山崎今朝彌

探偵使用に依る犯罪の誘導事實を立證すべき白上佑吉、黃鈺、金始顯の證人申請却下事件公訴事實の第一の一は辯護人が記錄を調査して信ずる所に依ると陰險なる朝鮮總督府のスパイ政策に陷入つたものであるから金祉變に爆發物取締違反の刑事的責任があると假定しても其の犯罪の情狀に對しては寧ろ朝鮮總督府のスパイ政策を惡んで被告の犯情を明白にすべきであると同時に單純な法理論から言つても又朝鮮の治安に臨んで居る總督府警務局に於て被告金祉變等が輸入した爆彈を對に使用する事が出來ない樣に警戒網を張つて置いて爆彈輸入を計つたものであるから此の輸入した行爲に對しては干係不能犯として無罪を以て爭ふべき節のあるものである。故に辯護人は該事情を立證せむが爲めに朝鮮總督府京畿道警察部長白上佑吉と黃鈺と金始顯に對して

第一本件犯行の根本原因なりと認定せられた豫審結定書最初の記述に「大正十一年春モスクバで極東民族大會が開催せられた時之に參席した金始顯は其大會の趨勢が爆彈其他の兇器を以て官公署を破壞し諸大官を暗殺して極東民族の覺醒を起こして」とあるが、金始顯が極東民族大會に出席するに至つた事實は、金始顯等は純然たる朝鮮獨立運動者として最初から極東民族大會に出席する意思が必ずしもあつたので無いのであり、證人白上佑吉は義烈團員又は高麗共產黨員と稱して極東で活動する朝鮮人の姓名さその動靜及び民族大會の內容を探知せむとして證人黃鈺にその意を含めて表面は朝鮮獨立運動の同志の如くに裝はしめて朝鮮獨立運動を促進するには極東民族大會に出席して義烈團、高麗共產黨等と連絡を取るのが捷徑且つ得策である事を慫慂し誘引した結果である事。

第二は、豫審決定書に「被告の同志金始顯が極東民族大會に出席して爆彈を使用する破壞的手段に依つての朝鮮獨立革命を實行する機會を窺ひ……」とあるも、金始顯が極東大會へ出席するに至つた經路は以上の通りの關係であり、證人白上佑吉は黃鈺の手を經て大會出席の費用若干を金始顯に提供した事實。

其の三、豫審決定書中段に「金始顕が同年七月京城に還り被告金祉燮と一緒に黄鈺其他同志の賛同を得て……大正十二年一月中……大型小型の爆彈を京城へ持つて來た」とあるが前項一、二の通りの事實關係下に證人白上佑吉は證人黄鈺をスパイとして朝鮮獨立運動者金始顕等に義烈團員及高麗共産黨員等と連絡を圖らしめ、金始顕を通じて義烈團員及高麗共産黨員を朝鮮内に入らしめて一網打盡に捕縛しやうと計劃し、被告金祉燮、金始顕等が自分等義烈團員丈では安東縣と新義州の間の國境警戒が非常に嚴重で到底輸入する事が出來ないのを見て自分自らでは企闘する處のないのを、證人白上佑吉は證人黄鈺にその意を含めて當時京畿道警察部に在職した黄鈺に特に國境視察を命じ、黄鈺は金始顕等に對して國境視察の出張の機會を利用して總督府警部公用荷物として爆彈輸入の便宜を圖るから此の機會に義烈員及高麗共産黨員の同志と共に爆彈を輸入するのがよいと慫慂勸說した結果、被告金祉燮が金始顕等と共に爆彈を輸入するに至つた事實。

其四、豫審決定書に「京城に這入つて來たがまだその爆彈を使用しない前に事實が發覺した」とあるのは、證人白上佑吉が證人黄鈺をスパイとして前項(3)の通り朝鮮京城に金始顕等朝鮮義烈團員に爆彈を輸入ざせた頗る大膽にして辛辣な義烈團を捉へやうとする計劃であつて、證人白上佑吉は當時警察部に居つて治安維持の任に當つて居る關係上絕對に被告金祉燮及金始顕等義烈團員が京城に輸入した爆彈使用を不能ならしめる樣警戒して置いた結果、爆彈を京城に輸入した後にも絕對に使用する機會なく嚴重なる警戒下に爆彈を押收し義烈團員を捉へたものなる事實。

以上の事實に對して證據調査を申請したが前記三氏に對し本件豫審以來の審理と云ひ參考記錄の審理にも未だ斯の如き本件の重要なる爭點に接觸して證據調査を實施した事實なきのみならず、完然に以上の事實が明白になるのを虞るるが如き態度を以て辯護人の此の點に對する證據申請を却下した事は既に事件の判決に對し事實の眞相を豫斷して事實の眞相を糾明すべき職務忠實を等閑にした不當の事を敢て行つたものである。

異族の治下で呻吟する大印度 （大正一四、七、一二）

印度は今更言ふ迄も無く數世紀の間英國の治下にあつて政治的自由は剝奪せられ社會的平等は無視せられ經濟的機能は迫害せられて專ら塗炭の中に呻吟する一方である。吾人は丁度等しい立場にあり彼等弱者の絕叫を一々知つて置く事は吾人には多大の敎訓となる事と信じて此の論文を紹介しやうと思ふ。

しかし讀者に豫め注意を請ふ事は、第一原文は日本人伊藤龜雄の手になつたものである事と、第二は印度の政治運動は自治運動が優勢を占めて居て吾人とは方向が全然違ふ事である。（一記者）

難行苦行をする印度で

ガンヂーの樣に非協同運動なる新形式の難行苦行に依つて印度國民の解放を企てやうとする偉大な實行者が出現するに至つた事は決して偶然ではない。

ガンヂーの敎義は極く單純である。

その敎義は印度人間の獨立精神を注入するにある。

數世紀の間も外國の治下にあつた爲めに不知不識の間に自己の存在を忘れて居る印度人に向つて先づ自己發見の方法を敎へるのにある。

憲兵を使嗾して老婆を野犬の如くに頸を絞めて撲殺（同日）

（宮三面土地事件續き）

該沃野を手に入れた東拓は實に盜拓よりも猶惡毒であつて爭訟が一しきり進行して將來どんな判決があるか判らないにも拘らず翌年は（辛亥）當時日韓合併後憲兵警察が實施せられ各地方共非人道的憲兵の暴惡に一般人民等は安心が出來ずに呻吟して居る狀態であるのを利用して憲兵等の力を借りて前記三面の村々を廻つて可憐な農夫等が一年の間力を出して血の汗を流して作り上げた農作物を田畑

の中に立つて居る儘のを全部私に執行したので民怨高まると同時に農民は生活に絶大の威脅を感じた。斯かる無道なる事を青天の下に敢行して其の翌年（壬子）には東拓は日本から切りに朝鮮になだれ込んで來る移民共に土地、作權を移し與へ同會社員、日本人憲兵、それの走狗である朝鮮人補助憲兵等が旺谷面今山里に出張して所有畓（鮮人）に東拓の標木を打込んだものである。玆に李回春老母は餘りに之を殘念に思つて彼等に何故に他人の土地へ標木を打込むかと反抗した處憲兵中島某なる者は捕繩で老母の頸を絞め軍刀や棍棒で狂犬を叩く樣に亂打して田の畔の邊で血を流さして卽死せしめた。

避難民差別救濟で（號外）（大正一四、七、一五）

龜浦青年と日消防隊大衝突

十四日曉一時、金海向島の堤防が切れて島內の多數の住民等の生命は風前の燈の樣になつたので龜浦消防組と龜浦青年會では罹災民等を救濟しやうと漁船二隻を特つて現場に急行したが消防組は多數の罹災民中日本人丈を救つて朝鮮人は救はないので青年會では大に憤慨して結局消防隊と一大激戰をやつたが兩方の負傷者もあり水の騷ぎの一方に又大喧嘩さへあつて現狀は極めて混亂して居ると。

天災と朝鮮の惨狀（論說）（大正一四、七、二二）

白衣大衆の半島の江山には災殃が多い事である。これ何の業ぞ。

近來内外左右から迫まつて來る人患の爲めにもはや膏血が耗盡して居る上に又更に年々襲來する天災はこれ實に二重の死刑では無いか。

吾々の災禍には能動的事變と不虞的事變との二種がある。前者に對しては三一運動以後の諸般の事實は玆に煩はしく擧げる必要が無いけれども數年以來各種の天災の不虞の事變に於ても寧ろ無誠意であつたのみならず、殊に今回の水災にも無誠意であつた事は明かであるから無心の冷血動物でも血が沸かざるを得ない。

一昨年の日本大震災當時に日本で受けた朝鮮人の迫害とそれに因る感情の疊み重つて居つたにも拘らず朝鮮各地では其の時朝鮮にも多くの災害が有つたのであるけれども、そんな中からでさへ貧弱ではあつたけれども尙能力の及ぶ限りは普通學校生徒迄も救濟義捐を行つたのである。これを日本人は總督府の半强制手段で徵收したものであるかの樣に考へて居るかは知らぬが半强制は愚か絕對强制であつても朝鮮人に災難に對する先天的のじつとして居れない義俠心が無かつたならば斯くは日本人の災難に對しては同情が有つた筈が無いのである。

こんな過去の事を擧げつらうのは日本内から朝鮮の災難に對して何か救助でもあらう事を望むのでは無い。只朝鮮にある日本人たる上部階級の態度を一言するに過ぎないのである。

見よ目下朝鮮各地の慘狀に對して總督府及居留民の態度はどんなものか。

災難を救つたとか救はれなかつたとかそれは別問題であるとしても現場の事情は調査しなければならぬ。調査した以上は危急に應じてどんな方法どんな器具機械を徵發してでも救急しないのは人情でなく道理でない。しかしながら朝鮮人には何の機關も器具も機械も無いから現場の事情を迅速に調査して應急的手段を取るの方策が無かつた事を考へると只咽が塞るのみである。

しかしつまつて來る咽を其儘にこらへて吾人は同胞を救濟するのに必死の努力をして居る。

朝鮮人よ互に扶け合つて精神的にも物質的にも遭難した兄弟を救ひ、互に手を執り合つて復興事業を成し遂げよ。極端は極端を生むものであるから禍が轉じて福とならば幸ではないか。

殘忍なる社會相（論說）（大正一四、七、二七）

京城本町署では平時は每日盜難が十數件あるが十八日から二十一日迄に十七件に過ぎず一日四件で六割減である。今その原因を調査した處水災で罹災民を收容する處で食物を貰らつて食ふ事が出來るからであると。

元來盗賊なるものは財產制度が無いと無い罪惡である。

故に泥棒なる罪人を產出しそれを收容する監獄が必要になるのは私有財產制度があるが爲めであると云つて或者は私有財產制度そのものを敵視し、盗賊の罪を泥棒に歸せずして全部を制度に歸せやうとする人も無いでもない。

しかし私有財產制度が人類に採用せられた爲めに人類が受けた損害と、私有財產制度の爲めに盗賊が出る損害との對比と、長、短、問題に至つては大に考へなければならぬ問題である。

さて人類の歷史は發達の過程にあるのである。その過程に隨つてその階段々々に特色があるものであつて生產技能と機械が發達するにつれてある時には共產制がよい時もあり、ある社會には私有財產制度が適合する時もある。

故に共產制と私有制とはその制度自體に絕對の價値問題又は榮辱問題があるのではない。その時代その社會に在る經濟的生產狀態がある制度を採用するに適合するか否かが問題であるのみである。

故にたゞひ盗賊が專ら食ふ物が得られずして盗賊を働くの丈を見て直ちに私有財產制度を否認し共產制を主張するものは餘りに速斷であると言はざるを得ない。

しかし現下の朝鮮に於て罹災民を救ふ應急手段として所謂握飯に食鹽を掛けて與ふる食物を以つて

満足して泥棒を爲さない樣になつた者が六割であると云ふ事に對しては大に世人の注目を要する事實であると言はざるを得ない。

此の事實丈からして推して見ても現下の社會組織又は財産制度に破綻が生ずるに至る事は明言する事が出來るのみならず制度に對して新らしい覺悟を喚起すべき處のものがあると言はざるを得ない。吾人は現下の財産制度に對して代用物を云謂する前に、斯んな缺陷を有つて居る社會生活政治生活をその儘に擁護しやうとする者に向つて咀呪と唾罵とを禁ずる事が出來ぬ。

殊に此の現象が本町署にのみある事ではないのであるから朝鮮人の盜賊中握飯一つを求め得ずして已むを得ずして罪を犯し凶行を敢行する輩が六割ある事を目睹すると、どうしてその儘現狀を是認し安心の出來る世の中であらうか。

專ら斯んな罪惡を長く持續しないで新らしい人間的歷史が速に展開せむ事を祈ると同時に社會一般の注意と爲政者の覺醒とを促がして置く。

同化政策と日語注入は朝鮮人に致命傷 (大正一四、七、三一)

布哇、太平洋問題研究會議に於て申興雨氏は演說すらく、

「朝鮮は過去四十年間外國に挑戰した事がないのに二度も國土が戰場化した。

（又）

日本の同化政策及日本語注入主義の敎育制度は吾々には致命的の束縛である。同化策一方に片寄つた繁榮政策は朝鮮人に取つては意識を喪はしめ、物質的幸福には何等の意味がない。

（又）

産業に要する資本は銀行制度に支配せられ過去十年間朝鮮を開發せむが爲めに多額の費用が投ぜられたけれどもそれは美濃部總裁が株主總會で述べて『同行は朝鮮、滿洲に居る日本事業家を援助せむが爲めに莫大な資本を貸出した爲めに大損失を招いて一時は危機に直面した事がある』と言つた通り、朝鮮の投資なるものは全く日本人援助の爲めの投資に過ぎない。故に我々は外國資金の融通を渇求するものである。

殊に日本政府は鮮日雙方を利すると云ふ美名の下に東拓を組織して國有地を同社の所有とした。それであるに拘らず韓日合併以來同社は日本人の手に歸し日本政府の多額の援助を受けつつ日本から渡來する日本農夫に優占的待遇を與へ日本人農夫にのみ好機會を與へる爲めに鮮日人間に人種的紛爭が絕へる間となく、此の結果朝鮮人は壓迫に堪え切れずして已むを得ず滿洲等に逐出されて了う。

そして其の後へは潮の様に日本人が來て漸次に占領する狀態である。之の日本の朝鮮人放逐方策は單に政治問題感情問題或は一民族の問題ではない。人道、生死、萬人の問題であると。

萬人の共榮が目標申興雨氏の繼續絕叫

そして最後に申興雨氏は暗然として朝鮮獨立を提唱して曰く。

それでは前述した諸問題を解決するのに取るべき何等の手段を持つて居らない朝鮮人はどんな方法を何處で講ずべきであらうか？

朝鮮人の希望する第一の最も根本的であるのは民族自決にあるのである。夙に吾人は獨立した國家の列に參列して居つたけれどもしかし今は殆んど忘却されて終つた。しかし忘却されたとは言ふものの眞の生命である精神迄は決して滅亡して居るものではないのである。隱蔽主義で以つて精神を塗沫する事は一時は可能であるけれど決して永續的塗抹は不可能であるのである。

人類のデモクラシーは步調を共にして行進を繼續するものであるから人間も落伍者を出さずに萬民が皆一緒に進まうとする時代が到來するものである。進路が切り開かれ公明正大なゲームの原則がやつて來た時こそ吾人は吾人の進路を計畫して過去の悲哀と邪惡とを忘却して萬人共榮の目標に向つて突進する事が出來るものである。

殺傷者の手當（論說）（大正一四、八、一）

二十九日日本定例閣議では朝鮮國境警備の警察官の武裝團に殺傷を受けた者に對しては手當を支給する事に決定したと云ふ。

國家の事と云ふ名義の下に實施する職務に衣食の道を求めて居つて不憫にも生命を失つた人の情狀を察して見ると人情としてはそれも一人間であつた點に同情が行くときにその當然性を認定する事が出來る。これと同じに一自然人一人間として凡ての事を考へつつ更に冷靜に又考へると無知橫暴な人に殺ろされた朝鮮人がある時にも同一の條理が成立するものではなからうかと思ふ。

しかし之は非常に疑はしい事であるが之れが現代人類の誤つた人道觀、誤つた社會觀又は人生觀の發現ではないかと思ふ。

（開闢廣告欄）（大正一四、八、一）

（缺）

經濟破滅の原因現狀及對策（二）（大正一四、八、一八）

一、內的原因

二、外的原因

（イ）外來資本の壓迫

最近朝鮮の幼稚なる經濟界を纏まりの付かぬ程混亂狀態に陷れしめたのは偉大なる勢力を以つて侵入して來た外來の資本である。

現代の資本主義自由競爭下では貧弱な資本は皆巨大なる資本に併呑せられて敗亡するものであつてそれがその組織上の公理である。しかしながら經濟力の貧弱な朝鮮人はその看板のよい自由競爭の域にも入らずに知らず知らずの中に朝鮮經濟を外人の手中に入れて了つた。比較的經濟が豐富で鍛錬の多いそして活用に秀でた外人等の巨大なる資本は、比較的暗昧で活動が不足で隨つて經驗が淺薄な朝鮮人の經濟界を大濶步して橫斷することとなるやその前にぶつつかるものは殘らず蹂躙せられた。

彼等は團體を以つて個人を以つて資本てふ偉大なる武器を以つて朝鮮人の土地建物を買收し山林を經營し未墾干潟地を開拓し貿易業を獨占し交通機關を掌握し各種投機業を發起して、朝鮮人の經濟界活動の範圍を縮少すると同時に朝鮮人の生活上に必要な富源の大部分をその掌中に入れて了つた。

都市では金融機關の大會社財團が一般經濟界を操縱し、地方では投機業者高利貸金業者が經濟の勢力を獨占して朝鮮人の經濟的弱點は何時も彼等に利用せられた。以上の通り最初には權利を讓渡し次には所有を引渡し最後には家產を蕩盡するのが朝鮮人經濟破綻の順序である。

朝鮮經濟は斯くの如く外來資本の橫暴なる手段の爲めに畢竟今日の狀態の樣な空殼に化して了つた彼等の商品を使用せむが爲に彼等の資本を融通して使はむが爲に彼等を相手に競爭せむが爲に朝鮮經濟は破滅したのである。

その境遇を簡單に分析して見ると丁度自分の資本を高利で貸出しその利子は權利と富源と所有物で受取つてそして其の家產を蕩盡させるのと少しも異ならない。

外來資本の侵襲は朝鮮經濟を破滅させる大要素である。

（ロ）　總督府當局の經濟的淘汰政策

朝鮮人經濟の破滅原因を考へる時に一時一刻でも忘れることの出來ないのは彼の總督府當局の終始一貫した朝鮮人經濟の淘汰政策である。

今日朝鮮經濟の破滅が必ず總督府當局の取つて居る政策に關聯したものであるとの意味から經濟的破滅は政治的破滅に附隨する因果關係を持つて居る必然の破滅であると云ふのが最も妥當な觀察であると思ふ。故に吾人は此の總督府の取つて居る朝鮮人經濟の淘汰政策は朝鮮人經濟を破滅された原因中で最も大なる原因であると云ふのである。

（正衞團及衡平社の決死隊を送るこの決議文）（大正一四、八、一九）

（時代日報記事に同じ）

銃殺の動機は運動妨害、軍隊の必要は故土恢復（大正一四、九、一）

淀みなく答へる被告金炳賢の供述、統義府參加から

戰鬪に立つ迄、親日派討伐事件公判記

金炳賢供述

唯有裁判長は被告金炳賢に對し左の事實審理をしたが金炳賢は全く快活なる語調で淀みなく問ふ言葉に對し一々シヤン／＼と答へた。

統義府內容

統義府へ何時どうして入つたか。

統義府で軍隊を募集したから入つた。

統義府とは何をするものか。

朝鮮獨立をしやうとする運動機關である。

其の首領は誰か。

知りません。五中隊長は金鳴鳳です。

故土を恢復しやうと運動する
それで獨立は何故しやうとするか。

我々のものを取返へさうとするものである。

獨立すると誰が上の人になればよいと思ふか。

それは判らぬ。

誰れでもよい獨立さへすれば自然立派な人が出て來て克く治めてくれる事と思つて居る。

上海北京等と連絡があるか。

勿論皆連絡がある。

軍隊の必要、戰爭をしやうとしてゞある
軍隊は何をしやうとしてか。

獨立戰爭をしやうとしてゞある。

それでは誰と戰爭するつもりか。

○○と戰爭するのである。

軍隊の經費は。

人民から稅金を徵收する。

討伐に着手

滿鐵沿線の親日派を暗殺しやうとして撫順奉天へやつて來たのか。

そうである。

銃殺の動機、彼奴が同志を陷れたから

誰が先きに發砲したか。

私が先きに發砲し朴相萬も發砲した。

鄭甲柱も死に、その妻も重傷を負ひ、其の息子も死んだが、被告は誰に向つて發砲したか。

當時室內へ這入つて入つた處が皆濛圛を被つて一隅へ寄つたから鄭甲柱に向つて發射したけれども誰に當つたかは判らぬ。

鄭甲柱を何故殺ろしたか。

彼奴は我々同志を捕へて日本人に與へた事があるから殺ろした。（續く）

親日派討伐事件公判記（三）（大正一四、九、二）

義烈團、判義團とも連絡銃殺計劃は上司の命令

死刑宣告文

死刑宣告文を民會の門に誰が貼つたか。

尹永基が書いたけれどそれは吾々が書かないと殺ろすと威脅したから書いて崔某が貼つたのである。

甚しい拷問

申明球に會つたか。

そうだ。

崔晶奎が近い内に京城へ行くから其れ迄に殺さないといかんと申明球が言つたか。

そんな言は頭から聞いた覺はない。凡ての計劃と實行と殺害とは皆我上司の命令でやつた事である

警務局と中國側密約の內容は此の如し（大正一四、九、四）

奉天にて本社特派員　朴　讚　熙　發電

秘密協定締結顚末

此度三矢警務局長と東邊道尹との秘密協約が成り立つ迄の經過は初め日本總領事船津氏が東三省交涉所に話して（電文未詳）獨立團取締を日本に任かしてくれる事又は滿洲奥地に居る急進派朝鮮人を捕へてくれと言つたので卽座に拒絕せられ、其後警務署を通じて屢々要求したけれども遂に拒絕せられたので、下岡總監が出張してそんな話をしやうと思つて張作霖氏に面會しやうとしたけれども是亦拒絕せられたので、王省長に要求したけれども結局拒絕せられ、やつとの事で警務署に逢つて大體を話して其後三矢局長と警務署と交涉所が會合して辛うじて協定するに至つたものであるそうなが、張氏が下岡氏と面會をしなかつたと日本側では奮慨して居るけれども中國側では一個の下岡氏にはそうしても關はず國際禮儀にさへ違はなければそれ迄だと言つて居るそうであると。

東三省交涉署長談

三矢警務局長と張作霖間に締結せられた所謂秘密條約に就て東三省交涉署長は記者に「此度の協約は秘密の性質ではない一種の民國國內法であります。如何なる國を問はず自國內で外國人が武器を携

帶して秩序を紊すのを取締るは當然の事であつて偶々三矢局長が何回も請求したから協定したものであります。その內容の大畧は、

一、武器を携帶した武裝團は日中が互に嚴重に取締る事。

一、中國領土內の事件は中國側で處理する事。

一、但し朝鮮內の事件であつて犯人が中國領土內に逃亡した時は中國が逮捕して日本に引渡す事。

一、中國は朝鮮人武裝解除に努力する事。

一、互に些少な事件には干渉しない事。

等であります。

それで中國領土內で秩序を紊亂する場合に限つて取締日本官憲には絕對に引渡さない事にしたのであります。此の協定は鴨綠江、豆滿江沿岸にのみ適用する事にしたもので滿洲の奧地帶で政治運動をして居る朝鮮人には適用しない事にしました。日本側の要求で朝鮮の知事は取締をします。

勿論朝鮮武裝團には同情するけれども我民國がまだ弱くて國策を自由に利用する事が出來ません。目下色々と國際問題で困境に陷つて居る中國も朝鮮と同じ事情であるから朝鮮武裝團を援助しても見たいけれども周圍の事情が許さないので苦痛許りを感じて居ります。

そして我々が朝鮮總督府から武器と資金を受けて居る事は完全な國家として絕對に無い事です。多

くを語る事もなく諒解して下さい」と最も意味深く物語つた。

政策の强行（論說）（大正一四、九、一一）

「國家は正義を行ふものである」と云ふ言葉がある。しかし在來の國家及現下の國家は正義を行ふと云ふよりも或る側から見ると、不正義を行ふ方がうんと多いかも知れぬ。

しかしそんな國家を人類が維持して來、持續して行くのは國家が正義を行ふ事が出來るものであり又不完全ながらも正義を行ふと云ふ理由に原因するものである。もし國家が正義を行はないと云ふ觀念を一般國民が持つ樣になると一時は在來の旣成權力で之を統御して行けるかも知れんが少くともそんな國家は晩かれ早かれ滅亡を免れる事が出來ずしてしまひには新らしい支配者と新らしい組織が起らなければやまないものであつて之が卽ち人民の意思を無視した爲めに受ける政治の革命である。

そうして人民は多大の犧牲を捧げる革命をしてゞも國家をして正義を行はしめその組織を通じて自分等の生活を圖つて行くのである。

ではその所謂正義と云ふものは何か。正義自體に對する說明は色々の見解があるがしかし吾人は國家が行ひ行はざるべからざる正義は「フレド」が云つた「正義は協調にあり」との言を引用しやうと思ふ。

萬民が善良な生活を追求して行く途程に於て社會的に奉仕し共同する協調にありと言はざるを得ない。勿論消極的方面から見ると個人と個人間の爭議を協調させるのもあるけれども、積極的意義に於て國家は國民をして共同協調して夫々その職能を實行させる事が出來る樣に努力し劃策しなければいかないのである。

人民の生活とその生活條件とを洞察して最善の協同を行ひ最善の職能を發揮する樣にその機會を與へ能力を助長させる事が國家の正義である。

もし國家にして斯の義務を實行し得ないとすればそれこそは實に政治的罪惡である。人民の怨恨であり呪咀の標的となるものである。況んや國家にして斯かる積極的方面の正義はさておき塗炭に呻吟して居る現象一つを見て取つて善處し得ないとすると國家としての存立の意義が何處にあると言へやうか。

故に國政を料理する者は恒に人民の實際生活に理解がありその國民の思想的趨勢に對して洞察がありそれに立脚した理想がないといけない。

そうしてこそ甫めて人民の現實生活を土臺とした政策が案出せられる可能性もあり得るのである。斯く人民の實生活地上に樹立した政策であつて甫めてそれが正當な目的を實現する事も出來るのである。

さて現下朝鮮に於て實行せられて居る政策の如きは一般民衆の實際生活には何等の交渉もない政策であつて專ら自分等の自意擅斷を以つて自分等が勝手に製作した劃策をそのまゝ施行して居るのである。

それだからそれが果して國家の本來の意義に照らして政治と云ふ事が出來るか。又人類の正義感に照らして存在上の價値があるか。

一步を讓つて歷史的見地から丈見ても維持せられる可能性があるか。吾人は天下の識者具眼者に再び問はむとするのである。

實地の一般民衆生活には全然くらく專ら自分等の立場と利害のみに渾醉して權力を濫用して糊塗と高壓を能事として居る。故に一般民衆を害ひ自己を損ふ妄動に非らずして何ぞ。政治の要意は一般民衆の實際生活を理解してその傾向と趨勢に順應して行くのにあると云ふ事を一言すると同時に現下の朝鮮の樣なそれとは全然沒交涉で自己の固執と狹量とで一貫するの政治は只罪を作るのみであると言はざるを得ない。

退潮青年會諸君に　（大正一四、九、一六）

退潮青年會は官僚階級にある日本人現公普校長を會長とし一般から總督府機關青年會であるとか指定青年會であるとか云ふ侮辱を受けながら何等の覺醒もなく默過して居るのはそれ何たる譯ぞ。

諸君よ青年會の精神は那邊にあるのか朝鮮人青年で組織された青年運動の機關ではないか。國境のない主義者團體であるならば日本人會長であらうと獨、英人會長であらうと問題はないが、しかし退潮青年會は純粹の民族的意義から朝鮮人本位として生れたものであるのに日人會長であるが日本人は退潮青年の心理と朝鮮人の精神とを知つて居ると思つて選擧したのか。

聞けば會を組織してから一年になつても一回も圓滿に會合した事がない。それ丈見ても這間の暗流を推測する事が出來るし圓滿な會合がないのも當然の事だ。

君等よ猛省せよ科學の發達と思潮の變遷で世界は動き時代は適者を要求して居る。それに何故大勢をわきまへず奴隷的思想に擒になつた青年となる事を自ら期するのか。左傳に自分の手で盲になるとあるが君等を指した哲訓である。諸君よ速に君等の立場を自省すると同時に青年會內部を廓清して新らしい陣容を整へむ事を望む。

上海假政府の國務領就任式　（大正一四、一〇、二）

李相龍氏が臨時政府の國務領となつて曩に上海に到着した事は既報したが、李氏は去る二十四日晩三一堂で就任式を行ひ、崔議長の司會を以つて嚠喨たる唱歌竝に式辭があつてから李氏の就任挨拶があり方針は大同團結を作つて民族的に組織を致し基礎を鞏固にするにありと宣言し萬歳を三唱して閉式したそうであるが參觀の同胞も多く近來初めての盛況であつたと。

李氏歡迎會

上海青年同盟會では九月二十四日新たに上海に到着した臨時政府の國務領である李相龍氏歡迎會を開催したが趙德津氏の開會に尹滋英氏の歡迎辭があり李氏の演說があつたが、「青年同盟會の四標準に對して極めて贊成であるが就中民衆の組織に力を盡せと云ふに對しては尙更贊成であり自分もそれに對し將來力を盡すであらう」と述べたと。（上海特電）

鎭座日を前に控へて警察部の大活動　（大正一四、一〇、一四）

朴熙道を呼出して取調べ尙從弟朴熙敦をも取調べたが內容は〇〇團から朴氏を〇〇團の地方部長に

任命するとの書面が來た爲めである。

重大陰謀？

市內〇〇郵便所の日附印を押捺された郵便書留で朴熙道氏に〇〇團の司令狀が來たと云ふ事は別報の通りであるが、その發信者が〇〇團の重大使命を帶びて屢に國境を越えて這入つて來た洪〇鎰、朴華蘭（匿名）等ではないであらうかと云ふので大活動中だそうなが、事件を絕對に秘密に附して居るが搜し聞く處に依ると〇〇團の一派と〇〇部の一派と〇〇黨の一派とが夫々侵入して來て今度〇〇〇〇〇〇〇は朝鮮人の大恥辱であると稱して〇〇運動を起こす計劃で夫々陰謀をして居るのであると云つて斯くは活動して居るものであるが、その中には女子も相當に混ざつて居る樣子であるが未だ眞犯人は逮捕し得ず市內の重要人物等の動靜を監視すると同時に大に警戒中である。

名門巨族の子で末路は密偵業 （大正一四、一〇、一四）

榮華の生活は昔の夢
某日本人と怪しき關係
第二回上海密偵事件暴露

上海では以前某青年の密偵事實發覺以後繼續して此頃亦黃某の密偵事實突發し吾人社會では噂樣々である。

其內容を聞くに黃青年は元來京城生れで其父は某宮家の女婿で江華島の令任までして其の勢力一時は京鄕を轟かした所謂門閥家の子孫であつて元來放蕩で歲月を過ごし畢竟金の爲め同遊者某と共謀し父の印章を僞造して土地を質入れし其金で遊び廻つておつたが事實の發覺を恐れて二人手をとつて遠く上海に走つたのは今から四年前のことである。

上海に來てからは段々懷が寒くなり衣類所持品全部入質し榮華は昔の夢となり、萬里の異域であらゆる苦勢をすることとなり、此恐しき苦生中でも黃某は自分も〇〇運動に心血を注き獻けんものと奔走するので吾同胞等は感心せざるものはなかつたが、昨年中友人に對し京城の宅から來たと怪しげな手紙を人に見せて每月生計費四十圓宛送金するとの通知であるとのこと故友人等は彼れの幸運を祝福したが、其後彼れは立派な宿屋に移り中國人の賭博場に出入し再び放蕩生活となり或る時は幾十圓儲かつたとて其金使ひが怪しいと云ふ噂が立ち、其時始めて友人等も宅は已に破產に陷り送る金もなく亦手紙一通も來た樣子もなく郵便局で調べると爲替の如きものは來たことはないと云ふので、其行動を疑ふて假政府警務局でも秘密に活動を開始し調査の結果彼れは果して日本某機關の特派員で上海に來ておる日本人尾田と連絡關係を結び〇〇運動の靑年の間に假面を被つて泥入し昨年から密偵業をなせることと判明し、亦去月八日某が歸國證明を得る爲め上海日本領事館に行きし時黄某が領事館に居るのを發見したので、黄某に詐かれて彼れを同志として如何なる會合の席へも參與せしめた同志會では卽時誅討文を發表し聲討すると同時に、ある最初手段を取るべしと宣告したが、遂に自己の凡ての事實が爆露した黄某は此上は上海に在留することが出來ぬので數日前密かに出發京城に歸つたとのことである。（上海特信）

地主に警告發送　（大正一四、一〇、一四）

風虫水災の酷甚なる中に
坐賭の惡習を念慮して
順天農民聯合會奮起

全南順天郡農民聯合會では從來地主階級に對して必死の力で徹底せる鬪爭をしておつたが本年から一層新陣容を整へ猛烈なる戰線を布き、就中本年は、農作物に風虫水三大災があつたので惡地主等の因襲的惡習慣なる「坐看坪」を心配して左の如き警告文六百通を南鮮各郡の地主に送つて警告したと。

警　告　文

本聯合會は順天全部八萬六千の小作農民の全意思を合して組織した機關であるから其八萬六千の小作農民を代表して地主諸君に警告す。

諸君！今日勞働運動と農民運動が全世界各國を通して山は飛び海は傾くの勢で起つたのは現代の資本主義に對抗せんとする爲めではないか？此の大勢に隨ひ數年來朝鮮でも勞働、農民運動が全國各地を通して雨後の筍の樣に起つたのも勿論資本階級と地主階級に對抗せんとする運動である。小作人にも過去の如く小數の有產階級の爲めに働くと云ふよりも今日では先つ自活の爲め生產に努力するにあらされはだめであると云ふ自覺が生したのである。であるから凡ての運動は地方的又全國的にして一步を進めては世界的である。諸君も天下の大勢を見て大覺醒をせねばならぬ。本會で屢々決議をした所であり、往年諸君の組織した機關である順天地主會にても小作料は四割以內、地稅公課金は地主の負擔等九個條を決議しながら小作料を四割以上、地稅と公課もまだ每斗落に二三斗宛增納せしむる惡習を撤廢せないものが多い。是れでは地主會は一般を欺く決議をしたと云ふの外はない。小作人は此れに對して正當なる要求をするものであるが、地主は官權を藉るとか金力を憑藉して一層小作人に壓迫を加へ小作權を無理に移動して小作人の生命を餘地なく剝奪する。良心があり道德のある者で出來ることではない。殊に本年は水災風災虫災に因つて各面を通して農作は三割以上の減損となることは否認の出來ぬ事實である。農村では三災よりも人災が恐ろしいと云ふ流行語がある。誠に驚くべきものである。收穫期に際して諸君は私慾を離れ大衆の生活の爲めに多くの減賭を爲し以て人災のない樣に注意する樣玆に警告文を發す。衆怨合すれば決して諸君の福利でないことを大覺すべしである。

乙丑十月八日

順天農民聯合會

「漫畫欄」（大正一四、一〇、七）

（參拜も自由不參拜も自由と題し朝鮮神宮鎭座に對し諷刺せるもの）

革新と團結（大正一四、一〇、一九）

醴泉支局　一記者

醴泉靑年に告く

吾人人類社會は宇宙の進化法則に依つて其局面が度々變化するものである。であるから强者は弱者に富者は貧者に變じ、鎖國主義が國際主義に、個人主義が社會主義に化して行くことは誰れも否認の出來ぬ事實である。

噫、吾人に自由と幸福を與ふる半島江山は一朝一夕に他人の手中物となり、政治の自由を失ひ、經濟の破滅を受くるのみでない、人權は全部剝奪せられ慘酷なる悲運の環境を脫することは出來ず全く暗黑裡に迷ふ吾人ではないか。國土と血統が同じく主張と目的も同じ同胞でありながら、何ぜ反目嫉視、分裂爭鬪を事とするか、這般醴泉農民の衡平社襲擊の問題は甚だ不祥事ではないか、非道德的、民族愛のない行動を考へると戰慄する。筆者は其事件の原因や動機を言ふことを欲せない。亦言ふ必要もないと思ふが醴泉社會が餘りに紊亂して暗鬪が多いから彼我の自覺と反醒を促す爲め一言告げるのである。

過去の三一運動が起つた翌年から此醴泉でも結構な趣旨と美い精神で一つの靑年會が創立せられ、地方有力者や年長階級からも多數入會し當時は充分の活動と努力あり地方的事業としては他に比して優秀なる成績であつた。

然るに時代の變遷で一般思想は其方向や目標を變轉するにも拘らず、醴泉靑年會では時代の舊殼を脫することが出來ず、前會體、前主義其まゝを存續するので新進靑年には凡ての點が相合しないのみでなく、現代靑年會として餘りに落伍した事業であるから幹部幾人の發起で新興靑年會と云ふ別個の團體を組織することになつたのである。

主義と主張の異なる兩團體では個人の感情或は團體の主義で暗中爭鬪と反目嫉視を繼續して地方的事業には莫大なる障碍を招致した。

噫、諸君よ同じ血脈の同じ同胞でそれほど是非を爭ふ必要が何處にあるか。吾人は邁進の勇氣で排斥するものは排斥し同情するものは同情せねばならぬ。此んな不美な事が同族間に發生したことは少くも醴泉人士の過失である。朝鮮民族の恥辱ではないか。諸君よ『兄の過失は弟に關係はない』と云ふ非人的心思は一日も速かに去るべしである。

勿論對立の關係上已むを得ざる事情とするも相互の同情と反省で互に握手し團結して勇進せば成敎が容易である、醴泉の各團體青年諸君よ。新生命を開拓しようとするなら互に反省し團結し愁雲の重疊せる醴泉社會の爲め殊に槿域同族の爲め革新に努力せんことを望むのである。

少年勞働は六時間 （同　日）

木浦勞總諸決議

去る十三日午後十時木浦青年會舘内で勞働總同盟臨時總會を開き左記の宣言及綱領を朗讀し諸般を決議した。

宣言（畧）

綱　領

一、我等は歷史的使命を遂行して大衆本位の新社會を建設するを目標とす。
二、我等は勞働階級の現實的經濟上の利益を積極的に擁護す。

決議事項

勞働問題

一、勞働運動根本方針に關する件

(1) 無產階級の歷史的使命を遂行する爲め勞働者の戰鬪力を强大にす。其れが爲めには一般大衆の現實的要求に依つて大衆を勞働組合に結束して此れを戰鬪的に敎育訓錬すること。

二、勞働條件改善に關する件

(1) 勞働時間を八時間制として最低賃金制定は執行委員會に一任すること。

三、勞働者敎養に關する件

(1) 勞働夜學又は講習所及講座講演會を開催すること。
(2) 適當なるパンンレット及リーフレット等の普及を期すること。
(3) 講師を養成すること。

四、勞働團體組織に關する件

(1) 本地方及附近の非組織勞働者を組織するに努力し成立後は本同盟に加盟せしむること。

五、婦人勞働に關する件

(1) 夜間勞働を全廢して夜學を奬勵すること。

六、少年勞働に關する件

(1) 勞働時間は六時間制とし勞働種類に依つて防止又は制限し、幼年勞働は積極的に全廢すること。

七、外國勞働者に關する件

(1) 同一の階級意識を皷吹して同一の步調を取らしむること。(下略)

八、異流勞働團體に關する件

(1) 勞働運動の根本精神に背馳する團體は其內容を改善するか又は破壞すること。

九、勞働者衞生及食事に關する件

(1) 醫療に關しては指定醫院を設置し食事に關しては適當なる場所を選擇して共同食堂を設置すること。

十、罷業團體に關する件

(1) 積極的に後援すること。

十一、消費組合設置に關する件

(1) 實現に積極的努力すること。

社會問題

一、小作運動に關する件

(1) 有機的連絡を取つて積極的に後援すること。

二、青年運動に關する件

(1) 大衆解放を目標とする青年團體と聯絡を取ること。

三、女性運動に關する件

(1) 女性解放運動を後援すること。

四、衡平運動に關する件

(1) 積極的に後援すると同時に一般勞働階級に其意義を理解せしむること。

五、民族運動に關する件

(1) 民族問題の終局解決は社會問題解決にあるが故に政策以外に原則上としては民族主義を否認すると同時に妥協的民族主義は徹底的に排斥すること。

特殊問題

一、勞働紀念日に關する件

(1) 五月一日を一齊に休業して盛大に紀念すること。

(2) 細胞團體にては其の創立紀念を盛大にすること。

二、朝鮮運動線當面に關する件

(1) 地方的に實地運動に注力すること。

三、務本勞農聯盟に加盟の件

(1) 加盟することとすること。

統義府員潜入？（大正一四、一〇、二一）

某處情報に依ると統義府の巨頭である李〇道は〇〇〇〇を目的として桓仁、興京で大々的に活動中であつたが曩に同志中の猛者と目されて居る李青天外二名を連れて今月初旬三源浦を出發して朝鮮内地に侵入したが彼等の目的は〇〇〇〇を達せむが爲めに朝鮮内地の某々大官を〇〇すると同時に〇〇派を〇〇させやうとするにあつてその機微を察した平安南北警察部を初め京畿道警察部は勿論市内各署でも大に警戒中であると。

「見たい寫眞欄」（大正一四、一〇、二三）

◇己未運動當時の四十八人の顔をもう一度廣く見せてくださいで發表します。

◇記者　「讀者と記者」欄にも發表しようと思つたが餘りに多くて止めましたのですが要求が甚しいので發表します。寫眞は態々昔のまゝです。そうして順序はありません。

哭白巖先生（大正一四、一一、五）

長白　李光洙

白巖先生！　あなたは遂に去られた。幼いものを遺してあなたは逝かれた。

私はよく知つておる。温い重湯一匙も、藥一服もあげたものがないだらう。

塵だらけの室でよごれた寢臺垢のついた夜具の上で六十の老いた吾國老は涙をのんで逝かれたのである。

一杯飮まれると腰を伸ばして全天下に號令するの態度で音聲高く國の興亡を談られた樣は亦と再び見られないことになつたのである。

涙を流せ。

國の興亡より外に問題とせられなかつたのである。

國の興亡より外に悲むことはなかつたのである。

垢の付いた袷に老の骨がからまつて動かすことが出來まい。

血の同情　粥の一杯飮まぬ位を悲まれるものでない。

白巖は白頭山の巖、

太白狂奴――國を失つて狂つた太白の子と云ふことである。

其れが白頭山を抱いて六十六年を泣て逝かれた。

其身體でも白頭山に埋めてあげたい――白骨でも太白の土に埋めてあげたい。

朝鮮の若者よ。此國老に味のよい食物一度、溫い衣一枚も着せることが出來ず塵だらけの家、垢の付た夜具の中で涙を吞んで逝かれたのであらうか。

其老人の還曆の日に、

それは吾人が萬歲を叫んだ時、

吾人が集つて作つて上げた絹の衣一枚を着て、

余が差上げた藥酒を非常に喜んで赤い顏に笑みを浮べ、

『余が韓國痛史を書き韓國獨立運動の血史を書いたが例令老いても建國史を書かねば死なない』と云はれたが、

白巖先生はもう逝かれた。

白庵朴夫子を哭す（論說）（大正一四、一一、五）

朝鮮魂の芽が初めて春に向つた時にその最も生氣ある嫩葉が霜や雪の深い西北の道から頭を擡げた。

最も大なる試練を經た丈あつてその苗長の力、邁進の勢は最も迅速で强いものがあつた。

其の一人が白庵老夫子朴殷植其の人であつた。

他の芽は弱いのもあつたが其の中で只一つ大力量と風を凌ぎ霜に勝つの大威稜を持つて居つたのは夫子である。實に夫子は先驅者西北道の標幟であると同時に新興朝鮮の國寶であつた。

先生は其の威德を持つてやゝもすると縮み勝ちの我が運動線上に光を放たむ事を期待した。

先生は少壯なのは其の心丈で實際は古稀の老人であつた。斯かる老人に斯くの如き少壯の責任を負かすに至つたのは年の老いたのには關係なくその久遠の少年性を信じたからである。

しかし天は吾人の懇切なる祈願を容れる程に左様に寛なるを得ずして我々が持ち得るものでない程の族實中の一番大きな一つを玆に又情もなく奪つて行つた。

死なうと思つた事業で死なうと決心した土地で死んだ彼は或は素志の幾分を達したこと丶して自ら慰めらるるか知らないがそれと共に望みて進み行く目標がマダ〳〵遠い處にある此の際にあれ程に有力な路件否指揮者を失つた我々の打擊は何を以つて補償しやうか。本當であると云ふ彼の訃報を虚言だとしやうとする我々の眼に悲しいと云ふよりも却つて恨ましい涙が滿ちるのを故人の〇靈よ許されよ。

歷史上の兩大事件（論說）（大正一四、一一、七）

佛國革命と露國革命

一

今迄の人類の歷史上に大分水嶺が二ある。一は十八世紀末葉に起つた佛國革命で、も一つは一九一七年十一月七日に成功した露國の革命である。此二つの革命は同じく自由を叫び平等を主張し共榮の意味を標榜したのであるが內容に至つては一は個人主義的國家思想を地盤としたもの、一は共產主義的社會思想を内容として突進した點に其差異がある。兩者は共に專制政治の罪惡と財政上の紊亂及社會的缺陷が多く王室の風紀が頽廢しておつたこと丶、當時の軍隊が革命側に加擔したことが革命の成功した重大なる原因となつて居るが、佛國革命は個人主義的國家思想に其源流があるだけに外國に對して挑戰的態度を取つたのであり、國内で敵を擊退し卽時に國内に攻勢を取つて國家的に膨脹を圖つたけれども、故レーニン氏が政權を掌握した露國では昨日まで敵として戰爭中であつた獨逸に對して無賠償非併合にて絕對的平和を宣言した。そうして芬蘭、波蘭等の獨立を坐視したのである。再言せば二つの事件が皆同じく革命である關係上共通する點が種々あるが、一は有產階級の法律的自由の爲め起つた革命で、一は無產階級の經濟的平等の爲め起つた革命である。それであるから其結果に至つてそれだけ甚だしい差が生ずるのである。

二

十九世紀の絕對なる人文發達と產業の進步は一方にあつて資本主義の跋扈と軍國主義の跳梁を來たし、他の一方では無產階級の此に對する反抗と社會主義の猛烈なる運動が旺盛となり兩大階級は峻嚴なる對峙をなして激烈なる階級戰が世界各國で蜂起したのである。そうして各國では此問題を部分的に解決しやうとして最善の努力を盡して來たものである。レーニン氏を中心とせるボルセビキーが此問題を解決せんと擡頭して成効したのが露國である。其時間は一九一七年十一月七日である。同日午後一時にトロツキー氏がペトログラード、ソベツト集會でケレンスキー政府が消滅して全露大會が開會するまでは一切の權力は軍事革命委員會の手中に移ることゝなつたと宣言した。そうして其夜オーロラ號の大砲聲は全市に轟き、包圍軍の指揮官が會場に出て、各宮を占領し、ケレンスキーが逃亡し、其他閣員はピツト及ブル監獄に收容したと云ふことを報告した。此の如く臨時政府が消滅して權力が軍事革命委員の手中に歸したが、軍事革命委員の最初の命令は死刑の廢止と軍隊委員會の改選であつた。當時の光景と其事業に當つた人士等の心情から見て亦其後彼れ等の辛酸なる奮闘の痕跡から見て、今日を盛大に紀念する勞農露國の人士は實に感慨無量であることと信ずる。

三

已に今日の世界は露國に對して無用なる揣摩臆測をせないやうになつた。世界の伏魔殿とした愚昧から脫して、共產主義露國も資本主義帝國と共に國際場裏で相接するやうになつたのであるから、事新らしく彼れ此れ云ふこともないが、此の主義に對して讃不讃は別問題とするも少くも此新興國家が人類の歷史上に巨大なる實際物なることは動かすべからざるものである。であるから吾人は今日に當つて東洋で殊に京城市で此歷史上特書する新興國家の紀念を初めて擧行する同國關係者に特に敬意を表する所である。

勞農露西亞の現狀（大正一四、一一、七）

一、八年前の今日

人類の記錄せられた歷史が旣に二百萬に近い日を置いて居るが、十一月七日位人類社會發展の爲めに深い意義を顯はした日は無いであらう。此の日の本當の眞正な意義は日が經ち月が進むにつれて益々深くなるであらうが、露國無產階級が人類社會のあらゆる傳來的價値を顚覆して前に無かつた新社會を創設したのは八年前の今日である。

露民族のみならず人類全體が此の日から新らしい發展經路を踏むに至つた事實を振り直つて考へて見ると八年前の今日にその大事件が如何なる過程を以つて此の重大なる歷史を作つたか今一度考へて見たいのである。

それ歷史の變易は必ず原因がある。革命を起したレーニンは自己の主張が民衆の要求と合致する樣にしていつた事實を現實に示したものである。

然らばその事實とはどんなものか。

革命は民衆の飢餓線が最も高く上つた時に成功するものである。その當時の露國の經濟は實に破滅して民は塗炭に苦しみ云々(以下革命の經路なり)。

時代報地方部長を咸興署に拉去 (大正一四、一一、八)

内容は名譽毀損告訴で市内言論界物議紛々

時代日報地方面記事が自己の名譽を毀損したと云ふて咸興金昇煥が同報地方部長洪南杓氏を相手取り告訴し、云々中であつたが一昨日突然咸興警察署刑事二名が京城に出張して本町警察署の後援を得て同氏を逮捕し簡單なる取調をした後同日夜十一時の汽車で咸興に押送したとのことであるが、刑事の二人も派遣して此の如く言論界の主なるものを引致する咸興警察署の態度に對して一般の非難が多いと同時に言論界では物論紛々である。

最後まで決死活動 (大正一四、一一、八)

惡地主の非行を一般に公開
在監中の同志を積極的に後援
禾湖勞農會各區代表の決議

全北井邑郡禾湖里の小作爭議で具成一、金昌洙兩幹部が拘禁せられ會員一般は惡地主に對抗する心が一層強くなつたことは既報したが去る三日午前十時から該會館で各區代表三十餘名會合朴東洙氏の開會辭と吳奉先氏の司會で左の如く決議した。『惡地主の非行に對する件』に入つて一時會場險惡の空氣であつたが該會では陣容を守る爲め最後迄決死的に活動することに決議し午後四時半閉會した。

決議事項

一、惡地主の非行に對する件
二、賭租納付に對する件
三、在監中の同志に對する件
在監中にある兩同志は積極的に後援すること。
四、月捐金徵收に對する件

先驅者の寃訴（六）（大正一四、一一、一四）

五

小學校敎員諸君—諸君中には敎員と云ふ諸君の職業を最も無價値な一種の賤役と考ふるものもある

であらう。それと反對に純眞なる幼兒を友とし其の活氣ある眼やあどけない微笑に無上の滿足を感じ自己が幼時抱持した人道的理想を彼等の幼き頭の中に培養せしむるに不斷の努力を傾注するものもあらう。前者は擧論の餘地はないが余は此際其後者に對して一言告げる。

諸君の愛する生徒等が諸君の教訓の感化を受け或は楊萬春、鄭圃隱の武勇忠節を欽仰讃美し或は熱情の火焔が燃上がる樣な『シルレル』の詩句を誦吟するのを見る時に諸君の歡喜は實に多大のものであらう。

しかし諸君の其歡喜は久しからず言ふことの出來ぬ悲哀に變じて了であらう。其生徒等が歸つて父兄から『牧師と警察官に尊敬の態度を忘れてはならぬ』とか『官吏と長者に對しては謹愼と服從を守れよ』とか嚴峻な叱責と長い說教を聞いて彼れ等は『シルレル』を棄てゝ『自助論』を手にすることになつたと云ふ消息が諸君の耳に入つた時に諸君の心は果して何ふであらうか、諸君の胸に失望の涙を注ぐことは決して此れのみでない。

軍刀や勳章に中毒し功利虛榮を夢みる者や錦衣洋屋に目が眩み以前から資本家的掠奪を胸中に劃作する小兒等が毎日諸君の校內に生ずるのを見る時に、其れ等の幼兒に對し多大なる囑望を持つて居つた諸君は始めて現實と理想との間に悲嘆するほどの矛盾あることを覺り深い思索に陷るやうになるのである。

そうして諸君は依然楊萬春鄭圃隱の武勇忠節を是認することはしつゝも、それ等の思想にして只『忠を盡し以て聖恩に報ゆ』と云ふは舊道德の遺物で『君王の爲めには數萬の生民を犧牲に供しても猶ほ足る所に非らず』と云ふは軍國主義的精神の所產であると云ふことゝ、現代の詩が只白雲赤松に露を食ふて生き得ることを夢想する者等の虛幻な戲弄であつて吾人の日常生活に何等の關係のないと云ふことを喝破するのである。

そうして諸君は此の樣な諸君の思想を廣く傳播すると同時に校內校外の一般世人に對し廣大なる人道的敎育を廣めやうと少なからず努力するのである。しかし其事が現社會では到底實行することの出來ぬことを看破した諸君は紳士閥社會の根底に猛烈なる攻擊を加へるのである。其時諸君は學務當局から免職の處分を受け學校を出て社會主義者の徒黨に加擔するのである。そうして亦被壓迫階級の解放の爲め勇敢に鬪ふと同時に、今まで知らずに居る幾多の者に對して現社會の各種の缺陷矛盾と吾人の當然行ふべき本領を親切に敎えるのである。

そうして諸君は人類社會に眞の平等と眞の友愛と無窮の自由とを齎來する爲め自己の一生を犧牲とすることを以て諸君の當然なすべき天職となすやうになるのである。

指を切つて血印を捺した血流同盟誓約 （大正一四、一一、一八）

祖先傳來の土地を故なく奪はれ
東拓に對する住民等の同盟誓約
羅州土地係爭事件

全南羅州郡榮山面、旺谷面、細枝面の三面民と東洋拓殖會社間の土地係爭問題は漸次險惡となつたが以上三面一千五六百名の農民等は土地を回收する爲め最後まで必死的努力を盡して土地を取返す日迄爭はんと、農民會員等は『土地を取返す日迄は血で盟誓して最後の一刻迄爭はん。土地を取返す日迄は小作料も支拂ふまい。』等の決議をして互に指を切つて血を流し血流同盟誓約書を書いてそれに血印を押したと云ふ。全文は次の如しと。

誓約書原文

右は本人等の祖先より傳來した吾人の土地を故なく東拓に奪はれ殘念であるから吾人は吾人の土地を回收しやうと云ふ各自の自發心から自己の指の血を注いで此れを以て盟約し吾人の土地回收までは退却せず亦小作料も納めざる事を同盟することゝして玆に血を以て連名指印す。

時代の頂針（論説）（大正一四、一一、二一）

其受持は誰れか

一

病を治むるに効驗の一番速なものは針灸である。それは丸藥や水藥の比でない。釋迦醫王の濟世も頂門の一針を貫しとするのである。

今日吾人朝鮮及朝鮮人は樣々な病人である。兼ねて時代の輪氣は勝つことの出來ない激變あり、以て精神や生活意識を失ふたことは已に久しいのである。浮脈の皷動するほど眞陽の絕えず燃えて行くのを心配せずには居られないやうになつた。

何よりも先きに自己意識を明瞭にする爲め一枝の神針を要求し一炷の靈艾を要求する。正當なる生活機能の發揮と順利の生活局面の打開は何よりも特に正見正思惟正精進を以て急先必須の條件とするのであるから時代は正に此精神を喚醒するに足る神醫の妙技を待つのである。

二

思想的化道の幾多なる形式中で醫方にある針灸と同じものは何かと云へばそれは辯論又は演說である。奇効を立待するものは辯舌を以てする外科的反應である。立所に他人の心機を操縱し一擧で自分の思根を植付ける方法は此れより外にない。雄辯の要は此所にあるのである。只號令さ鐵拳電の如く、脚蹴火花の如き所に文豪の筆が何か。哲學者の頭腦は何の役にも立たぬ。只折破で押し通し潮水でも塞ぐさ云ふ千軍萬馬の劇的光景は吾人が屢々史上で見る所であるが、蜉蝣のやうな孤軍で大樹のやうな羅馬を震動して殆んご其根を拔かうとした『ハンニバル』は何を以てしたか。兵力か軍略か天の時か地の利か。そうでない。只舌根一つである。其三寸不爛の一舌が『カルタゴ』の大衆を動かしたのである。壯烈な『ポエニク』戰爭は戈戟や旗皷でしたのではない、實に舌一枚で能く起し善く辯したのである。『進むに途がなく退くに途がない汝等よ勝利さ死を一戰で決せよ』さ云ふ聲が『ハンニバル』の舌から落ちた時はもう羅馬はカルタコ人の眼中にはなかつた。『ハンニバル』の針がなかつたら『カルタゴ』の今日はないのである。

三

『スパルタは已に死したか。君の血管には希臘人の血が全く枯渇したか。噫同胞よ若し戰はんとするなら自己の爲め戰へ。若し踏み躙られる位なら吾人の壓制者を殺戮せよ。若し死ぬるなら名譽ある戰に死せ』『スパルタコス』の悲壯なる此言あり。又『自由でないなら死を與へよ』さ云つた『ヘンリー』の絶叫は勿論或る時代の一米國人の言であるのみではない。『國は余の神像である余は此れに凡てのものを獻げ今亦此れに生命を獻げる。余は愛蘭人として我國を内外二重の壓制から救ひ出そうさ立つたのである。余は我國を自立せしめて完全に他國の干渉外に安置しやうとしたのである』と云つた『エメツト』の言は之れ渴望しなければならぬ人格者の言ではないか。そうだ自己の爲めに戰はねばならぬ吾人であり死の代りに自由を得ねばならぬ吾人であり、此れが爲め内外二重の壓制干渉から脫け出て自主の人とならねばならぬ吾人である。そうせんが爲めには吾人は朝鮮の『スパルタコス』『ヘンリー』『エメツト』を一日も速かに吾人の辯論壇上に見たいのである。此の如き雄辯の針に自己の精神を呼び起さねばならぬ。

四

時代は一歩々々大衆的に傾向する。大衆的に進めば進む程緊要なのは正しき目標を失はないやうにする先導と亂れかゝる步調を調べるラツパの聲である。横道に入つたり驚いたりしてはならぬ。此時代の行進を指揮するに足る正當なる號令がなくてはならぬのである。天は今此の神の針を誰れに預けて居るのであるかと云ふことを知ると云ふことは非常に意味が深いのであるが、萬一其樣な天の寵兒がないとすれば社會的に其れを喚起し培育し促成することに力を盡すことが時代の一緊務でなくてはならぬ。

友よ團結せよ（論說）（大正一五、一、三〇）

政治の自由を失ひ經濟は破產した朝鮮を救ふには團結より外にない。

靑年よ吾人は政治の自由經濟の平等を獲得せむが爲めに團結して鐵拳を振つて頑冥なる彼等と強く戰へ。吾民衆は斯くの如き役軍を渴求して居る。靑年は其の役軍である。故に如何なる困厄があつても其の目標を變へずに熱血溯る鐵拳を振つて矛盾と不合理不公平を打ち破つて合理的な新社會を建設せよ。

正義府員と義烈團員八十餘名潛入說（大正一五、一、三一）

目的は直接行動決行

滿洲に根據を置いて居る正義府と上海の義烈團は最近互に連絡を取つて朝鮮に對する諸問題を密議相談の上近々或る機會を利用して京城を中心として都會地に某々計劃を實行することゝし正義府からは既に府員中最も意志の鞏固な技倆が卓越したもの三十餘名を派遣したし、又義烈團でも團員二十餘名を派遣したそうであるが彼等は機關手、運轉手、配達人、火夫、會社員等一番直接行動をするのに都合のよい職業を求めて此の先漸次に這入つて來る同志と連絡を取つて直接間接に猛烈な行動を取る筈であると言はれて居り彼等の中で日語に精通して居る人々は日本人戸籍謄本を拵へて持ち込んで居るとの情報に接した京畿道警察部では各署に通知して嚴戒中であると。

三重縣事件報告（原本）（大正一五、二、四）

日本三重縣朝鮮人撲殺事件内容

布施辰治

三月一日三重縣木元町に突發した鮮人土工撲殺事件は私共が默視することが出來ぬものと認めて私が自由法曹團から派遣せられて云々（以上布施辰治の報告書寫眞版）

在住同胞を殺害した三重縣事件の眞相の布施氏の報告を不自由ながら書き得る範圍で報道する（一記者）

人道上の大問題

私（布施）は大阪三重名古屋の各官憲に對し出來得る限り調査を遂げたが、調査の結果は實に驚くべき兇暴な思想の表現であるから大に論議考察しなければならぬが目下豫審中で詳細を發表し得ないは遺憾であるがその原因動機結果は人道上の大問題たるものが頗る多い。

感情を助長した縣當局の失態

日頃日鮮兩土工が差別觀の爲めに感情の疎隔があつたにも拘らず縣當局は漫然放置して居つたと云ふ失態がある。

直接原因は日工の暴行

洪鐘淵を刺し殺ろした森永光雄を直ちに檢擧しなかつたのが原因で翌日又大爭闘となり、次に劇場主を朝鮮人が毆つたからその者を出せと部下が暴れ込んで遂に大爭闘となつたのであるが、木本町長は町民を煽動して朝鮮人を襲撃させた等遂に斯くは全町民一千二三百名が兵器を持つての大爭闘を起すに至つたものである。

何の面目を提げて出立つか　（論說）　（大正一五、二、一三）

彼も（李完用侯）逝いた、彼も畢竟捉はれて往つた。保護巡査の十重二十重の立番や鐵扉礡壁の堅固な掩護も彼の世からの迎への使が遣つて來たにはどうすることも出來ず構へられた劍や見えない攻擊棒が雨霰と降來る中でもびくともしなかつた彼の瞳も閻羅の差紙の前には溫順に閉ぢなければならなかつたのである。此の秋であつた。汝の爲に準備されて居つたのは此の時であつたのである。

如何に身をもがいて焦つてもがばと飲み乾さねばならぬのは此の日の此の毒杯である。

汝の棚の上から落ちる程重く背負ふた官記勳章や汝の倉が張り切れる程積み上げられた金銀財帛も此の時の汝をば助けるには髮の毛程の役にも立たぬことを他の人ならぬ汝の事なれば一々御尤と味感ずるの段取が今こそぶつかつて來た。萬を半截した長しへの德馨と(五千年の韓國)千を兩萬した多くの生脈とを(韓國二千萬民)耳の落ちた鐵の片と(金錢のこと)換へるの時にそんなものでも千も萬も亨けるとよいと思つて居つたどらうが、今となつて總て皆是れ虛事たるに氣が付いたであらうし、固くなりまさる舌を嚙むの秋は來たのである。こんな事とは知らなんだ(一字不明)と云ふその時にぶつかつた汝の感懷こそどんなであるか。總ての事は皆夢幻に等しく泡影の如きものだけれど只一つ醜耻惡辱のみは現實として萬古に遺ることに氣のついた此の時の汝の心の內こそそれどんなものか。

學部の勤丈で止まつて居つたらと云ふ考も出るであらう。否な一番の初まりに大家の養子にもならず田舍で土地でも堀つて終つて居つたならばと云ふ考も出て來るだらうよ。

淸い身と安らかな心で最後の眼を閉ぢむには汝が少くとも正しいと思つて居つた事が一として今日汝を苦惱煎悶させないものが無い事を今更ながら泡喰つて見ねばならぬのであるぞ。

たつた今の先迄は眼をパチつかせながら自己を辯護する種でも考へたり自己を慰める方法でも捜がして居つたらうに六十餘年の頑雲迷霧は皆消えて天良の月輪のみまんまるく朗照する此の庭で見ま

いとしても切りに眼の中へ入つて來る汚ない骨の袋（自身のこと）を見せ付けられては横柄に構へた大眼の汝と雖も取り止めも得しない熱い涙が流れない事は無いであらう。

今や下駄の友が（日本人）チヤホヤするのも汝の眼からは見えないだらうし、同じ穴の狐共が集つて互に慰め合つた言葉も汝の耳からは消えるであらう。

此の眼を閉ぢつゝ再び開かれる新らしい眼には只理と義と只法と度との森嚴威肅なる世界が映つて來るのだ。

今迄思ひを焦がして考へたには俺が死んでも列宗や淸い祖先樣方がお出になる處でお目には掛れたものでないから別のあの世へコツソリと往かうと考へたであらうが閻羅府での汝の待遇は何處なりとも同じなのだから汝の爲めに別のあの世への途があり得やう筈も無いのだ。

桂庭の（閔泳煥）の高い門の前も通らねばならず鄭圃隱（夢周）のまばゆい光輝ある村の中も通らねばならぬのだから其の時毎に被ぶさつて來る攻擊火が汝の身を内と外とから燒いて燒くのだが無殘じやないか。そして歡迎の旗なりとも立てゝやつて來さうな者だと思はれて居る宋三趙四（宋伯趙子）も鄷の世の中では休暇が無いから尋訪もしてくれないから別けても非常な心寂しさに堪え兼ねまいであらうがな。

人の顯思が恐ろしいのではないぞ。惡鬼の陰議が恐ろしいのでもないぞ。それやこれやを免れやうとするならば免れもしやうが檜姦倫巧（賣國奴）でさへも遂に免れ得ないは究竟の一死だ。一死以後の永遠の公罰だ。恐ろしく怖ろしいものが何かと云ふならば去つて益々膨れて行きそして止めも得しない此の永遠の刑懲の苦痛である。

生て居つての美眼佳饌好居善飾が如何に柔輭の體に適し順當に心にかなつたとてそれは夢の如き時のことである。永遠の業報が身に纏はり着き恒久の唾罵が後の世に殘るに比するとそれは磨きも出來ず銷ることも出來ぬものであるぞよ。

命は短きに義は永く人は知らねど法は嚴である。誰が不義の富貴を以つて能く身後を潤し得る昇ぞ。——誰れが一代の榮華を以つて能く萬古の寂寞を免れた者があらうや。誰れが賣るべからざるものを賣つて能く享くべからざるものを享けた者ぞ。棲露嶺の花は皆岳王の墓の爲めに皆芳ばしい香氣を放つの一方には、西湖の遊客は皆繆醜像に向つて醜氣を放ち掛けたのを見ても之れ豈忠姦の顯報にあらずや。

見えない天下の汚穢が形なき醜像を罰責することと丈は昔から一刻も寛容しなかつたものである。（岳飛と秦檜との例を云ふ）（岳飛の墓前に秦檜謝罪の像あり）生きて居る時に享けたものがそれどんなに大したものであつたのか。今から先受けねばならぬこと、もの、實にも氣も絶えなむ許りのものではないか。その苦るしい酬は永遠の眞實であることを今日此の場で初めて覺られたであらうがな。

おゝ握つて居つたその財物はもう吐き出して了へ！言ひ譯許りして居つた責罰のことを今日となつてこそは今から永遠に受けねばならぬぞよ！　了

本報二千號發行に臨んで　（大正一五、一、一八）

幾多の險路を經て本報は二千號に達した。しかし本報が創刊當時から聲明した主義と理想とは何時が來たら實現出來るか之を想ふこ感慨無量である。

本報は夙に民主々義を提唱し自由精神の皷吹と民主思想の發達を叫んだのである。第二には本報は曩きの三一運動の正統的潮流と精神とを承けて誕生したものである。

而して二千萬民族の表現機關として自ら任じ自ら期して來たのである。世界の大勢を一瞥するに今猶民族の旗幟は對立して居り國境の區域が嚴存して居る。それだから我が民族丈が此の慈善的犧牲となつて無慘なる蹂躙を受けて甘んじて居るの理は何處にも無い。是れ本報が民族的自強を高調して來た所以である。第三に新文化の建設を絶叫して來た。

本報が以上三大主旨を天下に聲明して以來二千號を發行するの今日に至る迄毅然として立つて驀進して來たのは社中同志の至誠報國の一念に俟つ所も淺くないが又滿天下讀者諸氏の愛護と聲援の多大

なりしを感謝するものである。

臨時政府國務領異動 （大正一五、二、二八）

上海にある臨時政府では去る十七日國務領李相龍氏を解任し其の後任として梁起鐸氏を選擧したが李相龍氏は曩に議政院に向つて關係を斷つと聲明したので斯の變更が生じたものであると。

海外各過激團體で爆彈拳銃を携帶して潜入 （同　日）

騒然たる情報が連日切りに至る
警察部以下市内各警察署活動

金一山の爆彈事件に前後して近日又警察に到着した情報に依ると上海丙寅義勇團でも爆彈を携帶した青年隊員四名を京城に派遣したそうであり、義烈團では李天仲を派遣し、彼等は目下市内某方面で機會を待つて居るし、其の他滿洲上海露領沿海洲方面及北京天津等に居る過激なる武裝團體でも最近夫々朝鮮内地へ潜入する密議をして目下猛烈に活躍し、幾日も殘つて居らない三月一日を機會に最も策略の勝れたそして直接行動の上手な團員隊員を秘密に派遣して互に聯絡を取つて某計劃を實行しやうとするそうであるが、北京方面からは康錫勳が爆彈拳銃を携帯して入つて來たし、露領浦汐方面からは尹聖喆外五名が爆彈八箇と拳銃三挺と宣傳文書多數を携帯して旣に去る五日出發して國境をうまく越えて京城方面に這入つて來たと云ふ情報が來たので、京畿道警察部では市內各署と連絡して目下秘密裡に大活動中であると。

新民部でも決死隊數十名派遣

三月一日を控へて目を廻はして居る警察當局にぞつとする樣な情報が這入つて居ることは別記の通りであるが、滿洲に根據を置いて居る新民府でも爆彈、銃器を携帯した決死隊十數名を派遣して猛烈なる活動をやるとの情報があつたと。

國際農民本部から朝鮮農民へ

（大正一五、三、五）

ロシアにある國際農民本部から朝鮮農民等に傳へてくれと次の文が三日本社に到着した。

本日貴國民の第七回の悲しい紀念日に際して國際農民會本部は四十個國で組織されて居る農民團體

を代表して最も深い同志としての同情を農業國民たる朝鮮同胞に捧げる。此の偉大なる日の紀念は永遠に朝鮮の農民に彼等の歴史的である國民的義務たることを覺らしむることと信じ且つ現在在監して居る多くの同志及奮闘して居る多くの同志に兄弟愛の慰問を爲す。

三月一日　　トムパルプ、ホスネシエンスキー

敦化門前に突然慘事（號外）（大正一五、四、二八）

短刀を持つた壯丁二名が突現
日本人の乘つた自働車を襲擊

今日午後一時十分頃京城府高山協議員と商業會議所議員佐藤虎次郎の兩氏が昌德宮に奉悼の爲め參内して歸途自働車で敦化門前恩賜授産場前に到るや突然二名の壯漢が短刀を持つて驅せ寄り兩氏を自働車の上で刺したと。

巡査も重傷、憲兵は放銃、犯人一名は逃走一名は被捉

不意に此の光景に遇ひ警戒して居つた鍾路署藤原巡査が犯人を逮捕しようとして反て犯人に刀を奪はれ頭を刺されて重傷を受け警戒せし憲兵は犯人に向つて六連發を發射したが一名は逃亡し一名のみ

逮捕せられ卽時所管鍾路署に引致せられたと。

高山氏生命危篤

刺された前記兩氏は急遽警官の保護で昌德宮內藥房で應急治療をしたが高山氏は生命危篤であると。

犯人は朝鮮人

前記犯人は白シャツとつむぎヅボンの勞働者服を着た朝鮮人であると。

大妃殿下震怒　（大正一五、五、二）

種々の儀式節次に近親舊臣の怠慢から

（近親舊臣間に複雜なる事情が勃發したため種々の儀式が後れたので大妃殿下が震怒されたとの記事）

山陵問題　（大正一五、五、三）

先皇帝山陵は頭から問題になるものでない。平日の御孝心から推し考へても御聲掛りが無かつたとしても萬歳の後は先陵の松柏に側近く葬り奉るべきもので旁々御遺志にも副ひ奉る事になるのである。

裕陵を洪陵へ遷し奉るべき事が御名殘りになられて居る程で平日の聖意は洪陵であられたのであるから先づ洪陵と決して置いてから次に他の候補地に就ての論議もしても差支はないではないか。謹んで先帝の一生を察し奉るに親子の御恩愛いとも深く母宮父宮喪後は御したひ遊ばす情が殊の外に深く萬歳後は是非先陵の御側へとの御心であつたのである。それ故爭でか先帝の御遺志に逆く事が出來やうや。

現下の朝鮮と總督府經濟策（八）（論說）（大正一五、六、三）

裵　成　龍

斯くの如く今日の經濟は生産方面に向つて跛行的に發達したものである。

何時の時代にありても生産がなくして分配があり得ないのであるが完全なる社會を維持せるには生産を高調する他面分配の公平を期せざるを得ないのである。

今日迄での經濟が生産のみを跛行的に高調し畸形的ではあるが相當に發達したから今日の經濟は生産の發達しただけ分配の發達の爲めに努力せざるを得ないのである。勿論分配を發達せしめ樣と云ふのは決して形式的要求でなく、其の發達を待たずしては經濟苦を除去することが出來ない最も不可缺なる實質的要求である。果して朝鮮人の經濟生活上の苦痛は生産量が如何に增大しても減ずることが出來ないのである。故に此の現狀の生産でも其の分配に關して必要なる整理がある所にのみ朝鮮人の經濟苦が緩和出來得るのである。卽ち生産機關の獨占事實と、大量生産のみを高調する事實がある以上には一般民衆の勞働力に因り得る生産品が常に生産作用の埒外にある消費者の手に入つて仕舞ふのみである。のみならず旣に破産した朝鮮人としては高利貸の利子と家賃、必需日用品代金及高率の各種稅金の爲めに一層生活が萎靡して仕舞ふのみである。眞實なる問題は此處で始めて逢着する事になる。卽ち生産の增殖する所にても朝鮮人は其の增收に要する費用を償ふことが出來ず、又土地兼併を防止して自作農の如きものを創定して小規模の生産機關を朝鮮人が有する樣にするとしても總督府の租稅政策の如何、關稅政策の如何、金融政策の如何に依りては其の經濟力が何れの人何れの所にも任意に集中せしむることの出來る立場にあるから此處には朝鮮人が其の生産行爲、經濟的活動に何等の希望を付することが出來ないのである。從がつて絕望的態度を取る樣になるのも避くべからざる事實だと云ふべく、又殊に、彼等は僅少ながら生産の果實を得る迄での先替費用を充當するだけの經濟力を缺くものであるから、其の何れの方面から見ても朝鮮人の生活を資本生産の法則に依り打算するときには我等は其處から悲觀の材料以外に何も發見することが出來ない。云はば問題は常に其の根本となり原則となつて居る現代の經濟組織、政治事實、生産機關の占領問題に到達して仕舞ふのである。故に唯今迄での其れは勿論今後の計劃迄で總督府の朝鮮に實施し、又せんとする經濟政策は徹頭徹尾朝鮮人の經濟生活を意識、無意識又公然、暗然中に一層〳〵窮乏の穴に最も急激に驅ひ込む自然淘汰の作用の扶促策だと云ふことが出來るのである。

（時代日報同日付差押記事に畧同じ）

己未以後の民族的重大計劃發覺　（大正一五、六、八）

自動車隊で檄文、宣言書六七萬枚沒收

鍾路署員北京に急行　（號外）　（大正一五、六、一〇）

京城に入つて計劃を完成し東京上海を經て北京にある

主謀者を逮捕せんと

（記事略）

佛敎代表の啓明星

上海から入來したと云ふ佛敎代表の某氏、檄文頒布して京畿道警察部に捉はる。

新事件、新檄文續出

（記事略）

檄文は全部七十萬枚

十三道の村々に散布した模樣

（記事略）

敦化門前で萬歲高唱（號外）（大正一五、六、一〇）

午前九時頃宣言書を撒布

今朝午前九時因山の行列が漸く過ぎんとするとき敦化門圍成社附近に於て多數の學生が檄文ビラを撒き萬歲を高唱し多數の群衆も之れに和し萬歲を唱へ騷擾中騎馬巡查其他多數の警官は之れを解散す

る爲め群衆と衝突して多數の負傷者を出し已に檢擧せられたものも多數に達し尙ほ繼續の狀態なりと。

精神力の偉大性（論說）（大正一五、六、一一）

物質文明が發達して黃金と武力とは征服力を成し且つ又征服慾を助けた。

十九世紀百年間に物質文明が發達してそれが少數者の享樂の爲めに多數者を抑壓し搾取し酷使するの罪惡を實行して來た。

此の罪惡を犯した所謂强者も此の惡行を背負はされた弱者も皆自ら體驗しながらも、それが人として行つては惡るいと云ふ事も氣附かず、專ら物質力の偉大性と自我本位に心醉して優勝劣敗は不變の鐵則と信じ、共存共榮の人間性を顧みる餘裕も無かつたのである。

二

そうて人間の本性に叶つた文明を建てずに自然界を征服すると同時に人間を人間が征服して殺戮し虐待して來た。

今日弱少民族の悲は此の罪惡の結果である、强國の焦燥煩悶は此の野慾の報酬である。

人間は決して一時の物質力を以つては永遠に征服することは出來ず精神力と云ふものはさう〳〵たやすく心のまゝになるものではない。

物質力の征服が精神力には及ばないとすると、その物質力の征服は決して征服者たる強者等が一時うれしがる處自ら滿足する所とは正反對となる事實が動いて居ることを知らねばなられ。強い民族即ち物質が豐富で黃金、機械、武力で一時征服したとしても其れが直に被征服民族の滅亡を意味するものではない。其の例がないことは歷史が證明する所でなくて何であらうか。

昨十日の京城の光景は何を表現し何を暗示するであらうか。此れが朝鮮民族精神力の偉大性を發露するものでなく何であらう。愚な樣であるが賢いのは民衆である。白衣大衆が空前の大勢で京城に到り隆熙皇帝の最後の途を奉悼するのは表面では愚な民族ではあるが裏面に潛在する精神力は朝鮮人としての個性と威嚴と自立の確乎たるものを現はすものでなくて何であらう。誰れが集まれと云つて集まつたのでなく誰れが此れを禁じて阻止したものでもないから民心は天心である。朝鮮にありて天心が何であるかを明確に看破することが出來る。此の天心を抑壓するものは誰れであり此の天心に背叛するものは何であらう。我等は斷言する。一つもない。百萬の大兵が幾千萬の肉身上の生命を生殺する能力があるかは知らないが此の精神力を支配するには餘りにも不足であり無能であることを忘れることが出來ない。政治上や經濟上には今日の朝鮮民族は生きた死肉の樣であるが、此れだけで見ても朝鮮人は死んだのでなく生きて居ることを知ることが出來、生き方も潑々として生きて居ることを信ずることが出來る。此の精神が一層健全に旺盛なる樣努力し、而して此れを以て我等が理想する文明を我等の手で建設することに一層努力することが必要である。

己未前にも鐵窓。初志を變へず （大正一五、六、二六）

己未の年の當時にも大邱で服役
初志を其の儘、因山の日に萬歳

六十萬歳洪鍾顯公判

六十萬歳事件の最初の公判である洪鍾顯の公判は來る二十八日開廷の事に指定せられて居つたが、二十四日午後急に變更せられ昨二十五日午後二時から京城地方法院第七號法廷で第一回を開き、審理する前に被告は警察に捕はれてから以來非常に苦しめられ耳も惡くなつたので言葉を明に言ふてくれと述べ、判事から住所姓名前科の有無を問ひ、大正八年にも今回と同じく大邱地方法院で保安法違反で一年の懲役に處せられ執行中に假出獄になつたと陳述し、職業は農業、學校には行つた事なく字も習つた事がないと述べ、事實の審理に移り判事の審問に對する被告の答辯を綜合するに、被告は半萬年の歴史を有する朝鮮民族として今日の如き境遇にあるのを常に悲観し大正八年頃から我々も人と同じ自由の生活をしやうと考へ其の當時にも監獄に入いつて懲役をしたが、懲役中でも假出獄をして出ても、何時も其の心が絶えなかつた、今回國葬のため京城に多數の民衆が集まるのを機會に故郷から上京し六月八日着京總督府裏李某方に投留し、國葬當日を待ち一方朝鮮白紙一枚を求め右の指二本を切つて血を出し、其の血で〇〇〇〇萬歲と書し眞中に太極旗を畫き其の中に（吾人は自由を得る爲戰はう）と書した旗を造り國葬當日に旗竿を杖とし旗をたゝんで懷中に匿し東大門附近に至つて因山行列が通過するのを待つて居つた。

行列が通過するのを見て群集中より躍出で〇〇〇〇萬歲を叫び前記の旗を振り廻し警官に捕はれたのであると。

十箇月求刑、言渡は八日

祖上と子孫の爲一身を犧牲求刑せられて反抗した

被告の最後の陳述

被告は自己の祖上と子孫の爲又自國の爲にしたのであるから懲役に處せらるゝ理由がない等、過激な言で法廷で暫し反抗をしたが看守に引かれて行つた。

二時二十五分閉廷した。

孤獨の靈魂 （大正一五、七、六）

警察官招魂祭が行はれた。其の大部分は合併及萬歳運動以後國境一帶を筆頭に全鮮各地で慘劇中に生じた靈魂だ。

民衆と衝突して民衆の銃劒に仆れた警官等を卽ち息のある人が息の無い靈魂を招魂してやる事は人間社會の當然の事である。

然しながら吾人が人としての至情を以つて斯の如き考を繰返へして居ると忽ち胸も塞がり筆尖が鈍るの悲痛を禁ずる事が出來ぬ。

民衆の銃劒に倒した警官の靈は招魂祭をされるけれども、警官の銃劒に最後を遂げた民衆の靈魂を祭つてくれる人も事實も無いのは是れ何が故であるのか。

彼等を盜坧として見よう！それでも吾人と共に暮らして來た兄弟じやないか。

彼等を罪人として見やう。それでもよく暮らせと生み付けられた天帝の息子ではないか。

生き行く此の世の中で死んで終ふ事がどうして警官社會で丈け悲慘であり、生きて居る人として死んで終つた人の爲めにする事はどうして警官招魂祭であらうや。

持つて生れた命のまゝに生きる事が出來ずに最後を遂げた我々の無數の兄弟の幽魂が、若し雨の降る當日の昔の大闕を窺いて見たとすると孤獨の悲哀の爲めに如何許り泣くであらうか。甘雨を降らしてくれた當日の雲がもしも彼の世から來たものとすると一滴〳〵が單純な雨ではないのである。警官等も憫である。しかし彼等は孤ではない。民衆は憫である。然り而して孤であるわい!。

本當に生きることが出來ないのか（論說）（大正一五、七、一八）

一

吾人は何をせんが爲め此の世に生を有して居るかは知らないが既に生ある以上は此の生を何等の意義なく抛棄したくないのみではなく、其の意義ある生を求めねばならない。又其の生を抛棄するにしても意義ある途を探さねばならないのである。これは、如何なる社會、如何なる時代、如何なる人を問はず、人の生に對する正當なる態度である。併しながら最近の朝鮮人は「我々は死する外途はないのだ。どうして生きることが出來るものか」と言ふ語を殆ど流行語の如く口にするを見るのである。是果して一時的流行の意味なき說話であるか。將又本當に生きることの出來ないと言ふ絕望より發する最後の嘆聲であるか。

二

それが假へ最後嘆聲であるにしても唯だ嘆聲のみでは吾人には何等の感觸もないのである。然しその「皆死ぬるより外はない」と言ふ語はたゞ言葉のみに止らずして、それが事實の實際現象として現はるゝに於ては如何にすべきか。此の地で生き得ざることを悟り此の地で死の途に向ふものゝ數が殖える他面に於て、此の地を離るれば何等かの方法は立つまいかとて南に海を渡つて日本に往き、北に江を越えて南北滿洲及露領に向ふ者の數も日に增しつゝあるのである。彼の生國へ再び歸り得ざる死の路に向ふ者は言ふ迄もないのであるが、農業國の保守性を帶びて居る農民達の舊土を離れるその勇斷も並大抵の事態ではないのである。果して朝鮮に於ける朝鮮人は事實に於てその心そのまゝに生きる事は出來ないのだ。併しながら朝鮮に於て生き得ざる彼等が彼の根據なく保障なき外地に於てどうして美しい生を望むことが出來よう。此の地に殘りて死の路を取る者と餘り違はない。憐むべき者達である。

三

第一に吾人は經濟生活の窮迫に堪へないのである。全人口の九割以上を占めたる農民は皆生產者である。彼等の生產技術が假へ不完全であつてもその極根の能率に隨つて力耕力作することのみは事實であるにも拘はらず其の饑餓の脅威を避け得られずしてあらゆる生活の根據を奪はれたのである。これは確かに資本政策の契である。外來の資本所得群が跋扈すればするほど朝鮮人の經濟的情勢は益々窮地に陷るに至るのである。朝鮮の總ての經濟的利權が一つ二つと大資本家の口に入る今日に於ては朝鮮人の生きるを得ずとの嘆聲は已むを得ない事である。第二に人權の蹂躙壓迫拘束に堪へ得ないのである。官權の勃發は時として良民を侵害し、民族的差別感は人の權利を抑制し、集會と結社に毫も自由なく、警察權の專制の下には人民の權利を保障すべき途がないのである。是亦朝鮮人の生きることの出來ないと言ふ一の條件である。

四

然し生はなくなれば再び得られざるものであるだけに尊貴なるものである。あらゆる社會の現狀を咀呪しあらゆる現實を對手としてゞも吾人は生を擁護し發展せしめねばならんのである。つまり死は人を生かしむる方法ではないのだ。のみならず生きることが出來ないと言ふ嘆聲も亦人を光明の世界に導く事は出來ないのだ。其の懦弱なる觀念の殿堂より一步も外へ出られずして唯自己の唯一なる生を咀呪し又咀呪せんとすることは、此の生存權爭奪場に出現した吾人の取るべき態度ではないのだ。故に吾人は生きられぬと言ふ事を口にすることを以て能事とはしないのだ。儼然たる現實の戰線に於て實際の生を步一步と發展せしめんが爲現實に向ひ大いは奮鬪すべきである。其の生きる生きられないは其れに依つて決定すべきではないかと思ふのである。

咸南記者大會所感（二）（大正一五、七、二二）

記者も大衆の一人として系統を立てて働いて行くと云ふ事は極めて廣漠な見解の標であるが此の意識さへ確立すると組織的體系を得ることが出來ると同時に目醒ましい活躍と効果とを見る事が出來るのである。

社會進化の法則に依つてでも先覺者の努力に依つてでも何にせよ此の度の大會に於て討議決定した處は大衆運動線上に一臂の力と一掬の收穫を貢獻する所があらむことを大衆と共に余は喜ぶ所である。此の度の大會に於て余が最も驚異と雀躍の心を以つて傾聽したものが澤山ある。內にも言論壓迫現行新聞紙法に對する眞相解剖の根本的討議は一種の示威の象徵として極めて重要視されたのである。然しながらそれよりも全朝鮮民衆の九割を占領して居る小作、勞働問題に對する討議と決議は余をして否な聞くものをして胸躍り血湧くを禁じ得ざらしめた。

勞働對勞賃、利益分配等の不合理に因つて生ずる剩餘價値或は不勞利得は資本主、地主に集中する反面に於て勞働者農民は搾取を受ける者ではないか。此の資本主義全盛時代に於て此の事實は餘地無く高處に發達して居るから勞働者農民の慘狀は筆舌の喋々を待たずして知るべきである。

然しながら金權萬能資本集中の資本主義社會の中に於てそれ自體を解體せしめる或る原素が既に醱

醇し、その社會を崩壞するに足る大衆の力がその社會自體內に萠芽し初めて居るから此の時に農民問題勞働問題を根本的に討議して人間を資本主義の跳梁から救濟する爲にその戰術を確立して進路を執らしめる事が今日の大衆運動の根本精神である。

此の度の大會は少くとも此の根本精神に接觸したと余は信ずるのである。

余が此の拙筆を執る理由も之を滿天下大衆に傳達して共に同感同情を得やうとするにあるのである。

大會中東拓問題勞働爭議（過般の咸興印刷職工罷業）の討議に對して警察は突然中止を命じた。怒濤の勢を以つて大會はその理由を詰問抗議した。しかし別段これと云ふ答辯も無く只中止を連發した。之れ吾人の敗北か。否な余は決してそうは思はぬ。既に惹起した問題を問題として上程したのみであるから既成事實の發議を中止したとてその社會に於てそれ丈の問題と事實を胚胎分娩して居る事はその社會の一部的敗北を意味するものであるではないか。

大會は大會の態度を決定せむが爲めに上程したものでその事實は儼然として活事實として殘つて居るではないか。

余は最後に一つ附記しやうと思ふ。兩日に亘る大會に臨んでその提案と討議決定に關する氣焰萬丈の大會の氣勢を見て一種の驚異奇蹟の如く括目傾聽する聽衆を見た。

是れ丈でも我が民衆は如何に言論を壓縮され事業を壓迫されて居るかゞ判かる。

余は遠からざる將來に於て斯かる問題を彼等と共に平常の茶話として話すことになることを大衆諸君に誓つて躊躇しないのである。

檢擧は全國的に擴大　（大正一五、七、二五）

暗號電報の内容曝露して

（共産黨事件禁止記事）

相愛會を撲滅せむが爲めに北滿青年も決議　（大正一五、七、三〇）

廿五日、中東線阿城北滿朝鮮人青年總同盟で委員會を開いて東京の相愛會に對して討議し、

一、相愛會は〇〇の走拘であると同時に革命道德上容赦することの出來ないものであるから同團體を社會的に撲滅する事

を決議した。

時代の推移と適應（論說）（大正一五、九、七）

朝鮮の青年が今日持つて居る絕望、自暴自棄の結果自殺するに至るのは朝鮮を統治する者等が大勢に逆つて無理に人心を抑壓するからである。

大勢は動かす事が出來ぬ。一時は支配的作用で之に逆行しても遂に大勢には逆ふ事が出來ぬから朝鮮青年は吾人甦生の大勢のあるその中でそれに隨伴する準備が必要である。

民族自立及民族繁榮は大勢の本幹であると同時に目下朝鮮で施行せられて居る無理な抑壓政策は漸次その存在の根據を喪失しつつあるものであり、又現總督府政治の無理な專制主義は最早その存在性に破綻が生じてから久しい事は吾人は色々の事實を以つて明確に斷言が出來る。

であるから朝鮮青年は今少し忍耐し今少し健鬪し今少し自續すると同時に、大勢に逆行したものは大勢の偉力に依つて變化させられて了う譯合を知つてそれに應ずる準備が無ければならないのである。

今更云ふ迄も無く朝鮮民族の完全な大成は此の先多くの時日と努力と犧牲とを要するものである。だから吾人の理想とし欲して居る社會は急には吾人の前に來ないかも知れないが元氣を出して居つて、吾人を高壓し吾人を虐待する現實が絕對に世界の大勢でなく只一時を彌縫しやうとする淺薄な群の誤策であることを明確に判斷して忍耐し自强して居らねばならぬ。

故に吾人はたとひ一部的敗滅があつても樂觀して居つて進就の功を積むことに全力を盡さねばならぬ。

推移する時代的の大勢に自覺し伴隨する準備に全力を盡せ。

而して吾人が再び民族的に甦生して人類の歴史に貢獻せよ。

青年よ諸君の氣魄は何處に在り、力量は如何なるにや。

栲問で殺した屍體を一年半も市街に放棄　（同　日）

平北郭山駐在所で米二俵の盜難屆を受け昨年二月金龍洙を取調べた處其の後からは腹部が痛く呻吟するので所長は之を放免、金は同仁病院で診察したが數日後吐血し病氣は漸次重くなつた。間借して居つた彼は病が段々重くなつたところ主人は無情にも彼も追出したので義兄弟の家に身を寄せたが病勢は益々重くなりどの途死ぬるのならと轎に乘つて駐在所へ行つて、青年を片輪にするとは何事か。父を殺し自分も殺すかさもなければ元の體にして返へせ。と大騷ぎをしたので古鄕所長は家を間借せして治療させたが三月遂に血を澤山に吐いて死に、その死體は今だに鄭山市街附近に其儘臥かされて居る。

之を聞いた親戚金德善等は俺迄も仇を打たうと拷問者兒玉俊市姜鳳來兩巡査を告訴し死體を解剖に附したが、金德善丈を立合はせ死因は一切秘密にして言はず檢事は直ちに埋葬せよと言つたが親族等は病の原因も判らずには埋葬許可證も下らずとて埋葬せずに其の儘死體をほつて置くに至つたのである。（關西記者團調査）

國際反帝國主義大同團 （大正一五、九、一〇）

獨逸伯林で開催

（上海趙特派員發信）

資本帝國主義の國家がゼネバ國際聯盟を大本營として居る一方それに極端に反對して居るモスコウ第三國際共產黨があつて互に對立して爾來七八年の間對峙して來て居ることは世人周知の事であるが昨年から資本帝國主義に反對しやうと世界的戰線統一を計るものが又一つ生じた。之は第三國際共產黨を少し緩和したもので性質は第三國際共產黨とは異つて居る。

組織內容

之は各被壓迫民衆と殖民地の人民が結束して權力と壓迫に反對しやうとする目的で生れた國際反帝國主義大同盟であつて、國際反抗殖民地大聯盟の主唱で去る八月に獨逸伯林で開催することになつたものであるが其の國際反抗殖民地大聯盟なるものは國際勞働者後援會、人權大同盟。和平主義團體聯合會。國際赤色救濟會。戰時死亡將卒家族會等色々の團體が聯合して組織したものである。

此の國際殖民地大聯盟で準備中であつた國際反帝國主義の大聯盟が八月中に開催せられなかつたのは各民族の代表が全部出席し得ず又弱小民族代表の旅劵が自由に得られない關係で多少延期するに至つたものであると。

中國の氣勢

之につれて此の大同盟に出席する各弱小民族の代表等も又充分な準備をして以つて此の大同盟を意味ある樣に進行させやうとして居るのであるが、中國側で此の大同盟を機會に全國に宣傳する方針を聞くに、

（一） 少くとも英獨佛の三箇國語を以て出版する小冊子を發行すること。

（二） 革命進行に對する各種の必要圖書統計寫眞等を陳列すること。

（三） 中國革命の事情を幻燈で映寫講演すること。

等であると。

参加を願つて居る各民族代表

中國國民黨代表の報告

中國國民黨から該會に出席せしめる代表廖煥星氏が中國國民黨に報告した處に依ると、該大同盟の進行の狀況を聞くに第一大同盟に出席すべき代表の資格は各被壓迫民族の代表又は民族運動を指導する政黨の代表、各階級的黨派の代表でなければならぬ。而して此の大同盟に贊成し出席を申込んだ處は、

一、中國國民黨代表、廣東國民政府代表

一、亞洲被壓迫民族の朝鮮代表、安南代表、ジャバ代表

(其他畧)

等であるが斯くの如く重大な同盟を輕率に進めない爲めに期日を急に定めない樣にして居るが遠からざる將來に開催せらるゝ筈であると。

朝鮮の參考資料

上海で募集する

之に對して上海にある朝鮮青年同盟會では該大會に出席すべき代表に參考材料を供給する爲めに各種の材料を募集中であるが上海に於て朝鮮事情を充分調査する途が無いから何人でも朝鮮の政治經濟

社會の一般的又は部分的狀況統計或は寫眞等を上海法界望志路南永吉里青年同盟會へ通信せられ度しと。

北部一帶は戰時狀態（號外）（大正一五、一〇、二五）

武裝せる騎馬警官隊迄も出動し
町の隅々迄警官の天地

授恩洞拳銃事件突發以來利川事件に神經が極度に興奮して居つた警察官等は益々興奮し〇〇〇〇〇〇は勿論北部一帶を初め市中は戰時狀態と同樣に辻々に武裝した騎馬警官隊及路次の入口每に立番をして居る警官等を以つて全市を蓋ひ警戒して居るが事件の發生した所轄鍾路署は勿論の事市內各署は鼎の沸ぐが如くであると。

冗談半分の俠客と呑氣な署長（大正一五、一〇、二六）

私を搜がさうとするならば新民村に來れ

開城を通り掛中の利川の俠客

利川拳銃青年の踪跡は依然判明せず警察部及利川警察署隣郡各警察は目下轉手古舞して焦慮して居るが廿四日午後三時頃利川警察署に一枚の葉書が來たが消印から見ると廿三日午後三時開城郵便局から發送されたもので其の葉書には左の通り書かれて居ると。

私を捜がすのなら新民村へ來れ

開城大興洞にて利川俠客

利川警察署行

備考

新民村と云ふのは何處か判明しないが滿洲にある中東鐵道沿線に新民村と云ふ村があり其處は新民府がある處である。一記者

國の語音（論說）（大正一五、一一、五）

訓民正音八回の還曆

愛國心を盛つて傳へる器は國語と國史とであると云ふ事は少しでも教育を受けた者は皆知つて居る

眞理である。

故に國民敎育の中心は國史と國語の敎育である。

日本の敎育制度のみを見ても小學校から高等學校に至る迄十三四年の間每週四五時間の國語及國史敎授の時間がある。それは英米佛獨何れの國を問はずそうである。

凡そ人の生活は千態萬樣であつても行爲と思想の二種に分ける事が出來る。言ひ換へると事業と思考の二つになる。

之は個人のみに限らず一民族全人類もそうである。

さてその行爲の記錄が歷史であり、思想感情の記錄が國語である。

一國語の片言隻語と雖もその國民の思想感情の表現である。

他國語では到底表現する事が出來ず國語のみで初めて表現する事が出來るのが國民思想の特色である。

例へると「집」(Chip)と云ふ言葉を漢字では「家」日語では「ウチ」英語では home と云ふが、之等は最も共通でなければならぬがその意味には大經庭がある。

我が言葉で집 chip と云ふ言葉と英語で home と云ふ言葉とが同じだと思ふのは大誤解であり、大無學である。집(chip)は父子關係を中心として居るしhomeは夫婦關係を中心として居るのである。

之は最も日常的であり最も卑近な一例であるが歴史が異なつて居る或る二民族の思想感情も共通の國語を以つてしては表現する事が出來ないのである。

かゝるが故に自國語を話す時に吾人は一種の自由と親愛とを感じ、外國語を話さうとする時には吾人は不自由と躊躇とを感ずるのである。

若し人に對して汝は全部外國語のみを以つて一生話せと言へば恐らくは其れ位重罰は無い。彼は必ず隱れてこつそりと獨りで親愛し自由な自國語を以つて自己の思想と感情とを一度思ふ存分言つて見るであらう。若しそれも出來ぬとすると夢寢言にでも言つて見るであらう。國語はそれ位國民の肉であり血である。切り離なさうとしても切り離なす事が出來ず壓押しやうとしても壓へ付ける事の出來ぬ本能的の慾求である。

鶯でさへも自分の聲を出して唄ひ雀でさへも自分の聲で鳴くが如く本能的である。

然らば一國の語は何を以つて傳へるか。その最も大道は家庭と社交と文學とである。汎ろく言ふと凡ての生活は生活全部が國語と國語の創造者であり、保存者であり、宣傳者であり、發達させる者であるが就中有力なものは家庭と社交と文學であるのだ。

吾人は國語を母の乳房から習ふ。

吾人は母の乳を吸ふ時に只肉體糧食を吸取するのみならず凡ての傳統的精神を吸ふのであるが、之は母の唇から敎へる國語を通じてせられるのである。

「オジギ、ヲセヨ」の一句に丈でも我宗敎的倫理的傳統思想の大部分が包含せられて居るのである。そこに女子敎育の必要があり、又女子敎育が國語を中心とする必要が生じて來るのである。

胎敎及家庭敎育が一個人の一生の性格を決定する事は何人も知つて居る處であるが、それをするのは母性である。

故に一國民の女子はその國民の歷史及國語に精通する必要があるのである。

次は社交である。吾人は家庭外に於て接觸する他の個人から絕えず影響を受け感化を受ける。それは勿論行爲と言語とを通じてであるが殊に言語は恐ろしい暗示力を與へるものである。

少年時代程それ丈そうである。故に或る少年又は少女を完全な國民として養育しやうとするにはそれを完全な國語を使用する環境中に置く必要がある。

今日朝鮮の樣に年長が外國語を使つたり外國語と自國語とを濫りに混せて使用する亂雜な言語の中で少年少女等が受ける害は少なくないのである。

第一、自國語を賤しむ恐ろしい惡影響を與へ。

第二、正當な自國語を學習する機會を逸せしめる。

故に朝鮮人同志は必ず純全たる朝鮮語を使用すべきである。

自國人同志が談話する時に語學練習の目的でなくして外國語を使用するのは最も唾罵すべき醜態であり羞耻である。

それは國民的自尊心を忘れた可憐可憎なる者である。

自尊心の強い英國人は外國人を相對にしても自國語を使ふ。

其の國の人でありながら自國語を話し得ず、自國文字を書き得ないのは實にこれより羞耻はない無識であるからこれに過した馬鹿はない。それが若し自國語文を習ぶのに力を盡さないとすればそれは魂の入れ代はつた賣國奴と云ふべきである。

さて國語の保存と發展とに最も有力なのは國文學である。

家庭と社交で習ぶのは日常の口語に限られるが文學は日常の口語を最も洗練した日常語の外により以上深く高く麗はしい意のある國語であつて、文章も亦洗練されて高く深い麗はしいものである。

故に國語敎育は文字と文典の外に國文學の敎育を行ふ。

若し諺文小說が無かつたならば朝鮮語は今日以下に低落して居つたであらうし、立派な諺文も今日程に發達して居らなかつたであらう。

殊に近年に至つて學校に於ける朝鮮語敎育が殆んど無い程になつて居るにも拘らず朝鮮語が未曾有の發達を遂げて居るのは諺文を使用する文學があつたからである。

基督敎諸文學、新聞雜誌、新文藝は朝鮮語の命脉を維持する唯一の忠臣である。
漢字を廢止せよ。女子に深長なる朝鮮語文の敎育を與へよ。
家庭と社會が朝鮮語の愛護者となれ。
偉大なる新文學を生め。
幼ない新文學の芽を愛育せよ。
完備した朝鮮語の辭典と文典とを生め。
之れ訓民正音八回の還暦を祝賀するに當つての唯一の酒盛と思ふ。

（李壽興事件）（號外）（大正一五、一一、一七）

（缺）

「部下の慘禍を引責した總裁
長嘆一聲毒を飮んで自決す」（大正一五、一一、一九）

風塵中の二十二年、豪膽不敵の李壽興

李壽興は士官學校卒業後彼が師父の如く尊敬する義軍府總裁蔡相德に身を托し駐滿參議部第二中隊特務正士に任命せられ實地に軍隊生活を實驗するに至つた。

野營中の慘禍

死線を脱出

軍隊に這入つてからは吹雪の荒む無邊の滿洲の曠野で武を練つて居つたが、四月參議部參謀總長崔碩順以下廿六名が某要塞地に這入つて野營して居つた時官憲に發覺されて、某日拂曉日本軍隊及平安北道警察部警官が連合した討伐隊八十餘名に包圍を受けて參謀總長以下二十三名は慘死し李壽興は左脚に負傷を受けたが、此の慘事を蔡相德に報告しやうと死線を脱出して事を告げ一ヶ月も病院に這入つて治療をした。

我が意を察して

後事を引受けよ

此の驚くべき便りて聞いた蔡相德は嘆息と涙とで其の日を送つて居つたが、やがて李壽興の全快を待つて呼寄せて前に据え涙を飮んで悲悽な語調で「汝は未だ年は若いが意志は固い青年であるから〇〇〇〇〇〇〇ある筈である。余は我が意を承け繼いてくれる人を求めて居つたけれども未だに見付からなかつた處汝を見て見ると棄つべき者でないと思ふから〇〇〇〇〇〇我が意を忘却する勿れ」と訓戒してから、期會を見て事を擧げるのであるが朝鮮人の缺陷である團體的訓練の不足と謀反者の續出の爲めに團體的行動はする事が出來ぬから恒に安〇〇を見習つて個人的行動を取つて〇〇〇〇〇と敎へ、拳銃二挺を授けて蔡相德は痛哭し「余の部下を皆殺ろして自分獨り生きて居る面目が無いと」李壽興の止めるのも聞かず毒を仰いで死んで仕舞つた。

朝鮮の小作問題（論說）（大正一五、一一、二二）

朝鮮內の土地の兼併は年々激增する傾向を示して居る。

昔は朝鮮の大地主が南鮮に十人許りあつた丈であるが併合後は東拓や日本の大資本家が朝鮮の土地經營に着手して大兼併が始まり交通、廣告、兩機關の擴張と日本朝鮮間の關稅の撤廢の爲に朝鮮人の消費力は生產力に比して倍額に增加するにつれて、中產階級以下の生活費は高まり且つ直接間接國稅の高騰其の他珍らしき物品買入の家庭用途非常に膨脹を來し、遂に負債に又負債を負ひ唯一の生產資本たる土地を抵當又は賣却せざるを得ずなつて以つて土地兼併は益々甚しくなつた。

生產力が伴はない消費の增加の爲に農を主として居る民族が破產に陷るの例は產業文明の異つて居る兩異民族の急激なる接觸ある處では共通の現象である。

南洋でも馬來でも昔の愛蘭でもその樣な實例があつた。

朝鮮の鐵道や電信電話や道路や其の他の文明の利器は現在朝鮮人の生產力に比しては度に過ぎた發達をして居る。

之は朝鮮人の生活の必要上必然的に生長的に發達したものではなく、日本人生活の必要上朝鮮人におつかぶせて居るものであると見るべき理由がある。

凡そ如何に文明の利器であつても生活の必要以上のものであればそれは只無用の富力と勞働力の濫費であるのみならず却つてその利器が生產に利用せられずして消費に利用せられ生活の根底を破壞する原因となり易いものである。

況んや京城其の他の都會の分外の華麗及官廳學校警察廳舍の分外の高價な建築物とか、且つは朝鮮民衆の富力に相當しない高給吏員の冗多の如きものは朝鮮人の土地を失はしたる間接ではあるが重大な原因となつたものであるのだ。

南鮮で兼併の弊が起つたと同樣の弊がまさに黃海道平安道咸鏡道の順序に漸次土地の兼併が行はれて居る。

前の例で見るのに水利組合の出來る處には必ず兼併が行はれる。

これは小農が組合費負擔に堪え切れないのと大資本家が將來の見込買の爲めに時價以上の高價で土

地を吸收するが爲めである。

朝鮮總督府の所謂產米增殖計劃の爲めに全鮮に水利組合は普及しつゝあるがそうすればする程土地兼併は漸次盛んに行はれ、小資本家たる自作農は一時に何千圓かの現金に有りついて永遠に小作人となつて仕舞ふ。だから產米は增殖せられるであらうがそれについて小作人が殖えて行く事も避けられない事である。

久しからずして朝鮮には自作農が全滅して大地主と小作人の二大階級に分れるであらう。そして小作人は朝鮮人であり大地主は日本人であることも免れられないことである。

昔日の地主對小作人關係は一種の主從の關係であり人權の見地から見ると不平等であつたが、奴隸時代の樣に勤勉でさへあれば其の間は小作人は凍死餓死の心配は無かつた。

換言すれば人權上では奴隸であつたかも知れないが地主から保障は受けて居つた譯である。然し今日は地主對小作人關係は名前のよい對等の賃貸借契約であるけれども只物權債權の拘束のみを受ける法律的關係であるから共同の主從的恩情關係は失はれて凶年とか地主の權利が動く處には忽ち衣食の途を失ふ事になる。

此の點から見て今日の法律は地主に厚くして小作人には昔持つて居つた保障迄も奪ふた事になる。

斯くして朝鮮の小作問題は他の處のそれとは異なつて一種の民族問題を含んだ特種の進路を取るこ

とを指摘して置く。

天皇陛下御容態急變（號外）（大正一五、一二、一六）

皇后、東宮殿下及内閣に急報、十六日午後から急變

險惡の容態にあられられし天皇陛下は十六日午後一時半より一層脈膊微弱とならせられ危険とならせられしを以て入澤侍醫の頭以下各侍醫等は急に皇后陛下と攝政殿下を始めとし各方面に急報したるに攝政同妃殿下以下各皇族、若槻首相其他高官等は御用邸に參進し攝政殿下及同妃殿下は參内卽時病室に入らせられたるが、脈膊は侍醫等の應急治療で暫時の後回復あらせられつゝありと。皇后陛下と攝政殿下同妃殿下には寢殿に居らせらるゝと。

午後五時に重態

五時三十分に重態に入らせらる。

別報。天皇陛下には十六日午後五時半に全く御重態に入らせられたりと承聞す。

（宮内省發表）

落涙して退闕

東宮同妃兩殿下は急遽葉山御用邸に行かせられ後を追ふて若槻首相、東伏見宮同妃、高松宮、久邇宮同妃各殿下及西園寺公、山本權兵衞伯、高橋是清氏等愴惶葉山に參入したが高橋氏は兩頰に涙を流し退出せりと。

問候所を設置、明日總督府にて。

（畧）

內閣葉山に移轉、午後三時食鹽注射。

（畧）

秩父宮に急報無線電線で。

（畧）

各宮殿下參集。

（畧）

葉山で臨時閣議。

（畧）

各高官參進。

（畧）

天皇陛下御危篤。

天皇陛下には御危篤に陷らせられたりと。

被壓迫民族大會（論說）（大正一五、一二、一七）

一

獨逸伯林に其の本部を置く被壓迫民族會議の主催で明春一月を期し白耳義の首都で被壓迫民族大會を開催し兼て殖民地事情博覽會を開催するとのことであるが、其範圍は歷史政治經濟等に亘つて帝國主義の諸國家が各殖民地で敢行する非人道的不合理的政治狀況の材料を募集し一目瞭然に治者と被治者間の暗鬪、反目、軋轢、等の總てを摘發して公開しやうとするのであると。此會合と博覽會は普通のそれに比して意義と目標が特殊であるだけ世人の注目を引くであらう、のみならず人類が歷史的時代に入つて此のかた生存して來た記錄中前無の此の集りであるから一層異彩を放つてあらうと考へられる。

二

今回の會議と博覽會が當初の企ての如く其結果に於て好成績を表し天下の人士に現代のやうに正義と人道の聲が一種の假裝的標語となつて居て人間社會の裏面は依然暗澹で慘酷なる立場に陷つて居る

事情を如實に教示することになれば其功績は實に偉大なものとなるのである。正義と人道の觀念が强者よりも徹底せる弱貧民族の叫を公開しただけに吾人々類社會の平和運動の爲め亦人間性の反面である掠奪搾取、壓迫等惡性除去の爲め警告となるのである。隨つて貢獻と實益が大であると信ずるのである。萬一會合が最初企圖した如く如意にならぬとも弱少民族の自覺的運動が發達して此んな計劃を建てただけでも過去の歷史と現代史とを比較し刮目すべき事實であると云ふべきである。

三

今回會合に參加するだらうと假想せらるゝ殖民地を見るに英國を始めとし十個の强國統治下に呻吟する所が百三十五箇所と云ふ多數に達し、昨年末現在の統計を各洲に細別すると亞細亞洲に四十箇處亞弗利加洲に五十六箇處歐羅巴洲に四箇處亞米利加洲に二十一箇處南洋に十四箇處で其區域が廣汎に人種も區々である。

此のやうな各地方から現實其のまゝの材料が蒐集せられ適當なる代表が漏れなく會集せられることは豫斷し難い點が多い。開催の切迫と地方の遠近、文化の高底も關係があり、亦有數の被壓迫民族から材料と共に代表が出席することになるとも事實上其のまゝの統計と調査が出品せられ全民族的意思に適合せる代表が參席するであらうと云ふことは現狀では望み難いからである。

それは弱小民族の現狀は總てが統一的機關がないから、完全な調査や統計がある筈がなく、代表派遣も公然には出來ぬことになるからである。

四

も一つ心配なことは會合である。其名稱が被壓迫民族會議であり、其主要點が治者の非行を曝露しやうと云ふ行爲であるから、强者の立場から見ては敵視する會合であることは勿論であるから、此んな關係上治者は出來得る限りそれを制止することに努力するであらう。其手段方法に至つても推斷することが出來るのである。であるから該會合が成立するまでは相當の波瀾曲折のあることは免れぬ。之れが爲め多數の犧牲者を出すであらうと云ふことも想像するに困難でない。殊に講和會議當時から民族自決問題の爲め手をやいた各治者階級は其警戒も亦嚴重なることは豫想せられる。

五

此所に吾人は此會議の結果を見る前に豫め其將來を語ることは六箇敷いが、最近世界各地で蜂起する被壓迫民族の自覺運動が漸次深厚となり行くのを見、亦弱小國民が强者に對して要求する不平等待遇撤廢問題等が露骨化して行くのを見て、世界政治上新機運が到來した兆候あることを看破することを得、それが現實化することまでも信ずると云ふ意味に於て今回の會合が假令不完全なりとするとも被治者の生活意識に對する刺戟劑となると同時に其運動が一層熱烈に擡頭することだけは明確であると云ふ斷言を躊躇しないのである。

閣僚全部拜袂（大正一五、一二、一八）

（記事中外日報と同じ）

巴里から開城まで（大正一五、一二、二八）

吾人のこれ丈大なる期待を鼻を垂らす兒童に

金在般

彼れは（刑事のこと）宣川まで隨いて來て踪跡をくらました。

窓外の山川も半ば以上他人のものとなり野も半ば以上東拓の管理下にあることを考へると自分のものゝやうな考が出ない。亦人物も四五十歲以上の男女の不平を聞くに柔順と云ふだけで彼等には朝鮮の將來の爲めに多くの付托は出來ぬ。彼れ等は已に半分死んだものである。唯惰力的餘生を扶持するのみである。新朝鮮經營に能動的に活動をするには筋骨が餘りに衰へて血が冷えて居る。吾人は之れだけの大期待を鼻垂れ兒童に任すの外はない。

平壤附近で見た記憶は

二三十名の小學生が隊を造つて乘車する。見た所で近處から通學する兒童のやうだ。皆本包みを手にして種々の徽章をつけて正帽をかぶつて居る。此者等のこそ將來朝鮮の運命を決定する役者等である。無限に朝鮮を思ふとか、死線上でべそをかく母國を中興せしむるとかは此れ等の代になつて決定せられるのである。

彼れ等が現在受けて居る敎育が朝鮮人本位のものでないことを余は知つて居る。卽ち朝鮮人として渴望する敎育を受くることが出來ず人間性を度外視した不自然な劃策に强要せられて居る。彼れ等の本包の中は開かなくとも敎科書の內容や用語は明瞭に分つて居る。

しかし彼等はそんな容易な淺薄な手段には引掛らないことを信ずるのである。彼れ等は年は十二三の兒童に見えるがそう見るのは短察である。五千年の古い民族心を繼承せる、根本のある幼い生靈であることを知らずに居つたら不意の禍を受けるであらう。

家鴨の卵は鷄が孵化しても家鴨が出る。家鴨の子は鷄が育てゝも家鴨の根性を以て成長する。自分の家は草家でも他人の瓦家よりも愛するのが法である。如何に困窮な朝鮮でも自分のものである。が故に彼れ等は愛するのである。亦其の愛は永久である。

壓迫は此の兒童等に反省の動機を與へる。心になきことを學べと强要せば反抗心が起る。不自然なる手段は敵愾心を助長する。見て居れ。小學兒童は終には取るものだけ取つて朝鮮の懷に歸るであらう。

（畧）

（東拓事件發表以外の記事）（號外）（昭和二、一、一三）

創立總會は三月三日（昭和二、一、二八）

朝鮮〇〇者後援會

南滿青總、正義府、勞働黨關係者

梁起鐸氏外九十名發起

在滿洲朝鮮人〇〇團體である南滿洲青總、正義府勞働黨では責任者梁起鐸、玄正卿、金ウリカ外九十餘名が昨年十二月七日吉林省盤石某處に集り朝鮮〇〇者後援會を發起し卽席同會創立其他諸般の事項を議決した後創立委員として金尙德、高豁信、朴根祖、宋寒石外一名を選定し創立總會は來る三月三日某處で開くことゝ決定したと。此の發起人中には目下高麗革命黨事件で新義州警察署に逮捕せられ居る宋憲氏も參加して居ると。其の會では眞に激烈なる文句で長文の發起文を發表したとのことであるが、大體の意味は〇〇〇〇〇〇〇〇〇〇〇民族運動をなし目下朝鮮内地に逮捕收監せられ居る數多き同志と其れ等の遺族で無殘なる悲境に陥り哀痛せる同胞を直接又は間接に、亦精神的物質的に同情と後援を惜まぬと云ふが如き意味を特記し、前記梁起鐸外九十一名の名義で各處に通達したとのことである。

國民軍成功の要素（論說）（昭和二、二、一）

一

衡天の氣勢で開始した英國の動兵は更らに一度陳外交部長の弄絡の下に大に氣勢を折られ第一着の派遣隊は香港に留置することゝなり「ボルドウイン」内閣は平和的解決條約改訂等の阿設的政策に豹變した。一方中國革命軍は漢江の首府である杭州に肉迫して上海が亦危險を感ずるやうになつたから冬氷が解け軍事行動が容易になると同時に浙蘇兩省は革命軍の手中に入ることが想像せられる。それのみでなく最近の張作霖麾下の少壯派が國民黨の對外政策を模倣せんとする氣色があり、或は對英關係に對し南北妥協說まで傳ふる所を見るに少くも排英主義、乃至排外主義國權回復主義が南北中國を通じて支配することになつたことを看取し得るのである。そして今日砲火の力を憑りて起つた國權囘復運動は英國の屈服と同時に必然的に外交的手段に依つて完成せられるのであるから中國が完全なる主權を有する近代的獨立國家を形成するのも近い將來だと云ふべきである。であるから中國革命運動の健實なる第一步は此れで功を成したと云へる。

一

今吾人は自省的立場に立つて彼等の成功の原因を視察する時に何よりも二つの大要素を發見するのである。

一は彼等の政綱的勝利である。又一は兵火の威力である。國民黨の思想的勝利と云ふのは則ち中國民衆各階級の要求を最も大膽に率直なる用語で表現したことである。三民主義とか五權憲法とか云ふ理論的主張よりも『打倒帝國主義』『打倒軍閥』と云ふ簡明なる標語が火のやうに中原の民心を焦したからである。

知識階級、學生階級に對しては國權囘收の旗幟を揚げ、農民に對しては土地の國有、勞働者に對しては勞働保護の政策を高掲し其占領地每に其政策の卽刻實施の實證を表したが國民軍勝利の第一要素をなしたのである。此れは國民黨第二回全國大會で以上の三大政策を採用する時に吾人が已に註釋したのである。

三

政綱戰にあつて學生農民勞働者の信任を得た國民黨としても强大なる武力がなくては今日の如き成功を得やうとは考へられなかつた。蔣介石の軍官學校設立と所謂學生軍の組織が革命成功の第二の重要なる要件を造つたものである。先きに露國の革命に際し其れを國際的蹂躙から救ひ内亂の慘禍を免かれしめたのは唯「トロツキー」の赤衞軍其のものである。吾人は決して武力の讃美者ではない。國際戰爭の罪惡性を認識する者であり世界の永久平和設立の日が速かならんことを熱望する者である。しかし力を有たぬ正義は正義なき力にだに及ばぬと云ふ冷酷なる事實を亦承認しなければならぬ。現在の中國革命軍が西北革命軍と合して百數十萬に達すると云ふことは、赤露が世界第一の陸軍國であると同じく、這間の消息を餘りに明白に證するものではないか。國民政府の外交的手段は屢々吾人の感嘆するに足る手段を見るのであるが（假へば列國協調を根本的に破壞する等）彼れ等に銃と彈丸と精鍊なる正規兵がなかつたならば其外交的總ての手腕は役に立たなかつたであらう。

四

要するに現代の國際關係にあつては思想的勝利は兵力の後援に因つてこそ完成せられるものである。百數十萬の革命軍を擁する國民黨が其業を完成する時に其膨大した軍力を如何に處置するか東洋及世界政局の前途は多事となるのみである。其中で吾人の得る敎訓は何んであるか。

何から革新して行くか（論說）（昭和二、二、一二）

今吾人の欲求の全體を一言で蔽ふて見ると革新である。

眞正透徹完全の革新こそ實に現今吾人が翹望渴求して居り、死を以つて買はうとして居るものである。

恐ろしい試練も之の爲めに忍耐し悲しい險苦も之が爲めに冐進して居り、之が爲めには如何なる代償でも惜まないのである。

吾人が今受けて居る一切の苦惱悲痛の原因を搜がして其の中へ手を入れて見れば其の底の方に凝結して居る病源がある。それが繩で結ばれて居ることを見出したらそれを一切の精力と努力とを以つて之を斷除するのは實に當然のことである。

頸の桎梏を斷ち切れ、身の鐵鎖を切斷せよ。我々を生活する事が出來ない樣にする一切の結縛から解脫しやうとするのが吾人の叫である。

問題は只如何にして之の意識を實行化し價値化するかにあるのである。

革新と云ふ事は叫ばれて居つても漫然として居つては駄目であつて何から革新し何で革新するか、朝鮮人一般は之の點に對して未だに明白を缺いて迷ふて居るのである。

そこで人の革新は自分の革新でなく、他人に依賴しての革新は眞の革新ではないのである。革新と云ふものは拘束されて居らないこと、執着して居らないこと、依恃して居らないこと、抑壓されて居らないこと、追隨して居らないことは言ふ迄も無い。

然るに吾人の把つて居る革新意識は此の點が甚だ徹底を缺いて居る樣に思はれる。吾人が革新と云ふのは朝鮮となること、朝鮮人となること、自分の朝鮮となること、完全な朝鮮及朝鮮人となることなのである。

實質に於て根本から究竟迄且つ永恒久遠の朝鮮の朝鮮を持つことなのである。

淨灑で赤裸々で大自在の朝鮮の獲得及讓持及卓立なのである。

そして主を代へて奴となるのは革新ではない。此を離れて彼に着くのも革新でない。唐の帶を切つて明の帽子を被るのも革新でない。主人は何人がなつても主人であり、偶像は新らしくても偶像である。鵲の後へ鳩が這入ることもあるのだ。

朝鮮は革新せらるべきである。總てのものが革新せられなければならぬ。

さて一番先きに革新しなければならぬのは個人各個の精神的自己革新である。

そうして喚起せられた朝鮮我の前には廣く正しい路が何人の眼にもちやんと見える樣になる。

その時こそ眞の革新が手に觸れる處に並べられてあるのが見えるであらう。

府内官公私立學校入學須知 （同　日）

大學豫科

試驗科目 文科、日語、日文、漢文

官立師範

試驗科目 日語、算術

普成專門

試驗科目 日語、算術

（以下畧）

此れ何たる奇怪事ぞ！ （論說） （昭和二、二、一七）

人民の幸福を圖るべき行政當局がそれを無視して權力階級の番犬の役目をつとめる事が有り勝である。

最近の一例を見るに咸南文川に小野田セメントが工場を設けるに際し二十萬坪の敷地の價格が地主

と會社との張り合ひとなつて賣買が成立しない處へ郡守及警察署長が多數の警察を帶同して出張し土地收用令適用を云々して二十萬圓乃至四十萬圓の價格の土地を三萬圓足らずで强制に買收したと云ふ事實を(不明)した。

之が事實とすると明かに恐喝であり詐欺である。賣買は雙方の自由意思で無くてはならぬ。多數の警察官と郡守が私人の土地買收に收用令なる威壓的看板を以つて多數の住民を恫喝して不法賣買を成立せしめたものであるから暴力恐喝に依つて成立したものとすると警察官が被害民を保護しなければならぬのに、その警官が佩劍の威勢に藉りて民衆を脅迫して細民に巨大なる損失を蒙らしめたのであるから法の神聖公正を信じて安堵することが出來ぬではないか。

小野田セメント會社は安く買收せむが爲めに手段方法を擇ばないかも知れぬが郡民の福利を圖るべき郡守、住民の安寧秩序を保ち利益の侵害を無いやうにすべき警察署長がそんな事をしたのであるから容赦する事が出來ぬ問題である。

勿論彼等にも口實はあるであらう下世話にも泥棒にも三分の理ありと云ふから權力の一部を握つて居る彼等に理窟が無いであらうや。勿論住民の呼値が高すぎるとか地方の發展の爲めだとか言ふであらう。

斯の樣な事實は豈に文川郡守警察署長にのみ限らうや。時代の缺陷を除かない間はざらにある事た。

百餘名は講演會場包圍 （昭和二、二、二三）

百餘名は各處住宅搜索

軍警を出動させた吉林當局の措置、安昌浩氏外二百名の同胞を檢擧

昨年の夏以來今年の初め迄稀有の大事件が後を續いて發生し各處よりの情報は益々不穩のため、移動警察を汽車に乘らせて旅客を一一取調べ中であつたが、滿洲を根據とした○○の活動は今年の初めより益々激しいとの情報や各處の主領等が吉林を中心に或る種の協議をしたとの情報が滿洲に居る總督府探偵官より入つて來た。三月一日も近づいたので總督府では局長の代理格たる國友課長が先日新義州に出張して平北富永警察部長と同行奉天に向つたが、以後幾日ならぬ今日吉林に滯在して居る安昌浩以下在留同胞約二百名は中國官憲に逮捕されたとの情報が某所より入つて來た。

婦女兒童は一時監禁

安昌浩氏登壇の際包圍逮捕、○○會主催講演會席上

今度逮捕された前後の事實を聞くに去る二月十四日の晩滿洲吉林省大東門外大同公司内にて在留同

胞團體、吉城〇〇會主催の大講演會を開始、演士安昌浩が氏登壇して講演中、百四十餘名の中國巡警及憲兵が會場の内外を包圍し婦女及十五歳以下の兒童は歸宅せぬ樣他の場所に一時監禁し演士安昌浩以下百三十餘名を逮捕して吉林警察署に檢束し、同時に百數十名の巡警隊は在留同胞の住宅を一切に搜索し書類を差押へて更に四十餘名を逮捕し、前後二百名が檢束された。

男女在留同胞示威行列して交渉

男女の在留同胞が示威行列、良好の處置をするとの言明を聞いて解散、關係當局に殺到陳情

前記の如く約二百名が逮捕されるや吉林一帶に居住して居る同胞は十七日午前十時頃、男女老少を問はず一切に行列を作つて吉林省長公署に到り省長を訪問して逮捕された人等の放免を要求せし所、省長は示威運動の代表者に對して「善い樣に處置するから安心して解散せよ」と云ひ、警察廳長及督察長迄が直接出動して色々と事情を述べて慰め、又「他の官廳を訪問する必要はないから解散せよ」と云ふので其の好意に應じ請願書のみ提出して先づ示威行列を解散したのであるが、示威行列は婦女子、少幼年が半數以上に達し悲慘限りなく、示威行列の旗には『歸化韓人請願團』『維持歸化人民權』等の文字が書いてあつたとのことであり、逮捕された人等からも吉林督軍署及省長公署、省議會、交涉署警察廳長其の他諸官廳に陳情書を提出したと。

關係當局に抗議と警告

北京政府と吉林當局との中間である奉天當局に警告、

中國民衆に檄文、應せざれば○○○組織

在留同胞等は吉林官廳と北京政府に嚴重なる抗議書を提出して奉天當局に警告し、中國民衆に檄文を配布し、各所の言論機關を通じて輿論を起し、萬一日本官憲に引渡すが如き事ある時は○○○○○隊を組織して○○○○○○○を○して各地同胞に檄文を配布し○○○○○○○○○○し今後斯の如き事件が更に起らぬ樣、常設機關を置く等の決議をしたと。

大部分は釋放

四十二名だけ其のまゝ拘留、日本官憲に渡すか

未だ問題、注目される今後の處置

二百名の在留同胞が逮捕されたことは別項報告の如くなるが、其の後大概は放免され、重要人物、安昌浩氏以下四十二名だけ其のまゝ檢束中であるが、其の中には中國に歸化した人が大部分であるから日本官憲に渡す樣な事はせぬだろうと警察當局でも此の意志を表示したと云ひ、入籍せぬ人であつても吉林當局は奉天官憲との意見が違ふのだから、日本官憲に引渡はせぬものと觀られるが斯の如く逮捕するに到りたる裏面には複雜なる何ものかがあるらしく將來が如何になり行くかは疑問である

が、逮捕した理由としては赤化宣傳であると云ふが其等一同は何等赤化宣傳した形蹟はないと。

警務課長の奉天行

吉林當局の奇怪事、情報が傳へる國境消息

今度の事件は警務局國友課長が富永と同行、奉天に出張して張作霖の顧問である楊宇霆、其他奉天官憲と協議した結果斯の如くなつたと云ふ說もあるが、日本側では三矢協約以來奉天以南は相當取締りが出來たが吉林省附近は〇〇團の根據地になつたゝめ强硬に中國官憲に交接中であると。今般國友課長の出動は同氏が楊宇霆と極く親密であるだけになかく注目を引いて居ると。

（昭和二、三、一）

（バコタ公園の寫眞）

（略）

世界の勞働者と被壓迫民族とは親友である

（昭和二、三、一六）

二月二十三日は赤軍九週年の紀念日に相當して居るので莫斯科では恒例に依つて大々的に祝賀會が

開かれたが、席上カルリン氏は、

本日は勞農露國の勞働者に取つて一番たのしい日である。云々と、

演説し、赤軍と勞、農、とは益々提携が鞏固にならねばならぬと結論した、又、

同紀念日に澤山の標語を集めて之を撒布したがその主なるものは、

一、帝國主義者の軍事的對露陰謀に對しては赤軍は國内勞働者と擧國一致的團結力を發揮すべきである。

一、全露共產黨は赤軍と團結を圖れ。

一、赤軍は勞農十月革命勝利を護る忠實なる守護人である。

一、我等は聯盟國境に事有る時は何時でも之に應ずる準備が無くてはならぬ。

一、兵を練つて聯盟の敵に備へよ。

一、勞働者と貧農との團結を鞏固にせよ。之れ勝利の保證である。

一、赤軍とは之れ各民族の勞働者の武裝團である。

一、赤軍の親友は全世界の勞働者並に虐待を受けて居る民族である。

一、中國の勞働者は帝國主義に反抗して躍起した、我等は同胞として敬意を表す。

一、帝國主義者との鬪爭には我等は單獨で居り得ない。

我等と共にレーニンの軍旗を奉ずる我等の同志は東西洋で奮起したのである。

一、帝國主義者は反露的戰爭を開始しやうと準備して居る。

我等は元來戰爭は好まないが赤軍は外敵に對してソベット主權を擁護する義務がある。

（永興事件寫眞中圓形の分）（昭和二、三、二五）

（略）

覆審で遷延された「六、十萬歲事件」開廷（昭和二、三、二六）

檢事控訴で豫審に付された六十萬歲事件、

昨二十五日公判開廷され細雨中聽衆、校友雜遝

昨年六月十日の朝鮮〇〇萬歲事件の被告學生李柄立外十名に對する控訴公判は既報の如く昨二十五日午前十時半より警官出動嚴重警戒裡に開廷された。

蒼白な顏をして泰然と出廷

檢事控訴で一歲を經た十一名の被告の泰然たる態度

西大門刑務所に收監されて居つた被告十一名は嚴重なる警戒の下に出廷したが、其のみじめな姿は寒い冬の日に刑務所の廊下で泣き暮して、苦勞の限りを盡した其の樣を如實に物語るかの如くであつた。

一年を經ても初志は決して不變
年が過ぎ又過ぎたとて初志は變はらぬ

裁判長より本籍、現住所、學校別等を審問した後公判を開廷されたが檢事より「控訴事實は一審判決と同じてあり、一審判決は刑の言渡が輕かつたと云ふので一審檢事より控訴があつたのである」との控訴理由陳述後、直ぐ李柄立から審理が始つたが裁判長の審問に對し被告、李柄立は「大葬當日、萬歲を唱へたのは人の大勢集つた機會を利用したのであり、太極旗を持ち檄文書を撒布したのは我々の〇〇思想を、一般に告知させんがためであり、其の目的は日韓合併に對する〇〇〇を抱き朝鮮〇〇しようとするのである。刑務所內で一歲を經たが其の心は少しも變つてはいない」と云ひ、昨年六月八日西大門外の松林の中で太極旗三十個を作り又檄文一萬餘枚を印刷し此の擧に出たと云ふが如き、大概一審で述べたが如き言葉で答辯を了へ、續いて朴斗鍾も前記李と一緒に旗を作り檄文を印刷して大葬の當日萬歲を唱へた事件を一一述べ「大葬日萬歲を唱へたのは人民が多數集合した機會と氣分を利用したのであり、其の目的は勿論〇〇〇〇しやうとするのにあるのだ」と答へた。

良心の命ずるがまゝに萬歳を呼唱した
一言の下に事實を是認

朴河均も是れ亦前記李柄立と初めより行動を一にしたとの事實を全部是認せし後「大葬當日萬歳を唱へ李王殿下の大葬行列を紛亂したのは如何に考へるか」との裁判長よりの審問に對し「國葬行列を紛亂させたとは思へないが萬一紛亂させたと云へば其れは惡かつた。しかし其の當日萬歳を唱へたのは良心の敎へるがまゝにしたのだ。萬歳を唱へて直ぐ〇〇の出來るのではないが、我等の苦しい意を表示して自由を得やうと云ふのであつた」との返答があり、續いて裁判長の審問に對し被告は「大正八年に保安法違反で六ケ月の刑に處せられたことがある」との言を以て返答を了へ。

李天鎭は初めから李柄立と行動を共にしたとの事實を全部是認せし後、裁判長より「被告は朝鮮〇〇萬歳を唱へるのを愉快に考へたのか」との問ひに對し「朝鮮人である以上誰も熱望する事なれば勿論愉快に考へて居るのだ」と答へた。

李先鎬、裁判長より「被告は子供が居るか」との問ひに初めは居ないと答へたが、更に裁判長より「一審では居ると答へた樣だが何を言ふのか」と更に問ふのに對し被告は「居ります」と答へて裁判長其の他滿廷を笑はせた。續いて被告は前記李柄立と行動を一にしたとの事實を是認せし後、自分は常に自由の國を憧憬して居つたとの言と、「新學期に當り勉强したいのだけれども今も心は變つてないのだ」と返答を了へた。

柳冕熙、李先鎬より計劃内容を聞いて行動を一にしたとの事實を全部是認せし後「大葬當日萬歲を唱へたのは、初めは朝鮮○○の目的と云ふよりも其の日を如何にかして紀念しやうとしたのにあつた」と返答を了へた。

檄文印刷も是認、朝鮮○○は熱望する所であると

朴龍圭、昨年五月二十九日同志四名共に通洞七十一番地、朴龍圭の下宿で樂園洞二百五十五番地、金性琪より謄寫版一臺を借りて來て檄文五千枚を印刷した等の事實を是認せし後「其の當日萬歲を唱へたのは、機會を利用したのであり、自分は、今も朝鮮○○を熱望して居る」との返答を與へた。

郭藏炯、前記朴龍圭と同じ答をした後「自分も朝鮮○○を希望して居る」との答辯があり、黄廷煥も是れ亦事實だけは是認したが裁判長より「朝鮮○○を希望するのか」との問ひに、第一審の如く何の答へも出來ず裁判長の顔だけ見て居つたが、席の方に退いた。

金載文是れ亦事實を全部是認せし外「自分も朝鮮○○を熱望するのだ」との言で返答を了へ。

金東煥、是れ亦事實を是認せし外「其の當日萬歲を唱へると約束をした學生達が其の日萬歲を唱へることが出來ず逃げるのを見るとき、何せ斯の如く勇氣がないのかと大いに嘆じた」との言で答辯を了へた。

朝鮮共産黨事件豫審終結（號外）（昭和二、四、一）

五名免訴一名死亡九九名起訴

罪目は治維出版法違反、名譽毀損

五名免訴の外權五卨、姜達永二名以外九十七名は全部有罪と決定し京城地方法院公判に付することゝなりたるが豫審終結に適用せられた罪名は治安維持法違反、出版法違反、名譽毀損等種々であると。

月南先生の靈擧は行かれる（論說）（昭和二、四、八）

先生は民族の爲めに死ぬる迄盡力せられた。先生の意識精神は實に朝鮮民衆の新生命の芽である。扨て最近國際の形勢及隣邦の事業は未だ完成して居らないけれども觀るべきものがあり、且つ斯かる實狀を先生は生前に見られた。

故に先生は病の苦と死の悲からも五十年間を胸の張り裂れる樣な痛さの裡に過されたが今や確信と希望の喜に充たされた事であらう。それで安眠されたであらう。

扨て昔晋の陸放翁は天下の非なる時に死んだが其の臨終に際し「王師が北の方北京を定むるの日には我家では祭の日必ず先づ自分を祭るのを忘れるなよ」と家人に遺言したが其の企待は遂に實現されずに仕舞つた。

しかし先生の企待は陸放のそれとは異つて居る。吾人も先生に祭を棒げるの日が有るべきことを期約する。

だから益々奮闘し努力せよ。而して先生の企待を一日も速かに實現しやうじやないか。

永與事件糾彈演說開始　（昭和二、四、二二）

在全社會團體で

全北全州靑年同盟では永與事件糾彈演說會を來る二十四日全州公會堂で在全各社會團體參加して開催するとのことであるが其氏名及演題は左の如し。

一、弱少民族統治權問題に對して

二、朝鮮人をして最後の毒付をなさしめる當局の政策。

三、永與事件は弱者の奮發を促す。

四、死に勝る永興事件。

五、統治者の心思はそうである。

六、そなんにまでしなくとも殺し得るものを。

七、吾人は此のまゝ死んで言ふことはないものか。

八、エメチン事件と朝鮮人の立場。

九、當局の取る蠻的政策を駁す。

十、永興事件は弱少民族滅族的手段の初步。

十一、無理なる抑壓には忍從しない。

十二、人間を動物視するのではないか。

十三、同族の非命横死に對して。

危急なる廿五日 （昭和二、四、二三）

支拂猶豫案の爲に市內各銀行が二日間休業することになつたので一般經濟界の打擊は相當ある樣であり、日本で實行して居るモラトリアムが朝鮮でも施行せられるとすると經濟界の前途は一層詰つて來るらしいので、一般預金主等は來る廿五日となると休業明けとなるの日なので大にまれ小にまれ一齊に各銀行各金融組合へ潮の寄するが如きものがあるであらうし、一方各銀行では二日間の休業が突然の事であつたので準備金の無いのは勿論廿四日が丁度日曜であるから朝鮮銀行と取引することも出來ず切拔け處置に當惑するので某銀行の首腦者はわざと面會を拒絶する向もあるそうで、善後策を講究するに頭痛鉢卷の體であるそうなが、朝鮮内では銀行預金が近々一億三四千萬圓程度に過ぎないのに支拂猶豫令までも出すのは餘りに非道いとの噂が高い一方、警察當局では萬一を警戒せむが故に高等係員を各處に派して世評を捜つて居ると。

頻々たる瀆職事件 （論說） （昭和二、五、九）

最近吾人の一驚すべき官吏の瀆職が頻報せられた。江華警察署が良民五百人を脅迫して財物を騙取したのを筆頭に、新義州府財務課員事件、義州郡廳員事件等澤山にある。

内にも江華事件の如きは過去十年間に亘つて惡事を働き甚しきに至つては密偵を使つて恐喝したり拷問を敢行して財物を取つた。

斯くては被害人民の苦楚こそ大變であつたであらう。

十年間も惡事をするのに一口も言ふ事が出來なかつたそれ丈、警察が暴威を振つて居ることが判かる。

之は朝鮮で無くつては見られぬことで朝鮮の官吏でなくつては出來ぬ非人道の行爲である。

江華は田舍としてもその監督官廳が二重三重にあるのに今日迄それを摘發出來なかつたのは何と遁辭を使つても放漫であることが判かると同時に該官署の上下には人民保護なんて口先に過ぎないものだと言はねばならぬ。

大正八年後は文化政治をするの產業發展をするのと表許り飾つて居るが其の實は反對のものが一つや二つでなく、產業發展も朝鮮人の爲めにしたものは無く文化政治も寺內時代の武斷政治が殘つて居る。

斯かる政治の下で口腹を充たして居る下級官吏等が眞面目に朝鮮人の福利をどれ丈計るであらうか。江華事件の發生は決して一時的行動じや無くて少くとも其の根が朝鮮爲政者對朝鮮人問題の根本的動機から來て居るものと見ることが出來る。

民族的統一機關朝鮮民衆會創立 （昭和二、五、一〇）

東京にある新團體連合で綱領と規約も通過

綱　領

一、吾人は民族的に鞏固なる團結を期す。
二、吾人は民族的に完全なる解放を期す。
三、吾人は民族的に國際的平等を期す。

從來の暴惡に鑑みて中國官民に痛告す　（昭和二、五、一四）

己未年の三一運動以來南北滿洲に出て行つて朝鮮〇〇運動をやつて居つた人で奉天當局の壓迫の爲に生命財產を犧牲にされたものが澤山にあつて各地にある同胞は恐怖狀態で暮らして居るが、壓迫は益々甚しくなるので最近各地の朝鮮〇〇團等は奉省、吉省、江省、代表の名義で「討罪奉省輯安縣官公吏文」、「通告東三省官民文」と云ふ題目を附けた長文の警告文を各處に配布して中國官吏の腹の中を糺彈し併せて國民に覺醒せよと言つて居ると。（某處着電）

過去數年間に無慘なる犧牲

中官憲が領館に引渡した數

滿洲に居る〇〇團員で過去數年間に中國官憲の壓迫で無慘にも犧牲になつた人々が數百名に達し掠奪せられた財産も數百萬圓以上であるが最近某處で調査した處に依ると、輯安縣中國官吏が逮捕して日本官憲に引渡しざんぶさやられた人々は差當左の通り判明した。

玄成熙、崔熙官（中略）其他合計七十名

現場で慘死した團員

其他中國官憲が賞金を貰らはうとして〇〇團員の首を日本官署に奉つたのも多いそうであるが差當斯うして犧牲になつた人は次の通り判明したと。

高永信、金起河、黄永廼（中略）外八十餘名。

統營事件に對して　（論說）　（昭和二、五、一七）

今回の統營事件で直接行動を取つて檢擧せられた人々を吾人に法律的に辯護したり又は推揚することはしない。

法律に照らしてその法律がたとひ惡法であつても司法權が活動するのが事實である以上吾人には可否を云ふ自由が無いのみならずそれを推揚する言行は禁止されて居るのであるから之を云謂しやうと

はしないが、只本件が發生してからの經路に照らして見て當局者の反省を求めて止まないのである。一個人金某に對して一般民衆が斯く迄激憤した理由は其の個人の行動に對して反感を澤山に持つて居るのも原因ではあるが、事件を斯く迄激成させたのは當局者が朝鮮民衆に臨むに道理を以つてせずして强力を以つてするので益々過激行動の挑發となり、原因となつたと言ふべきである。

即ち金某が朝鮮人敎育の必要を無視したのに非常な反感を持つて居つてそれが影響して民選にも落選したに拘らず當局ではその人を更に官選道評議員にした。之が一般民衆の反感を一層高めたものであるのだ。

其處へ又一般民衆の意思を迎へて行動した人々を檢擧し、然かもその人々が斷食を實行するに至つたのでその親戚友人の感情が極度に達し、其結果未だ甞て聞いた事のない破壞的直接行動が爆發したものと見ることが出來る。

以上の樣な經路であるが當局者が反省すべき點は明かであると思ふ。同時に今囘の事件に關しては如何に當局者に責任があるかと云ふ事は今更呶々を要しない。

或る者は統營事件は小さい事件だと言ふけれども吾人は決して小さいとは思はない。勿論殺傷もなかつたし官公署の破壞に逢つたのもないから被害程度から見ると非常に小さい樣だが事件の性質は決して小さい事件では無いのである。

一般民衆の意思及感情に合はない人を官邊で無理に擁護するとその結果はどうなるか。そしてその結果は所謂官廳の威信と法律の權威と目的に如何なる因果關係があるかを説明するに至るが、實に此回の事件はそれをよく實際に説破したものと言はねばならぬ。

兵力を持つて立たうとした帝國獨逸は亡びた。權力のみを以つて治めやうとする者があるとすると戒めなくつてはならぬ。

愛國文學に對して（八）（論說）（昭和二、五、一九）

（前略）斯く亡國詩人等は政治上の解放運動が自國に起つた場合には戰線に出て愛國文藝を高唱して挑戰煽動抗爭を以つて完全なる支翼の任務を盡したのである。卽ち武器を提げた政治行動が國家を戰取する時に文藝行動としては精神上文化上祖國を完全に奪還するのである。

斯くの如く文藝は亡國には必要なものである。

且つ又政治行動を容易ならしめるものである。

茲に於て解放の道程にある朝鮮に愛國文藝が必要であると云ふ事になる。

然らば吾人は此の愛國文藝を如何なる戰列に擐げ何の爲の戰鬪を如何にすべきかと云ふ事になる。

夫れ朝鮮の現今は二重農國である八十八%が農民でそれが土地が無くつて死滅に瀕しつゝある。

土地は朝鮮人の手を離れて他の人の手に入つて居る。

凡ての地主は小作人となり、凡ての民衆は勞働者となり、それでも餓死を免れむが爲にあらゆる侮辱と凌虐の條件下に賃銀奴隷となりつゝある。

それのみならむや牧畜水產工場迄も他の資金で運轉して居る。朝鮮の凡ての運動は土地が無いと云ふ事から出發して居る。卽ち東拓不二等の土地兼併、占領から起る避くべからざる運動である。

又土地法案關稅法案等一つとして農民に有利なものはない。之れ何が故であるか。吾人に經濟的條件を左右する××が無い爲である。

××が無いから經濟的搾取に呻吟する許りである。

茲に於て朝鮮人は二重性を帶びて居る。その××を覓める民族的解放運動の鬪士となり〇〇〇〇をせねばならぬ大衆である。

實に今日の朝鮮を構成して居る分子は小作農民及賃銀奴隷等であるから〇〇〇〇に〇〇を得やうとする事及〇〇に〇〇を得やうとする事が同じに使はれる樣になつたのである。

而して今日吾人の前には「祖國の××」あるのみ。而して之に總力量を集中しなければならぬ時になつた。

吾人は此の無產大衆の手に起される○○○○運動を愛國主義と命名しやう。愛國主義的思想を背景とした文藝行動を愛國文學運動と言はう。

文某の誘引で料理店で捉へらる　（昭和二、五、三一）

羅錫疇の同志として總督暗殺の計劃を懷いて國境を越えて朝鮮に這入つて來た崔大吾、李承春の兩名が北京で日本公使館內に居る總督府派遣員木藤通譯官の手に捕へられたことは旣報の通りであるが此の兩名は近々新義州平安北道警察部へ護送せられて不敢取嚴重なる取調を爲したる上羅錫疇と關係があるので京畿道警察部に押送せらるるそうであるが。北京で捕へられた經路は以前から親交のあつた義州の人文某の誘出に乘つて東安飯店で夕食を食つて居つて捉つたものだそうで、其後文某は後難を怖れて木藤通譯官の差廻の自動車に其の妻と一緒に乘つて何處へか去つて仕舞つたが、斯くの如く日本官憲が中國に於て思ひの儘に逮捕したと云ふことは國際上から見て問題が起るのみならず、曩にも北滿洲に於てもそんな例があつたのであるから總督府では失策した善後を協議中であると。

實行に徹底せよ（昭和二、六、一）

兒童保護者會を見て

所謂朝鮮人の敎育普及を標榜に施設された普通學校は文化政治を假裝した日本主義延長＝同化＝機關であつて發育期にある兒童の腦髓に或る種の氣魂を注入して居ることは吾人の周知する所である。朝鮮人に二重三重の過重なる地方稅を課し、其の大部分を日本人敎育に充用し朝鮮人敎育に對してはほんの形式のみであることは剝き出しの事實であるが、近頃になつて家庭と學校との有機的連絡を取りたいとの下に兒童保護者會を組織して生活難に追はれて居る學父兄に會費十錢づゝを徵收して其の設備に充當して居るのが各普通學校の學父兄會なるものであらう。

しかし歷史の推移につれ人間の思想と意識は發達向上するが原則であるが長い間統治者の妙な言葉に瞞まされて來た朝鮮人も必然的に覺醒して來たのである。去る五月二十八日當地金泉公立普通學校に於て開催された保護者會定期總會は希に見る論戰であつて場內の空氣は緊張し、論旨の總ては皆民族的意識から出たもので其の中でも靑年保護者側の銳利にして深淵なる論理には如何に口腹の爲めに忠僕となり精神を失ひ義憤が枯渴した人であつても良心の苛責を受けたであらうと思はれた。從來名目だけの所謂保護者會と云ふものは校長獨裁で豫算編成事業計劃等は勿論校長の一言の說明で何等の異議もなく默過して來たつたが此度此總會では初めから問題が起つて豫算通過の時には場内の空氣は加一層緊張して來て豫算の大部分が削られ、過剩金で赤貧兒童の月謝金を補助することに一致可決されたのを見ると民衆の意識傾向を推測することが出來る。

同大會に於て決定された事實を上げると(一)學校の先生が月謝金を兒童に督促徵收して居るが滯納兒童に對しては處罰毆打する等の蠻行を行つて居る。之れは兒童の向學上に惡影響を及ぼすことであるから今後は郡當局が直接父兄より徵收する樣にすべきである。萬一郡當局が應じない場合は一齊に月謝金を納めないこと。(二)朝鮮語時間を增加させんがため全鮮的に輿論を喚起し積極的に其の實現に努力すること等である。總督府令の學制に依ると普通學校敎育に低級(一年より四年迄)=每週四時間高級(五年より六年迄)=每週三時間の朝鮮語を敎授する樣になつて居つて都市農村を問はず實施中である。さて普通學校一年より六年迄の兒童年齡はどうであるか大概は八歲より十四五歲を過ぎないのである。その少年等に朝鮮人の天賦である朝鮮語を制限して日本語を奬勵する其の本意はどこにあらうか！ 日本延長策=同化策の露骨的表現である。吾人は今般學父兄諸氏の取つた態度がどの方面から見ても皆朝鮮人として適切な覺醒であると思ふ。鬪爭のない社會は進步せず、抗爭のない民族階級は發展し得ぬのである。二重三重の高壓の環境に呻吟して居る我等は其の陷巷に膠着せずして一層明確なる意識を把持し結束を堅固にして對抗する所に、自民族自階級の解放を期することが出來もし目的が達せられるのであるから、總べての情勢の客觀的條件は吾人の意識を決定すると共に吾人の行動は吾人の前途を決定するのである。

望むらくば學父兄諸氏は今次の決議を机上の腐物にせず朝鮮人本位の教育實現のために積極的に實踐の徹底を望む次第である。以上

中國の革命と女子の活動　（論說）　（昭和二、六、二八）

昨年以來世上の興味を集めて居る中國の革命運動は漸次に有力となり最近に至つては全國各地に雄據して居つた舊勢力は殆んど全部倒して了ひ殘りの軍閥も掃蕩せられるの日が遠くなくなつた。該運動は三民主義なる新思想を以つて組織せられた中國々民黨が指導して來たものである。扨て國民黨內には女子部があつて多大の活動をやつて居る事は事實である。それは先日本紙に掲載した寫眞で見ても畧想像する事が出來る。

活氣に充ちた彼の寫眞を見るに千軍萬馬の裏に於て生命をも顧みずして新社會建設の爲にあらゆる反動と戰つて行くその行動を靜かに推想する時に吾人は彼等に滿腔の敬意を表すると同時に又且つ自ら耻かしい汗を禁ずる事が出來ぬ。彼等は皆自分自身の一切の榮華安樂を弊履の如く投げ棄てゝ專ら

社會の爲に熱情を抱いて立つた勇士等である。

銃に中つて倒れる人もあるし獄に投ぜられて苦楚を嘗めさせられる人もあるけれども卑怯にも退く樣な事をせず、勇士の數は運動が激烈になるにつれて增加するそうである。

彼等を我朝鮮女子に比べるとどうであるか。耻かしいと云ふ意味は玆にあるのである。

朝鮮の現在を見て見ると自己の總ての利益を抛棄して專ら社會の爲にその心身を捧げやうとする女性が果して何人あるか。

勿論社會の事情が異り運動の形態が違つて居るから我が女性が直ちに中國女性と同じ樣になれと云ふのは無理であるけれども一切の事情を想像して考へて見ても我が姉妹の犧牲的決心は尙ほ不足である。

之に對して吾人は多大の覺悟が無ければならぬ。

女子の自由は女子が自ら戰つて取るべきであつて人がくれるものではない。故に女子が眞に解放を望むならば直接に戰に參加しなければならぬ。

靜かに坐つて解放を望むのはそれは解放を拒絕するのと等しい。解放は自ら奮鬪するものにのみ來るものであるから中國女子は解放せられるのである。

而して吾人は彼等の事業を只彼等のみの事業として傍觀すべきものでない。それから多くを學ぶべきものとせなければならぬ。

六、十運動一週年紀念式　（昭和二、六、二九）

武漢に居る同胞等は○○青年會の主催で武昌宣傳所で六、十運動一週年紀念式を擧行し中國印度の團體代表百餘名も列席盛會裡に閉式し左の如き決議を滿場一致で決定した。（武漢特電）

一、中國南北各地で奮闘して居る○○民衆を慰問する事
一、中國の革命の爲に戰爭に出戰して居る朝鮮同胞に慰問狀を送る事
一、帝國主義者等が最近中國北部に出兵して居るに對して反對の宣言を發表する事
一、昨年六、十運動の當時禍難に遭つた人々の家族を慰問する事

野望を持て（論說）　（昭和二、七、二）

少年よ野心を持て。と云ふことは西人の格言である。

近頃朝鮮學生の風紀問題を以て吾人の淺見を叩くものあるを以て其返答に此格言を提起したことがあつた。世上には常に杞憂者がある。一種の差別性色眼鏡を掛けた彼等の眼には見ゆるものが唯酒樓と娼妓とそこに出入する青年學生、密會と戀愛の手紙、ダンスと接吻と活動寫眞館、演劇場の外には見えぬ樣子である。そうして彼等は青年を半身までは棺の内に入れて錠を下して置いて自分等の少年時代はこうではなかつたと現代青年の墮落を慨嘆して以て憂國志士然たることを樂んで居る。

二

果して朝鮮青年の風紀は紊亂して居るか、吾人は精確なる統計がないから斷定に躊躇するのであるが風紀紊亂の事實が假令ありとするも之れを憂慮するのは無用のことであることを斷言する。殊に風紀紊亂をするなと云ふ禁止一貫主義で矯正せんとする愚を取るまいと思ふのである。

寧ろ憂慮を尠からずするよりは無氣力であり、無理想である少年に火の付く理想を與へよ。大鵬の野望を起さしめよ。其餘の問題は解決し易いものである。『先づ其の國と其義を求めよ。亦此總てのものは汝に與ふ』と云ふ聖人の言は倫理の原則であり敎育の原則ではないか。

机を叩いて涙を流し國事を論じて夜を徹した少年の氣風は何處に行つたか。敦義門外の萬歲の聲に魂魄風散した學生は其智慧が如何に廣く才稟が如何に神奇であつても吾人の矚望を付することの出來ぬ者等である。

三

敎育の目標は社會に適應する人格の養成にあるのである。そして人格の陶冶は德體智の圓滿なる發達を意味す。しかし其の發達は或一定の目標を標的として敎養の焦點をそれに集中する時でなくては敎育の完全なる理想を達することは出來ぬ。

今日の敎育者は此んな理想の炬火を學生の先頭にかゝげて居るであらうか。朝鮮の青年男女よ。吾人の任務は大で吾人の責任は重い。前例のない重大なる使命を吾人の雙肩に擔つて居るのである。其使命は吾人が語らずとも君等は皆能く知る所ではないか。君等は之れを回避しやうとするか。大膽に首背しやうとするか。少年よ殊に朝鮮の少年よ野望を持て。

某重大事件は不問に附し無辜の同胞を長らく收監す（昭和二、七、一三）

四箇月間も拘禁して置いて何んにも言はぬ

吉林三豐公司崔萬榮、金寶豐、金一乘三氏は去る四月一日吉林警察廳に捕らへられて苦しんで居るそうであるが、之は曩に吉林で起こつた某重大事件に日本官憲は被疑者全部の引渡を交渉したけれども罪が別に無いので吉林警察廳では城内朝鮮人前記三名の保證で四十二名を釋放した處、日本警察側では失敗に終つたので引續いて交渉の結果吉林警察廳では再び前記四十二名を檢擧しやうとしたけれども皆四散した後なので一名も逮捕する事が出來ず、斯くは保證人たる前記三氏をば代表と云ふ名目で拘禁したものであるそうなが、はや三箇月にもなるのに訊問一回するでなく只拘禁し放なしであるので三氏は警察廳に質問した處、元々吉林では奉天張作霖が拘禁命令を出したのでやつた事なので右の趣を報告したけれども時局不安で回答が來ない、それでその旨を以つて吉林警察廳で勝手に釋放する事が出來ないと曖昧な答をするそうであるが、其の裡面には何等かの黑幕があるらしいと。

（長　春）

現代教育批判に警官が突然禁止（昭和二、七、二二）

金海で開催せられた學友會講演

東京留學生學友會巡廻講演團一行は去十八日慶南東萊郡で最初の講演會を開催しやうとしたが東萊高普の盟休事件や其他の關係で旅程を變更して十七日午後金海に到着し、十八日午後八時半私立合成學校階上で金海青年會、農民聯盟、女子青年會、東亞、中外、兩支局の後援で金海にて第一聲を絶叫することになつた。金海青年會代表崔瓊浩氏の意味深き開會辭が了つて『社會進化の史的考案』と云ふ問題で李德珍氏が登壇して社會進化は個人と個人、部落と部落、國家と國家の總ての爭鬪からなると云ふ意味の長廣舌を弄して四百餘名の聽衆に多大の感じて與へ、『農村問題に對する余の管見』と云ふ問題で柳永俊氏が登壇して現下農村の荒廢を如實に指摘して今日の農民は唯其の地主に對して爭鬪するのみでなく、都會にある工場主資本家に對しても地主と同樣對抗しなくてはならぬとて氏獨特の研究材料を羅列し、亦此の樣な現狀を打破して一步を進むには何よりも農民教育が最急務であると云ふ結論で一時間に亘る雄辯を吐き、『現代教育批判』と云ふ問題で姜鎭淳が登壇して現代教育なるものは地主が農民に對し農奴たるだけの教育、資本家が勞働者を造るだけの教育であると云ふことを論じ始めた時に、臨場警官が注意！注意！を連發し聽講者中からは謹聽！謹聽！とて場内の空氣は一層緊張味を帶びた。演士は條理明白なる理論を以て更らに論鋒が現代教育制度を批判して彼等の所謂自由と云ふものはそれが吾人には卽ち自由でない。彼れ等の所謂義務教育だと八釜敷云ふものを吾人から見ると唯…………なりと論ずる時、青山警部補は突然禁止の命を下した。司會者の何せ禁止するか其理由を明白にせよと云ふ質問に對して『現代教育制度を非難するからである詳細は警察署に來い』と云ふ結局禁止せられたが、聽衆は蒸すが如き講演場から解散せず司會者から、閉會の宣言あるにも拘らず依然着席して居るので臨場の前記靑山警部補は聽衆が明日まで坐つて居れば自分も明日まで坐つて居るとて聽衆、演士、警官等の無言劇を演出し同十一時半解散した。

演士呼出取調。金海で第一回を了り十九日十二時列車で出發せんとする時突然金海警察署から昨夜禁止しただけで不足であつたものか刑事をして演士を呼出し一方荷物全部を警察署に持ち行き演士に對し種々小言を云つた後、東京某團體と連絡の有無を問ひ荷物を檢査せんとしたが何故か其まゝにして歸らしめた。

信念を持て（論說）（昭和二、八、六）

朝鮮人は今日個人的にも民族的にも確乎たる信念がない。

經濟方面も不安な生活をせしめられて居るし政治も稅金は收めるけれども財政に對する意見を述べることも出來ず、又立法の見物も出來ず集會も官許を要しそして惡政があつても改める能力もなく善政があつてもそれを維持する能力すらない。

いつも他力に牽き摺られて善惡共に他人の支配のまゝに生活せしめられて居るのであるから、そこに何等の信念が無く能率の無い民族となり活氣の無い社會人となるのも已み難い事であると言はねばならぬ。

それで朝鮮人の生活は自然享樂墮落又は自暴自棄に陷る樣になるこ

勿論生活の不安は現代の通性であると見ることが出來る。

然し朝鮮人の樣に甚だしい者がどこにあり朝鮮人の環境の樣に苛酷な者が何處に又とあらうや。現代には類がない。萬一あるとすれば吾人に其の實例を示せ。斯るが故に今日の朝鮮人は悲觀が多く落膽が屢々なのである。

然しながら吾人は時代が變遷して居ることを看破したとき、弱小民族であるとは言へ此の現實で全く亡むで仕舞はないことを確信する。困難が多くあり支障が疊々たるものがあることを體驗しつゝも之を以て朝鮮民族が全然亡びるものとは考へない。

吾人の主觀的感情とか信念とか丈でそうだと言ふのでない。世界の大勢から押して朝鮮民族が亡びるには餘りに適當しない素質がある。

十九世の末葉であつたならば悲觀材料はあつたけれども大戰後の世界は吾人に違つた材料を供給してくれた。一々條件を列擧しないが今日の朝鮮の現實は我民族に對する試練と言つても決して誇張でない。朝鮮人たる二千萬民衆が此の試練の下に何時迄も悲觀許りして消極的自殺行動許りして滿足しないことを確信する。

見よ世界に散在して居る總ての被壓迫民衆が何れも悲觀して居らないのに拘らず朝鮮民衆だけが其の世界の大勢に逆行する事が出來やうや。そんな事は出來ないことを信ずる。逆行しやうとしても出來ない。

だから只時間に於て朝鮮民族が大勢に順應してその生活を消極から積極に曖昧から徹底に移ることの速かであるか遲れるかによる差異はあるかも知れないが、覺醒さへしてくれば吾人に新らしい活氣が湧いて來ることゝ信ずる。

故に吾人は全吾人に對して決して悲觀して居らない。否悲觀する事が出來ないと信じて居る。隨つて苛酷な此の試練の下に於て爲し得る吾人の方策こそ必要である。其の方策は物質のみでなく精神である。故に試練と戰ふ武器は物質力のみでなく精神力が主である。此の秋に際して吾人が人としての價値を守つて行ける生活は信念を主とするにあり、それに忠質なるべきのみである。

信念を持つて此の惡るい目にあつて居る試練に對して人たるの榮譽と權威とを守つて進め。

全朝鮮水利組合實況踏査記 (昭和一〇、八、一一)

博川水利組合（二）

水利組合の結果は産米增殖の犧牲

水利組合の創立前と創立後の農家の經濟上の實際を比較して見ると凡そ次の樣な結果に歸着する。

創立後一町步の全收入は三百七十六圓で支出が百六十一圓になり。

純益二百十五圓となる。

二百十五圓と云ふ收入は自家農を標準とした利益であるが小作人の收入はその半分の百七圓五十錢となる。

之を以つて家族五人の一箇年の生活を立てゝ行かねばならぬ。

然らば創立前の狀態はどうか。當時は直播其の他の關係で勞力も省ぶけ一戶一町步の耕作は容易であつて、

收　入　　二百八十二圓

支　出　　十　四　圓

結局純益二百六十八圓(小作人收入とすれば百三十四圓となる)

創立前の收入が二百六十八圓で

創立後の收入が二百十五圓

となり、斯く利益の爲に設立せられたと云ふ水利組合がその實相は設立の爲めに每年五十三圓と云ふ減收を見るに至つた。

此の原因は天災にあるとは言へ本來の目的を達する事の出來ない機關と見ることが出來、組合員は

唯だ年九分六厘と云ふ高利を貪つて居る債權者東拓の利益と産米増殖の犧牲になる許りである。

普通學校同窓會問題（論說）（昭和二、八、二〇）

一

今月七日全北淳昌公立普通學校同窓會總會の時一個の難問が起つた。それは數多い朝鮮各地の普通學校同窓會で今後一般的に問題となる性質のものであつた。會長を誰れにするかと云ふのが當面の問題であつた。校長は自己が會長となるのが當然だと考へて居り卒業生側では一般會員側から會長を選出しなくてはならぬと云ふ意見が大に有力に主張せられた。そうしてそれが結局は學校側の考通り校長の會長當選を見ることになつた。

二

考ふるに此れは些少のやうではあるが青年の自覺の出づるに隨ひ全朝鮮的に問題となる性質のものである。今までは普通學校長が地方にあつて相當の勢力を持つて居つた。そして隱然地方青年の指導者として自處して居つたのであるが普通學校卒業生も今年となつては相當の年齢に達し隨つて經驗も相當積み己に普通學校長の頤使に滿足して居ることが出來ぬやうになつたのであるから其方面にあつても學校側に對抗せんとする考を持つことになるは當然のことであると見るの外はない。亦普通學校に在學して居る間受けて來た其の屈辱に對して滿腔の不平を持つて居る卒業生等が、卒業の後に相當なる自覺と相當なる力を認識することになつた後までも彼れ等を指導者として推戴することは出來ぬのである。

三

論者は或はそのやうな些少な普通學校同窓會問題を以て爭はずに地方にある青年會等に依據して學校側と對抗するがよいと云ふであらう。勿論其方法にも依らふが其の爭鬪を普通學校の同窓會內にまで延長せしむるのも意味のないことゝは云へぬ所である。

地方に依つては種々の事情で或は圓滿に會集することの六敷い場合でも同窓會を利用すれば多數が會集することも出來るのであるからそんな會合を會員多數に有利に利用しようとする努力は必要である。そして普通學校同窓會で自由に談笑し和樂せばそれが亦生を充足する一方法となるのである。そして出來得る限り普通學校を解放して朝鮮人の感情及利益に合ふやうに造らなければならぬのである。

四

今日の制度下にあつて普通學校長を全く同窓會から除外する必要はないのである。彼れをして顧問の地位にあらしめれば彼れにも不足はないのであるから全朝鮮の普通學校同窓會を速かに改造する必要があるのである。そして其同窓會では朝鮮語を使用し朝鮮文を使用して朝鮮人學友會の實を擧げしめねばならん。

そのやうにして學校敎育に依つて發生せられる偏頗性を幾分でも減少するに努力しなければならぬ。今日の朝鮮の敎育制度殊に初等敎育制度が被敎育者の立場を全然眼中に置かぬものであることは餘りに明白なことではないか？

全朝鮮赤化を劃策 （昭和二、九、一三）

寺內總督の暗殺陰謀が一溜りもなく失敗に歸して了つて一百五人もの多數の人が監獄に這入ることとなり、暫らく鳴を靜めて居つた朝鮮にも巴里講和會議を機會に己未三一運動が起り衝天の氣勢で以つて息む所を知らず繼續されて居つたが官憲の壓迫の爲に朝鮮內にある此の種の運動は漸次潜行的になつたのである。（下略）

（共產黨公判と關係消息欄）（昭和二、九、二四）

在日各團抗議、公判禁止と警察の無理を

今回朝鮮共產黨事件公判に對する警察の干涉と傍聽及新聞記事の禁止に對し數百里の遠方から來た被告の親戚や知友は勿論一般民衆が當局の態度を甚だ異狀に考へて居たが日本から來た各團體代表は、裁判長と總督府に抗議を提出したとのことである。

抗議文

今回の朝鮮共產黨事件公判は其劈頭に辯護士及被告人の强烈なる抗議があつたにも拘はらず當局は何等の理由なく遂に傍聽禁止を斷行し亦新聞記事を一切禁止した。そして一般民衆の耳目を掩蔽して國際的意義を有する今回の大事件を秘密裡に埋葬せんとする。是こに至つて層一層朝鮮司法の本體が何んであるかを曝露した。吾人は此こに斷然公判の公開と新聞記事解禁と警戒の解除を主張して此れに對して終まで抗爭す。

一九二七年九月二十三日

在日本朝鮮勞働總同盟新幹會

東　京　支　會

京　都　支　會

抗議文

今回の朝鮮共産黨事件公判は一般民衆の傍聽を禁止することになつた。百一人と云ふ多數の青年が警察の神權に依つて一網に檢擧せられ爾來二年三年と云ふ長時日を豫審と云ふ口實で監禁して治安維持法、制令の條文を適用し、今回の公判も亦事實審理を一般民衆の前に公開せざることは明かに事件の處理を法官個人の任意獨斷に付し一般民衆の視聽の自由を根本的に封鎖せんとする意識的反動政策だと云ふの外はない。所謂法治當局として何故に全民衆の要求を無視して全民衆の不平不滿を極度に激起するのであるか。

我同盟大會は朝鮮全民衆の正當なる要求を體認して公開禁止の無理至極なる事實を指摘して法治國を以て自任する日本政府當局に嚴肅に抗議す。

一九二七年九月十七日

朝鮮總督暴壓政治反對東京地方同盟創立大會 印

內閣總理大臣、朝鮮總督、京城地方法院長　殿

燈下の熱語（論說）（昭和二、一〇、一八）

吾人植民地の被壓迫階級の經濟運命はちやんと決つて居る。

今からうんと働かうと思つていくら働いたつて昨日迄何の準備も無かつた生計はそう〳〵暮しよくなるものではない。

一文や二文餘計稼いだつて急に金が溜つて生活が豐かになるものでもない。

老いたるも若きもこんな風で暮らして居つては滅亡がやつて來る。

どうして暮さうかと云ふ問題は現在の吾人の生活が長くはないけれどもそれをどう云ふ風に維持して行かうかと云ふ問題じやなくつて、吾人はどう云ふ事をしたら最も意義ある生活が出來やうかと云ふ問題でなくつてはならぬのである。

一年間耕作しても半ヶ年間の生活資料すらも得られないし、今日一日働いても明日一日の生存費にもならぬ。その原因は朝鮮の社會の構造が○○○○○○○○○○となつて居るが爲めなのである。此の構造の變革なく此の外來の暴壓を取除かずしては此の被壓迫の大衆は現在の立場から脱して、より優越な地位を獲得することは出來ないのである。

どう云ふ風に生活しやうかと云ふ問題は此の現在の社會の構造をそのまゝにして置いてその暗窟の中でどう云ふ風にして命丈なりとも維持して行かうかと云ふ問題じやなくつて、どう云ふ風にして此の暗窟から脱しやうかと云ふ問題でなくつてはならぬ。

現在吾人に任かされて居る任務は進んで執るべき途は帝國主義的搾取の權力の下に於て吾人の解放の爲に全力を盡すべき事それのみである。

支配階級の共同事務を處理して居る現在の〇〇〇〇に反對して!〇〇〇〇〇の警察暴壓〇〇に抗爭せよ!

吾人に賦課せられた任務はこれのみである。

朝鮮の無產階級運動は自體の發展に依つて必然的に民族的〇〇〇〇に展開して來た。

何故に一年間働いても冬が來たら流浪するやうになり、何故に自作農が日々に減つて行くか。その源をあばき出せ。

何故に十二時間も工場で働いても家族五人を養つて行けないか、何故に小企業家は廢業に廢業を續出するに至るであらうか。その〇〇〇〇〇〇〇の正體を暴露させよ。

無產階級の鬪爭が經濟條件の改善に滿足することが出來ず、直時支配階級の干城に肉迫する樣になるその時に彼等は〇〇を持つて〇〇する。

斯くして經濟〇〇は政治〇〇に展開し、局部〇〇は全面〇〇に進展しそこで初めて無產階級の〇〇は本當の〇〇になる。了

朝鮮警察の正體（論說）（同　日）

今回朝鮮警察の正體はすつかり暴露された。それも京城の只眞中で世界中の注視の共產黨事件の被告から全朝鮮警察の總本營とも云ふべき鍾路署で演出された事件の爲に暴露された。

それではどんな事件が演出されたのか。

今回法曹界の巨頭數氏が代理となつて被告五人の公訴を提出した。

吾人はそれをどう見やうか。

吾人は鍾路署を朝鮮警察の總本營と見ると斷言した。それには知事も總督も異議があるまい。斯かる機關に依つて刑法に違反した事が行はれたのを見る時に彼等は何の言を以つて朝鮮民衆に臨まうとするか?。

或は死し或は發狂し或は瀕死になつた。斯かる結果に對しては何人がその責任を負はなくてはならぬものか。

一切を暗黑裡に葬り去らうとした彼等の計劃は今回辯護士諸氏の努力に依つて遂に滿天下に發かれたので、彼等が今日迄隱くして來た恐るべき拷問と云ふものが人民の眼の前に投げ出されたのである。

それを彼等は如何に處理しやうとするか注目して居らう。

頻頻たる集會禁止 （論說） （昭和二、一〇、二五）

一

農民總同盟の集會を一切禁止し青年總同盟の會議を禁止し亦關西民衆大會を禁止した。此のやうに集會が頻々に禁止せられるのを見る時に吾人は朝鮮に於ける總ての意思發表の機會が一層綿密に拒否せられて行くと云ふことを考へずには居られない。吾人はそんな强壓に對して不平を有せざるを得ぬのである。

二

當局者の理由とする所は今回共產黨裁判が開廷せられて居るから如斯集會が人心を激動せしむる念慮があると云ふのであらう。しかし彼等が萬一其點を心配するとせば頭から總ての發言する機會を拒否するに因つて人心を激動せしむることは僅少であると見ることが出來るであらうか？彼等の計策は言論に對する絕對抑壓を以て始終しようとするのであるから此れは朝鮮人をして總ての活動を困難ならしむるものと見るの外はない。此のやうにして朝鮮人をして總ての希望を喪失せしむるのが如何なる重大なる結果を招致するものであるかと云ふことを考へなくてはならぬ。

三

或は此のやうに云ふ人がある。『朝鮮人は何の自由もないのみならず大部分の朝鮮人は食ふものがなくて彷徨して居る。此んな有樣では寧ろ監獄生活をするのがましである』と云ふ。此のやうな言を亦獄中に居る者までも云ふ樣になつたと云ふ。

吾人は此んな言を聞く時にそれは餘りに過度な言である、一顧の價値もないものであるとして棄つることが出來やうか？此の點に就て吾人は愼重に考へなくてはならぬことを思ふのである。それは如何なることを談るものであるかと云へば、朝鮮全體が或る意味に於ける監獄であると見ることが出來ることを談るものではないか？此のやうな考が漸次勢力を得ることになるとせば其結果は眞に恐るべきものであることを考へずには居られぬ。それは卽ち朝鮮人全體が生を否定することになるのである。生を否定すると云ふことはそれが決して朝鮮人のみの問題とは限らぬことになるのである。

四

問題が此のやうに進展して行くとせば其收拾は甚だ困難なる境遇に到ることになるのであるから吾人は此點に於て當局者の反省を促さんとするのである。

朝鮮人全體を全然絕望の境地に陷らしめて顧みまいとするのであるか？如斯するに因つて發生する

難問題に對しては當局者が如何なる責任を負擔しようとするか？考ふるに言論集會の過度の壓迫は朝鮮人に對して重大なる結果を招致することになるのみでなく、其の進展によつては或る意外の結果を發生せしむるやも知れぬのであるから無理なる禁止を一日でも速かに撤回せんことを望まざるを得ぬのである。言論集會の自由なき所にどうして意思の疎通があらうか。意思の疎通がない所には極と極との對立を見ることになるのであるから此のやうに問題を急迫にするのが果して人類の幸福と云はれようか？

十一月七日の生んだ勞農聯邦の現勢（一）（昭和二、一一、二）

盧　正　煥

『露西亞革命の狂瀾怒濤、堂々たる歷史的光景の間斷なき變遷、或は勝利者として一切のものを踏越し、或は………………ブルジョアの勝餘の嘲笑下に謀反人として追放の宣告を受くるプロレタルア階級の悲劇的鬪爭』是等は一九一七年十月七日に到り始めて乾坤一擲の大解決を見るに至つたのである。

此の日に露西亞人民大衆は決定的に昔日の主人と支配者等を其華麗なる地位から引下し自ら自身の運命の處理者として立つことになつた。其時にブルジョアー的社會秩序の擁護者、土地所有權及資本の擁護者等は世界に向つて勞働大衆卽勞働者及び農民は假令彼等が願ふとも獨力で經濟を行ひ國を治むることは出來ぬとの叫びを反覆した。世人は言つた『單純』なる『無智』なる民衆は非常に複雜なることを成就することは決してないであらうと。

亦十一月革命後に世人は殆んと每日每時間其不可避的沒落を豫言した。…………ボルセビキー卽ち勞働階級の黨が農民の支持を得て政權を掌握した時、勞働者の諸反對者は彼等の沒落を强笑を以て期待した。（ブハーリンー勞農露西亞の社會主義的建設）

二

其時は露西亞の總ての方面の破綻が絕頂に達した時であつた。大戰に因る破壞、亦當年三月革命の影響は露西亞全社會をして戰慄するに足る狀態にまで陷らしめた。生產は完全に破壞せられ戰爭は殆んど總ての力を吸收した。生產力は其極度にまで減少した。大部分の必要品の再生產——特に生產手段の一一は完全する事不可能になつた。原料もなく燃料もなかつた。必要なる日用品もなかつた。全戰線に亘つて生產力が減退せられた。唯榴散彈工場と『外敵の爲めの』毒瓦斯工場のみが繁榮した。運輸も完全に破壞せられて了つた。荒廢せる鐵道馬車があつて僅かに軍需品を運輸した荷物が到る處線路に積滯せられた。所謂負傷した機關車の數は五〇%に達した。鐵道は天氣のよい日でも不通で何事も出來ぬ危險が切迫して來た。生產減少に依る生產品の缺乏が運輸の破壞で一層甚しくなつた。同時に其上に亦物價騰貴が起つた。財政の狀態は紙幣と公債の濫發の中に表現せられたのであるから實際の價値の增加はないのに拘らず紙幣を造る印刷機械は猛烈に運轉せられ餘りに激動して破壞までしたのである。其結果ルーブルの價値を全然下落して了つた。紙幣の急流が始めて暫らく停止せられた。此のやうにルーブルが所用なき紙片に變じた後如何なる物品もルーブルでは買ふことの出來ぬ程高價となつた。物價騰貴の苛責は人民の背上で躍る蛇蝎に變じた。(ブハーリン―露西亞の階級鬪爭と〇〇)如斯事態を見た個人は唯露西亞の滅亡を待つて居るのみであつた。それが再び整頓せられた新秩序を造ることは絕對にないと云つた。殊に『單純で無智』なる勞働者としては到底處理することは出來ぬとした。であるから彼等は十一月に大膽に勇敢に政權を執つたボルセビキーに對して嘲笑したのである。

三

如斯嘲笑にも拘らず露西亞無產大衆は躊躇せずして抱負のまゝ進んだ。外は露西亞を包圍攻擊する列國の軍力的經濟的勢力と戰ひ、內では諸反動勢力と鬪つた。屈伸自在なる彈力ある、プロレタリア的戰略と戰術を以て主體的力量と客應的情勢に合せ、或は進み或は守り或は退きつゝ人類が始めて見る勞農大衆本位の社會を具體的に建設して來た。そして十年後の今日に至つてはソヴエート聯邦の巨姿が確平たる地盤上に立つて敵對と支持の世界的矛盾の間で日に月に擴大して行くのである。

然らばソヴエート聯邦の現在の情勢は果して如何なるものであるか？一九一七年の滿十週年である一九二七年十一月七日に當つて何物よりもそれに對する理解を有する必要がある。

今から紹介せんとするものは卽それを理解するに材料たるべきものである。余はそれを大概現露西亞政治當路者の報告中から取つて書かんとするのである。

慶北警察部突然大緊張 （昭和二、一一、一一）

無駄事をする彼等が更らに緊張、高等課長金泉方面に

金烏山藥師寺の大搜索にも別に所得なく殆んど無駄事をして歸つて來た慶北警察部高等課では亦又或る電報に接したものか、去る七日には成富課長が執務の机上に新聞を見て居るやうに擴げ置き殊更らに其側に印まで置き誰れが見ても執務中円外に一寸出たが如くに見せて出入の外來者の目を巧に欺き、崔、正岡二警部補及南刑事部長を指揮して二派に分れ午前と午後に北行列車で金泉京城方面に急遽出張して目下大活動中であると。其内容は勿論絶對秘密に付するので今判明せざると同時に亦報道の自由を有せぬが聞く處によると某事件に關聯せる某種の驚くべき計劃の大事件の或る端緒を意外の

方面から電報に接したのであると。

直指寺捜索重犯嫌疑者檢擧

事實を秘密に調査せんと金泉署と聯絡活動

大邱警察署では數日前咸北會寧に住所を置く陸學林なる者を某事件の嫌疑者として檢束し取調中であるが、同人は金泉直指寺に一週間も逗宿したことあり、其關係で同署では金泉警察署に依賴して證據を取調べしめたので金泉署では金泉佛敎世界社主幹朴景淳氏を招喚調査すると同時に警官五六名を直指寺に急派して寺内を搜索し、陸の旅具書類を押收して嚴重に調査中であるが、詳細を聞くに前記陸學林は去る十月十六日前記朴景淳氏を訪ねて大邱白光世の紹介手紙を傳へ直指寺に一二個月間逗宿せんことを請ひ、朴氏は之れを承諾したのであるが、陸は一週間の後或る所用で大邱に行く途中大邱驛に下車するや即時警察の目に怪しまれそのやうに檢束せられたものであると。

全南青年聯盟執行委員會決議　（昭和二、一一、一六）

全南青年聯盟では十一日第三回執行委員會を開らき左の決議を爲し午後六時散會した。

一、各地の警察の無理なる壓迫に對して抗議する件

一、拷問警察官を驅逐し〇〇に〇〇せられて居る朝鮮共產黨事件被告の無罪を主張しやう。

在滿韓人取締條例 （昭和二、一一、二七）

北京外交部も同意

連坐法實行等六箇條を成立

在滿同胞對策講究

最近某處に來た情報に依れば、北京の外交部では芳澤日本公使の要求に依り次の如き六箇條を批准し、奉天省長及各警察署長に命令して實行することになつたさうであるが、在滿同胞等は之に對し對策を講究する由（新義州）

韓人取締條例

一、支那に居住する韓人は支那の官廳に於て淸鄉局章程に依り、嚴密に戶口を調査し互保牌を作り連座法を實行す

二、支那の官廳は各縣に通令し僑居韓人に對し武器を携帶して朝鮮に侵入するものを嚴禁すべし萬一犯すものある時は直に逮捕して日本官憲に引渡し之を辯理せしむる事

三、支那官憲は直に韓黨を解散し其武器を解除し其所有銃器を捜索して差押ふべし
四、韓人の所有銃器火薬は該管轄官憲に於いて隨時嚴査して沒收す
五、支那の官府は日本官憲が注目する韓黨の首領を逮捕して引渡すこと
六、日支兩國の警察は國境を擅越すべからず

生存權に對する自衛策（論說）（昭和六、一二、九）

一

朝鮮人の存在は儼然たるものあり、數では二千萬あり、地域では三千里の江山あり、五千年の歷史ある民族であるが、現下の周圍の環境は朝鮮人の生存を殆んど無視して居る。此のやうに朝鮮人の生存權が淩蔑せられても何等救濟策がないとせば吾人は吾人自身の生命の爲め吾人の本能の發躍に因つて吾人の力と吾人の計策で此の戰線に自進するの外はない。

昨今吾人が評論を重ねて居るばかりでなく屢々其消息を報道したやうに隣接した滿洲一帶で比類のない虐待と蔑視を受けながらも何等對策がないとせば此は朝鮮民族の全滅を意味するものでなくて何んであらうか。同族が咫尺の間に於て此のやうに生命と財產の危害を受けても其まゝ坐視するとせば

此れこそ明に精神的に朝鮮民族の滅亡したことを世界に曝露するものと謂ふべきである。

二

果して朝鮮民族がそのやうに己に滅亡した民族であるかも知らぬ。それは殘つて居る吾人をそのやうに己に死んだ者と見て吾人の生命と財産を彼等が思ふ存分虐待し驅逐し剝奪するのであるから。吾人が死せざる以上死力を表示しなくてはならぬ。同胞よ吾人は己に滅亡した民族であるか。生命と財産を橫暴なる不法手段に壓殺せられても此れに對抗する何等の力もなくなつて了つたのであるか。吾人は此の時に當つて新しい自己批判に歸らざるを得ないのである。朝鮮總督府は此れを傍觀し中國人は此の傍觀者を橫目で見ながら吾人の頭に鐵槌を下し吾人兄弟に惡行を加へるのである。吾人は吾人自らが立つて吾人の生命と吾人の財產を防衞する方策を講究しなくてはならぬ

三

全北裡里では地方の有志が集つて示威運動と中國人商品の不買同盟を決議したとのことである。示威運動をして中國人を排斥するのも彼等が吾人に對し惡行を繼續する以上一手段となるかは知れぬ。しかし此れは決して地方的問題でない。全朝鮮民族のことであるから吾人は將來の爲め種々愼重に考慮しなければならぬ。吾人は全民族的に此れに對する方策を研究して實行しなくてはならぬものと信ずる。

中國人の全部がそうでないことも吾人はよく知つて居るばかりでなく、張作霖も其本意でないことは吾人も推測することが出來るのである。彼れ等が從來そんな暴惡もせず殘忍でなかつたのに昨今に至つてそのやうに横暴殘忍になつた所には朝鮮總督府の政策の影響が少なくなかつたことを信ずるのである。であるから中國官憲の反省を起す運動も必要であるが朝鮮總督府の政策に對しても吾人の生存上其のまゝ默視出來ぬ所を抗議しなくてはならぬ。吾人は如何に朝鮮民族が極度に凋殘し滅亡したやうだとて一度生命の存亡を認識して蹶起すれば能く其數では二千萬があり江土では三千里があり、五千年の歷史を所有せる民族としての應分の生命力を發揮するものと信ずるのである。亡んだものとのみ思ふ者等よ。まだ吾人は亡んで居らぬものと看取せよ。吾人はまだ死なぬ。吾人の生存權を彼等の惡戯にのみ任置する運命でないのである。同胞よ吾人は此の對策を講究しなければならぬ。何んぞ重大なる時期ではないか。裡里の運動を見て更らに此の問題の重大性を指摘して置く。

在滿同胞問題と對策運動 (昭和二、一二、一三)

萬一を嚴重警戒、中國人全部避身

不安なる全州で金特派員發電

消防自働車まで備置

吉林省官憲の在滿同胞壓迫に對して全州地方で決議した中國人排斥運動の爲め、全州居住百餘戸の中國人は同地本町二丁目の某所に匿れ商店は撤市をしたが、警察當局では萬一を警護する爲め消防隊自働車を署の前に準備し市の要所毎に武裝警官を配置して嚴重なる警戒をなし一方私服警官隊は青年會員其他少しでも疑はしき者は全部檢束し全州全市街は非常に不安に包まれて居ると。

平日の十倍の賣高

朝鮮人各商店大活氣

支那人が全部撤市したので朝鮮人の各商店は平日の十倍の賣高である。

在東京各團體協議會開催

十三團體が集つて抗議と聲明書發表

在東京の十三團體は新幹會東京會に集つて抗議文を發すると同時に本協議會に參加の團體にも抗議を送る等の決議をなす。

少年團が活動

大田中人歸國

大田では少年百餘名中國人商店に殺到し中國人等は撤市退去する者多く騷動を起したが、更らに去十二日市民等は一層昂奮し騷動中警察が出動して解散せしめ同時に首腦者を檢束した、中國人等は歸國せんとし警察署自働車で保護して護送中であると。

全州に代表派遣した普校生數十名檢束數千群衆會合

しかし大事はなかつた大田の擁護運動

警官消防隊騎馬兵の總出動で普校生數十名を檢束し支那人は武德館に入れて保護して居ると。

總商會特派員眞相調査せんと歸京

朝鮮人の壓迫狀況を調査

扶安、論山、苗浦、天安、井邑、金泉、元山、金山、の各地でも在滿同胞壓迫對策を講究し或は決議事項として中國政府に抗議書を提出することゝし、或は市民大會を開かんとして警察に禁止せられ或は集合をなさんとして禁止せらるゝ等の事實あり、支那人は一般に撤市休業中なりと。

在住中國人に自衞策を警告

警察に保護を嘆願平壤中華商會で

（略）

在滿同胞を擁護せんと各地で抗議警告 （昭和二、一二、一五）

平澤。在滿同胞が中國官憲から無理なる壓迫と虐待を受け驅逐に遇つて居ると云ふ消息を聞いた振威郡平澤でも此れを憤慨して振威靑年會、平澤少年會では去十二日午後三時同靑年會舘で緊急會議を開催し、宣傳文三萬枚を振威郡内に頒布の件、示威行列をなして不買同盟を宣傳すること等を討議することとなり。

禮山。既報忠南禮山靑年會緊急幹部會の議決で在滿同胞驅逐の中國官憲の暴擧に對する對應策をなす爲め同會臨時總會を去十二日午後五時禮山禮拜堂で開いたが、同日午前十二時頃禮山警察署長は突然同會幹部一同を招き懇談と云ふ名目の下に在滿同胞擁護に對する地方的宣傳運動は禁止すと注意したので、同總會では會舘建築の義捐金募集をなし、在滿同胞の件は別に討議するを得ず、消極的に中國人商店に對して不買同盟を實行することを議決して同六時半閉會せりと。

鳥致院。去る十一日午後七時半頃燕岐郡鳥致院では中國人等が一切撤市して門外に出てず警察ではこれを保護する爲め警官を配置し警戒し商店を開かしめたので一般の空氣は非常に緊張中に一日を過しつゝありしが同日午後七時以後は警官總出動と消防組の出動で徹夜警戒中であると。

新泰仁。同地靑年會と少年會聯合して一大示威行列と宣傳ビラを散布し一方では中國人商店を〇〇し〇〇〇〇をなす等一時は緊張したとのことであるが井邑警察署の警部補以下十餘名の警官隊が急來市內を警戒すると同時に少年會員三名と青年會員八人を檢擧して荷物自働車で井邑に押送したとのことであるが、中國人商人等は同夜十時の汽車で二十五名仁川に退去せりと。

論山中國商撤市

在滿同胞擁護運動に恐怖

論山では中國人十餘戶は十二日より撤市し郡內各市場でも撤市したが、彼等は近日在滿同胞驅逐に對する各地の輿論が日に高いのと郡內各團體や市民の態度を恐れてのことであると。

任實でも撤市

最近各地で中國人〇〇中國商業〇〇〇〇非買同盟等のあるのを見て十一日夜在任實中國人大會を秘密に開き當分開店せず形勢を見ることゝし朝鮮人の感情を傷けぬやう行動を取ることゝし十二日より任實邑館村獒樹等の中國商店は全部閉門せりと。

金泉。中國官憲の在滿同胞に對する殘虐なる態度に對して金泉青年同盟では豫定の如く去十一日午後三時から常務執行委員會を開催して對策せんとしたるに警察では突然討議を禁止したので同盟では警察に交涉することゝせり。一方在留中國人各商店では連日不安に包まれ密議を重ね去る十日よりは正私服巡查を中國人各商店に二三名宛派送して積極的に保護するので警察に之れを質問すると、署長は今回の事件は個人の問題でなく國際問題であるから政府で抗議を提出すべきものであるが民間側で在留中國人に害を加ふると政府の抗議は効力を失ふことになるから保護するのであると曖昧なる態度で答へたと。

幼兒は飢に啼き父母は氣盡（昭和六、一二、一六）

宛然たる地獄の光景
救濟料は毎人當り僅か十錢
目で見るに忍びざるの此慘狀

長春を距る七十里の地點から驅逐せられて長春に避難した同胞は七十八名で其中三十一名は同胞等に救濟を受け其餘の四十七名は日本領事館及滿鐵で保護中であるが、毎日一人に付十錢を與ふるのみであるから其狀態が非常に悲慘である。幼兒は母に抱かれて啼き、父母は飢えて氣盡きて倒れて居るので見るに忍びざる慘狀である。彼等憐むべき同胞は東亞日報社を代表して慰問する本社特派員に對して感謝の涙を流して居る。長春在住有志等は十四日集合して救濟策を講究して見たが金がなくてよい方策も出來ぬと。

王省長代理との會見記 （昭和二、一二、二三）

特派員　金　佑　枰

余は同胞驅逐問題に關し十八日吉林王省長を往訪した處代理王子英が面會して左の通り語る。貴同胞を驅逐するのに別に之れと云ふ原因は無い。只日韓併合以來殊に又○○○○の代表とも言ふべき廿一ヶ條條約以來は貴同胞が集團的に居住して居る處があると日本では「朝鮮人は日本人である治外法權があるから吾人が保護する」と言つて各地に領事館を設置し中國の○○を○○すること尠なからず間島の如きは既に○○○○の樣になつて仕舞つて居る。

數年來日本は貴同胞の取締卽ち所謂不逞鮮人取締令だとか或は共産主義取締だとか云ふ口實の下に中國の○○を無視して居るのである。

斯くの如くにして東三省全部を○○しやうとして居るのであつて卽ち日本は貴同胞を○○○に○○して北滿を○○しつゝあるのである。

故に貴同胞が中國に入籍さへすれば問題は圓滿に解決するであらう。

此處も入籍して居らぬ貴同胞を取締つたものと思はれる。

反マルクス主義的CH氏流の認識、批判、規定論を反駁す（四）（論說）（昭利二、一二、二八）

朴　衡　秉

朝鮮無產階級運動は果して如何なる過程を過程して來たか。

自分は朝鮮の無產階級運動の發展過程を彼〇〇民族の特殊性下で發生成長して來たと斷言する。何故かなれば最近朝鮮の社會形態は其れこそ「天から墜ちたものでもなく、地中から生いたものでもない」又CH氏流の認識の如く英米國や世界の社會形態の如く其の樣に順調に發達したものでもなく此の特殊性の病菌を包含して發生成長したと見るが爲めである。果して朝鮮の無產階級運動は此の特殊性下に發生して體驗し訓練を受けて成長して來た。

此處に我等は朝鮮無產階級運動の發生及由來を明にする爲め先づ朝鮮民族運動の特質及由來から語らねばならない。朝鮮の民族運動は一九〇九年の日韓合併以後より始まり（勿論日韓合併以前にも、世界の侵略を受けまいとした種々の血戰があつたが）唯だ非妥協的政治鬪爭で今日迄で一貫して來た。此の如く朝鮮の民族運動が非妥協的政治鬪爭で一貫して來た其の鬪爭意識は朝鮮の完全なる政治的〇〇を獲得して〇〇〇〇〇を建設しようとするに其の目的があつた爲めである。故に朝鮮民族運動は其の表現方式が如何であつても政治鬪爭意識が徹頭徹尾したことだけは我等が體驗した所の明確なる事實である。換言すれば朝鮮の民族運動は〇〇〇〇主義に對して全民族的で鬪爭する所に朝鮮民族の勝利があると云ふことを徹頭徹尾意識した運動であつた。此の樣な民族的政治鬪爭の意識を全朝鮮民族殊に前衛分子が認識する樣になつたのは日韓合併前後の政治的經濟的其の他社會的環境より見て必然のものであつた。此の如き政治鬪爭意識を胚胎した朝鮮民族運動は犧牲に犧牲を重ねて畢竟具體化し組織化して民衆化した三一運動に迄で進出し、又三一運動が無慘に失敗した後にも不斷不休に內外各地で各種の組織と方式で今日迄で儼然として繼續して居るのである。

所で我等が此處で記憶して置く事は何であるか卽〇〇運動以後の朝鮮の現狀である。一時的ではあつたが大衆化した〇〇運動は多くの犧牲で慘敗したる後に其の所得としては我等が先きに見たことなく、得たことなく、聞いたことのない言論出版集會結社の自由が我等に抱かれたのである。

此の不徹底なる言論結社集會出版の自由は我等が其れを得るためだけに多くの犧牲を拂つたのでないが、日本の寺內式武斷政治の假面が〇〇運動の影響で齋藤式文化政治の假面に更へて冠つて來た初めの進物として我々民衆に與へられたのである。出産は如何であつても、不徹底なる言論出版集會結社の自由であつても我等は其れを捨てずして其れを自然に利用する樣になつたのは當時の我が民族として必然の勢であつた。

解散せられて大示威到る處で警官と衝突　（昭和二、一二、二九）

大會解散の理由を質問に行つた委員檢束
高原警察彈劾會に變し示威行列
第四回咸南記者大會

既報咸南記者大會は豫定通り高原にて二十六、七兩日繼續して開催第一日は無事終了したるも、第二日となつて討議する議案中長津水電、在滿同胞、東拓日本移住民問題外八條文を警察から禁止せらるゝや同大會では質問委員を選び禁止の理由を質問したるも何等理由なく上府の命令だと强壓するので禁止のまゝ同日午後五時終了し、卽時咸南記者大會で高原警察彈劾大會大講演會と大書した旗を先頭とし市內を一週しつゝ大示威運動を行ひ到る處で警察と衝突甚しかつたとのことである。

放銃までして解散―檢束―

檢束者釋放運動に行つて二十餘名が

亦再び檢束せらる、警察と群衆對峙

別項の如く高原警察彈劾大講演會を開くや高原警察署では總出動して解散に盡力するも聞入れず群衆と警察は對陣して容易に解散せぬので手當り次第檢束を始め八名を高原警察署に押送することになつたので、群衆は亦更らに警察署に殺到して檢束の理由を質問すると同時に即時釋放を要求したが、警察は反つて其者を檢束するので群衆の反抗は極度に達して二百餘名は警察署を包圍して襲擊せんとし警察署では放銃をなし解散をなさしめんとするも群衆は解散せず、民衆と警察は互に對陣して高原邑内は人心洶々として居ると。

民族的總力量を集中する實際方法（五）（昭和三、一、五）

言論の協同戰線を布くこと

各方面人士の主張は如何

一民族の力量と云ふのは其人口の總數とか其經濟的生產力は勿論其文化施設的能力まで包含して民族的自立と發展の爲め活動するに足る總ての能力を指して云ふのであらう。二千三百萬大衆を單一組織體に集中して總ての能力と活動を只管民族全體に共通する究極的目的達成の爲め集中すべきである。集中の方法には組織と鬪爭外にはないものと信ずる。組織と云ふのは總ての態度能力を綜合して究極的目的達成を中心とした一體系を立て、民族的流動に民族全體の能力が一時に敏速且有効に動員するやうにするのが組織の眞正なる意である　現下朝鮮では組織過程其ものが鬪爭過程ではあるが組織を堅實にして總力量を實際的に集中するには具體的問題を以つて激烈に鬪爭するのが何よりも必要である。そして吾人の最も大なる武器である言論機關をして協同戰線を造ることである。言論系の首位を占むると云ふに足る東亞日報が之れを卒先運動すべきである。

反マルクス主義的CH氏流の認識、批判、規定論を反駁す（五）（昭和三、一、一）

朴　衡　秉

『全朝鮮青年黨大會』の前後を一期として朝鮮無產階級運動が發生したのである。此は朝鮮內外にある先覺の民族的政治鬪爭の前衞分子が鬪爭上經驗に經驗を重ねて無產階級的意識を自覺しマルクス主義的理論を認識し、亦露西亞の〇〇〇〇〇〇の成功と世界〇〇〇〇〇〇の世界政治舞臺の出現を看破認識するを以て始まつたのである。そして彼等は政策上からでも理論上からでも朝鮮の完全なる〇〇〇〇〇を獲得する進路は『唯民族運動を無產階級運動に方向を轉換する道』換言せば『過去の狹少なる民族的政治鬪爭の縱的運動を世界的である無産階級的政治鬪爭の横的運動に方向を轉換する道』の外はないと云ふことを認識し亦そのやうに規定したのである。

同時に彼等は朝鮮民族の〇が全日本（大多數無産階級を包含せる）民族でない〇〇〇〇主義の〇〇〇〇を掌握して居る日本の統治閥及軍閥とブルジョア階級であることを明確に認識することになつた。此んな明確なる認識下で彼等は日本無産階級運動と朝鮮民族運動乃至朝鮮無産階級運動との合致點を認識し亦そのやうに規定したのである。

そして彼等は團體と機關紙を通して（具體的表現方式が完全なると否とに拘らず）マルクス主義的政治鬪爭論を宣傳し力說し發表したのである。朝鮮內地にあつては團體として『無産者同盟』と『ソーウル青年會』言論機關として新生活を擧げざるを得ぬ。外地にあつては、東京にあつた思想團體『北星會』（十月會と赤友會の合致）亦其の機關紙『斥候隊』外に『前進』雜誌を擧げざるを得ぬ。此んな團體と言論機關が朝鮮無産階級運動の發展過程初期にあつて重要なる指導團體となり亦マルクス主義の代表的言論機關となつたであつて、『全朝鮮青年黨大會』は左翼民族運動者とマルクス主義者が集合して當時の朝鮮の當面過程を〇〇的旗幟下に規定せんとしたものであるから朝鮮無産階級運動の發端から見て意味ある集合であつた。

卒然驅逐せられた一洞三百餘の生靈　（昭和三、一、一四）

男負女戴して四方に散退一部は安東縣に來到

中國輯安縣裡岔溝地方には七八年前から約八十戸人口三百六十餘人の移住朝鮮人村落あつて中國人地主に土地を借耕して生活中、三年間洪水其他の災害で不作となり生活極めて困難の爲め地主側からは此等小作人に對して一名に付粟一石食鹽五十斤宛の食糧を貸與して保護するので、圓滿に平和な生活をなしつゝあつたが、昨年十一月初に滿洲各地で起つた在滿同胞放逐の壓迫問題は此の平和郷まで波及し各地主等は中國官憲の命令で食糧貸與を中止し、右三百六十餘人の同胞は酷寒嚴冬に生活困難甚しく死境に陷つたのに、昨年十二月十五日地主會を開催の結果、地主は官憲の命令に依つて土地の貸付を拒絶するのみならず且つ放逐壓迫極めて甚しく小作人等は取るべき方策なく在住の同胞は全部立退となり十二月下旬同地を出發して其大部分は長春其他の奥地方面に向ひ其中三十四名は徒歩で幾日もかゝつて辛ふじて安東に來着し、其中十一名は二三日前新義州を經て各々其本籍地に向つた樣子であるが其外二十三人はまだ安東に滯留し衣服其他所持品を放賣して旅費を準備した後本籍地に歸還する筈であると。之れ等の實地を探聞するに此の如き平和郷まで中國官憲の壓迫が甚しいのを見れば奥地に居る同胞等の形勢は形容することの出來ぬものと觀測せらる。

政黨ご殖民地利權 （昭和三、一、一八）

一

今日强國が殖民地を持つて居る其由來は初から經濟的搾取を意味するのであるから其搾取の方法や程度は各國各色の差別があるとも大體に於て大同小異である。唯其の差異は時勢の進運に隨ひ亦は其本國と殖民地の相對的實力亦は相對的文化程度に依つて、殖民地としての特殊の歷史や文化を眼目に置かずして本國に全然同化卽本國に消化せんとするものと又一つは其殖民地の特殊性を認定して其自治を認定しながら主權の支配を其まゝ維持すると同時に殖民地人民の不平を漸進的に緩和し行く過程に於て本國人の經濟的利益を圖得するものとの二種に區別し得るのである。

二

此の二種の中でも先きに述べた如く各々種々の屬節があるが大體から見て此の二種に區別することが出來る。然るに現下世界の殖民地に對する其本國の政策を一瞥するに大概同化政策を固執する國はないのである。

或る程度まで其特殊性を認定する緩和策で其殖民地人民の感情を撫摩しつゝ其過程で政權を維持して經濟的利益を取得して居るのであつて、殖民地政策の先進者とも云ふべき英國の例は更らに繁論の必要もなく此れを證明するに充分であるのである。しかるに朝鮮に至つては已に歐米諸國で原則上抛棄せられた同化主義を以て朝鮮に臨んで居る。全世界で此れだけの民族に此んな政策下に支配せられて居る例が朝鮮以外にはない。此の意味から朝鮮は世界的特殊部落の稱號を受くるのである。其の特殊性を認定すると否とに因つて其政策と其政策の結果は實に莫大なる差異があると云へるが殖民地と云ふ見地から見れば全然大同小異である。

三

然るに各國にて此のやうに殖民地を持つて居る理由は先きに指摘した所と同樣であるが其內容に入つて更らに檢討せばそれよりも其の本國の政權を持つて居る治者階級が利益の大部分を持つて居ると云ふ所に一層現著なる理由を發見するのである。卽ち治者階級の資本的利潤が其殖民地を持つて居るに因つて一層增收せられると云ふ所に現代の殖民地を死守する理由の特に大なるものがあるのである。

のみならず治者階級が殖民地を解放せまいとする亦一つの理由がある。それは現代的文明力が高度に至らぬ殖民地で其政權を利用して金融資本の利潤を增收することが必要であるのみならず一攫千金の利權物の生ずる所に亦一つの理由があるのである。

此れは殖民地だとて皆あるのではないが一部には此れがあるが爲めに一層殖民地を寶貨とし其の後

代國家には如何なる結果を及ぼすともそれは一向顧る餘地だになく其の目前に落ちて居る財物に目が眩み立ち騷ぐのである。其實例は日本の政客が朝鮮をもつて種々各色の猛烈なる爭奪物となす所でも見ることが出來るし、昨今に至り古賀某が京城に投宿するに因つて日本人間に物論の多い事實の裏面も此んな意味から一層明確に看破し得るのである。

普校生と小學生との衝突（論說）（昭和三、三、一）

一

朝鮮普通學校生徒と日本小學校生徒との間に衝突が起つた。そして朝鮮普通學校生徒一人が傷害致死となつたのである。

此れが假令少さな事實のやうだが吾人はそれに對して深切なる注意を加へなくてはならぬと云ふことを信ずるのである。

二

去る月十三日の事であつた慶南固城公立普通學校生徒李龍振と云ふ十三歲の小兒が學校の歸途固城面城內洞尋常小學校の裏で他の普通學校兒童と竹馬に乘つて遊び其竹切れが尋常學校後庭に飛んだの

で、それを拾ふ爲め小學校內に入つたのである。所が其所に居た小學校生徒等が黨を作つて李龍振を亂打した。李は其まゝ家に歸り其翌日は痛さを忍んで學校に通信簿を持つ行つたが家に歸ると其まゝ起つことが出來ず病床に臥すことゝなり初めの內は父母も其理由を知らずに醫師の診察を受けた結果毆打が原因の病と云ふのが判明することになつた。そして固城郡內の醫師等の力では到底どうする事も出來ぬことを知つた。

三

其間に小學校長は李龍振の病床を訪問して治療費は幾らでもよいから充分治療するやうにせよと云つた。しかし病勢は益々沈重となるばかりで其父母は萬一の僥倖を希ひ晋州慈惠病院に行つて見たが藥石の効もなく去る二十八日遂に不歸の客となつて了つたとのことである。吾人が此の事實を見るに際しそれを單純なる兒童間の衝突と見るとせば問題がそれ程巨大ではなかろうが、朝鮮普通學校生徒と日本小學校生徒との衝突と見る時にそこにおつて甚だ重大なる民族的感情の伏在して居ることを知り得るのである。此の點から見て吾人は此の問題にあつても民族的に抗議する必要を感ずる所である。小學校生徒等のしたことであるから彼等は皆十四歲未滿とせばそれに對して刑事法規上の責任問題は起らぬのであるから李龍振の死は非常に不憫なことではあるが相對者に對して報復の問題は正式に起ることは出來ぬのである。

四

しかし吾人は此處に於て岡城の人士等と共に問題とせんとするものは小學校生徒等をして朝鮮兒童に對して輕侮の考を持たしむる日本人父兄等の無責任なることを聲討し、亦其敎育を掌握した岡城面城內洞尋常小學校長及敎員諸君の責任を問はんとするのである。

彼等が平素にあつて其子弟其弟子に對し朝鮮兒童に對して敬愛の考を持つやうに訓育する所があつたならばどうしてそんな不祥事は惹起したであらう。であるから吾人は聲を高くして彼等の反省を促すと同時に今後一層注意する所あらんことを望むのである。そのやうにするには彼等が自進して相當なる形式の表現がなくてはならぬことを信ずるのである。

印度に排英運動暴發（論說）（昭和三、二、七）

昨紙報道の通り印度では英國が派遣した印度議會改正調査委員一行が印度へやつて來たのを機會に一大排英運動を起こして軍隊及警察隊と衝突して多數の死傷者を出したと云ふ事である。

（中略）その委員六人は全部英國人で印度人は加はつて居らなかつたのでそれに不滿があつて印度人の感情を激動させたのも事實であるが元來英國に對して持つて居つた反感を益々激化させて到着と同

時に暴發したものと云ふべきである。

英國の印度統治は幾多の變遷を經て來たが一九〇九年になつては已むを得ない懷柔策として印度議會の權限を擴大して甫めて印度人の參加を許したのである。

その間の印度の國民運動は益々地盤が堅くなる一方で一九一九年の印度統治法は一九二一年に至つては代議政治の實現になつて「印度に責任政治を實現する目的である」とさへ宣言するに至つた。

斯くの如くに變じて來た英國の印度政策は英國が自ら進んで與へたものではない。

印度國民の覺醒と世界の大勢に引摺られてそれには逆行することが出來ずして讓步して來たものである。然し又その間に於ての印度國民の英國に對して戰つて捧げた犧牲は實に莫大なものがあつた。

然り而して今日の現實を見るとその新統治法なるものも印度を英國が治めて行くに餘りに英國人本位の統治法であつて專制的中央集權制度である。

表面から見るとガンヂーの非妥協運動が權勢を執ることが出來ずして分裂したり又宗教的紛爭の上に政治的紛爭があるけれども、如何に派別や紛爭があるとしても印度は印度人が始めなければならないと云ふ精神的信念丈はどうすることも出來ない勢力で傳播して居ることは事實であるから一時の武力や權力で抑壓して行く英國の現印度統治策はその儘存續して行くものとは信じ難い所である。

茲に明敏なる英國は新な進路を求めるのである。

歴史は必然の方路に行かなければ止まぬものである。一時の權勢が歴史の全體の過程を變動させることが出來ないものであることは旣に世界の大勢が明瞭に方途を表示して居り、又印度國民も覺醒して居るのであるから吾人は印度に對する英國の態度が非常に注目せられるのである。

印度に對する英國の政策は英國丈ではない。印度丈ではない。その實物敎授は多くの國が受ける筈であるから屬領及勢力範圍を英帝國下に結束させんが爲に渾身の奮闘を盡して居る保守內閣も此の大勢には對抗し得ないのである。埃及は旣に獨立しカナタは獨立狀態に達して居る。此の被壓迫民族の背後には又他の勢力が動いて居るから此囘の印度の排英運動の今後と英國の之に對する方策は實に興味ある見物と云ふべきである。

（廣　告　欄）（昭和三、二、二六）

故秋岡金祉變氏本月二十日千葉刑務所に於て別世す玆に訃告す。

嗣子　在　烋

實弟　禧　變

三從弟　完　變

鍾路署某重大事件卅餘名八日送局（昭和三、三、七）

總ての取調が大概終了を告げたので

明八日嫌疑者三十餘名を送局事件内容は絶對秘密

市内鍾路警察署で先月から活動して多數の檢擧があつた某事件は其間三輪高等係主任以下署員多數が徹夜で嚴重に取調したので其間取調も大概進行し明八日午前中に京城地方法院檢事局に移送するとのことであるが其被疑者は初め檢擧した時は四十七名に達したが一部は釋放して殘り三十餘名であり罪名は治安維持法である。

朝鮮共産黨判決原文（同日）

（前略）被告權五卨は出版に對する所轄官廳の許可を受けずして同月十五日頃右李壽元方で檄文と題し『吾等は既に民族的及國際的平和の爲め一千九百十九年三月一日に大韓獨立を宣言した。吾人は歷史的復讐主義を反覆しようとせずして將に吾人の喪失した國權を恢復せんとするなり。日本の全民衆に敵對せんとするにあらずして單にそは日本の統治を離脱せんとするなり。吾人の獨立宣言は實に正義の結晶にして平和の表象である。兄弟よ。姉妹よ。速かに出て鬪へ。そして完全なる獨立の恢復を期せよ。云々』亦大韓獨立萬歳と題し『朝鮮は朝鮮人の朝鮮である横暴なる總督政治の羈絆を脱せよ。日本人を朝鮮の領域内から驅逐せよ云々』朝鮮人敎育は朝鮮人本位にせよと題し『普通學校用語を朝鮮語に普通學校々長は朝鮮人に大學は朝鮮人を中心とせよ云々』亦產業は朝鮮人本位にせよと題し『東洋拓殖會社を撤廢せよ。日本移民制度を撤廢せよ。云々』と記載せる不穩文書の原稿を作成し、又金丹治の通信文を參照して『大韓獨立運動者よ團結せよ』と題し『一切の納税をなすな。日本物貨を排斥せよ。朝鮮人官吏は一切退職せよ。日本人工場の職工は總罷業せよ。日本人地主に小作料を納むる勿れ。在獄革命囚を釋放せよ云々』の不穩文書を作成し。金丹治の送つた哭服する民衆に檄すと題して『李朝最後の君主　李坧は去る四月二十五日長逝した。吾人は此期を利用して日本帝國主義を驅逐する鬪爭力を扶植し、併せて一歩でも其驅逐を目標に鬪爭を始むるものなり。泣く民衆よ一團となり革命團體の旗下に集團せよ。今日哭服する忠誠と義憤を盡して吾人の開放鬪爭に捧げ日本帝國主義を撲滅せよ云々』と記載せる不穩文書とを合して此れを各同志に配布せり。

某重大事件で日露の國交危急 （昭和三、三、二〇）

首相、二長老と凝議諒解要求露大使召還も未知

政府は十六日の閣議で鈴木内相をして最近發生した某重大事件に就いて特に詳細なる報告をなさしめ、同日午後五時田中首相は青山の私邸に犬養、岡崎の二長老を招致して同樣重大事件に對して二時間も諒解を遂げたと云ふことは既報の如くであるが、形勢の如何に依つては日露兩國間に困難なる國際問題が生じて遂には駐日露國大使の召還問題までも擡起せんとするので此間日本政府の態度は大に注目するに足ると。（東京電）

萬般の準備が完成せられた今日
文盲退治宣傳突然禁止 （昭和三、三、二九）

少年團行列、飛行機宣傳一切禁止

ポスター、我文字の原文、ビラ全部押收晝夜兼行の努力も一朝に水泡

東亞日報創刊八週年紀念事業の一種として朝鮮内に八割以上に達する文盲に文字を敎ふる運動を起

さんと種々の宣傳方法と順序を定めた後紙上に發表して此れを滿天下讀者諸氏に報導し、一方、本社では京城本社の百餘名の社員を始めとし全朝鮮各道各地に散在せる三百餘處の支分局員の總動員をなして已に二十餘日前から準備に奔忙中社會各方面の熱烈なる後援の力を蒙り今や萬般の準備が完成すると同時に二千三百萬の民衆と共に四月一日の來らんことを持つて居た所、昨二十八日に至り突然警務當局から、全朝鮮津々浦々に宣傳ポスターを掛け地上では少年軍行列をなし空中では宣傳飛行をなす一切の順序を全部禁止すると同時に飛行機から撒くビラと人力車、自働車にたてる宣傳旗や滿天下の愛讀者諸氏に配布する「我が文字の原本」まで全部押收をなした。玆に本社では仕方なく此の運動を中止したのである。本社の其間の種々の準備が無駄となつたことは第二とし、此の運動を熱烈に贊成せられた滿天下民衆の期待に報ずることの出來なかつたことは本社として最も痛い所である。愛讀者諸氏は此の本社の哀情を諒解せられんことを望む。

教育、思想、宗教界網羅卅餘名士の講演も中止

別項の如く本社の文盲退治に關する宣傳運動が突然警務局から禁止せられたので、本報創刊紀念第二日である四月二日に京城市內の四大劇場を公開して敎育界宗敎界思想界言論界其他各界の一流名士三十餘名が文盲に關する講演をすることになつて居たことも仕方なく中止することになつた。當日講演を承諾せられた人士の中には今迄演臺に立つたことなく唯だ研究にのみ熱中せられた人で今回だけ

は立たなくてならぬとて例を破り出演を承諾せられた方も少くなかつたが、事が此のやうになつて仕方なく中止することになり、本社では其諸氏に氣の毒で申譯がない限りである。當日講演を承諾せられた方の氏名を列擧すれば次の如し。

（畧　記）

賛援の各界人士に
形容に絶へたる感謝と氣の毒

本社主催の文盲關係運動が突然禁止せられ三千里槿域が水の沸くやうにして待つて居た四月一日の一大運動を中止することになつたのは本社として朝鮮大衆に對し少なからざる氣の毒を感ずるのであるが、特に此の計畫を賛同して直接宣傳運動に參加することゝし全朝鮮五百餘ケ處の停車場と二千餘の運送店に宣傳ポスターを掛けることを承諾した鐵道局と鮮運同友會や、多數の自轉車と千餘臺の人力車に旗を立てることにした輪業會各人力車組合、劇場を無料で提供せんとした團成社、朝鮮劇場、優美舘、光武臺等其他宣傳廣告を掛けて呉れる京城電氣會社に對しては殊に申譯がないことになつた。楓の樣な手に旗を持つて長蛇の行列を造り京城市街を廻ることになつて居た數千の少年軍に對しては一層申譯がないのである。

文盲退治の文字は

出處が勞農露國

ポスターの色彩もよくない

警務當局禁止理由

淺利警務局長は其趣旨に對しては贊同だが文盲退治と云ふ標語が本來露西亞から出たものであるのと、ポスターの筋肉の赤い勞働者は一種の共產主義的色彩ありと見へ、亦屋外の少年集會や行列は敎養時期にある少年等の事を心配して不得已中止したのであると。

「全州時話」學校評議會（昭和三、三、三一）

去る二十五日全州郡廳會議室に於て同郡學校評議會が開催され同會席上、評議員尹某の質問があつたと云ふ。其の內容は朝鮮人敎員でも充分に兒童を敎育し得るにも不拘、高級である日本人敎員を採用して不足なる朝鮮經濟より加俸と舍宅料に一萬四千八百六十六圓を支出する樣になると云ふが其れは豫算總額十二萬五千五百四十圓に比すれば二割二分を占領したものである。現在朝鮮總督府政治の下に於ては日本人敎員採用の件は如何んともなし得ぬとせば再論の要もないが純全に經費上から見て、又未就學兒童の情景から見て正當なる途を取るとするならば日本人の加俸舍宅料等一萬四千餘圓の慮費額のみにても能く三個の普校の一年の經費に充當し得らるるのである。此の道理を知つて居つて知らぬ振りをするのが現代政治家の常套であらうか云々。

朝鮮人渡航に新制限（論說）（昭和三、四、六）

東京電に依れば內務省社會局では移住して居る拾五萬の朝鮮人と每年增加する一萬五千の朝鮮人は間接に日本で起る日本人の失業問題に至大な影響になるとて朝鮮總督府及關係各省と協議した結果一、朝鮮人は出來る限り朝鮮で火田灌漑等の事業に從事する方針を取る事二、漫然渡航を制限する事三、朝鮮人特有の職業紹介所を新設しない事等を新しく定めたと云ふ。在來も此の所謂漫然渡航を防止するとの理由の下に朝鮮人が勞働者として日本に行く自由を極度に制限して來たが新に此の如く定めたと謂う事は滿洲で朝鮮人を排斥するのと對照して最も奇怪な感を禁し難い。

朝鮮人が日本に行く其の現象が其のまま繼續するとしたら今後二年にもならずして現在朝鮮へ移住した日本人より多い朝鮮人が日本に居住する樣になるから朝鮮の土地を買つて朝鮮に移民を奬勵する彼等の方策は根本的から失敗に歸するのだ。其れ故新しく此の法を出すらしい。けれども日本に人口が多過ぎるので朝鮮に移民を計劃するのが人道上正當であるとの理論であるなら、朝鮮では日本にでも行かなくては其の生命を維持する職業が無いが故に毎年群をなして日本に行く朝鮮人の要求も人道上其れ以上に正當な主張だと言ふべきだ。それであるにも拘はらず從來日本人が朝鮮に來るのは奬勵しながら朝鮮人が日本に行くのは制限をして來た。又最近に各省が協議して新しい方針を定める處まで一歩を餘計に出る彼等の主張はどんな論據に依るのか。

日本に人口が多いので朝鮮に來て生途をさがすのは良いが朝鮮人は朝鮮で職業が無くて其の生命を維持出來なくても日本に行つてはいかんと謂ふ事である。日本人は朝鮮に來るのを奬勵しても朝鮮人は日本に行かれないのか。兩方の平等か無差別か、日本と朝鮮の間に此の如く朝鮮人の移住權を認定しないで居つて自由と人權を尊重する政策だと標榜する事が出來るか。精神病者で無い以上此の規定を以つてはそんな標語を是認出來ないと信ずる。

それだけでは無い。吾人が聞いた所に依ると日本では朝鮮人の職工を要求する或る工場が有つて官權の干涉の爲めに求めても求める事が出來ない者が有つたと云ふ。此れが無差別で平等の方式であるか。當局者は云ふ。漫然として朝鮮勞働者が日本に行き職業を求め得ずして彷徨するのは社會政策上默視する事が出來ない所であり其れを先に防止する必要が有るからだと。彼等の生命は官憲が干涉する以上に彼等自身がより愛し、其利害得失はより詳細に彼等が知るのだ。日本に行く朝鮮勞働者は彼等の故鄉に別れるだけに悲慘な事情が有る。故鄉で暮すことの出來ない極度の生活難がないならば行こうと云う考を出さないである。行く彼等の生活難の事情には豪華なる總督府官吏等が推測し難い深刻な所が有るのを知らなければならん。こんな人等が其の故郷で職業を得る事業を起こされない以上、そんな慘劇の中から生途をさがして行く彼等の方向を制止するのは此れこそ重大な人道問題だと信ずる。故に吾人は最近東京内務省で定めたと謂ふ新しい制定方針を聞いて又當局者等の反省を促して已まないのである。

春は來れども春に似ず　（昭和三、四、一六）

平壤には麗かな春が來て春光行樂盛りとなつた。しかし街頭子（記者）は大空を仰いで呀々の嗟嘆を禁ずるを得ない。

大同江邊には自動車が馳せて紅燈綠酒の下に盛りの春を見せて居る。しかし春は來れども春に似ずとあるが彼れも吾々の春にあらず此れも我々の春でない。

店頭の燦爛たる春は萬客を惹いて居るが之は新市街の春である。

街頭子は去る八日からの春雨を冒かして平壤飛行隊の紀念祝賀式を見物に行つた。

營舍は廣くて幾萬坪を算し兵舍と格納庫と練兵場の設備又幾億燭光の照明燈を惜氣も無く金がばら

まいてある。

平壌を世界の都市化したものと言はれる。

露の佛の伊の飛行機の訪日飛行停留場として平壌は世界の飛行場として知らるるに至つた筈である。

然しその世界的の名聲すら白衣人たる平壌舊市街府民諸君と何の關係もない。

午後から晴れたので空中分列式の爆彈に驚いた白衣の老少は千を以つて萬を以つて飛行場に驅付けて來るのを見た。何の爲に誰れの爲にその空中分列式があるに迄で至り、累巨萬の富が傾けられたかを彼等は知りでもして居るか。

落ちた爆彈の火に引火して灰燼となつた假屋を見る時に一度そんな考でもして見たか。自動車の跳ね飛ばす泥にあちらこちらへ追ひ廻はされる白衣の男女老幼等よ。

兵備充實期成會と云ふものが發起せられて各地の新興市街の人民が合同して大運動を起すことになつた。日、憲兵制度の復活、日、騎兵旅團の移駐、日、師團增設等彼等の所謂兵備の充實は國防上又は治安維持上必要であると大看板を揭げて居るがその實は國防のなんのと地方繁榮の窮策の一つである。

師團を平壌に增設せよと騷ぐものも慾の深い新市街の兩班等しかないが、師團の設置は游廓の發達を致し遊廓の發達は〇〇〇〇隆興の大吉兆だと謂はない人はそも誰ぞ。鎭南浦では一千間の築港を八百萬圓でやることになつた。これこそ平南の死活を制する問題で平南の發展上缺ぐべからざる大事業であることは再論する迄もないとは言ふものの、誰の爲めの發展誰に歸つて來る利得かと云ひ度いのだ。それを一考し再考する時に春は酣でも街頭子の目には秋枯の寂寞を見ることにしかならぬ。

國家賠償法（論說）（昭和三、四、二一）

一

今回東京政府の新政策の一として『國家賠償法』の制定を揭げ行政制度審議會に命し審議立案することに決したとのことである。

此れに對する政府の意嚮を聞くに國家の不法行爲に因つて損害を受けたるものに對して金錢賠償を行ふと云ふ趣旨であつて賠償範圍としては寃罪者に對する賠償は勿論國家に對して行政訴訟を提起することの出來る事件は皆此の賠償範圍に屬すると云ふ。

二

賠償の程度は從來政府では寃罪者にのみ限つて旅費及拘禁中の食費を賠償する程度に止めやうとしたが此れでは賠償の趣旨を徹底しない感があるとて行政審議會の立案に當つては

（一） 賠償程度を高めて日當賠償の方法を取り。

（二） 賠償範圍を擴張して寃罪者以外にも一切の國家の不法行爲に因つて損害を受けた者に對しては賠償するやうにするとのことである。

三

此んな法が日本に必要なることは勿論であるが國家特に警察機關の故意又は過失の不法行爲に因る寃罪者が多い朝鮮には一層必要のものであるから吾人は此法が一日でも速かに日本及朝鮮を通じて實施せられん事を希望すると同時に更らに百尺竿頭に一歩を更進して其賠償程度を被害者が其被害を受けなかつたら當然得られた利益を標準として賠償する程度まで至らん事を望んで止まぬのである。

朝鮮の軍備擴張說 （論說） （昭和三、五、二）

一

朝鮮には最近所謂『兵備充實』問題が相當に高調せられるのを見る。此所に兵備充實と云ふのは軍備擴張に外ならぬのである。卽ち湖南地方に一騎兵旅團を移駐するとか或は國境方面に憲兵制度を復活するとか亦は一個師團を增設又は移駐しようとか等の說が之れである。先きに平壤及京城商業會議所は各々右の兵備充實に對する討議を經今月內には全朝鮮商業會議所が京城に集合し此れに對する組織的運動を開始するとのことである。所謂此の兵備充實の問題は商業會議所が出馬する領域であるか否かは暫く別問題とするも此れが己に一個の輿論化した以上、そして統治當局も多少此れに對する興味を有つて居る今日吾人は玆に之れを論評する義務があると信ずる。

二

玆に其の兵備充實の最も重要性を有する師團增設の理論的根據を聞くに。

（一） 日本には人口三百萬に對して一個師團あるに朝鮮には一千萬の人口に僅か一個師團であるから兵備が不足である。

（二） 朝鮮は土地が廣大な所へ交通が不便であるから一個師團の增設位は妨げはない。

（三） 朝鮮の富源を徹底的に開發せんとせば充實した兵備が必要である。等である。卽ち以上の一は一般商業會議所の主張であり二は朝鮮統治當局の所信であり三は一部移住民の輿論である。

三

しかし（一）萬一兵備の問題を人口の比例に依るとせば印度は人口にあつて日本の五倍半を占めて居るから九十個師團を要する筈であるが其實は十個師團と三獨立旅團に過ぎず、（二）亦兵備を土地の廣狹及交通如何に比例するとせば北米合衆國は日本の十五倍の兵備を要するのであるが、事實は八個軍管下に各一師團あるのみである。況んや朝鮮今日の交通は併合當時に比して天壤の差があると謂ふ可きであるに於ておや。(三)次に富源開發には兵備の充實を要すと云ふがそれが侵略的でない限りには兵備の增大を必要としない。朝鮮は併合して已に二十年當初から二個師團で能く無盡藏の富源を遺憾なく開發したではないか。此れ以上の軍備を必要とする理由は何處にあるか。

四

世界は今平和を要望し亦此れが爲め努力して居るのは事實である。平和の爲めには國際的戰爭を防備しなくてはならぬ。亦之れが爲めには軍備の縮少乃至撤廢を斷行しなくてはならぬ。數回に亘る華府會議そして昨年以來の「ゼネバ」會議は何が爲めにしたか。日本が眞實世界平和を要望し眞意を以て軍縮に努力するとせば唯國際外交にのみ奔走せずして自國からして先進して軍備を縮少しなくてはならぬのである。口で軍備縮少を論じながらも朝鮮への增師を企圖するのは絕對の矛盾である。それにも拘らず萬一朝鮮に增師するのが日本の國策だとせば世界平和に對する誠意が無いか、日本で退役した將卒の職業を周旋する爲めの軍隊移民の政策と云ふ外更らに理解することが出來ぬ。

萬餘勞働者糾合朝鮮〇〇運動計劃　（昭和三、五、八）

朝鮮自由聯盟を組織活動

直方警察が發覺檢擧

日本九州の炭都である筑豐四郡に散在して各炭礦で勞働して居る一萬餘名の朝鮮勞働者を煽動して何か秘密策動があることを探知した直方警察署高等係では其間嚴重なる警戒をして居たが、去る一日午後一時頃鞍手郡小竹町第二目尾炭鑛納屋附近を徘徊中の遠賀郡中間町山崎信男（二二）と同郡香月村無産新聞支局築地市六（二五）廣島縣豐田郡沼田東村永井慶一（二五）等三名を檢擧取調の結果前記三名は無産運動の第一線に立ち昨年から筑豐炭坑方面を徘徊し姓名哲學を研究すと自稱して朝鮮人勞働者をして朝鮮〇〇運動を起さしめんと筑豐一萬餘名の朝鮮勞働者を糾合し朝鮮自由聯盟を組織して潜行運動をしたのが判明し目下同署では極秘密裡に大活動中であるが此の運動に對しては日本〇〇〇と互に連絡を取れる模樣だと。（九州支局特信）

農繁期にも拘らず道路敷砂工事（社說）（昭和三、五、八）

道路共進會まで開催、民怨は益々甚し

全北道民の最大怨府である道路砂利敷設工事は農繁期にも拘らず農村男女老幼が道傍に出て終日『道知事の頭を砕け』と云ふ歌を歌ひ鎚で砕石することに忙がしくて暇がないので廢農の境遇に陷り、民怨は極度に漲天し津々浦々で『道路賦役を撤廢せよ〇〇』『賦役に犧牲の遺族の生活を保障せよ』等の標語が絶叫せらるる現狀であるが、全北道當局では道民の塗炭を全然顧みず反つて去る一日から末日まで所謂道路共進會と云ふものを主催して出品區域約一千二百六十點延長百二十萬六千米突に對する審査を目下擧行中なりとのことであるが民怨益々加速度に嵩じつゝあるとのことである。

第三次山東出兵（論說）（昭和三、五、九）

一

曩者中國北伐軍の進攻と共に山東方面の形勢が急變したのを見た日本政府は四月十七日の閣議を以て山東出兵の斷行を決定して先づ旅順在泊中の艦隊中から青島方面に軍艦を派遣せしむると同時に横

須賀からは特別陸戰隊を軍艦に塔乘せしめて同じく青島に急行せしめ萬般の警備に充當せしめたのである。其後山東方面の戰局は意外に進展して濟南一帶が南軍の手中に歸し北軍の頽勢は挽回することが出來ぬやうになつたので日本政府は更らに十五日の閣議を以て熊本第六師團管下から約五千の軍隊を同地方に派遣することに決定し以て膠濟鐵道沿線に在留せる日本人保護の爲め止むを得ざる措置であると言ふことを內外に聲明した。

之れに對して中國側では先きに『國民軍は戰爭地帶內の外國人居住者の生命財產に對して充分なる保護を與ふべければ各自安心して其業務に就け』と言ふ聲明を發したのみでなく正式に對日抗議を提出して日本軍隊の卽時撤退を命ずる所があつた。然し日本は山東の出兵を中止しないのみか去る五月三日には濟南を占領した南軍と日本軍との間に小衝突があつたのを契機とし問題を一層重大視して萬一(一)濟南事件の責任者を嚴問せず、(二)武裝解除を實行せざるか、(三)同事件の賠償を支出せざる時は第三次出兵を斷行して山東の保障占領をなす方針を決定し、出動部隊としては第三師團が內命を受けたとのことである。

二

此處に問題となる所謂濟南事件の眞相は日中兩國の發布が區々であるから、今其孰れが是か孰れが非かを判斷し難いのである。卽ち日本側は中國民が濟南で掠奪を開始したから此れを制止したが應せぬので一人を銃殺するに至り戰端が開始せられたと言ひ、中國側では日本軍が强制で中國兵の武裝解除を執行したので之れを拒絕して開戰となつたと言ひ事實の如何は後日其の判明を待つの外に別に道がないのである。然し其衝突の根本動機は此れを日本の一、二次に止まらぬ山東出兵其のものに溯及しなければならぬ。何故かと言へば中國の動亂がある度每に日本が出兵して來たことは深く中國民の感情を害したばかりでなく時には其鬱憤が暴動化して治安を攪亂せしめた爲めである。今回の事變は其一例に過ぎぬからである。

勿論日本の立場としては滿蒙や長江沿岸や又は山東一帶の在留民を保護する目的で出兵を斷行するのが當然だとするも、自國內に他國軍隊が駐屯又は陣營するのは一種の國民的侮辱だと言ふのが中國民の感情であることをどうするか。

三

殊に日本は强國であり中國は弱少國である。弱者の强者に對する嫉妬と敵愾心は其差が顯著なるほど此に正比例するのである。其中にも中國は南北の統一が缺如し世界列强の干涉を受けるのが深刻であるから一日でも速かに此んな苦境を打開せんとするのである。此れを爲すには現在列强の如何なる侮辱をも甘受しつゝ先づ北方軍閥を打倒するのを以て其解放の急務と爲すのである。昨年以來の辛い經驗に鑑みた南軍は曩者聲明した所の如く一切列强に對する武力的抗爭を嚴禁して一路順坦に山東地方まで進軍を激勵して北京陷落の日を苦待して居たのである。夫れにも拘らず日本が山東に出兵を再度したのは中國民の感情を尖鋭化したのであるから如何に訓練が發達した南方軍でも或は軍規を脱し、今回の如き事變を發生せしむる者のあつたことも想像する所である。然し之れを日本側から見れば中國は已に日本に對して、在留日本人の生命財産を保證したのみでなく年來の日本軍力を知悉する處あつて暴動の憂慮は甚少であつたものであるから、結局日本の出兵が中國民の暴動を挑發した感がなしとは出來ぬ。

此の樣にして今日中國々民政府は對日經濟斷交を宣言して更らに問題は擴大して居るではないか。此處に第三次の山東出兵を斷行せんとすることは益々中國問題を險惡化するものではないか。東洋の平和を希望する者は須らく此の難局を深慮する處がなくてはならぬ。

純宗祔太廟配享 （昭和三、五、一一）

李完用侯は可？否？

最高點で入選した兩氏を除き

李侯に決定したと云ふ李王職通知に舊大臣等は會議反對

先王の昇遐せられ大祥を了へ祔太廟をなす時、先王に對し功多く德高き臣下幾名を選擇して宗廟に配享する法があつて、今回純宗祔太廟を前に置き去る三日別茶禮の終つた後王殿下から李王職長官を經由し其祭享に參列した朴泳孝侯爵閔泳徽子爵以下十九名の親戚大臣等に配享する臣下を合議して上稟せよと云ふ御命があつたので、前記舊臣親戚等は其席で候補者十名を指定して投票の結果、文獻公宋近洙、忠武公金炳始、忠肅公李畊稙、孝文公徐正淳の四名が德功あり功勳最も高しとて當選せられたので李王職長官に報告した所、去る九日付で李王職長官は公正に推薦した前記四名の配享諸臣中で最高點である金炳始氏と李畊稙氏を暫く保留して前內閣總理大臣李完用を添入し三日裁決せられたと云ふ公文を前記舊臣親戚等に下したので、舊臣親戚等は古來配享する功臣は論號がなくてはならぬと云ふ法であるが論號のない李完用侯爵を添入して功勳と德行多く多數群臣親戚が公正に推薦した前記の功臣を除外するは不可も限りないことであるとて朴泳孝閔泳徽氏等以下九名が昨日午前十時閔子邸に參集して熟議の結果其の不可を李王職長官に通知し回答を待つことゝしたと。

無論號配享は先例が全無

李王職も以前之れを施行李王職の矛盾の態度

元來宗廟に配享する資格は國家の功勞よりも同心同德の舊臣を表賞するもので前例を參考するも宣祖の時には功勳多い臣下が多かつたが東皐、退溪を享配し仁祖の時には功勞の多い崔鳴吉は參入せず功臣崔益鉉が衆論で決定したが李王職からそれは論號がないから不可であるとて配享することが出來なかつた。其時それを不可として反對した李王職當局者が今回は謚號のないものを添入せしめんとするのは矛盾の限りである。憤慨よりもおかしくて堪へぬことだと貴族親戚等は其理由を明にせんとするものであると。

李王職處事は内殿問題干渉

王殿下から太廟配享する臣下を選定せよとの命令を受けた舊臣は

朴泳孝侯	閔泳徽子	尹德榮子	尹用求
趙問熙男	李載寛子	李址鎔伯	李允用男
韓圭卨	朴箕陽男	李夏榮子	李愚冕
閔商鎬男	高羲敬伯	金晩秀	尹容植
徐相勛	南奎熙	鄭萬朝	

等十九人で、此れ等は王殿下の信望が厚いのでそのやうな重大なる責任を受けただけ愼重に詮衡して最適の者を選擧したのに、李王殿下に御知らせせず李王職當事者が詮衡したものだ、李王職員が内殿問題にまで侵入するのは大に不可なことで前例にないことだとて一層憤慨するのであるとのことである。

舊臣等が王殿下から責任を負ひ選擧して李王職の干渉で保留となつた金炳始氏は前の議政大臣で、李畊稙は亦忠臣で乙未事變の時に明成皇后に殉節した功臣で德行の厚い臣下である。

李侯推薦は次官の活動

李恒九氏の依賴が根本原因、暴露せられた裡面の內容

諡號のない李完用侯を配享せしめんとする內幕を調査して見るに最初候補者九名を舊諸臣が銓衡する時に長官韓昌洙氏が李完用侯を推薦したので衆論は其不可を表明したけれど長官の力說で加入せしめ直ちに投票を始めたが李完用侯に一票あつたので調査したら高羲敬伯が韓長官の依賴で止むを得ず投票したものと判明したので一般は其理由を長官に質問したら篠田次官の推薦が猛烈なので推薦したものであると答へたるを以て、之れは正しく篠田次官一人の獨斷行爲で舊臣の公正に行ふ議事を蹂躙したものであるとて其無理なるに憤慨すとのことであるが、篠田次官が李恒九とは情誼が厚い關係上李恒九に動かされたものであると。

李王職の心事が不可解、無力の吾人が騷いだとて

朴泳孝侯談。以前崔益鉉氏は諡號がないとて配享に反對した李王職が今回は諡號のない李完用を添入するのは何の意思か知らぬ。今回のことは憤慨ではない矛盾した處事で笑ふ外はない。配享諸臣は元來國功よりも德行を多く見るのである。李完用侯は總理大臣となる前によくないことが澤山あつた

です。

尹徳榮子談。前例を破るもりで之れを斷行せんとする篠田次官の意思が怪しいです。李王職が内殿にまで干渉して吾人を無視するのは如何なる根情か分らぬ。大に憤慨に堪へぬ。

閔泳徽子談。配享は同心同徳の功臣でなくてはいかぬに、そうでない李完用侯を李王職で是非共參入せしめんとするのは譯が分らぬ。無力の吾人が如何に騒いでも仕方はなからうが、其理由でも聞いて見やうと今手紙を書く所です。と。

金東爀氏檢擧（昭和三、八、二三）

京城に護送

先日鍾路警察署に逮捕せられて釋放せられた朝鮮之光社金東爀氏は其故郷載寧に歸つて居つた所を京畿道警察部の照會で載寧警察署に逮捕せられ去る二十一日夜京畿道警察部に護送せられて來た。

開城署活動河氏を檢擧（昭和三、八、二四）

本町署に護送

（中外日報二十三日付差押記事同樣）

積年の差別待遇に朝鮮人官吏不平（昭和三、九、二三）

積まれ積まれた不滿不平に刺戟を受け

總督府朝鮮人官吏間に物議紛々、李通譯官の遺書が發端

朝鮮人官吏は下級官廳の下級官吏としては相當の數があるが重要なる官廳には朝鮮人を使用せず總督府本府の如きには高等官百五十餘名中に朝鮮人は六名、判任官七百名中朝鮮人は僅か三十餘名であるが、彼等は以前より朝鮮人の待遇差別に對して不滿を抱いて居たが外部に發表し得ずして堪へて居た所、前日自殺した中樞院書記官兼通譯官なる李東鎭氏が死ぬ前に長文の遺書を書き生田內務局長に送り、朝鮮人官吏の待遇が不良で地位問題は別にしても自分は郡守在職中に家產を蕩盡し中樞院通譯官となつたが矢張り同樣で生活の窮逼が附き纒ひ、高等官の體面を維持出來ないのみならず家族を充

分に食はすべき財産がないので寧ろ此の途を取るが、此の樣な生活の窮逼は一般朝鮮人官吏が同樣であり、郡守は勿論、官吏をして居るもので生活に困らんものがないから待遇を向上して吳れと云ふ深痛なる遺書を送つたが、內務局長は他の官吏に惡影響を及ぼすと云つて棄てたと云ふ風聞が一人二人の口を經て朝鮮人官吏の間に傳へらるゝ樣になり、此れに刺戟されて目下物論が紛々として居ると。

淺利警務局長が車天子を訪問 （昭和三、一〇、一〇）

井邑車天子宮に行つて遇ふ、會見內容絕對秘密

南道各地を廻つて居た警務局長淺利氏は去る七日午後三時に二三人の從者を連れて問題の普天敎々主通稱車天子を井邑郡笠岩面大興里車天子の大闕に秘密裡に訪問したが會見は約三十分であつたと云ひ、車天子は最高幹部卽ち臣下格である人物五十餘名を立たせて衣冠を整へた後軍隊式に二列縱隊に陣を作り敬禮をする等山海の珍味を準備し歡待したと云ふが訪問した內容は絕對秘密であると云ふ。

中國の革命（昭和三、一一、八）

（孫中山遺著）

革命の父たる孫中山の自叙した革命略史が最近著らはされたのを機會に之を譯出してその思想と抱負とに接せんとする（記者）

余は乙酉中法戰爭後革命に志を習き乙未廣州で事を擧げてから辛亥に民國が始めて成つた。然し今日に至るも革命の役は猶ほ竣成して居らぬ。余が革命に從事してから凡そ三十七年であるが本末を引纒めて事實を臚列して革命史に裨益する所あらむとする。

一、革命の主義

革命の名は孔子に始まり中國の歴史上にも殷湯周武以來革命の事業は屢々見える所であるが歐洲に於ては十七八世紀以後革命の風潮は遂に世界に磅礴し、民主國許りでなく君主國にも立憲が出來たのも亦是革命の賜である。

余が中國の革命を謀るに當つて其の取つた主義は吾が國固有の思想を繼いだものもあり歐洲の學說事蹟等を規範にしたものもあり余の獨見で創獲したものもある。即ち左に分述しやう。

（甲）民族主義

中國歷史の示す所を觀て中國の民族を知ることが出來る。我が民族は獨立の性能を有して居つて他民族と相交るに或は和して相安んじ或は狎れさせて同化せしめたのであるが、その政治は修まらず軍事は廢弛した時があつて一時は他民族の蹂躙牽制を受けた事もあつたが、然し遂には勝を得たのである。卽ち蒙古が中國を牽制すること一百年に垂んとしたが明の太祖は能く天下の豪傑を率ひて宗國を光復した。又滿洲が中國を牽制したけれども遂には中國人に驅除せられた。

大凡民族思想は實に先民の遺圖した所のものであつて外から燒付けるものでない。余の民族主義は特に先民の遺留したものを發揮し且つその缺點を改良して滿洲に對しても報讎を爲さず與に平等に中國內に共處せんとするものである。是れ民族主義を以つて國內諸民族と和せんとするものである。

世界の諸民族に對しては吾民族の獨立の地位を保持し固有文化の發揚に務め且つ世界の文化を順收して以つて諸民族と共に世界に馳驅して大同を馴致せんことを期するものであつて此の民族主義を以つて世界民族に對しやうとするものである。

(乙) 民權主義

中國の昔に唐虞の揖讓、湯武の革命があり、その學說を垂れた者があつて曰はく、「天視は民視よりし天聽は民聽よりす」と言ひ、「獨夫紂を誅し君を殺したる者を聞かず」と言つて居り、又、「民を貴しと爲し君を輕るしと爲す」と言つて居る。之れ民權思想が無ければならんことを謂つたものである。

然しその思想のみが有つて制度が無い爲に民を以つて國を立つるの制は是非共資料を歐米に取らねばならなかつたのである。

歐米諸國は民主立憲を行ふ者もあり君主立憲を行ふ者もあるが、中國にあつては民主立憲たるべきことは勿論である。

その理由は三つある。既に民を以つて邦の本と爲すことを知つた。君主の存在する餘地が無い。即ち滿洲人が中國に入據するや中國民族をして被征服者の地位に處せしめ國民の痛みは二百六十餘年一日の如くであつた。君主立憲は他國に在つては深い惡感もなく或は之に安んずる事が出來やうが中國にあつては能く行ふ事が出來ぬものであつて之は歷史の事實が物語る所である。

中國の歷史で革命の際その混亂時代が延びたのは帝制を爲さうとして相爭ひ相奪ふ爲であつて民主の制を行つたならば爭奪は自ら絕ゆるものである。之は將來の建設を物語るものだ。

故に余の民權主義に於て第一に決定するのは民主であり、第二に決定するのは民主專制を避けやうとするのである。卽ち民主立憲でなければ治めることが出來ぬのである。

歐洲立憲の精義はモンテスキユーに發して所謂立法司法行政の三權分立を行はないものはないが、然し余が歐洲に遊んでその政治法律の得失を深く究はめた所に依ると選擧の弊の如きは救はなければならぬものだ。それ故に中國の相傳の考試、糾察の兩制は實にその精義を有つて居るもので、之で歐米の政治法律の窮を救ふことが出來るから考試糾察を加へて五權憲法とし、更に直接民權の制を採用して以つて「主權は民に在り」の實を現らはしたなれば余の民權主義は圓滿で憾はない。

朝鮮と朝鮮人（論説）（昭和三、一一、二〇）

一

朝鮮の社會的現象の一として年を經るに隨ひ一般の注目を引くのは朝鮮の發展に比して朝鮮人の生活程度が漸次低下して行くことである。櫛比した店舖が勢を得るやうになつた都市では殊に急轉直下的に朝鮮人の生活が疲弊して行き農村でも少し開けた所なら朝鮮人の囊橐が段々輕くなると云ふ正反對的現象を現すのであるから此は少なからざる原因が潜在して居ることは疑心の餘地がない。朝鮮のみでない世界的共通の現況として資本主義が發達するに隨ひ資本の力のない者――慘敗した者の通則として別に怪異なことではないのであるが、特に朝鮮は其度が餘りに急速で不可思議だと云ふほど變遷無常の狀態であるから此の點が一般を驚異せしむるのであり、亦注目を引くのである。

頽敗して行く朝鮮人だとて朝鮮の發展を希求しない者があらうか。しかし發展其ものに隨ふことの出來ぬのが朝鮮人の前途の難關であり問題の焦點である。

二

勿論朝鮮人自體が生存競爭の能力を有ち得ずして東奔西走の混亂狀態を演出するのは當然なる歸着で、朝鮮人が朝鮮人に對する注意が不足で省察がなくて其結果を招致する點もあるとしやうが、此のやうな貧弱なる朝鮮人を治理する朝鮮總督府の政策が亦重大なる因果關係を有して居ることは斟酌するに容易である。然らば此の因果關係には如何なる過程が存在して居るか。誰でも總督政治を評して故意で朝鮮人に對するに疎忽にしたと云ふことを臆說するであらう。しかし總督政治が間接にでも影響を造り亦其影響が更らに結果を出してそれが朝鮮人の無力と合致して今日の朝鮮人となつたことだけは嚴然たる事實である。換言すれば朝鮮人の實情を其實情のまゝに參酌することが出來ず其度に超へた施設があるとか或は其度に及ばざるものがあるとかして朝鮮の發展と朝鮮人の發展に大なる溝壑を生ぜしめたと見ることが出來得るのである。

三

朝鮮人の狀況がそのやうな軌道を踏むことは今日にあつて突發したものではない。少くとも其根が深くなつてから久しいのであるが、最近殊に總督政治が文化主義を採用すと云ふ期間に入つて其度が一層高いことを聞くやうになつた。此こには確乎たる原因を出すことが六ケ敷いが、當局の政策が朝鮮人の程度をずつと超越したものがあるが爲めに其結果は自然大資本を有する者に便宜を與ふることになり、其反面には朝鮮人の如き貧弱なる者を其競爭的圏內から驅逐するやうになるのが今日の朝鮮を形成したものであり、今日の朝鮮人に對するやうになつたものである。それがどうして注意を引くまいか。眞正に朝鮮人の發展を圖謀する意思がありとせば今までやつて來た傳統的政策に根本的改革をしなくてはならぬのである。換言せば先づ朝鮮人の實情を詳察して其程度に適應せる政策を用いなくては此の現象は幾日までも止むことはない。假令發展があるとするもそれは全部が畸型的發達に過ぎぬのである。此所に總督府當局者の猛省がなくてはならぬことを一言する。

警察政治の此の弊害 (昭和三、一一、二九)

數萬の良民は無罪で苦みを受ける。
公判廻附は總檢擧の七分
何の罪も無い人を頭から拘禁
送局人員と起訴統計

昭和二年度中一年間全朝鮮二百五十箇所の警察署で檢擧した事件で檢事局へ送致した事件は十萬七千七百五十二件人員十一萬九千百二十八人であるが、之が檢事局に行つてどう處置されたか。

日本國法即ち刑事訴訟法には現行犯でない以上は豫審判事でなくては檢事や署長が自由に人民を拘禁することが出來ないと云ふ法規の保證があるが、朝鮮では制命てふ特別令があつて警察や檢事が現行犯でなくても自由に人體を拘禁し警察では十日以內檢事局では十日以內は罪の有無に拘はらず拘禁することが出來る權限があるが爲めに無實の嫌疑や些々たる感情でゞも運が惡るいと二十日間は留置場や刑務所で苦楚を受けることになる。

斯くの如く不完全なる法規の下に如何に多くの人々が謂はれの無い苦みを受けて居るか其の統計數字を擧げると別項の通りである。

送局せられた人員で、起訴は半數に過ぎない。警察で起訴の意見を附したもの內で、檢事局で起訴せられるものは半分にもならん。萬五千名は無事放免。

警察署長が犯罪事件を檢事局に送る時には起訴の意見＝即ち罪が確實であるから起訴してくれとの意見を附して檢事局に送ること＝及不起訴の意見＝罪が左程重くないか或は罪が無いのであるから起訴しなくつてもよいと云ふもの＝及起訴中止意見と起訴猶豫意見＝罪はあるが當分の間處罪を猶豫するのがよい＝の四種の意見を附して送致するのであるが、檢事の處分の結果を見ると送致人員十一萬九千一百二十八名中

	人員	起訴
起訴意見	二六、二二〇	一六、七七六

猶豫　九、〇八〇
不起訴　四、二二九
中止　一、七七八

斯くの如く起訴の意見を附して送致するも檢事局で起訴せらるゝ人は約半數である一萬六千七百七十六人に過ぎず、殘り一萬五千八十七人は起訴猶豫或は起訴中止不起訴等で放免せられる人々である。起訴猶豫或は起訴中止中には事實嫌疑があることはあるが許してやるのだと云ふことも出來るが、兎に角半數が檢事局迄行き二十日間と云ふ苦を受けてから放免せられて出て來ると云ふ甚だ面白くない苦痛を朝鮮内に居る人は受けなくてはならぬ。（統計數の不合は翌年廻しある爲）

寃罪に呻吟する人員がつまり一萬一千餘名

警察側から見ると起訴猶豫の意見か又は不起訴の意見を附して送致しても却つて檢事局で有罪になりはせぬかと云ふことも出來るが、起訴猶豫で送致した三萬六千四百二十五名中檢事が起訴したものと云ふのは四百四人と云ふ微々たる數字に過ぎず、不起訴及起訴中止の意見を附して送致したもので起訴せられたものは三萬九千一百七件中百五十一件に過ぎないから、結局起訴意見の一萬五千八十七人、起訴猶豫の三萬六千二十一人及起訴中止、五萬三百三十二人中合計一萬一千四百四十名が留置場及刑務所で未決で居つて釋放せられることになる譯である。

公判に廻はされる人員は送局數の一割五分

警察萬能によつて生じた此の弊害

檢擧數に比すると七分に過ぎない

別項の數字が證明する通り朝鮮で特別に施行せられる不當なる法規の爲めに警察の力は實に偉大となり、人體の檢擧拘束を心の儘にする。

斯くして警察に捉まつた人が百名と假定すると五十名は警察署で最早釋放せられ、其の殘り五十名中豫審判事若は公判に廻はされるものが一割五分即ち七人半に過ぎず、又更に警察の檢擧數と比較すると七分に過ぎないことになるからその弊害が如何に甚だしいかを窺知するに足るものがある。

朝鮮に限る特有の現象

日本と同じ樣になるのにはまだ〳〵遠い

總督府某高官談

總督府某高官は『刑事訴訟法の施行が日本と等しからぬ爲めに警察や檢事局で捉へられるものが多いのは朝鮮にのみ限る特別の現象であります。之を改めやうとするには其の制定を撤廢する外仕方がないが未だ總督府では具體的に顧慮して居らんのであるから、何時から日本と同じ待遇を受ける樣になるか判らぬが、人を捕縛する法丈は余個人の意見としては無くすればよいと考へて盡力も多くして見たけれども獨りの力だ。出來はしません。

寃罪賠償法もまだ日本でも研究中であるから其の結果を見なければ施行如何は話されぬが元來寃罪と云ふのは檢事局又は警察で捉へて見て嫌疑がないから釋放したのは寃罪には這入らない。批判の決定丈であるから寃罪法が朝鮮に施行せられても檢擧人員送致人員の多いのに對しては別に影響がないでしやう』と。

警察で取調べて釋放した人員が

一昨年だけで丈十餘萬名

總檢擧人員二十四萬名中送局數は約九萬名

以上述べた數字は檢事局迄なりとも送られた事件であるが檢事局へも送らずに警察署で其の儘取調べて見て釋放した人が昭和元年度の統計に依ると前年度繰越の三千八百六十一件五千一百十一人に元年度の十八萬九千六百五十一件二十二萬九千二百九十六名合計十九萬三千五百十二件、二十三萬四千四百七人中檢事局へ送致したのは九萬七千四百五件の十一萬四千一百九十一人で卽ち約半數の人員は留置場へ丈這入つて出て來たことになる。

人類理想の集成、民族主義から世界大同に　（昭和三、一二、二五）

三民主義講演集は民族、民權に對して各六講、民生に對して四講で終つて居り民生丈は未完成である。

孫文の三民主義は彼が歐米に亡命して居つた時に歐米の各種の政治的運動を觀察した結果その潮流を三大別して民族的獨立運動と政治的民主主義運動と經濟的解放運動の三つに區分して更に之を集成して民族と民權（卽ちデモクラシー）と民生（卽ちソシアリズム）との三主義に統一したものである。

故にその部分部分は決して孫文の獨創ではない。只三者を連環して一を作つた處に彼の獨創が表現して居る。彼の民族主義は中國を侵略する帝國主義を打倒し國權を完全に囘復すると同時に世界の各民族の平等を成立せしめ世界大同主義に迄進めしめんとするものであつて之が單なる國家主義と異なる點である。

卽ち民族主義は世界主義の實行であり世界主義は民族主義の理想である。

民權主義は强權と專制とを打ち破り人民をして選擧、罷免、創制、複決の四權を完全に行使せしめ政府の政權を在來の三權分立から五權分立に爲し眞正なる「デモクラシー」から無政府大同主義に迄到らんとするものである。

卽ち民權主義は無政府主義の實行であり、無政府主義は民權主義の理想である。

民生主義は平均地權、節制資本の方法を以つて資本主義を跳ね超へて社會主義に到らうとするものである。

卽ち民生主義は共產主義の實行であり共產主義は民生主義の理想である。

斯くの如く全人類の遺產である最高理想を全部網羅して集成した處に孫文の偉大なる處があるのである。

新興民族の現勢（四）（昭和四、一、六）

咸　尙　勳

暹羅、印度、ビルマ、カンボヂヤ、安南等も夫々獨立を囘收せんとする運動を續けて來たが、

中國革命も長驅して完成す

東洋民族の覺醒で大戰後最も其の巨步を顯はしたものを土耳其と中國とする。

中國は遂に（中略）孫文の革命主唱以來其の北伐を完成して新興國として世界に顯はれ、米國は卒先して國民政府を承認し英國も之に倣らひ中國の完全なる獨立國たること及列强と對等的關係たること

を宣揚した。四千年の老大國の再現よ！亞細亞民族の覺醒よ！

東洋の解放西洋の手に依つて

世界の大戰は人類が經驗した最大の犧牲であると同時に人類が覺醒した最上の收穫であつた。侵略主義軍國主義帝國主義はその沒落の最初の階段を踏み初めたのである。

十九世紀—二十世紀初に亘る帝國主義、侵畧主義は世界領土の分割の終焉に依つて其の鋒鋩が鈍つた。而して發展時代の樣な速度を持つことが出來なくなつた。玆に到つて帝國主義は世界を分割する侵畧戰爭を再びするか。さもなければ植民地及半獨立國に對して苛酷なる壓迫と搾取とを決行しなければならぬことになつた。

然るに植民地及後進國も世界的地位と世界的潮流とを意識して居る。而して彼等は現狀に反抗する革命的行爲に迄及んで居る。

亞細亞、亞弗利加の被壓迫民族は就中トルコ中華民國の如き半獨立國は大戰中に歐洲諸民族から民族意識を傳受されてそれ自身民族獨立を企圖するに至つた。

西洋はアジア、アフリカを總括して東洋の支配權を掌握して居つた。然し業に東洋は西洋から解放されて獨立しやうとして居る。

隨つて大戰直後歐洲に於て新興した小獨立國は彼等自身の革命的努力にも多少依つたが多くは列强

の勢力均衡の變遷に依つてその存在を收得したに對して、東洋諸民族は自己自身が獨立を克得して自己自身が世界の政局を變轉させることになる。

故に歐洲の新興諸民族は保守的であり平穩的であるが東洋の新興諸民族は進歩的であり革命的である。歐洲では干潮時であり、東洋は滿潮時である。

歐洲諸小獨立國が如上の通りであるのに東洋の諸國はその正反對である。

大戰直後エヂプト、印度、波斯、アフガニスタン、モロツコ、トルコ、シリア、安南等に猛烈なる革命運動があつて一時革命の潮流は退勢を見たが潜在的又は表面的の革命の氣勢は日々に上つて行く一方である。レーニンが夙に言つた所の西洋は東洋に於て將に自己を埋葬する墓穴を掘つて居ると云ふ言は殊に殊にその眞實性を發揮して居る。

今や實にアジア、アフリカの弱少諸民族は個々の壓迫國を相手として居るのみならず、一大民族聯合體を組織して反帝國主義運動を起して居るのである。

一九二〇年バーク(中央亞細亞ならん)に於て開催された東洋民族大會はロシア、トルコ、ヒワ、ブハラ、ダゲスチン、アルメニア、アゼルバイジヤン、ヂヨルジア等三十餘種の東洋民族の代表が列席して東洋民族解放の爲にする提携を決議した。

帝國主義の背面をば東洋諸植民地で發見したロシアは西歐の共產革命を宣傳する代りに東洋諸民族

の民族的獨立運動を後援する。

是れ社會主義ロシアと植民地東洋の西洋に對する解放の闘爭である。

西洋は今東洋でその墓穴を發見する。（完）

元山罷業と警察（論説）（昭和四、一、三一）

元山警察は罷業の本營である勞働聯合會及消費組合の帳簿を押收したそうである。

今日迄勞働者側の行動は秩序整然たるものであつて警察に何等干渉の口實を與へて居らぬのである。

然るに警察は躯めて資本家の利益を保護し勞働者の何かの弱點を攫まうと苦心して居るかの樣に罷業持續の原動力である消費組合並にその資金に手を附けやうとして居る樣である。

商業會議所が勞働聯合會をロック、アウトせんが爲に餘所から勞働者を連れて來て牛馬同樣の監視の（自削）下に使役する等の行動に對しては警察は何等の制裁及監督をせずに居つて、突然勞働者の陣營に手を附けるとはその本意が那邊にあるのか。吾人は警察は第三者の地位に立つて無用の干渉挑撥を避くべきことを警告するものである。

仁川勞働者八名又復脫走して捉へらる　（昭和四、二、二）

人道上重要問題

去る三十日午後十二時頃仁川から來た人夫中八名が脫走する意で彼等が監禁されて居る市內州洞土木出張所二階から窃かに逃走するとき巡査に發見されて酷く毆られ更に捉へられて行つたが、彼等の脫走する原因を聞くに彼等は始め人夫を募集するとき通川炭鑛に往くと云つたのみならず、元山に來て見ると罷業事件が豫想以上に重大なるに驚き、尙ほ仕事も什長、國粹會員、消防隊、警察官等三重四重の壓制の下に仕事を爲し、宿所は冷たい二階の上に筵を敷いてあり、總ての自由を失ひ便所に行くにも一々監視を受け犯人同樣に取扱はれるので種々癪に障つて脫走を計劃して居る。前日脫走した人の話に依れば始め來るとき恐ろしい契約書に判を押し、又金五圓宛受取つたのが借金となり、今やる仕事の賃金も何時拂ふか未だ一文も拂はないので、追々舊曆の正月も迫つて鄕里を思ふ心が切であり、歸らうとしても契約があり逃走しやうとしても旅費がないので何うすれば善いか分らないと。彼等の現狀は頗る悲慘である。

新局面を打開せん（論說）（昭和四、二、一七）

一般青年の奮發を要す

一

過去思想界の颶風一過後現下の吾社會は一般的に煩愁沈欝の氣分が濃厚であることは事實である。しかし吾人は逆境に處するほど益々壯に益々堅い意氣を把持しなくてはならぬことは再言を要せぬのである。況んや過去思想界の動搖が一種の時代的潮流であり社會的試練である以上、どうして煩愁沈欝なる氣分中にあつて彷徨萎縮して、新しい意氣と新しい活動を以て新局面の打開を促進しなくしてよからうか。萬一吾人社會をして煩愁沈欝の氣分が長久に持續すとせば此れは一種の自暴であり自滅であるから、どうして吾人の深憂自省すべき所であるまいか。然らば新局面を打開する方策は如何。

二

第一民族的思想の確立と訓練である。吾人の民族的思想は其歷史的湧泉が悠久ではあるが其間內は家族制度の侵蝕を被り外は流行思潮の動搖を受けて未だに深刻なる訓練と堅確なる信條が普及徹底しないことは一大痛恨である。

簡單に言はゞ吾人は朝鮮人である。朝鮮人として生存と繁榮を確保して永續せんとするのが民族思想の根幹である。此んな見地から吾人は外來思潮の新説妙想がありとするも、もし吾民族の全體的統一と長久の發達を沮害する點がありとせば絶對的に反對しなくてはならぬ。此れが朝鮮人としての當然の義務でないか。往々觀念と理論で民族的結束力を解弛せしめ亦は民族的精神を放散せしむるものあるは自滅的行動である。勿論外來思潮中でも朝鮮民族の生存と發展の爲め充分なる滋養と肥料となるものは其利害を比較し得失を考へて咀嚼攝取の必要があるのである。しかし無條件で新説妙想だとて民族精神の修錬を解弛せしむることは朝鮮人として取らぬやうにしなくてはならぬ。

此れが吾人の世界思潮の複雜多端なる此際特に民族精神の確立と訓練を提唱する所以である。

三

第二自立自助的精神の普及である。吾人が吾人の過去歴史を按ずるに民族的に自助的精神が汪溢せる時には民族的尊榮と發展を見ることが出來、依他的思潮の流行する時には歴史的沈淪と衰頽を招來したのである。逐唐破隋の高句麗の壯擧は自助精神の光輝であり、赴淸援露の李朝の末運は事大思想の自滅でなかつたか。此は朝鮮民族の過去の歴史的事實ではあるが現今の社會的狀態はどうであるか。今も尙ほ封建的遺風と依他的思潮が依然と流行するのは不誣の事實である。見よ、政治的には人民が他力のみ依賴し、宗教的には信徒が虛禮形式のみ依賴し、家族的には少壯が父老のみ依賴し、經濟的には僥倖と投機のみ依賴する觀があるではないか。此んな總ての弊習惡風を一掃する迄は朝鮮民族の更生と復活は容易のものでない。此んな點から見て新局面を打開する重要方策としては一切の事大依他觀念を打破して自助的精神、卽自力主義を以て總ての方面に向つて一路精進する事を力說する所である。

四

第三は民族的自助思想を土臺として一大團結を作り一大團結力を以て各方面を通じて文化上朝鮮民族の自由と福利の爲め一大運動を開始しなくてはならぬ。現下朝鮮民族も氣分的活動時代は已に社會的訓練から見て過去に屬した。沈着冷靜の態度と堅實正確なる方針で民族の進路を開拓する時機が到來した。然らば果して此んな重大の使命をそれは誰れが擔任する事を得るか。最も吾民族の希望であり源流である純眞無垢の一般青年の奮發を期待して止まぬのである。

獄中最初の發信金瓊植氏の書簡　（昭和四、二、二〇）

（朝鮮日報記事に同じ）

當局の自家撞着（論說）（昭和四、三、一二）

慶南知事の處置に就いて

普校一面一校主義の實現延長問題に因して豫算返上の決議通過迄でも見るに至つた慶南道評議會は道知事不信任と云ふ解釋の下に卽時閉會を見、贊成者十四名に對しては同道知事より解任命令を受けるに至つた。元來道評議會と云ふものは何等の決議機能がなく單に道知事の諮問機關として虛名無實を根本方針とする朝鮮統治當局の羊頭的手段に過ぎないものであるから吾人は絕對に關心せぬ所であり、何等言論を爲す必要を感ぜぬ所ではあるが、一朝問題が展開して御用機關として居た評議員の解任迄でも敢行した事は一層明瞭に其の政策の正體を曝露したものであつて、當局の自家撞着は實に苦笑千萬な事だと云ふべきである。

今其の解任の理由を見るに朝鮮地方費令第十四條に依り道評議員の職務を怠つたと云ふのであつて問題は該道評議員が職務を怠つた、事實があるや否やにあるのである。道知事が豫算案の諮問を要求した以上評議會は其れに對し可否の意見を表示する自由のあることは呶々を要せざる明瞭なる事實である。諮問機關である爲めに否決となつても知事が原案を執行する權力があることは法令の定むる所ではないか。今評議會が原案を返上（否決）したのを捕へて諮問を應せず、從がつて職務を怠るものなりと云ふは牽强附會も甚しきものである。原案を返上したのが道知事不信任であらうが信任であらうが解釋に任せるとして、例へ不信任を表示したものだとしても其れが直ちに評議員の職務を怠るものと解釋するのは實に道地方費令を制定した當局者が其の法令自體を曲解する行動である。殊に該知事が道議員の態度を論じて『傲慢無禮』であつた云々の言辭を弄して恰も上官が下僚を叱責するが如き態度に出たのは實に彼れの官僚的本質と偏頗なる優越感を發露すること其の極に達するものと云ふべきである。

總督府も慶南知事の態度を是認したと云ふことは其の解任をするに當り總督の認可を要するのを見て知り得るが、此の如く官僚が民意を聞いて見る必要もなく絶對に其の意思の儘に贊同を要求するならば道評議會を設置した必要が那邊にあるか。寧ろ名實共によく絶對に當局の意思の儘に何事も實行するのが正當だと云ひ得るのである。其れが公明正大なる政治行動ではないか。當局者は從來の道評議會の設置を以て民意諮詢の機關であるかの樣に宣傳しながら今日態度を豹變し評議員は官吏の一種なり等の言辭を弄する矛盾撞着は可憐なりと云ふの外はないのみならず、今回の事件に依り道評議會なるものゝ正體が全く暴露された以上、此の上其の虛位を守つて居るとすれば其れは利權か虛名の爲め『生きて居る機械』に過ぎざるものであり、當局者としては率直に自家撞着を是認し評議會なるもので即時廢止するのが當然だと云ふべきである。

左公琳と權泰錫等兩事件昨日開廷 （昭和四、三、一六）

立錐の餘地なき傍聽席朝鮮共産黨關係

朝鮮共産黨事件の關係者左公琳（二九）金容贊（二五）に對する治安維持法違反事件の第一回公判は昨報の通り十五日京城地方法院第四號法廷で同法院末廣裁判長と小野、金兩陪席、森浦檢事、立會官選金柄魯辯護士列席で開廷された。傍聽席は昨年秋京畿道警察部の活動で大檢擧があつた後同事件の關係事件としては初めの公判であるのみならず同事件の重要人物權泰錫に對する事件の公判も同日同法廷で開かれるので、被告權泰錫の老母と被告左公琳の妻池牧順、被告金容贊の妻池海淑等を初めとして彼等の親戚故友等で從來なき大滿員を來たしたが、年を越して親戚舊友に對するに至つた被告等の蒼白なる顏にも元氣のある笑が浮んだ。（權泰錫は左公琳以下二名の事件とは別箇の事件として分離され午前中には出廷しなかつた）

檢事公訴後傍聽を禁止

僅か五分で傍聽禁止公安妨害の虞で

十一時十分＝裁判長は先づ公判を宣言して被告二名に對し本籍住所職業年齡を問ふた後、立會森浦檢事より被告兩名の治安維持法違反事件に就いて豫審決定書と大同小異な理由で公判の審理を請求し裁判長は同事件が一般の公安を妨害する虞があるので傍聽を禁止すると宣言して時間僅か五分にもならずして事件は一般公開禁止中に秘密裁判が繼續されたが、檢事の公判審理請求の要旨は次の如し。

審理請求理由

左公琳の事實。被告左公琳は再昨年九月初旬頃市內堅志洞八十二番地ソウル青年會館で朝鮮共產黨員權泰錫の勸誘で朝鮮を日本〇〇の〇〇より逃かれしめ又朝鮮に於て私有財產制度を否認して共產制度を實施する目的で組織された秘密結社朝鮮共產黨に入黨して其の後昨年三月下旬頃京畿道責任者に推選され其の目的を貫徹せんとして各種の策動をしたと云ふのである。

金容贊の事實。被告金容贊は高麗共產黨青年會が前記の如き目的で組織された秘密結社なることを知り同會が大正十四年四月創立されたる後、同會に入會して昨年六月初旬頃に高麗共產青年會慶南道責任者に推選され同會の目的を貫徹せんと種々策動したと云ふのである。

三年求刑舊治維法適用

傍聽禁止中に被告二名に對する裁判長の事實審理は同午後一時頃に終り列席した事件擔任金辯護士より被告事件の證人を申請したが合議の結果却下され、立會森浦より懲役各三年を求刑したと云ふが求刑論告の適用法律の選擇は舊治安維持法第一條に該當するものであるが其の後同法規に變更があつたので刑法第六條に依り舊治安維持法第一條と新治安維持法第一條を對照して輕き舊治安維持法第一條を適用して處斷すべきものであると云ふのであるが判決は來る二十二日に決定したと云ふ。

權泰錫公判は午後より開廷

左公琳の公判が終つた後三分で傍聽禁止

午後一時四十分＝別項の如く被告左公琳、金容贊に對する事件の公判が終るや引續いて被告權泰錫(三二)に對する事件公判が同法院末廣裁判長の主審で開廷された。裁判長は先づ被告の本籍、住所、職業、年齡を問ひ公判審理を宣言するや森浦檢事は被告に對する公判審理を請求し、裁判長は公判開廷三分にもならずして卽時同事件の公判も一般の公安を妨害する虞があるとして一般の傍聽を禁止したが檢事の公判審理請求の理由は昨報の如く共産黨員安某の勸誘で共産黨に入黨して中央幹部として廣く同黨の目的を貫徹する爲め策動したと云ふのである。

(禁止記事)

(拳銃强盜事件)(號外)(昭和四、四、二〇)

（拳銃強盗事件）（號外）（昭和四、四、二一）

（禁止記事）

淺利局長が斡旋した三矢條約擴張案　（昭和四、五、一）

警務當局外には大概反對
實現せば重大影響

東邊道を施行範圍として總督府と故張作霖の間に締結した三矢條約の施行範圍を奉天省一帶に擴張せうと云ふ意思を現警務局長淺利氏が有つて其交渉を東京外務省の同意を求むる爲め親ら東京迄出張して折衝中だとのことは既報したが、外務省の意向のみでなく在滿日本官憲の意見までが、三矢條約の締結の結果は日本政府から見ると鴨綠江對岸の〇〇團出沒回數が締結前に比し十分の一位も減じたので警備上からのみ見れば有効と見へるが、其爲めに中國官憲は僑居税と稱して一戸に對して一圓と云ふ税金を徴收して生活を窮迫ならしめ、亦移住にまで嚴重なる干渉を受けることゝなり、其反面に中國官憲は肥沃な農土に朝鮮農民が定住することを嫌つて各種の手段で逐出さんとする魂膽のある所へ、其條約の適用を口實に朝鮮人を逐出し易いので、此の損害を考へて見れば到底警務當局者が單純に考ふる警備上の必要等は云つて居れぬ程重大なものであると云ふ意向を持つて淺利氏の方針に反對する方面が多いので、畢竟其問題の解決を告ぐることが出來ぬ模樣であると。

外務當局の所謂放任主義（論說）（昭和四、五、八）

在滿同胞に關して

奉天總領事と外務當局との協議の報道せらるる所に依ると「朝鮮人中日本に忠誠を表する者は之を充分に保護するが、そうでない者は自然の形勢に一任すること」と云ふ所謂放任政策を取ることに決定したと云ふことである。

之は勿論日中外交の好轉を機會に再び逆轉せんことを避けんが爲めに商租權其の他の懸案に對する緩和政策を採用することになり、つれて安つぽい人心買收策の一つとして重要視されては居ない朝鮮人問題も放任することに決定したことは疑の無い處であり、且つは又所謂田中內閣の積極政策が泰山鳴動して鼠一匹の格で今日破產を宣告したことを表明したに過ぎないものであるとも言へるが、何れにもせよ放任主義は在滿朝鮮人問題解決に一貢獻を爲すことゝ見て吾人は外務當局が須らくその決定に忠實にして放任に徹底ならんことを望むものである。

在滿同胞の驅逐問題は一つは山東移民の激增に因る朝鮮人との經濟競爭であり、一つは滿蒙積極政策に對する中國人の疑心反對に因る「朝鮮移民は日本滿蒙侵略の先驅」と云ふ政治的のものである。

而して國民政府成立以來中國人の主權熱が旺盛になり隨つて排斥の程度が甚しくなつて來たのである。吾人は朝鮮の移民が何等政治的に誤解を受ける種類のものでないことを種々の機會に於て證明して來たが今回外務當局の決定した處として報道されたことに就て言へば、之に因つてその誤解は一掃はされないにしても多部分は消滅するであらうから朝鮮移民にも良影響があるであらうし、隨つて日中外交關係が常道に歸る第一歩と見るべきであらう。

既に放任政策を決定した以上その政策の實現にはその徹底を期すべきが至當である。口に緩和を唱へつゝ實行が伴はないと禍は益々大きくなるのみである。

然らば放任主義の實現は何處にその要諦があらうか。

速かに國籍法を適用して在滿朝鮮人の中國入籍の便を開いてやるにある。

之は最初の驅逐問題が起つた時から在滿朝鮮人自體が案出した唯一の方法であつて、之に依つて政治的葛藤を消滅させて根本的解決を圖る絕對先決條件である。

それにも拘はらず當局者は彼等を二重國籍の下に置いて中國人の疑惑を買ひ、驅逐の口實を作らしめ在滿朝鮮人の困境を視て見ない振りをして居る。

そして今となつて「自然の形勢に一任」することに依つて積極的保護策を積極的に抛棄する場合には彼等に自ら問題を解決するに足る便宜を與へてやるのが當然であらう。

外務當局及總督府當の斷然たる考慮を促がす所以である。

泰然たる態度で談笑自若として囚車に　（昭和四、五、一一）

泰然たる態度に自若の笑を帶び
左右を見廻し御苦勞であつたと致謝
共鳴團昨日送局

京畿道警察部刑事課で檢擧して取調中であつた共鳴團事件の崔養玉(三七)金正連(二九)等三名は取調を了へ十日送局すると云ふことは既報したが、豫定の如く昨十日午後二時頃自働車で京城地方法院檢事局に送致せられた。第一回に金正連と李善九を護送する時、活潑なる態度で新聞記者及各新聞寫眞班に向つて『諸君は御苦勞です。仕事を大にやんなさい』と依托をすること再三頭を振つて挨拶をなし、自働車に乘り手錠のまゝ兩手をあげて最後の挨拶をなしつゝ行つて了つた。第二回に崔養玉を護送する時、笑顔で「萬歳は叫ぶなこの依頼であるから叫ばぬ。皆さん御機嫌克く仕事を大におやんなさい。二十年後に亦再びお目に掛りませう』と云ひ、寫眞班の前に立つた後自働車に乗り之れも頭を振りつゝ最後の告別的態度を表した。之れで世上を驚かした共鳴團事件は一段落を告けたが、前記三人外にも未逮捕三名は書類のみを送局し、證據品はコルト式拳銃一、モーゼル式拳銃二、實彈三十四個、變裝の衣服及郵便行嚢等で、同時に檢事局に送つたとのことであるが取調書類は一千二百二枚に達すると。

勞農露西亞の東方政策概要 （昭和四、五、一三）

東方政治分會の訓令

對各國外交大綱は左の如しと。

一、佛國の中東鐵道（哈爾賓至滿洲里）に對する態度に注意すること。

二、米國に於て宣傳し以て米國をして露西亞新政府を承認せしめ且つ巨額の資本を借用する事。露西亞は米國をして其在中勢力の雄大なるを知らしめて其在中發展を援助せしめよ。

將來米國の在中商業は各國の上にあるのである。其時は露西亞は機に乗して自由に其共產工作を施行する時である。

三、獨逸は各聯邦の憎を受くるのであるから露西亞をば友邦視することゝなり随つて獨逸は露西亞の援助者である。

四、秘密裡に日本を打倒せよ。日本帝國主義は我露西亞の仇敵であるからである。東三省は我露西亞宣傳の根據地であるから露西亞に歸屬せしむべきである。東三省は現在日本の勢力下にあつて露西亞の宣傳工作は完全に障害を受くる筈はないが困難を感ずる所が多い。であるから對日行政方針は變更してはならぬ。即ち

イ、日本の罷工爭議の組織及援助。

ロ、日本革命黨及反帝國主義派を援助し、中國での日貨抵制及反日派を扶助すること。

結黨の時に發表した宣言と綱領（號外）（昭和四、六、四）

共産主義の宣傳より〇〇に、李樂永等四名聯名

金榮萬、金綴洙、李樂永、李丙儀、朴衡秉は共産黨組織と同時に次の如き宣言と綱領を發表した。

宣　言

一、現制度を〇〇〇〇〇することに依つて日本資本主義の手段と帝國主義の〇〇に〇〇す
一、政治的經濟的の〇〇なる政策を〇〇す
一、現在の解放を獲得するには大衆運動(合民族運動社會運動)を促進す
一、宣傳よりも〇〇に

綱領

一、私有財産制度を〇〇することに依つて〇〇〇〇〇(共産主義宣傳)を目的とす
一、現階段の問題を解決する爲めに大衆運動(社會主義者と民族主義者)の合同を圖る
一、日本部共産黨は朝鮮共産黨と堅固なる連絡を取る

朝鮮の現狀と宗教團體 (昭和四、七、一一)

宗教と云ふ自體の定義が區々であつて何れの境界を宗教と云ふべきかは分らないが、併し此處で云ふ所謂宗教團體と云ふのは此の頃愚民を飜弄して指導者間の私腹を肥滿するが如き迷信的宗教を云ふのではない。曰く普天教、曰く青林教、曰く白々教、曰く紫霞教等々が此の部類に屬する。此様な迷信的原始的野蠻の宗教は反つて人民の自由と發展を阻害し民族と國家を滅亡に導く最惡の社會的存在

物であるから敢へて此處に論ずる餘地がないが、少なくも或る信念の下に多數人が此れに歸依して或る程度の歷史を有する宗教に對しては少なくも社會の期待からしても、宗教團體自體の其の何者かを自任する事からしても大いに論評する餘地がある。

朝鮮に於て宗教團體として最も權威があり、歷史の長いことから云へば基督教、佛教、天道教等々であらう。佛教が三國及高麗時代にありて朝鮮人の文化と道德に最大の貢獻をしたとしたならば基督教は近世西洋文明の輸入されて以來朝鮮人を自由平等の新思潮に感染せしめた點にありて大なる功勞があつたものであり、其外に天道教は朝鮮人自體の覺醒と團結を謀つた點にありて一大貢獻をした。而して其れが最近朝鮮民衆の覺醒を促進した民族的大運動に動員した事に依つて其の民族的貢獻が莫大であると云へる。

併し宗教は宗教として醒覺たる現實の前には其の獨自的存在の不能なる宗教的本質を暴露して佛教は隱遁主義に基督教は我利的個人主義に、而して天道教は英雄的分派主義に各々其の旗幟を分立した。

吾等は今、今より十年前頃の其の如き宗教界の活潑を今日發見することが出來ぬ。宗教界の誰れが敢へて此れに對する應答を否定する程の勇氣があるであらうか。

吾人は今事新しく宗教界沈滯を論しようとするものではない。併し宗教が宗教として社會に存在する以上宗教は當然に或る社會から課する其の任務を實行しなければならない。人道を論じ正義を說き作ら不義不正を目前に凝視して此れを恬然不關視する態度は其れ何を語るものであるか。吾人は朝鮮に現出される凡ゆる不正不義を一一論ずる餘裕がない。無理なる言論集會結社の禁止、不正義に立脚した現經濟生活が產む無智と貧困、人種的社會的無理なる差別、其の何れが正義に反しないものがあるか。宗教團體は斯かる永久的不正義の社會下にありて其の何を努力し希求するのであるか。安心立命とか、自由平等とか、人乃天とかは皆何を意味するのであるか。

吾人は永久的殆んど常習的となつて居る此の不正義の狀態を永たらしく例を擧げ樣とはしない。併し近日起つた甲山火田民八十戶の燒却事件だけを見ても朝鮮が如何に人道と正義に外れた凡ゆる醜惡なる事實が演出されるかを語らざるを得ない。

宗教家諸君！人類十六億の中に僅か千餘の人間が放火に依り其の生活の根據を失つたと云ふても世界全體より見れば寥寂たる事實であるかも知らない。併し宗教の本旨は如何。釋迦は一個の虫をも美しく見たために後の歸依者が錫杖を杖いて步行せず、基督は人類中の最少なる一人に行ふのが卽ち神に行ふものだと云はなかつたか。宗教は愛であつても悲であつても、仁であつても、知であつても、根本にありて人道の正義の爲めの犧牲に過ぎない。千餘の人民が不義の放火と驅逐に依り其の行路を知らないで居るが諸君は恬然として現實に沈默して居るか。講壇より街路に出て來い。說教より實地に接而して全種族と共に泣き、共に戰ふのが現下朝鮮の宗敎の本旨であり宗敎家の使命であらう。

國民府完成の第一步として
七個團體の根滅を決議す（昭和四、八、一九）

朝鮮〇〇運動を妨害するからと

（某處情報）

曩に合同說の傳へられた海外〇〇團體は最近圓滿なる合同を見るに至り、玄益哲を執行委員長として國民府の組織を完成したが、海外に散在して居る〇〇團體が所期の目的に向つて活動して以來互に軋轢反目血を流す樣な事があつて、志ある人々の嘆息して止まない人々に依つて合同の必要が唱道せられ、〇〇の唯一の目的を遂する迄は派閥を超越することゝして組織せられた國民政府は、其の間內部の組織に沒頭して居つたが、最近第一回の中央執行委員會を開らき今後の實行方針として第一着に今日迄〇〇運動を積極的に妨害して居つた東亞保民會、養生契、相助契、擁護會、韓僑同鄕會、開發隊、朝鮮人會等七個團體の根滅を決議した。

十三隊の〇〇軍を配置し
放逐と射殺とを斷行す

七個團體撲滅の實行方法として十三隊の〇〇軍を流動的に配置して反動團體の首領の暗殺及其の部下の放逐銃殺を斷行せしむる筈であるが、七個團體の散在して居る團員數は統計的に數字は不明であるが、兎に角要所每に配置されて數百を以つて數ふべきを以つて彼等を撲滅せんには神出鬼沒の策略を建てなければならぬと云ふので目下其の對策を講究中であるが、最近數三日前には與京で〇〇團員に發見せられた同鄕會員數名は既に銃殺せられたと。

七八の〇〇隊を組織して
朝鮮內地に派遣す、武器を携帶して越境潜入す

國民府の活動計劃は別項の通りであるが更に、來る廿九日を以つて廿週年となる合併當日を機會に團員を朝鮮內地に派遣して官公署の〇〇と大官〇〇とを謀り、去月中旬志願した朱光欽をして六名の部下と共に〇〇隊を組織して爆發彈拳銃及多數の彈丸を持たせて廿日程前に根據地を出發せしめたと云ふ驚くべき情報が某處に到着して警察は極度に緊張味を帶びて居るが國境警備線を突破するのは困難なことを看破した彼等は琿春方面經由咸北を目指して出發したそうであるが、七名の隊員の行先は極秘に附して居るから判らぬが近來稀に見る大膽な行動だと云ふので警察側は是非共逮捕しやうと大

活動中であると。

博覽會と警戒（論說）（昭和四、八、二一）

前後矛盾の致す所

旱魃と貧困、不景氣と財政緊縮、あらゆる社會的不安が其の極度に達した今日に於てさへなほ、總督府では三百萬圓てふ大豫算を投出して博覽會準備に大車輪の狀態である。

統治二十年間の善政を宣傳し日本資本家の投資熱を皷吹し、在京大商人の沈滯狀態を打開せんが爲めに地方農民及地主を京城に驅り集める博覽會は統治階級としては專ら現社會の不安相を除去するものと考へて居るかも知れないが、然し當局よ―それはほんの治者階級の主觀的獨斷論であつて不安の現狀を却つて甚だしからしめることになることは公平な立場から見て動かすことの出來ない事實ではなからうか。

朝鮮に於て事實人口上貿易上產業上に著しい增加があつたと宣傳して見よ。又朝鮮施政に二十餘億の大金を投下したと誇張せよ。それでも裡面に隱されて居る土地兼併の大勢流離民の激增生活の低下犯罪者の激增は隱し押せまい。二十億の投下は投資せんが爲めにした近代的の基礎施設への投下であり、又利子利潤を捻出せんが爲めの投資ではなかつたか。又産業、貿易の發達があつたとすればそれは在朝鮮日本人の壓倒的優勢の爲めではなかつたか。又人口の增加は統計上信任すべき證據が薄弱である。よしんばそれが事實としたところで生活低下の人口の增加は人口減少の生活向上には及ばない。

博覽會は人を集める計劃である。何人も自由と愉快を求めんが爲めにやつて來るのは事實である。それだのに總督府ではどうか。四萬圓の尾行移動警察の爲めの豫算を積み立てゝ國境一帶及要所〳〵の警察を全部驅り出して上京人の自由を或る程度迄不安ならしめやうとするではないか。警察の干涉には何人も不自由と不安と不快とを覺える。殊に朝鮮の樣に下級警察官の無智沒常識な場合には人權蹂躪さへもすると云ふ非紳士的態度なのには憤怒の念さへ起さゞるを得ないのである。

そう云ふ風で上京する人に對するとすると博覽會觀覽客はいやな感が起きることは推して知るべきでその經驗は昨秋移動警察の當時に體驗したことである。

財政緊縮の今日三百萬の大金を虛費し四萬圓の臨時警察費を使用して人民に不快を與へる計劃を始める必要が何處に在るか。斯くても會場内では統治を宣傳せんが爲めに朝鮮の平穩を語り朝鮮人が現制度に滿足して居ると發表しやうとするか。

矛盾の極も程度を超えて居る。博覽會、共進會何會等全國的乃至世界的大會合を開かうとするのは該地方國家の人民が最も平和であり繁華な時に開くのが常例である。斯くて內外人共にその繁榮を祝ひ其の平和を賀すべきであるが、朝鮮今日の狀態の樣に連續した旱災水害に人民が貧に困つて居り殊に永久的の大不景氣の環境にあつてこんな過分な豪奢な生活をすることは到底出來ないのである。

それにも拘はらず大豫算を使つて統治の宣傳と資本家の投資熱と地方民の消費力を一齊に京城に集めやうとする心事は餘りにも朝鮮の現狀を解さない行動である。

おまけに不快を與へる警備を配置するのは不可解至極の處置である。

矛盾をうんと塡めた朝鮮博覽會は當局の豫期するが樣な好成績を擧げ得ないのは勿論のこと、寧ろ民心を捉らへ得ない不賢明の致す所と言はざるを得ない。

閑院宮殿下に不敬の言動　（昭和四、一〇、二）

犯人は鍾路署に被逮

一日博覽會開會式に御出席被遊れた閑院宮殿下に對して或種の不敬の行動を爲した爲めに現場に於て警官に逮捕されたものがある。其者は市内南大門通松田商會店員金鍾赫であるが只今鍾路署に引致されて居ると。

海外より潜入した李〇永　（昭和四、一〇、三）

光化門廣場に於て檢擧、各署の空氣非常緊張

二日午前七時頃警戒のもつとも嚴重な光化門廣場に於て鍾路署の刑事が擧動不審なる者一人を逮捕して嚴重取調中であるが當日は休日であるにも不拘市內の各警察署長以下全署員が全部出勤し刑事隊は各方面に活動を開始したと。

手配中の人物で白髮の犯人

別項逮捕された人は海外の某團體から派遣した人で、前から同志四人と爆彈を携帶して這入ると云ふ情報があつて警察當局は神經過敏になつて手配して居つた所が遂にその四人の中の一人である前記人物は畢竟捕はれたのであるが、同人が逮捕されると同時にその携帶して居た爆彈の所在を確めやうとして非常に活動中である。

投宿家の全家族引致

警官隊は別項の犯人を逮捕すると同時に市內松峴洞某下宿屋を包圍して主人以下全家族の外お客まで全部逮捕して鍾路署に引致すると同時に三十歲前後の靑年一人も逮捕したと云ふ。

三輪主任の擔當で嚴重取調開始、爆彈押收說は絕對に事實無根

（鍾路署森署長談）（畧）

石鎮哲を檢擧

事件の內容は絕對秘密に警察部高等課活動

（畧）

檢擧以來六百日目に某重大事件豫審終結

（昭和四、一〇、二九）

金某以下三十名公判に廻附

昨年二月二日初檢擧に着手した事件

豫審記錄萬五千枚

事件の大部分の被告は昨年三月七日まで鍾路警察署で取調を了し四月八日同豫審に廻附せられ、其外宋某外四名は東京で各々捉へて前記金某事件と併合審理をしたもので同事件が豫審に附せられ居る間は前後六百日計りである。

訴名は治維法違反、卅二名中二名免訴

厖大なる記錄の關係で年內開廷は疑問

今年内に公判は出來そうにない。十五辯護士自進辯護

事件の豫審終結決定は別項の如く檢擧以來前後六百餘日めに漸く終結したが事件内容が元來複雜せるのみでなく事件が第一回第二回朝鮮共產黨事件以後初めての重大事件であり、同事件を擔任して公判を開くことになつた同法院刑事司法合議部でも最近に至つて事件が輻輳して今年内に開廷の望はないと。

被告家族には面會も許可、免訴せられた被告今日出獄

六百日間唯苦んだ。檢事も異議はない。

（略）

内容が複雜、被告も續出、六百日間擔任取調の　擔任五井判事談。

五井豫審判事は曰く、今回の事件は其内容が複雜なことは勿論其關係が前後の事件にからまつて複雜であり、彼等と前後して捉はれた十數名の各々分離して審理を了へた事件が連續的に後から押されて來たので同件は段々延び今日漸く終決を見たのである。

（畧）

（第三次共產黨事件中未解禁の記事）（號外）（昭和四、一一、一）

光州高普、中學生衝突事件 （昭和四、一一、七）

日本市民意外にも日本人が、朝鮮人父兄は平穩

光州學生爭鬪事件は其の原因は兎も角も、朝鮮人側は單に血氣盛んな學生等の喧嘩として事件を極めて平凡に解決しやうとして居り、學父兄、一般市民は寧ろ我を曲げて謙讓的態度を持して穩かな解決を道當局へ陳情もどきに希望したのであつた。之は決して朝鮮人學生側が中學側に比して過失があつたとか又は彼等の權力を怖れたからのものではなく、虛心坦懷光州の社會の平和を維持せんが爲めの目的であるが、日本人側は之を朝鮮人の反日本人的暴力運動の前提と認めて光州日報を煽動機關として之に臨み、其の他の新聞通信も虛僞の宣傳を行ひ、市民の中堅人物等は連日連夜敵軍の包圍を受けた死守軍の態度で會議を重ね陳情員を選拔し凡そ四、五回以上も道知事檢事正を訪問し今回の事件の過失の責任が全部朝鮮人生徒側にあるのであるから徹底的に膺懲し後日の心配を無くしてくれと願ひ、一方では靑年團・不時出動を準備せしめ又在鄕軍人を何時でも出動が出來る樣……………を印刷して居る。其の印刷物の內容は………………斯くの如く印刷物迄も準備する迄に神經が過敏になつて………………官廳自體の處置如何では收拾することの出來ない結果に至るものと觀測せられて居る。

病院に入院して居る九名も引致

朝鮮人側の心理狀態も與獪玉石倶焚の大檢擧

光州署は五日酒井檢事の指揮を受けて高普學生の大檢擧に着手し爭鬪して負傷し入院して居る九名をも檢束し又爭鬪に關係の無い生徒等迄も逮捕して全部で卅四、五名に達した。斯くも多くの生徒を捕らへて往つたのは初めは爭鬪事件のみを問題にして中學、高普各五六名を逮捕して居つたが、其の後方針が變はつて高普生が當日示威行列を行つたのは重大なる犯罪行爲であると見做し治安妨害に引掛かると言ふので斯くは多數の學生を捉へて往つたものと見られて居るが、之が事實だとすると當日喧嘩が濟んでから中學生は示威行列をやらなかつたし、高普生のみが示威行列をやつたので高普生のみが無數に處罰せられるらしい。然しそうなつて見ると等しく喧嘩して朝鮮人學生側に犧牲者が多く出ると云ふ結果は、今日尙退嬰的屈讓的態度を採つて居る朝鮮人側の心理狀態を不穩ならしめ如何なる影響を及ぼすか知れない。

日本新聞紙事實無根を宣傳す

三日後には別段の事もないのに日本人新聞は小學校生徒も七八十名朝鮮人に傷けられたと傳へて居るが之は全然事實無根である。

朝鮮人學生はステツキでも杖いて步るいても警官が捉へて行くが………………朝鮮人は極めて冷靜

であつて事件を專ら生徒相互間の喧嘩とのみ視て解決しやうとして居るので別に平時と違つた光景もない。

日本人市民中の重要人物は四日午前十時、午後三時、陳列館で會議をやつたがその中には道廳の官吏も多かつた。

行政處分よりも法的に解決

事件を更に益々發き出して、警察部長調停周旋

本問題の解決策として道當局と司法當局とでは喧嘩雙方の首謀者數名を處分して解決を告げやうとする意嚮らしかつた處、氣狂の樣になつた日本市民の行動及日本新聞の煽動的記事は遂に官廳を動かすに至り、五日早朝から知事室で道知事及偶々來光の京城高等法院長も出發を延期し警察部長內務部長署長學務課長が集つて四時迄會議をした。

其の結果は最初の方針を改めたらしく爭鬪事件を行政處分又は學校相互の解決で謀らうとした消極的方針を改めて道當局は行政官廳だから爭鬪事故に關係する權利がなく問題は法を以つて解決するのを至當とすると云ふことになり、一切のことを檢事に任かすこととし道當局は六日迄の休校を延期することなく開校するが必ずや兩方の生徒等はまだ〳〵感情が緩和して居らないであらうから學校當局者及警官等をして通學時を警戒せしめて喧嘩の無い樣にする丈けだと云ふのであるが、警察部長も日

本人側の異狀なる興奮を緩和するに努力する筈であると。

金知事談

『意外の不祥事が生じて心配中であります私は單純に此の事を辨へのない生徒等の血氣に逸つた喧嘩と認めて重大視して居りませんが、日本人市民側は非常に興奮して四五回陳情に來て徹底に解決をやつてくれと言ひますが、朝鮮人學父兄は先刻尋ねて來て紳士的に圓滿に解決せられんことを希望して居ります。吾人としては一日も速かに開校させて勉强する樣にしやうと思つて居ります。恐らく只今の模樣では六日に開校することが出來るでしやう。そして爭鬪に對しては吾人の權力範圍を超えて司法官が調査して居るからどうかう言ふことが出來ませぬ』。

朝鮮女學生は繃帶を日女學生は礫を考へが無いことはお互樣、女高普では一名黜學

三日爭鬪の際警鍾亂打等寧ろ事件を重大化した光景に益々激奮した光州高普學生は一旦學校へ歸つてから列を作つて薪切の樣なものを持つて市街に示威行列を作つて行き病院前で警官に解散させられた。其の際は列を作つて唱歌を高唱して歩いたので、興奮し易い靑少年のことであるからして其の光景を見た師範學校生徒及農學校生徒も興奮して列には加はらず其の後から附いて廻はつて氣勢を揚げたし、女子高普生も情に鋭敏な處女のことであるからして藥品及繃帶を準備して若し喧嘩が又始つて

負傷者が出たら藥を貼つてやらうと附いて廻はつたし、日本高女生は午前中の喧嘩の際に後口から石を拾つて中學生に渡してやる等馬鹿な事をしたのであつた。それで其後大内校長は女高普生を集め「女は女らしくせよ」こ訓諭し、女生徒を一々呼出して訓戒する時に松汀里朴賢淑が答をしなかつたと云ふので學校から追拂つて仕舞つた。

中學校敎員加擔は事實

生徒の喧嘩に敎員が加擔したこ云ふのは隱れもない事實で、柔道敎師依田氏は高普一年奇世男をぶんなぐり、敎務主任吉田氏は高普福童氏が中學生の進出を沮止したこ云ふので押し倒したし、高普敎員等で喧嘩を止める爲めに棍棒を奪ふ時に指を負傷した人があるが、中學校側は某有力敎員が「喧嘩をもつこやつても好い」「大和魂を發揮せよ」と氣勢を揚げたこ云ふことである。

横　説　欄

光州學生事件で日本人學父兄側は道知事を尋ね廻はつて盛んに朝鮮人膺懲策を建議。

光州金物屋にある短刀は日本人學生の非常用の爲めであるこ。

花洞安國洞一帶に騎馬警官隊集中　（號外）　（昭和四、一二、七）

地域に從つて移動する警戒線、某種事件又復突發

過激な某種激文が京城市内に配布し始つてから市内各警察署に於ては學生層を中心とし非常警戒を繼續して居るが、一昨日（五日）は清雲洞一帶に正私服警官數十名出動し非常警戒を爲し、昨六日には壽松洞方面に數十名の自動車警官隊が出動し警戒を爲し、今七日朝には市内花洞方面に警官隊が出動し矢張非常警戒を爲し居り、騎馬警官隊迄出動して花洞、安國洞一帶を警戒し居る。此の如く警戒の方面が一定せずして移動し居るを以て市内各學校學生は勿論一般空氣が緊張して居るさ。

蓮池洞、惠化洞兩洞にも警戒が一層嚴重

市内東大門警察署に於ては七日朝に至り某情報に接したるものの如く市内蓮池洞にある某學校さ東大門内なる崇一洞一帶にも正私服警官多數出動し水も洩らぬ警戒を爲し居るさ。

六日夜以來十餘名又檢擧。七日朝迄鍾路署に檢擧された學生は十餘名に達し、かねて檢擧して居た學生廿七名は六日朝鍾路より京畿警察部に移送し取調中。

自動車全部集中警察部空氣緊張。京畿道警察部に於ては七日朝突然緊張の色を現し同警察部所屬自動車を全部警察部門前に集合し置き巡査等は全部班を組んて緊張し居るさ。

（學生同盟休校事件）（昭和四、一三、八）

（同日付他の諺文新聞と同一記事）

新幹會を筆頭に各團體嚴重警戒　（昭和四、一二、一三）

三輪捜査係主任東奔西走

鍾路全署員非常出動を準備して、代表を呼び懇談的警告

京畿道警察部三輪捜査係主任は午前八時頃からオートバイを驅つて田中部長外幾人の高官を訪問して何事か重大の事件に對し諒解を求めたやうであつたが、午前十時頃鍾路警察署に著はるると同時に同署の空氣は突然緊張する一方全署員に非常出動準備をなさしめ市內要處と各思想團體には正私服警官を配置して嚴重に警戒する一方、同十二時頃に至つて新幹會代表洪命憙氏と金恒奎兩氏を呼出して時局に對する懇談的警告をなしたと。

警察部活動兩氏を檢擧

十二日曉警察部では突然大活動を開始して市內鳳翼洞十二番地ノ五號を襲擊して其所に留宿中の崔

富植、丁洙泰二人を檢擧して目下嚴重取調中であるさ。

宗敎社會各方面重要人物續々檢擧

（昭和四、一二、一四）

十三日早朝京畿警察部並に鍾路署は更に一層の緊張味を見せて首腦者の密議を重ねて居つたが兩處留置場に留置檢束の人々を龍山、東大門兩署留置場に移し、午前十一時さ云ふに刑事隊は一齊に出動各方面の人物檢束に着手したが、捉らへられた人物は新幹會執行委員長許憲氏を甫め敎育協會兪鎭泰氏、天道敎李鍾麟氏、佛敎韓龍雲氏、槿友會丁七星氏其他三十餘名に達したが午後二時頃迄に捉らへられた人物は大略左の通りである。（人名畧之）

光州事件の意義

（昭和四、一二、二九）

光州高普、光州中學、學生の衝突に端を發して朝鮮全民衆就中純眞なる少年少女學生界を撼かして多數の犧牲者さへも出すに至つた。此の大事件の意義に關して吾人は冷靜公平なる態度で考案する必要がある。

特に吾人は警務當局が本事件に關して謬論的であることを遺憾に思ひ、警察當局の態度が直ちに朝鮮總督府の今後の政治の基本となることを考へるときに吾人は實に憂慮を禁じられないのである。

警察當局の意見は（それは卽ち總督府の意見を代表するものとして見るより外ない）此度の事件を主として學生間の些少な衝突を利用した一部共產主義者及其の他不穩分子の煽動の結果によるものとしやうとして居るがこれこそ實に根本的に誤つて居るのみならず朝鮮民族の思想感情を根本的に誤解して居るものであると言はざるを得ない。

第一光州高普生が奮起したのは決して一時的の民族感情の疎隔からではない。

第二に其後の各地の朝鮮學生運動は決して共產主義其他外部の煽動者の策動に依つたものでないと云ふことを正確に知つて置く必要があるにも拘はらず當局は根本的に此の點に於て重大なる錯誤を犯して居る。

最初驛頭の數箇の學生の言爭が斯くも激甚な兩校の學生の團體的激憤を起こし流血の慘をさへ見るに至つたことはその由つて來る處が實に漸にして久しいものであつて、其の原因の原因は卽ち朝鮮と云ふ土地の內に成立して居る不自然なる兩民族の主客顚倒的の關係である。日本人は朝鮮人に對して治者的征者的優越感を持つて居る。そこへ朝鮮人は朝鮮にあつては自己が主人であると云ふ確乎不拔の傳統的信念を持つて居り。日本人の優越的侮蔑的の言動に對しては朝鮮人でなければ理解することの出來ない深刻なる憤懣を感じて居るのである。

光州驛頭の兩校學生の衝突も此の根本的原因に想到せずしては到底正解することが出來ぬものである。

事件の發端が斯かる民族的感情の一爆發にある上へ持つて來て、その火に柴を投じたことになつたのは檢察當局が日本人學生を釋放し朝鮮人學生を多數に檢擧したことである。

之に朝鮮學生の民衆は驚愕せざるを得なかつたのである。斯くして光州の民心が極度に興奮して居るのに當局は二箇月も全然記事を禁止して全朝鮮民心に疑懼忖度を生ぜしめ必然の勢として流言が盛んになり稀なる陰鬱と暗黑時代を現出したのであつた。

主義者の策動の有無は司法の結果判明しやうがもしあつたとしても技葉の問題で朝鮮全學生層が主義者の策動で斯くも動いたとすればそれこそ大問題である。

之は朝鮮に關して無知なる者の錯覺である。朝鮮人に自然の地位と自由意思と感情の發表機會を與へないのが此度の事件の根本的原因であることを大悟して當局者たるもの將に猛省する所あるべきである。

歳　暮（論說）（昭和四、一二、三一）

昨年末から本年初めに亘つた元山勞働大爭議は不幸にして勞働者側の準備不足と當局の無理解なる態度に依つて遂に勞働者側の敗北に歸したけれども勞働者自身の組織が鞏固でなければならぬことゝ一勞働團體の爭議丈では勞働者の勝利を得難いことを覺得した點に於てはより大なる敎訓を得たと言ふべきか。

又、春から夏に亘つた三南一帶の大凶年は昨年來旱災饑饉で呻吟して居つた可憐な同胞等の二重の災厄であり吾が生活記錄史上見逃がすことの出來ない大不祥事である。幸に海內海外の熱烈な同胞の義捐があつて洪爐の一雪の感が無いでもないが之を同胞愛の發露として見て萬金の價値があるものとする丈の意義がある。

斯かるにも拘はらず三百萬圓の大金を消費して人民の自由を拘束して吾人の反對を顧みず朝鮮統治二十年の朝鮮博覽會を開催したのは朝鮮人の爲に何許の所得を齎らしたか未だに疑問である。

光州學生衝突を發端として全國的學生及社會の大運動を見たのは今年の特筆大書すべき大事實である。一二中等學校生徒の衝突が全朝鮮的の問題に變じたのは當局に於て主張するが如くに一部共產主義者の策動ではない。蓄積せられた平素の民族的不平不滿が此の機會に爆發したものであると言ふべきであつて、朝鮮人が何を要求して居り何を主張して居るかその一端を個中に看取すべきである。特に之を咸與水利組合員暴行事件と關聯して考へる時に全意義があることが判かるものであつて之をば社會團體だとか共產分子が煽動したものと解するのは誤りである。

文壇の回顧展望（論說）（八）（昭和五、一、一二）

吾人は今日朝鮮民衆の當面の現實を正視して以つて此の民衆の甦生の焰ともなるべき「朝鮮意識」を發見し以つて「階級的民族意識」を戰取しなければならぬのに各文士の作品は互に相反し相駁し合つて此の目的に沿つて居らぬ。

要するに吾人は民族內の小階級關係よりも決定的意義を持つた○○○○××××に向ふ外ないのである。

隨つて吾人は階級意識と民族意識とを前にして互に排擊と克服の一元的論戰にのみ熱中すべきものでない。兩者共何れも皆朝鮮の現實に立ち還へつて今日の朝鮮意識……階級的民族意識を戰取して以つて植民地の被××被××民族としての今日の境遇からの甦生を謀り、以つて吾人の○○を實施するに最も力ある焰となるべき精神的武器を把握しなければならぬ。

（學生騷擾事件記事）（昭和五、一、一六）

正門を破壞　培花生痛哭

市內培花女高普では今十五日午前九時四十分初めの時間を了つて九時五十分頃同校生徒二百餘名が運動場に出てつゝ萬歲を叫び始めた。之れに次いて室內の生徒等は豫め警戒中の警官に制止せられたが教室の硝子窓の硝子を壞す等激烈なる有樣で生徒全體が校庭に押出し一齊に萬歲を叫んだ。萬歲を叫では泣き、泣ては萬歲を叫び、不時に走せ付けた警官隊は社稷公園まで水の漏る隙もなく警戒中である。

閉鎖した校門破壞　街頭進出を制止せられた

槿花生數名昏倒　窓門破壞萬歲高唱

（畧）

知事會議突然延期　學生事件對策密議

帝國大學總長と軍司令官も參席

知事會議を延期して極秘密裡に會議

教育根本方針變更

（畧）

警官總出、タクシー總出、バス總出、佩劍聲、馬蹄聲、警笛聲、大寒を前に京城市街の騷亂なる光景。

女子商業生十餘名負傷（號外）（同　日）

女子商業學校學生等が硝子窓を打ち破り騷動を起す中に學生十餘名が負傷を受け血が流れ修羅場を致した爲めに學校當局では仁寺洞の榮濟病院で金斗榮鄭子英醫師を招き目下應急手段中であると。

公州署に留置中開城商業生自殺（昭和五、一、一八）

（朝鮮日報記事に同じ）

定州五山高普動搖（昭和五、一、一九）

三百の學生萬歲示威

警察署の門前へ殺到痛哭中

定州五山高等普通學校では十八日午前九時三百餘名の學生が突然萬歳を叫んで校門を出て行き三里を離てゝ居る定州邑に這入つて行つて萬歳を叫び午後一時停車場に至るや驛前駐在所警官が之を發見して制止しやうと衝突が生じ學生數名が負傷し巡査も數名負傷したが殘りの學生全部は歩るき廻はづて萬歳を叫びつゝあつたのを出動警官に十餘名檢擧せらるゝや學生は更に警察署門前に至つて一齊に痛哭中である。

九十名檢擧

定州五山學校學生一同が動搖して萬歳を高唱したと云ふことは別項報道の通りであるが學校から定州邑に往く途中である停車場附近で警官隊と衝突して重傷を負ふた學生は閔昌元外一名であり、輕傷者も數名あるが警官に檢擧せられた學生は九十餘名であると

(略)

廿一日午前十時頃平壤六學校動搖 (號外) (昭和五、一、二一)

廿一日午前十時頃平壤六學校動搖

平壤にある六男女學校動搖二百餘名檢擧取調

清州高普と農業校も動搖

（畧）

全朝鮮に波及したる學生事件 （昭和五、一、二二）

市内各警察署被檢學生の姓名

（畧）

公立學校も動搖高普師範も萬歲

メソポタミヤ諸族革命運動 （昭和五、一、二五）

（上海特信）最近土耳古地方周遊のニユーヨークタイムス記者バウエル氏は上海各國記者招待席上左の談を吐く。

メソポタミア平原一帶は全幅的に革命化の形勢に在るがトルコ、イラックは其の中でも最も猛烈な者でありイラックの排英熱は極めて緊張して居り亞剌比亞人の覺醒も豫想外に驚くべき程進歩して居る。近東諸民族の解放運動はメソポタミアで大爆發を告げアフガニスタン、ペルシヤ、印度等各地の響應に依り猛烈なる形勢を呈するであらう。

英對印の暗黑政治は罪惡と虛僞に充滿（同日）

全東方被壓迫民族は聯合せよ。印度の志士全世界に檄を飛ばす

（南京特信）　東方被壓迫民族聯合會に加入して猛活動をやつて居る在支印度の志士等は東方被壓迫民族聯合會印度部の名義で印度國民運動に關し全世界に向つて檄文を發したが其の大意は左の如し。

人類の公敵たる帝國主義は全世界人類の五分の一の生命を蹂躙し自由を剝奪して居る。東方被壓迫民族聯合會の組織は卽ち彼等の罪惡と虛僞とを暴露するにある。印度に於ける英人の暗黑政治は罪惡と虛僞とに充滿して居る。東方の重きを爲す巨大なる英帝國主義は沒落しやうとして居る。印度國民の自由は全アジアの其れであり、又、全世界の自由である。英帝國主義者は印度國民が此の世の中で一番愛護するその所有を强奪したけれども今日印度國民はあらゆる犧牲を惜まずして彼等が一番愛護する所有卽自由を奪回しやうとして居る。印度の天空には暴風雨が方に襲來しやうとして居る。此の聖戰の爲に全東方被壓迫民族は聯合せよ。吾人の敵は同一の運命にある。

機能を停止せられた平壤商議所　（昭和五、一、二六）

朝鮮の經濟界は萎靡不振の現狀であるが經濟的覺醒と不斷の努力ある地方には部分的ではあるが發展の形跡を見せて居る。

政治的にも經濟的にも何等有利な條件を所有し得ない吾人と雖も吾人の手の及ぶ限度に於て主唱しなければならぬ主唱は徹底に主唱して行かねばならぬ。負擔は負擔通りに出して利を蒙ることは秋毫もなく却つて他人の利益許りを調達して居る今日の一切の制度組織に反對の烽火を揚げざるを得ない。

盛水不洩の嚴戒裡に光州學生公判開廷　（昭和五、二、二〇）

（記事畧）

早朝より法院内外大混雜四十九名全部出廷

（光州學生公判の寫眞）（昭和五、二、二二）

（光州學生公判書報と題する寫眞及說明記事）

「反古籠欄」（昭和五、二、二六）

二十五日は總督府で貧乏な貴族に生活費を與へる日だと云ふので其れでも中山帽に威儀を正した閣下の屑が右往左往。

此の光景を見る人は果して總督府の善政を知ることが出來るのであるが世の中に斯かる德が何處にあろうか。其んなことを知つて居たので彼等は旣に合邦當時に贊成したのである。

明倫學院（論說）（昭和五、二、二七）

時代錯誤の擧

總督府では思想善導の一策として經學院內に明倫學院を附設し儒學を研究せしめんとし旣に法令を發表した。儒學の研究と振興が必ず無用なことではない。學問として之を溯考するのは學界にありて一必要事であるかも知れない。又儒家の立場から見て儒學を振興せしむるのが彼れ等の當然の職務であらう。然し之を爲政當局の附隨事業として經營するのは時代錯誤の甚だしきものである。「思想激化」「風敎の紊亂」と云ふものを「明倫學院」の講堂に於て退治せんとすることは誤謬の甚しきものである。當局者も內心としては其んな「奇蹟」を鼻笑して居るのであらう。

學務當局はもう少し急いでやらなくてはならないことが泰山のやうにあるを忘れて居るのか。己未の年に私設墓地を復活せしめたるが如き筆法を以て一部守舊人士の歡心を買ふ爲めに貴重なる稅金を少しでも濫費せんとする當局は民衆に對して何を以て辯明するであらうか。總督府の如斯態度は引いては地方當局をして無用な施設を助長せしむることになる。時代が已に宣告した舊遺物の殘命を今少しは延長するかも知れない。制度の缺陷と生活の嚴肅なる事實を正視せずして形式のみの塞責を主にする處に於てかゝる戲劇を演出するものである。

依然たる掩蔽策（論說）（同　日）

道評議會と光州事件

政治的事實に對して堂々として責任を負ひ錯誤と失策を正面に直視する責任政治觀念は朝鮮にあり

ては影も見えない。それは幾ら「光明の政治」を云爲し又實際爲政者が其の方面に力を盡すと假定しても專制政治は結局專制政治であるが爲めである。朝鮮に現存する所謂諮問機關と云ふものが此の狀態を毫も改變することの出來ないことは慶南道議罷免事件以來一層明瞭に誰でも認識するのである。光州事件が發生し其の餘波が全朝鮮に及ぼすこととなり、評議會と協議會が諮問機關ではあるが之を看過する能はざることは當局者迄も認定したであらう。

當局者は此の問題が道評議會席上に於て討議されることを極めて忌避するやうである。責任政治の影でもありとせば當局は堂々と眞相を持つて之れに臨んで其の責任の所在を明かにすべきことではないか。平北、平南等の評議會席上に於ける當局者の態度を見るに其の事件の討議さへも上程を許さない掩蔽萬能振を發揮して居る。事件の發源地たる全南道評議會に於ては其の眞相に對する忌憚なき討議が一層要求されるたのである。

それにも不拘今迄報道する所に依れば議員の質問に對する當局者の答辯は誠意ある點が少しも見えない。大局から見て反つて不利なることを悟らないのか。吾人は其の進展を注目せんとして居る。

比島獨立案（論説）（昭和五、三、二）

米國の態度如何

比律賓獨立大會は比島獨立案を可決し卽時其の旨を米大統領、國會、及一般世界に向つて通牒を發することにしたと言ふことである。

其内容は十四箇條で比島の完全獨立を述べ、人種歷史文化の相違は米人と比人とを同一國旗の下に於て圓滿な關係を到底支持し難い等々が重要な項目である。

可決された獨立案は米國及世界に通牒されねばならぬ。然し肝心の米國が果して此の要求を聽くかどうか、若し聽かないとすれば比人の態度はどうであるか頗る興味を惹く所のものである。

米國政府の責任ある聲明を聽く前に前米國海外局長であり現比島貿易事務官たるマキンダニア氏の副總督に宛てた親展書なるものを見るに比島獨立許可は米資本家の絕大なる損害であるとて絕對反對の態度を示して居る。

之は一官吏の手紙の內容に過ぎないがその眞意に於て米本國が此の樣な感を持つて居ることは最近著しく變つて來た米國の對比政策を見ても能く其の間の內容を推察することが出來る。

米國の比島占有は米西戰爭からであつて西を擊退し比島國王を放逐したのは平和を主唱するルーズ

ベルト時代である。其後比島支持熱は漸次膨脹しジョンス法案を設け議員を選出して比島人の議會を作り比島人を内閣員にも採用し獨立許與の一階梯と爲すことは爲したが米國を代表する總督が恒に全權を握つて居つて之を彈壓した爲に米比の衝突は絶えなかつたことは既知の事實である。

斯くして比島人の獨立熱は漸次昂騰し議會に於て獨立を決議したことも一再ではなかつた。然し米の對比政策は段々と分離を許さない方面に向つた。卽ち英國のゴム輸出制限は價格の暴騰を促がし米國をして比島のゴム栽培熱を昂めしめた。

比島の私有地は一千萬エーカーで殘り六千萬エーカーは國有地である。米資本家は此處にゴム栽培を計劃して居る。萬一比島に獨立を與へたならば比人が法を制定して米人資本の活動を威脅するかも知れぬと云ふのが米人の恐れて居る所で米國の對比政策は既に拋棄しないことが決定的である。況んや布哇、グアム、比島、大陸とを聯絡する軍事上及貿易上の要路に當つて居る比島をやである。

之に對して比島人は搾取られて居ると云ふ說も盛んに行はるゝに至り獨立熱は皷吹せられ遂に今日の獨立案を可決する迄に至つたものである。

映畫勞働者の社會的地位と任務（五）（同日）

映畫ファンの大衆に訴ふ

徐光霽

藝術は感情を組み立てる一つの社會的手段である。故に藝術は何人の爲めに作るものであるかと言ふと、それは階級利益の爲め卽ちプロレタリアートは自己の解放の爲めに自己自身の利益を主張しつゝ階級鬪爭の舞臺に登場する爲めのものである。

映畫勞働者よ、吾等は階級戰舞臺の登場人物であることを忘却してはいかぬ。

吾等の兩眼に映るスパークは全世界のブルヂョアーを戰慄せしむるものであらねばならずプロレタリアートをして戰爭の飢渇を覺えて來た咽喉を潤ほすに足る生命水とならねばならぬのである。

斯くして吾人は一切の藝術を戰取して吾人の事業に有益に使用しなければならぬのである。云々

新らしき日（同日）

權九玄

天が崩れるのか地が碎けるのか
おゝ宇宙は新らしき日を生む、新らしき日を。
聽け胸を踊らす此の大聲を——
新らしき日の產の苦みを叫ぶ最後は手繰られて來た。
旗を飜へせ、松火を執れ
勇敢に新らしき日を迎へよ、新らしき日を。
卑怯な者には恩惠を施してやれ。
主人に隨ふ小犬は團子を心配せんでもよい。
穴を失つた二十日鼠には穴を敎へてやらう。
轉がして行く小金蟲にはイエスが來つて救ふであらう。
馳せて居る獅子よ汝は新らしき日の道案內として來れ。
只一つである〇〇を汝丈が投げるであらう。
おゝ來れ勇敢なる道案內よ、出で來れ。
落ちんとする日を執つて東へ投げ返へせ。
此の大地を逆さに捻ぢ戻せ、逆さに。

風は沙漠を驅けるであらう海嘯よ汝も起れ。
時は一瞬今此の前は只一瞬のみ。
勇敢なる群よ新らしき日を迎へに出でよ、新らしき日を。

漸進主義を以て自由聯盟結成（昭和五、四、一）

室伏高信

今日の日本は帝國主義の全盛時代を終つて政治的にも經濟的にももう發展することの出來ない終末的狀態である。

日本は朝鮮滿洲支那に於て昔の樣に自由に軍事的支配を爲す事が出來ないのは事實であり又國內生產を是れ以上發展させる見込はないのみならず日本が帝國主義政策を取つて居る以上支那其他各國は、いつも日本に對抗するから日本に取つては大心配の種である。

余は斯かる見地に於て日本で率先して帝國主義的侵畧政策を棄て、朝鮮民族の〇〇を是認し、支那民族の自由平等を與へて以て東洋の自由聯盟を結成し、經濟上文化上相互の利益を圖るのが好いと信ずる。然し斯かる理想の實現は決して現政治家が擔當し得るものではない。

たゞ日本社會內には斯かる考を以つて居る人が多くあり、彼等が漸次社會的勢力を持ちつゝある過程にあるのであるから遠からざる將來には理想の社會が來るべきである。

次に朝鮮同胞の取るべき途は二つある、其の一は暴力的運動で、其の二は漸進的運動である。

前者は國際的情勢から見て見込なく、後者は朝鮮人を團結さして、日本主義分子を利用して恒に高度の政治的要求を貫徹するにその目的があるのであるから日本社會內にも斯の運動に對する共鳴者は少なくない。

政治的方面に於て以上の如き態度を取るの一方、朝鮮民族は四千年の歷史を持つた朝鮮文化を中心に自覺的團結をすると同時に朝鮮民族の文化を中外に知らするのが緊要であらう。

余は「人は人を支配する何等の權利も無い」と云ふ立場に於て個人の絕對自由を叫ぶと同時に民族の絕對自由と平等とを主張する。

自覺的運動、遠からずして朝鮮の春

（同　日）

安　部　磯　雄

封建的舊思想から脫し得ない政治家諸君は虛無の勝利の名擧、優越感を滿たさんが爲めに殖民地の支配を主張するが余は此を前世紀の遺物と見る。

實際の處、日本が現在朝鮮其他の殖民地を支配したからつてそれから受ける利益がどれ程大きいか。政治的利益はどれ程大きく、經濟的利益はどれ程多いか余は判らぬ。

殖民地統治は只民族と民族との感情を傷け人類の平和を攪亂するに過ぎないものと自信する。吾人は各民族の自主〇〇を理想とする。

然り理想に至るには多くの時日を要するは自然の理である。

故に百折不屈の朝鮮民衆の自覺的運動が絕對に必要である。

玆に於て銘心すべきは成功を急いで盲目的行動を取つてはならぬことである。

社會の現實を充分に研究すると同時に實力を養成して〇〇を準備し時期を待つのが上策である。

犧牲の血は貴いが犧牲の實がなければ豈に惜しくはないか。

世界の趨勢は各國共我等と同じ無產者が段々社會的中心勢力となり行きつゝある。

無產者が天下を得て眞實の意味の人類の平等を實現するの日が遠くない。

朝鮮同胞よ、落膽する無く最後迄戰つて往け、朝鮮に春は遠からずして來るから。

回顧するなくして前進（同　日）

現在未來洞察

バーナード、ショウ氏

余は朝鮮問題を研究したことがない手をつける資格はない。

御承知の通り余の祖國愛蘭も英國の支配下にあること朝鮮が日本の支配下にあるが加くであつた。朝鮮に於て民族運動が起るのは（中畧）斯く申す余の本意は、朝鮮人自身の政治が日本人の政治よりも必ずしも優れるであらうと言ふのはない。

往々にして他國の支配を脱出する國は前者が加へた彈壓よりも種々の點に於て一層苛酷なる被治を爲すのを見る事が出來る。

又民族的理想と同時に實現せねばならぬ世界理想の推進に對して妨害となる民族的境界線を世界が排擊するのも忘れてはならぬ。

卽ち民族運動が必ず成功すると斷言する眞意は支配者が自國民他國民たるを問はず、被支配者の協助を受けずしては結局失敗して仕舞ふと云ふ意味である。

余は朝鮮の民族運動者は英帝國の歷史を詳かに考へるのみならず、オットマン帝國、洪帝國、西班

牙帝國等の歴史を研究してからその政策を決定せんことを望む(中畧)

最後に忘れてはならぬのは民族運動中の短處はローマンスにある。ローマンスとは過去を回顧して虚言を作り出すことである。

現代に於ての各民族は其の現實と將來の希望を望み見ねばならぬのである。(下畧)

最後に、總ての民族運動の害毒は、ローマンス(英文)(昭和五、四、一)

(小説的構虚、奇想)であることを決して忘るる勿れ。ローマンスは過去を顧み(過去に執着し)其の過去に關して虚言を語ることを意味するものである。民族は今や前途に着眼し而して其の本體と(實在性)と可能性(能力)とを注目し考察せねばならないのである。朝鮮人は或は日本人に依つて支配せられる目的物であつてもよいかも知れない。が然し日本人が朝鮮人を一國民として認識することに一致同意する時日本人は朝鮮人を動搖せしめたり、激せしめねばならないといふ理由は少しもないのである。

不眠不休の努力、最要項目 （昭和五、四、四）

朝鮮民衆が最緊急にしなければならぬ運動、事業（政治的のものを除く）は何か

尹致昊氏談

歐洲の弱小國であるチエッコが墺地利の屬領であつた時に彼等は武力で抗爭することが出來ないことを知つて其の民族の本能―體育、敎育、經濟、藝術等の發展向上を目標として努力した結果、今日のチエッコを見るに至つたのであるから吾人も之を手本とすべきものである。

朝鮮文壇、浪漫傾向が科學的に （同日）

鄭盧風

個人的であり浪漫的であり且つ又理想的である、自由主義的民族意識の文學は一九一九年に於てその遂行すべき役割を現實に於て實踐したと云ふべきである。

然しながら所謂「三一運動」は被檢擧者二萬餘、件數三千二百餘、運動參加人員百餘萬を出して一時

其の氣勢は素晴らしいものがあつたが、形式的には「文化政治」の標榜、墓地解放、東亞朝鮮兩新聞、開闢の發刊等數種の變化を見たのみで、

×

斯くして文士は沒落し（中畧）其後今日迄吾人文壇の主要現象は何と云つても無產文藝運動の進出を擧ぐる外はない。

然して今日になつては如何なる部門の文壇も新時代を望み、歷史創造の一翼的任務になりとも忠實たらう、手易く言へば我が文藝をして今日の殘念なる生活から脫出する爲めの道具にしようと云ふ、而して文藝をして吾人の生活と一層密接ならしめて以て吾人の苦悶、希望、任務を代言してくれるよい友として存在せしめやうと云ふ意慾が非常に强烈に動いて居るのである。

「横說竪說欄」（同日）

カルカツタでは人力車夫が變動的反英運動をした處、英國警察隊の鎭壓騷ぎで五名が即死、負傷者多數を出した。

遲蒔きに英國も警察の妙諦を悟つた哩。

朝鮮人學生思想を善導せんが爲に中央と道の視察官を增すと。

之は勤勞敎育の標語と共に武部局長の大抱負。

勤勞敎育は朝鮮學生のみが受ける資格があると云ふのも名談であるが、視學官增設が思想善導になると云ふのは恐らくは田中義一内閣式論理か？

濱口内閣は遂に海軍比率に關して英米案を保留附で承認することにしたと一屈服じやない讓步だと國際問題には讓步も惡くはないが、强者に讓步するよりも、どうせするなら弱者に讓步する方がしばえがある。

集會强壓に憤慨し糾彈しようと萬歲示威 （昭和五、四）

去月十四日洪原青年同盟少年部が總結束して××と赤字で書いた手旗を持つて檄文を撒布し×××萬歲及〇〇〇反對の萬歲を高唱して示威運動をしたために警官と衝突して大混亂を起し群衆の解散と共に六十餘名の被檢擧者を出した事件は既報の通りであるが斯くも六十餘名の少年等が極度に激昂して示威運動萬歲を唱ふるに至つたのは年來當地警察署が强壓を加へ少年會の單獨組織を許さないので仕方なく洪原青年同盟の少年部に編入せられて辛うじて消極的打開策を行つて來たが警察の强壓は

益々甚しいので愈々之を切り拔けんとして警察が止めても集まつて來れと使者を出して斯くは集合して運動を開いたものである云々。

朝鮮の現狀の下に貴報の使命は重大　（昭和五、四、一六）

米國急進的週刊雜誌

ネーション主筆　ビ　ラ　ド氏（自署）

東亞日報十週年記念に當つて祝賀の意を表することを光榮と思ふ。個人としてのみならず我がネーション雜誌を代表して衷心から祝賀の意を表する。

ネーション週刊が一八六五年創刊以來主張して來たことは少數民族層の自由、各人民の生活樣式の自由、如何なる處から發生したるを論せず軍國主義に對し抗議することを以て一貫して來た。故に貴紙が代表する事業に對して吾人が絕對の興味を持つてる居ることは繰り返して言ふ迄もあるまい。

朝鮮の現狀の下に於て貴東亞日報の使命が非常に重大なことを吾人は知つて居る。貴報が困難な境遇に處して居ると云ふ事實はそれは卽ち貴報をして淸廉で非利己的であり、公正であり潔白であり、使命の爲めには一切のことを犧牲にしやうとする決心を有するが故である。

萬一貴紙が斯かる政策を一貫するとすれば朝鮮民族及その使命の爲めに最も力ある奉仕をなすことが出來ると思ふ。

格言を一言進呈する。一八三一年に余の祖父たるウイリアム、ロイド、ガリソン氏がリバーレーターなる新聞を創刊した、此の新聞は黑奴解放に多大なる貢獻があつたことは歷史が認定して居る所である。

此の新聞の創刊號に彼は斯の如き言を使用して居る。一、至誠を盡す…………(中畧)一寸たりとも退却せず…………斯くして初志を貫徹する」と彼は又言つた(中畧)と述べて居る。彼の鬪爭は貴紙の鬪爭よりも一層慘憺たるものであつた。彼は貧困であり敎育なく且つ又支持する公衆も無かつた。然しながら彼の絕望的であるかの如くてあつた使命は卅二箇年の奮鬪に依つて成功し彼は親しくその成功を目で見た。

終りに貴報の前途を衷心より祝福する。此の先十年も過去十年と等しく民主主義の使命の爲めに國際的眞正なる和平の爲めに全世界に民主主義を樹立せられんことを望む。

間島龍井村で十四名被殺　（昭和五、九、二四）

不安に陥つた同胞の現狀　原因は共產黨嫌疑

去る十七日に間島龍井村附近五頭溝で朝鮮人四名が中國官憲に銃殺され、十八日には二頭溝水域村で農民五名が行衞不明となり、翌日搜査した結果此れ亦銃殺されたことを發見し、二十一日には龍井村附近龍頭山で四名が銃殺され一名は重傷したと云ふが、原因は共產黨と認定された爲めであるらしい。

滿洲問題で再次抗議

前回の抗議は別に効果なく外務省より通告

滿洲朝鮮人殺害と驅逐問題に就いて世論が漸次高まつて行く間に總督府でも外務大臣に其の善後策を講究する樣要求した所は、幣原外相より張學良に其の間抗議を提出したが其の抗議の内容は餘りに軟弱で中國側の反響が別になく、朝鮮内の輿論は漸次高まる計りであるので外務省では更に强硬なる抗議をしたと云ふ通知が幣原外相より齋藤總督に到達したが總督府の一部でも今回の事件に對する外務當局の態度が餘り軟弱であつたと云ふ批難の聲を發する樣になつた。

豐年恐慌と農民の覺醒（十二）（昭和五、一一、二六）

李　鳳　洙

（要譯）　生産業者が人民大衆の購買力に應じて生産すれば生産過多に困る恐慌が起らないのであるが、出來るだけ自己が利益を得るために自己の物件だけ賣らうとして劇烈に競爭するから生産過多となり、而して生産を制限し勞働者を解雇し始めるときは既に救濟の時機ではないのである。故に所謂恐慌は勞働者解雇、失業者洪水、物價暴落、破産者續出、物件賣買停頓、全般事業の沈滯、土地兼併資本集中、人民大衆の困窮で終るのである。併し此れは國內的に云つたので國際的に見れば各國の資本家は以上に云つた過多の生産品を購買力ある海外市場に賣出そうとすると同時に資本其のものを海外に投じようと劇甚な競爭を爲し其の結果世界の戰爭までを起して仕舞ふのである。併し現在の世界列强の勢力範圍は去る世界戰爭に依り改造さんた。目下進行中の世界的恐慌は世界の資本列强を一層對立せしめ以て世界を再び改造せしさする戰爭を起してこそ止むのである。

今日の恐慌は要するに營利的生産に起因するのである。資本家や地主は營利を目的としなければ勞働者農民を搾取する理がなく、隨つて購買力の缺乏と生産過剩が生ずる理がないのである。然らば朝鮮農民の豐年恐慌は果して如何にすれば根本的に除去することが出來るか、果して如何にすれば農民の貧困を根本的に退治出來るか、此れに對して續者は容易に返答するだらう。營利的生産を廢するにあると。

問題は如何にすれば此の營利的生産を廢することが出來るかと云ふに歸着する。換言すれば我々は此の營利的生産廢止の方法を研究しなければならないのである。

資本家某々か特に質の惡い人間であるからではない。實際は資本家某々は其の所有名義となつて居る資本の人格化したものに過ぎない。彼れが善良なる精神を持つて居るとしても其の意圖に依り世間が如何にもなるものでなく、反對に彼の意思は今日の社會組織に依り規定されて居るのである。（河上肇第二貧乏物語）

此の引用書に依り我等は資本家や地主が營利的生産の廢止を斷行し得ないのは勿論世間の宗敎家や道德家の力でも出來ないことゝ、及び社會組織の變更でのみ資本家の意思も變ることを知り得るのである。

溫情主義の典型と云ふべき鍾紡も俄然賃銀を二三割減じようとして居る。同社は僅々十六年間の利益實に二億四千三十七萬四千圓で其の中配當が一億四千三百三十七萬八千圓拂込資本金の約五割である。（前掲書）出來るだけ費用や稅金を小作人に負擔させようとするのは地主で、其の少なきを望む小作人と調和することがなく、勞働者時間が少なく賃銀の多い程利益である勞働者と、反對の資本家が調和することがない。其れは植民地の兩階級も、植民地の本國の兩階級もそうである。溫情主義や協調主義と云ふものは畢竟營利的主義を一層有利に行はうとする目的より出たものである。

「少年小說」馬童と其の決心　（昭和五、一二、六）

（前畧）

『此奴母の心持が分らんだろう……』

母の聲は結つた。そして何事か云はうとした儘止めて仕舞つた。

少し考へる樣にしてから再び言葉を繼いで

『だが自分等の命が彼の方の御蔭で生きて行けるのでないか！』

『…………』

『お母樣、どうしてそうですか』

母の顏ばかりじつと眺めて居た馬童はだまつて居れないと云ふ樣に母に呼び掛けた。

『何に！どうしてそうですかつて……』

『彼の家が私共の御蔭で生活して居るのでありませんか』

『どうして』

『貴方のお父様は長い烟管ばかり口に咬へ、咳をして懐手で歩き廻るでないですか、そして貴方の母は晝寢しなければ白粉塗り、白粉を塗らなければ小言を云ふ外に何かしますか？それに私共は朝早くから起きて御飯を作つてやり、喰はしてやるではありませんか。だから私共の御蔭でないですか』

『それでも喰ふ物がなければ御飯が出來ないではないか』

『何が彼の家の穀物ですか、何故』

『そんなら誰れの穀物だと云ふのか』

『他の人が持つて來て呉れるではありませんか』

『彼の家の田畓を小作して居るから小作料を納めるのでないか』

『どうして彼の家の田畓ですか、農作する人の田畓でなくて』

『もうよせ、小供の癖に生意氣ではいかん』

世界恐慌 (昭和五、一二、一七)

何、何故、何處へ

國際勞働局の調査に依れば今年度の全世界失業者數は一千百八十萬と云ふ巨大なる數字に達し昨年の約二倍である。此の數字には米國、中國及印度が拔けて居るから此れを加ふれば三千萬の多數に達することは疑がない。此れは未曾有の大恐慌を表示する具體的數字である。

以上の失業者は主として工業國に於ける工業人口を標準としたもので其の上に矢張り全世界的現象となつて居る農村の大恐慌を加へて考へるとき、農村の人口は農業と云ふ職業があるも其の實情を察するに豐作であつても一年の柴糧に充たないから恒久的失業の一群であると云ふても過言でないから恐慌の意義と範圍が一層深刻廣汎なるものありと云ふべきである。

國際勞働局の統計は極めて保守的に推想したもので經濟學者中には其れよりもずつと以上に概算されことが事實であるが、確實に何れの數字が正確であるかを知ることは出來ないが、又知る必要もなく今日の世界が農業國であつても工業國であつても一大恐慌に當面したことだけは否認することの出來ない事實であるのみならず、緊縮政策、消費節約、物價低落、豐年饑饉の活事實に依つて我等の頭に釘を打つた樣に明確且つ徹底に認識されて來る。

歷史上の事實は其の渦中にあるとき此れを認識すること困難である。唯だ後世の史家でなくては冷靜なる判斷を下すことが出來ないと云へるが、今我等が經過して居る此の恐慌の性質と其の重大性も亦正確に評價することが困難である。俗流學者の解說する週期的一現象と看過して一定なる期間を過ざれば自然に囘復するものであらうか？然らざれば最後の土壇場に入つた經濟の關係が新しい時代の轉換を已むを得ざらしめる樣にならうか？我々は自身に迫つて居る困窮から眼目を大きくして靜觀深慮する所がなければならない。

獨逸の恐慌を戰敗の餘禍、賠償の結果に歸せしめるならば、英米等の戰勝國、産業の發達で先後して世界の一位を占める彼等の恐慌は何で説明すべきであるか。勞働政策を高唱せる「マクドナルド」內閣が成立して兩年間失業對策だけは束手無策なるが其の理由は何處にあらうか。繁榮の選手「フーバー」君を大統領に有する米國をして「フーバー繁榮」の反語が流行せしめたのは何事であるか。唯だ獨り小康を傳へる佛國も果して何日の日迄で此の大勢に染まらないで堪へられ樣か。唯だ其の中にあつて産業五年計劃を進行する蘇聯だけは其の他の諸國と色の異なる經濟組織の下に失業者が激減し、反つて勞働者缺乏の奇現象を呈して居ると云ふが此れ等の凡ゆる現象を何を以て説明すべきか。

畢死的に進行する各國の恐慌對策――産業の合理化、自作自給の高潮、市場の爭奪等は果して恐慌を根絶したり、少なくも轉換する結果が思の通りに生ずるであろうか。寧ろ其れに因して破綻の上に破綻を重出しはしないだろうか？。

大戰後に我等は「資本主義の安定」と云ふ聲を聞いた。此の樣な聲を我等も知らない間に安定から不安定に局面が轉換した。我等は豫言者でなく、此の不安定が何處に行くかを壯語しようとはしない。唯だ此の如き現象を現象其の儘に擧げて其の動向の態樣を注視しようとするのみである。

昭和七年十二月二十一日印刷
昭和七年十二月二十四日發行

朝鮮總督府警務局

京城府觀水洞一三四、五番地
印刷所 合資會社 大和商會印刷所

京城府觀水洞一三四、五番地
印刷者 江口寛治

언문신문차압기사집록

조선총독부 동아일보 - 영인본

지은이: 편집부
발행인: 윤영수
발행처: 한국학자료원
서울시 구로구 개봉본동 170-30
전화: 02-3159-8050 팩스: 02-3159-8051
문의: 010-4799-9729
등록번호: 제312-1999-074호
ISBN: 979-11-6887-273-8

정가 150,000원